व्यापार केन्द्र (TRADE CENTRE) दृश्य सत्य

notionpress
.com

व्यापार केन्द्र
(TRADE CENTRE)
दृश्य सत्य

लव कुश सिंह "विश्वमानव"

सत्यकाशी पीठ
पांचवां और अन्तिम शंकराचार्य पीठ

Notion Press

Old No. 38, New No. 6
McNichols Road, Chetpet
Chennai - 600 031

First Published by Notion Press 2020

ISBN 978-16-49835-48-2

समर्पण

यह पुस्तक समर्पित है -

उन सभी खोजी आत्माओं को,

जो सत्य की ज्योति को अपने भीतर

और संसार के हर कोने में जलाना चाहते हैं।

भारतीय संविधान के धारा-51 (ए)
नागरिक का मौलिक कर्तव्य के अनुसार

01. संविधान के प्रति प्रतिबद्धता, इसके आदर्शों, धाराओं, राष्ट्रीय ध्वज व राष्ट्रीय गान का आदर करना।
02. स्वतंत्रता के लिए संघर्ष हेतु प्रेरित करने वाले सुआदर्शों का अनुकरण करना व उन्हें चिरस्थायी बनाना।
03. भारत की सर्वोच्चता, एकता और अखण्डता की रक्षा करना तथा समर्थन करना।
04. जब भी आवश्यकता पड़े देश की रक्षा करना व राष्ट्रीय सेवाओं हेतु समर्पित होना।
05. समाज में भाई-चारें की भावना का विस्तार करना, मातृत्व भाव, धार्मिक, भाषायिक, क्षेत्रीय विभिन्नताओं में एकता कायम करना तथा नारी सम्मान आदि का ध्यान देना।
06. अपने मिश्रित संस्कृति का मूल्यांकन करना उसको स्थायित्व देना और इसकी परम्परा को कायम रखना।
07. प्राकृतिक सम्पदा की रक्षा करना जिसमें जलवायु, जंगल, झील, नदियां, जंगली जीवों व समस्त जीवों के प्रति दया का भाव सम्मिलित है।
08. वैज्ञानिक भावना को प्रोत्साहित करना, मानवीय भावनाओं के स्वरूप की परख करते रहना।
09. जन सम्पत्ति की सुरक्षा करना और हिंसा आदि का परित्याग करना।
10. व्यक्तिगत, सामूहिक गतिविधियों के प्रत्येक क्षेत्र में सर्वोच्चता हासिल करना, जिससे राष्ट्र शतत उत्थान, प्रयत्न व प्राप्ति की ओर अग्रसर होता रहे।
11. जो कि माता-पिता या अभिभावक हो, वे अपने 6 साल से 14 साल के बच्चों को शिक्षा या अन्य ऐसे सुअवसरों का लाभ उन्हें मुहैया करावें।

मूल जीवन मंत्र

"हे प्रभु, तेरे प्यार में बस दो ही बातें है। एक तो अपना कल्याण करूँ, दूसरा तुझ जैसा बन सबका कल्याण करूँ"

विषय- सूची

स. सीमित देयता साझेदारी (एलएलपी)
द. निजी (प्राइवेट) लिमिटेड कंपनी
य. सार्वजनिक (पब्लिक) लिमिटेड कंपनी
व्यवसाय संगठन-सामान्य दिशानिर्देश एवं प्रबंधन
सामाजिक उत्तरदायित्व संगठन-समिति एवं ट्रस्ट

भाग-04. सर्वेक्षण (Survey)

आकड़ा (Data)
सर्वेक्षण (Survey) -अर्थ एवं प्रकार
आधुनिक जीवन में सर्वेक्षण का प्रयोग व उपयोगिता
भारत में अध्ययन/सर्वेक्षण/प्रतिवेदन
जनमत से अलग सर्वेक्षण के आधार

भाग-05. विज्ञापन Advertisement)

विज्ञापन
विज्ञापन रचना-प्रक्रिया
दूरदर्शन (टी.वी)-विज्ञापन
ऑनलाइन विज्ञापन
विज्ञापन और व्यापार

भाग - 06. उत्पाद

उत्पाद-अर्थ एवं प्रकार
ईश्वर निर्मित उत्पाद
खनिज आधारित ईश्वर निर्मित उत्पाद
वन आधारित ईश्वर निर्मित उत्पाद
जीव आधारित ईश्वर निर्मित उत्पाद
कृषि आधारित ईश्वर निर्मित उत्पाद
वायुमण्डल आधारित ईश्वर निर्मित उत्पाद
मानव निर्मित उत्पाद
शरीर आधारित मानव निर्मित उत्पाद
धन आधारित मानव निर्मित उत्पाद
बैंकिग उत्पाद और उसका व्यापारिक गणित
शेयर, डिबेन्चर तथा म्यूचुल फण्ड और उसका व्यापारिक गणित
वायदा बाजार और उसका व्यापारिक गणित
सट्टा, पेपर एवं आन लाइन लाटरी और उसका व्यापारिक गणित
बाजी और उसका व्यापारिक गणित
मन आधारित मानव निर्मित उत्पाद
मनोरंजन आधारित मानव निर्मित उत्पाद
मशीन आधारित मानव निर्मित उत्पाद

एन्टीक एवं सुपर एन्टीक उत्पाद-अर्थ, प्रकार एवं पहचान
विचार, रचनात्मक विचार और लाभ की शक्ति

भाग-07. निवेशक

निवेश (Investment)
निवेशक (Investor)
निवेश के तरीके
रियल इस्टेट (प्रापर्टी) में निवेश

भाग-08. मूल मन्त्र

विश्व का मूल मन्त्र-"जय जवान-जय किसान-जय विज्ञान-जय ज्ञान-जय कर्मज्ञान"
भारतीय शास्त्रों की एक वाक्य में शिक्षा

भाग-09. मानक व्यवसाय

डब्ल्यू.एस. (WS)-000 : ब्रह्माण्ड (सूक्ष्म एवं स्थूल) के प्रबन्ध और क्रियाकलाप का विश्वमानक

भाग-10: परिवर्तन

सीधी समझ
नये भारत में, नये मनुष्य के उदय के लिए
व्यवस्था के परिवर्तन या सत्यीकरण का पहला प्रारूप और उसकी कार्य विधि
वे शब्द जिसके बिना युग परिवर्तन सम्भव नहीं

भाग-11: केन्द्र या मध्य (भारत) में पांचवां और अन्तिम सत्यकाशी पीठ

सत्यकाशी पीठ: स्थान
सत्यकाशी पीठ: इतिहास और उद्देश्य
पाँचवाँ और अंतिम शंकराचार्य पीठ: इसकी विशेषता

भाग-12: सत्यकाशी पीठ के कार्य

धारा-उद्धार: धर्म की पुनर्स्थापना
मनुष्य चेतना का रूपांतरण
साधना, दीक्षा और आध्यात्मिक अनुष्ठान
वैश्विक कार्य: मानवता के लिए संदेश
शिव-तत्व और कल्कि-तत्व का मिलन
"सार्वभौम सत्य-सिद्धान्त" पर आधारित "युग परिवर्तन श्रृंखला" के नवयुग के शास्त्र-साहित्य

मुख पृष्ठ की व्याख्या

यह मुख पृष्ठ *"व्यापार केन्द्र (Trade Centre) – दृश्य सत्य"* शीर्षक वाले ग्रंथ का भविष्यवादी, गतिशील और अत्यंत आधुनिक रूप प्रस्तुत करता है। पृष्ठभूमि में एक विशाल, विकसित और उच्च-प्रौद्योगिकीय महानगर दिखाई देता है-गगनचुंबी इमारतों की भव्य श्रृंखला, पारदर्शी रेल-कोरिडोर, हवा में तैरती परिवहन प्रणाली और रोशनी की चमक से जगमगाता व्यापारिक क्षेत्र। यह दृश्य न केवल आधुनिक व्यापार के विस्तार को दिखाता है, बल्कि आने वाले समय के वैश्विक आर्थिक परिदृश्य का प्रतीक भी बन जाता है।

मुख पृष्ठ के मध्य में बड़े, आकर्षक पीले अक्षरों में "व्यापार केन्द्र" और उसके नीचे नीले अक्षरों में "(TRADE CENTRE)" लिखा हुआ है, जो इसकी अंतरराष्ट्रीय और द्विभाषीय पहचान को स्पष्ट करता है। इसके नीचे "दृश्य सत्य" का शीर्षक यह संकेत देता है कि पुस्तक केवल सिद्धांत नहीं बल्कि व्यापार-व्यवस्था का वास्तविक, प्रत्यक्ष और प्रमाणिक रूप प्रस्तुत करती है-एक ऐसा सत्य जिसे देखा, समझा और अनुभव किया जा सके।

मुख पृष्ठ के निचले हिस्से में सुनहरे पीले अक्षरों में "सत्यकाशी पीठ" तथा "पाँचवां और अंतिम शंकराचार्य पीठ" लिखा हुआ है, जो इस कृति को आध्यात्मिक आधार, दार्शनिक गहराई और विशिष्ट प्रतिष्ठा प्रदान करता है।

समग्र रूप से यह कवर आधुनिक व्यापार, भविष्य की तकनीक, वैश्विक अर्थव्यवस्था और आध्यात्मिक दृष्टि-इन सभी का एक संतुलित और प्रभावशाली दृश्य प्रस्तुत करता है। यह पाठक को उसी क्षण संकेत दे देता है कि पुस्तक व्यापार-जगत की केवल व्याख्या नहीं, बल्कि उसकी *दृश्य-यथार्थ पर आधारित व्यापक रूपरेखा* प्रस्तुत करने वाली है।

भूमिका

मानव समाज केवल व्यापार, अर्थव्यवस्था और संसाधनों से संचालित नहीं होता; इसके पीछे एक गहरा **दृश्य और अदृश्य सत्य** कार्य करता है-वह सत्य जिसे यह ग्रंथ TRADE CENTRE के रूप में प्रकट करता है। यह पुस्तक इस मूल विचार पर आधारित है कि समस्त ब्रह्माण्ड एक **अनन्त व्यापार क्षेत्र** है, जहाँ प्रत्येक क्रिया-प्रकृति, मन, ऊर्जा, आदान-प्रदान, परिवर्तन, माया, धर्म-सब एक ही सिद्धान्त के अंतर्गत कार्य करते हैं।

दस्तावेज़ की शुरुआत *रूप, मार्ग, प्रमाण, काल और सत्य* के दार्शनिक विश्लेषण से होती है और यह स्पष्ट करती है कि दृश्य संसार तभी समझा जा सकता है जब हम उसके अदृश्य आधार-**व्यक्तिगत प्रमाणित अदृश्य काल** और **सार्वजनिक प्रमाणित दृश्य काल**-को समझें। अदृश्य काल का ईश्वर नाम "ॐ" है, जबकि दृश्य काल का ईश्वर नाम "TRADE CENTRE" बताया गया है ।

यह ग्रंथ TRADE और CENTRE दोनों शब्दों की गहन मीमांसा करता है। **TRADE** सम्पूर्ण आदान-प्रदान का प्रतीक है-एक ऐसी गतिशील शक्ति जिसकी दिशा अनिश्चित होती है और जो भोगवाद व क्रियान्वयन दर्शन की मूल प्रेरणा है । इसके विपरीत, **CENTRE** वह केन्द्र है जो दिशा, समभाव, एकात्मता और विकास का आधार है। यही अध्यात्म, धर्म, मार्गदर्शन और प्राकृतिक सत्य का केन्द्र है ।

इस पुस्तक का केंद्रीय तत्त्व यह है कि व्यापार केवल आर्थिक क्रिया नहीं, बल्कि सृष्टि की सार्वभौमिक संरचना है-**ब्रह्माण्ड एक व्यापार केन्द्र है**, जहाँ ऊर्जा का प्रवाह, परिवर्तन और आदान-प्रदान ही जगत् की गति को बनाए रखते हैं ।

दस्तावेज़ में आगे वेद, वेदान्त, गीता और भारतीय शास्त्रों की शिक्षाओं को जोड़ते हुए बताया गया है कि मानव का उद्देश्य केवल उपार्जन नहीं, बल्कि *निष्काम कर्म, स्थितप्रज्ञा,* और *सार्वजनिक प्रमाणित स्वार्थ* की प्राप्ति है-जो विश्वभारत और विश्वशास्त्र की शिक्षा का मूल है ।

इसके बाद पुस्तक व्यापार के व्यावहारिक स्वरूप-लेखांकन, पूंजी, जोखिम, साझेदारी, मीडिया, विज्ञापन, लाभ–हानि, संसाधन, और बाजार-सिद्धान्त-पर भी प्रकाश डालती है और यह स्पष्ट करती है कि व्यापार का हर क्रियाकलाप प्राकृतिक सत्य, धर्म और सामाजिक उत्तरदायित्व से जुड़ा होना चाहिए ।

ग्रंथ का अंतिम निष्कर्ष यह है कि जब तक मानवता **TRADE (आदान-प्रदान)** और **CENTRE (दिशा–धर्म–सत्य)** दोनों को एक साथ नहीं समझेगी, तब तक ना समाज सही दिशा पा सकेगा, ना व्यापार, ना आध्यात्मिकता।

इसलिए "TRADE CENTRE" केवल एक शब्द नहीं, बल्कि एक **दृश्य ईश्वर नाम**, एक **सार्वभौमिक सिद्धान्त**, और एक **नया ज्ञान-ढांचा** है-जो सृष्टि के रहस्य से लेकर मानव-शिक्षा, धर्म, व्यापार और वैश्विक व्यवस्था तक, हर क्षेत्र में एक नई दृष्टि प्रदान करता है।

यह पुस्तक सत्यकाशी पीठ की उस व्यापक दृष्टि का स्वरूप है जो मानव को अज्ञान से ज्ञान की ओर, अनिश्चितता से दिशा की ओर, और साधारण व्यापार से सार्वभौमिक ट्रेड-सिस्टम के गहन रहस्य की ओर ले जाती है-जहाँ **दृश्य सत्य** ही अन्ततः *अदृश्य सत्य का प्रत्यक्ष प्रमाण* बन जाता है।

✍ ***लव कुश सिंह "विश्वमानव"***

एक शोधक, चिंतक और मार्गदर्शक, जिन्होंने अपना जीवन *मानवता, आत्मा और नव-सृष्टि* के अध्ययन एवं लेखन को समर्पित किया है।

- प्रमुख ग्रंथ: *विश्वशास्त्र*
- दृष्टि: *नव-मनुष्य और नव-संसार का निर्माण*

प्रारम्भ के पहले दिव्य-दृष्टि

मेरे इस जीवन की एक अलग यात्रा में "दिव्य" शब्द का जो दर्शन हुआ वह इस प्रकार है। "दिव्य" शब्द का प्रयोग वेदों के समय से ही हो रहा है और वह दूसरे शब्दों के साथ मिलकर "दिव्य दृष्टि", "दिव्य रूप", "दिव्य दिन", "दिव्य वर्ष", "दिव्य युग" इत्यादि के रूप में हमारे सामने है। अनेक विद्वान व तत्वद्रष्टाओं ने इस दिव्य शब्द का अनेक-अनेक प्रकार से अर्थ बतायें हैं। यहाँ दिव्य शब्द के प्रयोग व उसके अर्थ को नीचे दिया जा रहा है जिससे हम सभी को उसके अर्थ के प्रति समझ बन सकें।

01. "महाभारत" का युद्ध और "गीता" ज्ञान का प्रारम्भ जिस दृश्य से होता है, वह है-"संजय" और "धृतराष्ट्र" के बीच वार्तालाप। जिसमें महर्षि व्यास द्वारा युद्ध को देखने व धृतराष्ट्र को उसका "जैसा हो रहा है वैसा ही हाल" सुनाने के लिए संजय को एक दृष्टि दी जाती है जिसे हम सभी "दिव्य दृष्टि" के नाम से जानते हैं।

02. "अखिल विश्व गायत्री परिवार" के संस्थापक, "युग निर्माण योजना" के संचालक व 3000 से भी अधिक पुस्तक-पुतिकाओं के लेखक पं0 श्रीराम शर्मा आचार्य (जन्म-20 सितम्बर, 1911, मृत्यु-2 जून, 1990), जिनके कई लाख समर्थक-सदस्य हैं, के अनुसार "दिव्य का अर्थ देवता नहीं हो सकता। ऋग्वेद (2,164.46) में कहा गया है-अग्नि रूपी सूर्य को इन्द्र मित्र वरूण कहते हैं। वही दिव्य सुपर गुरूत्मान है। निरूक्त दैवत काण्ड (7,18) में कहा गया है-जो दिवि में प्रकट होता है उसे दिव्य कहते हैं। दिवि, द्य को कहते हैं। नैघण्टुक काण्ड में दिन के 12 नाम लिखे हैं उनमें द्‌यु शब्द भी दिन का वाचक है। अब दिव्य का अर्थ हुआ कि-जो दिन में प्रकट होता है। और यह प्रत्यक्ष है कि दिन में सूर्य ही प्रकट होता है। अतः दिव्य सूर्य का नाम है। ऋग्वेद (1,16:3,10) के मन्त्र में कहा गया है कि-आग का घोड़ा (सूर्य) है। इसमें भी सूर्य का ही वर्णन है। वेद में दिव्य नाम सूर्य का है, देवता को दिव्य कदापि नहीं कहते। व्याकरण से भी दिव्य शब्द का अर्थ देवता नहीं बनता। दिव् धातु में स्वार्थेयत प्रत्यय लगाने से दिव्य शब्द बनता है। इसकी व्युत्पत्ति यह हुई-दिव भवं दिव्यन अर्थात जो दिवि में प्रकट होता है। अतः दिव्य केवल सूर्य ही को कहते हैं। दिवि, द्‌यु को कहते हैं और द्‌यु दिन का नाम है। देवता शब्द दूसरें देवातल आदि सूत्रों से बनता है। इस कारण भी दिव्य और देवता शब्दों का आपस में कोई सम्बन्ध नहीं है। "दिव्य" शब्द और "देवता" शब्द बनाने के रूप ही अलग-अलग हैं।"

03. "ज्ञान व संस्कृति" और "बाबा भोलेनाथ" की नगरी काशी (वाराणसी, उ0प्र0, भारत) के बनारसी संस्कृति में दिव्य शब्द का अन्य शब्द के साथ प्रयोग कर "दिव्य निपटान", "दिव्य स्नान", "दिव्य आनन्द" की परम्परा है। इस परम्परा का वाहक काशी (वाराणसी) का अस्सी मुहल्ला है जिस पर प्रो0 काशी नाथ सिंह द्वारा पुस्तक "काशी की अस्सी" भी लिखा गया है और फिल्म भी बना है। काशी ज्ञान की नगरी है। यहाँ के लोगों का जन्म ही ज्ञान में होता है और ज्ञान में ही जीवन जीते है, ज्ञान ही बोलते हैं तथा ज्ञान में ही शरीर त्याग करते हैं। इनकी जीवन शैली और भाषा में सारा शास्त्र समाहित होता है। इसके उदाहरण को केवल "दिव्य निपटान" के अर्थ से ही जाना जा सकता है।

सुबह हो या शाम, सामने गंगा बह रही हो, उपर खुला आकाश हो, भांग को गोला पेट में जा चुका हो, और जब किनारे पर निपटने (नित्य क्रिया) करने बैठते हैं तो बनारसी उसे "दिव्य निपटान" कहते हैं अर्थात उस प्रकार से क्रिया जिसमें कुछ भी बनावटी न हो अर्थात प्राकृतिक हो उसे "दिव्य" कहते हैं। इस प्रकार आधुनिक सुविधाओं से युक्त शौचालय में नित्य क्रिया करना बनारसी ज्ञान में किसी भी स्थिति में "दिव्य निपटान" नहीं हो सकती। इसी प्रकार कपड़े पहनकर नहाना "दिव्य स्नान" नहीं और आधुनिक सुख-सुविधाओं से आनन्द में होना "दिव्य आनन्द" नहीं।

सन् 1893 से सन् 1993 के 100 वर्षों के समय में विश्व के बौद्धिक शक्ति को जिन्होंने सबसे अधिक हलचल दी वे हैं-धर्म की ओर से स्वामी विवेकानन्द और धार्मिकता की ओर से आचार्य रजनीश"ओशो"। दृष्टि के सम्बन्ध में इनके निम्न विचार हैं। स्वामी विवेकानन्द के अनुसार-"अनात्मज्ञ पुरूषों की बुद्धि एकदेश-दर्शिनी होती है। आत्मज्ञ पुरूषों की बुद्धि सर्वग्रासिनी होती है। आत्मप्रकाश होने से, देखोगे कि दर्शन, विज्ञान सब तुम्हारे अधीन हो जायेंगे।" (राम कृष्ण मिशन, विवेकानन्दजी के संग में, पृष्ठ-118) आचार्य रजनीश "ओशो" के अनुसार-"श्रीराम कितने ही बड़े हों, लेकिन इस मुल्क के चित्त में वे पूर्ण अवतार की तरह नहीं हैं, अंश हैं उनका अवतार। उपनिषद् के ऋषि कितने ही बड़े ज्ञानी हों, लेकिन अवतार नहीं हैं। श्रीकृष्ण पूर्ण अवतार हैं। परमात्मा अगर पृथ्वी पर पूरा उतरे तो करीब-करीब श्रीकृष्ण जैसा होगा। इसलिए श्रीकृष्ण इस मुल्क के अधिकतम मन को छु पाये हैं; बहुत कारणों से। एक तो पूर्ण अवतार का अर्थ होता है, मल्टी-डाइमेंन्सनल; जो मनुष्य के समस्त व्यक्तित्व को स्पर्श करता हो। श्रीराम वन-डाइमेंन्सनल है। अब तक श्रीकृष्ण को पूरा प्रेम करने वाला आदमी नहीं हुआ। क्योंकि पूरे श्रीकृष्ण को प्रेम करना तभी सम्भव है, जब वह आदमी भी मल्टी-डाइमेंन्सनल हो। हम आम तौर पर एक आयामी होते हैं। एक हमारा ट्रैक होता है व्यक्तित्व का, एक रेल की पटरी होती है, उस पटरी पर हम चलते है। जो एक गुरू बोल रहा है, वह अनन्त सिद्धों की वाणी है। अभिव्यक्ति में भेद होगा, शब्द अलग होंगे, प्रतीक अलग होंगे मगर जो एक सिद्ध बोलता है, वह सभी सिद्धों की वाणी है। इनसे अन्यथा नहीं हो सकता है। इसलिए जिसने एक सिद्ध को पा लिया, उसने सारे सिद्धों की परम्परा को पा लिया। क्योंकि उनका सूत्र एक ही है। कुंजी तो एक ही है, जिससे ताला खुलता है अस्तित्व का।"

उपरोक्त विचारों से यह स्पष्ट होता है कि "दिव्य" का अर्थ सीधा सा प्राकृतिक रूप अर्थात "जैसा है ठीक वैसा ही" है तथा "दिव्य दृष्टि" का अर्थ सर्वग्रासिनी या बहुआयामी (मल्टी-डाइमेंन्सनल) दृष्टि होता है। इस प्रकार ब्रह्मा का "दिव्य रूप" चार सिर वाला, विष्णु का "दिव्य रूप" चार हाथ वाला और शिव-शंकर का "दिव्य रूप" पाँच सिर वाला पुराणों में प्रक्षेपित है। किसी भी वस्तु को एक दिशा से देखकर उसके वास्तविक रूप लम्बाई, चौड़ाई, ऊँचाई इत्यादि के साथ नहीं देख सकते। हम सभी अपनी आँखों से ही आँखों या पूरे शरीर को नहीं देख सकते। उसके लिए हमें दर्पण की आवश्यकता पड़ती है अर्थात स्वयं से बाहर आकर ही पूरे को देखना सम्भव हो पाता है। इसी प्रकार पृथ्वी को देखने के लिए हमें पृथ्वी से बाहर जाना पड़ता है और सारी पृथ्वी के विकास के चिन्तन के लिए मन को पृथ्वी से बाहर ले जाना पड़ता है। "विश्वशास्त्र" ऐसे ही मन की स्थिति का परिणाम है। वर्तमान और भविष्य के समय के लिए सबसे सत्य दृष्टि तो यही है-

"एक गुण से देखना दृष्टि है,
अनेक गुणों से एक साथ देखना दिव्य दृष्टि है,
सिर्फ विद्वता को देखना दृष्टि दोष है"
और

"जो मन कर्म में न बदले, वह मन नहीं और व्यक्ति का अपना स्वरूप नहीं।"

रूप या मार्ग या प्रमाण या काल या सत्य

रूप या मार्ग या प्रमाण या काल या सत्य					
अदृश्य आत्मीय प्राकृतिक देश–काल मुक्त सार्वभौम सत्य	अदृश्य (प्राकृतिक)		दृश्य (सत्य)		दृश्य आत्मीय प्राकृतिक देश–काल मुक्त सार्वभौम सत्य–सिद्धान्त
	व्यक्तिगत प्रमाणित	सार्वजनिक प्रमाणित	व्यक्तिगत प्रमाणित	सार्वजनिक प्रमाणित	
	देश–काल मुक्त	देश–काल बद्ध	देश–काल बद्ध	देश–काल मुक्त	
	सत्युग सत्य	त्रेतायुग यज्ञ (अदृश्य कर्म)	द्वापरयुग भक्ति और प्रेम	कलियुग संघ और योजना (दृश्य कर्म)	
0	1	2	3	4	0
अदृश्यवेद आत्मीय मानव (साकार) एवम् सार्वभौम सत्य (निराकार)	*अदृश्यवेद आत्मा मानव (व्यक्तिगत मन से युक्त)*	*अदृश्य विज्ञान ब्रह्माण्ड और प्रकृति मानव (संयुक्त मन से युक्त)*	*दृश्य विज्ञान अवतार (सत्य और संयुक्त मन से युक्त साकार आत्मा समष्टि) मानव (व्यक्तिगत मन से युक्त)*	*दृश्य वेद अवतार (सिद्धान्त और संयुक्त मन से युक्त साकार आत्मा समष्टि) मानव (संयुक्त मन से युक्त)*	दृश्यवेद आत्मीय मानव (साकार) एवम् सार्वभौम सत्य सिद्धान्त (निराकार)
प्रारम्भ या आदि	*मध्य*				*अन्त या प्रारम्भ*

प्रत्येक विषय के सत्य अर्थ को प्रकाशित होने के चार चरण होते हैं जिन्हें रूप या प्रमाण या मार्ग या काल कहते हैं। ये चरण एक ही व्यक्ति के मन स्तर के रूप में सर्वप्रथम व्यक्त होते हुए सम्पूर्ण विश्व में व्यक्त होते हैं। सम्पूर्ण विश्व की चरण की स्थिति के अनुसार व्यक्ति का होना ही व्यक्ति का वर्तमान में होना कहा जाता है तथा विषयों का वर्तमान सत्य अर्थ होता है।

दैनिक जीवन में प्रमाणिकता के लिए सामान्यत: दो गवाहों को आवश्यक बताया जाता है। इसी प्रकार समिति, विधानसभा, संसद इत्यादि के माध्यम से कोई भी नियम बनाने के लिए कुल सदस्यों की संख्या का दो तिहाई संख्या का समर्थन आवश्यक होता है। ऐसा क्यों है? क्या ऐसा निर्धारण करने वाले व्यक्ति ने अनायास ही ऐसा निर्धारण कर दिया है या इसके कुछ मानवीय-प्राकृतिक आधार हैं? प्राय: जो नियम बन जाते हैं, हम उसका पालन और उसी रुप में उसे स्वीकार कर लेते हैं। हम ये नहीं जानना चाहते कि उसका आधार क्या है? जबकि उसका आधार ही "सत्य जीने की कला (Real Art of Living)" प्रदान करता है। यहाँ हम गवाह में दो तथा नियम बनाने में दो तिहाई बहुमत की संख्या ही क्यों मान्य होती है? उसके मानवीय-प्राकृतिक आधार को प्रस्तुत कर रहे हैं जिससे मनुष्य अपनी वास्तविक छवि को इच्छानुसार छुपा या स्थापित कर सकता है। साथ ही किसी भी स्तर के समिति के भविष्य के समय को पहचानने में सक्षम हो सकता है।

प्रमाण के मूलत: दो प्रकार हैं-अदृश्य तथा दृश्य। तथा प्रत्येक प्रकार के प्रमाणों में पुन: दो प्रकार होते हैं-व्यक्तिगत प्रमाणित तथा सार्वजनिक प्रमाणित। इस प्रकार से कुल चार प्रकार के प्रमाण होते हैं। जो क्रमश- निम्नलिखित रुप से विस्तृत है।

व्यक्तिगत प्रमाणित अदृश्य प्रमाण

व्यक्तिगत प्रमाणित अदृश्य प्रमाण की स्थिति वह स्थिति है जिसमें नितान्त एकाकी व्यक्तिगत दृष्टि या सोच या कर्म हो या दो व्यक्तियों का आपसी व्यवहार जिसमें तीसरा व्यक्ति प्रमाण स्वरुप उपलब्ध नहीं होता है। ऐसी स्थिति में या तो एक ही व्यक्ति कर्ता या वक्ता व द्रष्टा या श्रोता होता है या दो व्यक्ति एक दूसरे के लिए कर्ता या वक्ता व द्रष्टा व श्रोता होते हैं। परिणामस्वरुप ऐसी स्थिति के तथ्य सर्वाधिक विवादास्पद होते हैं उदाहरण रुप में-

प्रथम-ऐसी स्थिति हो सकती है कि कोई व्यक्ति किसी व्यक्ति के समक्ष अपना वास्तविक रुप दिखाए तथा किसी अन्य के समक्ष ऐसा व्यवहार करे जिससे उसकी छवि नकारात्मक दिखाई दे परिणामस्वरुप देखने वाला व्यक्ति आजीवन अंधेरे में ही पड़ा रह सकता है या उसे पूर्ण रुप से जानने वाला बन सकता है।

द्वितीय-ऐसी स्थिति हो सकती है कि कोई व्यक्ति अन्य किसी व्यक्तिगत प्रमाणित अदृश्य स्थिति के कर्म से प्राप्त सूचना के आधार पर उस व्यक्ति को देखेगा और समझेगा।

तीसरी-ऐसी स्थिति हो सकती है कि दो व्यक्तियों के बीच मौखिक व्यवहार हो और उसमें से एक व्यक्ति अपनी नैतिकता खोकर लाभ के लिए लेन-देन में परिवर्तित बात करता हो। ऐसी स्थिति में वास्तविक बात का कोई प्रमाण नहीं रहता परिणामस्वरुप विवाद की स्थिति आ जाती है। परन्तु यदि कोई तीसरा व्यक्ति वहाँ होता या लिखित प्रमाण होता तो ऐसी स्थिति की सम्भावना नहीं बन पाती। इसलिए ही प्राय: गम्भीर मामलों में प्रामाणिकता के लिए प्रत्येक संविदा या घटना के साथ दो गवाहों की अनिवार्यता निर्धारित की गयी है। परन्तु साधारण व्यवहार में नैतिकता ही सर्वोपरि है क्योंकि छोटी-छोटी बातों का प्रत्येक के लिए गवाह न तो सम्भव होता है, न ही मानवीय दृष्टि से विश्वसनीयता के लिए उचित।

सार्वजनिक प्रमाणित अदृश्य प्रमाण

सार्वजनिक प्रमाणित अदृश्य प्रमाण की स्थिति वह स्थिति है जिसमें प्रकृति या ब्रह्माण्ड की दृष्टि या कर्म हो जो सार्वजनिक प्रमाणित रुप से दिखाई तो पड़ती है। परन्तु प्रमाणिक रुप से प्रत्येक व्यक्ति अलग-अलग अपने मन स्तर से अनुभव करता है। उदाहरण स्वरुप-प्रकृति या ब्रह्माण्ड द्वारा अपने सन्तुलन को बनाये रखने के लिए विभिन्न क्रियाकलाप जिसे प्राकृतिक आपदा कहते हैं। यह क्यों होता है? यह सार्वजनिक रुप से प्रमाणित नहीं है। परन्तु व्यक्तिगत रुप से यह प्रमाणित है कि प्रकृति में व्याप्त तीन गुण सत्व, रज और तम में से जब रज और तम का संयुक्त बल अधिक होता है तब सत्व अपना हस्तक्षेप करके सन्तुलन बनाये रखता है। मानवीय प्रकृति में भी ये तीन गुण व्याप्त हैं। किसी भी समिति, विधानसभा, संसद इत्यादि के सदस्यों में ये तीनों गुण न्यूनाधिक प्राथमिकता लिए विद्यमान रहती है। इसलिए जब भी कोई नियम बनाने की आवश्यकता होती है तब नियम पर अपनी सहमति देने के लिए कुल तीन में से दो अर्थात् दो तिहाई समर्थन आवश्यक होता है। अर्थात् सदस्य सत्व-रज, या सत्व-तम, या रज-तम की संयुक्त शक्ति से समर्थन प्रदान करते हैं। परन्तु रज-तम गुण प्रधान बनने की स्थिति में सत्व-सत्व गुण प्रधान (राष्ट्रपति, राज्यपाल, अध्यक्ष इत्यादि यदि वे इस योग्य होते हैं तब) का हस्तक्षेप हो जाता है। प्रकृति में व्याप्त तीन गुण के कारण ही नियम बनाने में दो तिहाई बहुमत की आवश्यकता अनिवार्य मानी गयी है। प्रत्येक समिति, विधानसभा, संसद में नियमों पर सहमति के आधार पर यह जाना जा सकता है कि वह समिति, सभा या संसद किन गुणों की प्राथमिकता में चल रहा है। और सत्व-सत्व गुण का हस्तक्षेप का समय क्या हो सकता है। सत्व-रज गुण आधारित सभा उच्चस्तरीय, सत्व-तम गुण आधारित सभा मध्यम तथा रज-तम आधारित सभा निम्नस्तरीय होती है। सत्व गुण एकात्म प्रधान, रज गुण कर्म प्रधान तथा तम गुण शरीर प्रधान गुण है।

व्यक्तिगत प्रमाणित दृश्य प्रमाण

व्यक्तिगत प्रमाणित दृश्य प्रमाण की स्थिति वह स्थिति है जिसमें व्यक्ति की दृष्टि या कर्म हो जो सार्वजनिक प्रमाणिक रुप से दिखाई तो पड़ती है परन्तु प्रमाणिक रुप से प्रत्येक व्यक्ति अलग-अलग अपने मन स्तर से अनुभव करता है। इस प्रमाण में कर्ता व्यक्ति स्वयं को आत्मीय सत्य के अनुसार समझते हुए कर्म करता है तथा

व्यक्ति को नियमबद्ध करने के लिए सार्वजनिक रुप से समर्थन प्राप्त नहीं करता क्योंकि सम्बन्धित प्रत्येक व्यक्तियों की प्रकृति का व्यक्तिगत रुप से अलग-अलग वह परीक्षण कर चुका होता है। इस प्रमाण का उदाहरण श्रीकृष्ण का जीवन है। जिनसे "महाभारत" सम्पन्न हुआ और "गीता" उपदेश व्यक्त हुआ। गीता का उपदेश अर्थात् श्रीकृष्ण-अर्जुन संवाद व्यक्तिगत प्रमाणित दृश्य प्रमाण का ही उदाहरण है। क्योंकि घटना सार्वजनिक प्रमाणित रुप से दिख रही थी परन्तु संवाद को एक साथ दो या अधिक व्यक्ति नहीं सुन रहे थे। यदि सुन भी रहे थे तो वे एक साथ नहीं थे अर्थात् सुनने वाले भी एक दूसरे से अलग थे। इस उपदेश को देखने व सुनने में-

पहला स्थान-सिर्फ अर्जुन अकेले देख व सुन रहा था।

दूसरा स्थान-वृक्ष पर धड़ से अलग बरबरीक का सिर सिर्फ देख रहा था।

तीसरा स्थान-दिव्य दृष्टि के द्वारा संजय अकेले देखकर साथ बैठे अन्धे धृतराष्ट्र व अन्धी बनीं गान्धारी को वर्णन सुना रहा था।

चौथा स्थान-दोनों पक्षों की सेना सिर्फ श्रीकृष्ण और अर्जुन को देख पा रही थी परन्तु कुछ सुन नहीं पा रही थी ।

पाँचवां स्थान-महाभारत शास्त्र साहित्य के रचयिता महर्षि व्यास जी अकेले देख, सुन व लिपिबद्ध कर या करवा रहे थे।

इन पाँचों स्थितियों में कहीं भी ऐसी स्थिति नहीं है जिससे यह कहा जा सके कि गीता का उपदेश सार्वजनिक प्रमाणित रुप से दिया गया था बल्कि यह व्यक्तिगत प्रमाणित रुप से सिर्फ अर्जुन को व्यक्तिगत रुप से दिया गया था और विश्वरुप भी सिर्फ व्यक्तिगत प्रमाणित रुप से ही देखा गया था। इस प्रकार व्यक्त आत्म ज्ञान सत्य होते हुए भी व्यक्तिगत प्रमाणित ही है। यहाँ यह विचार करने योग्य विषय अवश्य है कि जब आत्म ज्ञान व्यक्तिगत रूप से ही प्रमाणित होने वाला विषय है। तबं "महाभारत" व "गीता" के व्यक्तकर्ता उस घटना को ऐसी स्थिति में कैसे प्रस्तुत कर सकते थे जो सार्वजनिक प्रमाणित हो? केवल बुद्धि व मस्तिष्क देखिये शेष आस्था व श्रद्धा में तो मानव समाज पूरा जीवन व्यतीत कर ही रहा है।

सार्वजनिक प्रमाणित दृश्य प्रमाण

सार्वजनिक प्रमाणित दृश्य प्रमाण की स्थिति वह स्थिति है जिसमें व्यक्ति की दृष्टि व कर्म सार्वजनिक प्रमाणित रुप से दिखाई पड़ती है तथा सार्वजनिक रुप से एक साथ व्यक्ति अनुभव भी करता है। इस प्रमाण में कर्ता व्यक्ति स्वयं को सार्वभौम सत्य-सिद्धान्त के अनुसार समझते हुए कर्म करता है तथा व्यक्ति को नियमबद्ध करने के लिए सार्वजनिक रुप से समर्थन प्राप्त नहीं करता इस प्रमाण का उदाहरण समष्ठि धर्म शास्त्र "कर्मवेद-प्रथम, अन्तिम तथा पंचमवेद" तथा समष्ठि धर्म निरपेक्ष, सर्वधर्मसमभाव धर्म शास्त्र मन का विश्वमानक और पूर्ण मानव निर्माण की तकनीकी समाहित "विश्वभारत" शास्त्र-साहित्य व्यक्त हुआ। जो सार्वजनिक रुप से व्यक्त सार्वभौम सत्य-सिद्धान्त है। और सार्वजनिक प्रमाणित दृश्य है। क्योंकि यहाँ कोई भी कर्म व्यक्तिगत रूप से व्यक्त नहीं हो रहा है।

रूप या प्रमाण या मार्ग

आदान-प्रदान की क्रिया या कर्म जिससे परिणाम या फल प्राप्त होता है। रूप या प्रमाण या मार्ग कहलाती है। इसके निम्न रूप है।

- **अदृश्य रूप या प्रमाण या मार्ग-** व्यक्तिगत प्रमाणित आदान-प्रदान की क्रिया या कर्म जिससे परिणाम या फल प्राप्त होता है। अदृश्य रूप या प्रमाण या मार्ग कहलाता है। इसके निम्न रूप हैं।
    - **व्यक्तिगत प्रमाणित अदृश्य रूप या प्रमाण या मार्ग-** व्यक्तिगत प्रमाणित आदान-प्रदान की क्रिया या कर्म जिससे व्यक्तिगत प्रमाणित परिणाम या फल प्राप्त होता है। व्यक्तिगत प्रमाणित अदृश्य रूप या प्रमाण या मार्ग कहलाता है। जैसे-आत्मीय आदान-प्रदान।

- **सार्वजनिक प्रमाणित अदृश्य रूप या प्रमाण या मार्ग-** व्यक्तिगत प्रमाणित आदान-प्रदान की क्रिया या कर्म जिससे सार्वजनिक प्रमाणित परिणाम या फल प्राप्त होता है। सार्वजनिक प्रमाणित अदृश्य या प्रमाण या मार्ग कहलाता है। जैसे-ब्रह्माण्डीय और प्राकृतिक आदान-प्रदान।

- **दृश्य रूप या प्रमाण या मार्ग-** सार्वजनिक प्रमाणित आदान-प्रदान की क्रिया या कर्म जिससे परिणाम या फल प्राप्त होता है। दृश्य रूप या प्रमाण या मार्ग कहलाता है। इसके निम्न रूप है।
  - **व्यक्तिगत प्रमाणित दृश्य रूप या प्रमाण या मार्ग-** सार्वजनिक प्रमाणित आदान-प्रदान की क्रिया या कर्म जिससे व्यक्तिगत प्रमाणित परिणाम या फल प्राप्त होता है। व्यक्तिगत प्रमाणित दृश्य रूप या प्रमाण या मार्ग कहलाता है। जैसे-व्यक्तिगत प्रमाणित पूर्णावतार द्वारा आदान-प्रदान और व्यक्तिगत रूप से आदान-प्रदान।
  - **सार्वजनिक प्रमाणित दृश्य रूप या प्रमाण या मार्ग-** सार्वजनिक प्रमाणित आदान-प्रदान की क्रिया या कर्म जिससे सार्वजनिक प्रमाणित परिणाम या फल प्राप्त होता है। सार्वजनिक प्रमाणित दृश्य रूप या दप्रमाण या मार्ग कहलाता है। जैसे-सार्वजनिक प्रमाणित पूर्णावतार द्वारा आदान-प्रदान और सार्वजनिक रूप से आदान-प्रदान।

ईश्वर

आध्यात्मिक आधार *(स्वामी विवेकानन्द)*

01. जिस प्रकार मानवी शरीर एक व्यक्ति है और उसका प्रत्येक सूक्ष्म भाग जिसे हम "कोश" कहते हैं एक अंश है। उसी प्रकार सारे व्यक्तियों का समष्टि ईश्वर है, यद्यपि वह स्वयं भी एक व्यक्ति है। समष्टि ही ईश्वर है, व्यष्टि या अंश, जीव है। इसलिए ईश्वर का अस्तित्व जीवों के अस्तित्व पर निर्भर है जैसे कि शरीर का उसके सूक्ष्म भाग पर और सूक्ष्म भाग का शरीर पर। इस प्रकार जीव और ईश्वर परस्परावलम्बी हैं। जब तक एक का अस्तित्व है तब तक दूसरे का भी रहेगा। और हमारी इस पृथ्वी को छोड़कर अन्य सब उँचे लोकों में शुभ की मात्रा अशुभ से अधिक होती है। इसलिए वह समष्टि स्वरुप ईश्वर शिव स्वरुप, सर्वशक्तिमान और सर्वज्ञ कहा जा सकता है। ये गुण प्रत्यक्ष प्रतीत होते हैं। ईश्वर से सम्बद्ध होने के कारण उन्हें प्रमाण करने के लिए तर्क की आवश्यकता नहीं होती। ब्रह्म इन दोनों से परे है और वह कोई विशिष्ट अवस्था नहीं है वह एक ऐसी वस्तु है जो अनेकों की समष्टि से नहीं बनी है। वह एक ऐसी सत्ता है जो सूक्ष्मातित सूक्ष्म से लेकर ईश्वर तक सब में व्याप्त है और उसके बिना किसी का अस्तित्व नहीं हो सकता सभी का अस्तित्व उसी सत्ता या ब्रह्म का प्रकाश मात्र है। जब मैं सोचता हूँ "मैं ब्रह्म हूँ" तब मेरा यथार्थ अस्तित्व होता है ऐसा ही सबके बारे में है विश्व की प्रत्येक वस्तु स्वरुपतः वही सत्ता है (पत्रावली भाग-2, पृष्ठ-18)

02. सबका स्वामी (परमात्मा) कोई व्यक्ति विशेष नहीं हो सकता, वह तो सबकी समष्टि स्वरुप ही होगा। वैराग्यवान मनुष्य आत्मा शब्द का अर्थ व्यक्तिगत "मैं" न समझकर, उस सर्वव्यापी ईश्वर को समझता है जो अन्तर्यामी होकर सबमें वास कर रहा हो। वे समष्टि के रुप में सब को प्रतीत हो सकते हैं ऐसा होते हुए जब जीव और ईश्वर स्वरुपतः अभिन्न हैं, तब जीवों की सेवा और ईश्वर से प्रेम करने का अर्थ एक ही है। यहाँ एक विशेषता है। जब जीव को जीव समझकर सेवा की जाती है तब वह दया है, किन्तु प्रेम नहीं। परन्तु जब उसे आत्मा समझकर सेवा करो तब वह प्रेम कहलाता है। आत्मा ही एक मात्र प्रेम का पात्र है, यह श्रुति, स्मृति और अपरोक्षानुभूति से जाना जा सकता है। भगवान चैतन्यदेव ने इसलिए यह ठीक कहा था-"ईश्वर से प्रेम और जीवों पर दया" वे द्वैतवादी थे, इसलिए उनका अन्तिम निर्णय जिसमें वे जीव और ईश्वर में भेद करते हैं उनके लिए ठीक है परन्तु हम अद्वैत वादी हैं हमारे लिए जीव को परमात्मा से पृथक करना बन्धन का कारण है इसलिए मूल तत्व दया न होना चाहिए परन्तु प्रेम। हमारा धर्म करुणा नहीं वरन् सेवा धर्म है और सब में आत्मा ही को देखना है। (पत्रावली भाग-2, पृष्ठ-109)

03. "स ईशोऽनिर्वचनीयप्रेमस्वरुपः"-ईश्वर अनिर्वचनीय प्रेम स्वरुप है। नारद द्वारा वर्णन किया हुआ ईश्वर का यह लक्षण स्पष्ट है और सब लोगों को स्वीकार है। यह मेरे जीवन का दृढ़ विश्वास है। बहुत से व्यक्तियों के समूह को समष्टि कहते हैं और प्रत्येक व्यक्ति, व्यष्टि कहलाता है आप और मैं दोनों व्यष्टि हैं, समाज, समष्टि है आप और मैं, पशु, पक्षी, कीड़ा, कीड़े से भी तुक्ष प्राणी, वृक्ष, लता, पृथ्वी, नक्षत्र और तारे यह प्रत्येक व्यष्टि है और यह विश्व समष्टि है जो कि वेदान्त में विराट, हिरण गर्भ या ईश्वर कहलाता है। और पुराणों में ब्रह्मा, विष्णु, देवी इत्यादि। व्यष्टि को व्यक्तिशः स्वतन्त्रता होती है या नहीं, और यदि होती है तो उसका नाम क्या होना चाहिए। व्यष्टि को समष्टि के लिए अपनी इच्छा और सुख का सम्पूर्ण त्याग करना चाहिए या नहीं, वे प्रत्येक समाज के लिए चिरन्तन समस्याएँ हैं सब स्थानों में समाज इन समस्याओं के समाधान में संलग्न रहता है ये बड़ी-बड़ी तरंगों के समान आधुनिक पश्चिमी समाज में हलचल मचा रही हैं जो समाज के अधिपत्य के लिए व्यक्तिगत स्वतन्त्रता का त्याग चाहता है वह सिद्धान्त समाजवाद कहलाता है और जो व्यक्ति के पक्ष का समर्थन करता है वह व्यक्तिवाद कहलाता है। (पत्रावली भाग-2, पृष्ठ-288)

04. यन्त्र कभी नियम को उल्लंघन करने की कोई इच्छा नहीं रखता। कीड़ा नियम का विरोध करना चाहता है और नियम के विरुद्ध जाता है चाहे उस प्रयत्न में वह सिद्धि लाभ करे या असिद्धि, इसलिए वह बुद्धिमान है। जिस अंश में इच्छाशक्ति के प्रकट होने में सफलता होती है उसी अंश में सुख अधिक होता है और जीव

उतना ही उँचा होता है परमात्मा की इच्छा शक्ति पूर्ण रुप से सफल होती है इसलिए वह उच्चतम है। (पत्रावली भाग-2, पृष्ठ-290)

05. ईश्वर उस निरपेक्ष सत्ता की उच्चतम अभिव्यक्ति है, या यों कहिए, मानव मन के लिए जहाँ तक निरपेक्ष सत्य की धारणा करना सम्भव है, बस वही ईश्वर है। सृष्टि अनादि है और उसी प्रकार ईश्वर भी अनादि है (भक्ति योग, पृष्ठ-13)

06. यह सारा झगड़ा केवल इस "सत्य" शब्द के उलटफेर पर आधारित है। "सत्य" शब्द से जितने भाव सूचित होते हैं वे समस्त भाव "ईश्वर भाव" में आ जाते हैं। ईश्वर उतना ही सत्य है जितनी विश्व की कोई अन्य वस्तु। और वास्तव में, "सत्य" शब्द यहाँ पर जिस अर्थ में प्रयुक्त हुआ है, उससे अधिक "सत्य" शब्द का कोई अर्थ नहीं। यही हमारी ईश्वर सम्बन्धी दार्शनिक धारणा है। (भक्ति योग, पृष्ठ-21)

ईश्वर

आदान-प्रदान के अतीत संचालनकर्ता को ईश्वर कहते हैं। इसके निम्नरूप हैं।

1. **अदृश्य ईश्वर**-व्यक्तिगत प्रमाणित मार्ग से आदान-प्रदान के अतीत संचालनकर्ता को अदृश्य ईश्वर कहते हैं। इसके निम्न रूप हैं।

   क. **व्यक्तिगत प्रमाणित अदृश्य ईश्वर**-व्यक्तिगत प्रमाणित अदृश्य मार्ग से आदान-प्रदान के संचालनकर्ता अतीत को जो व्यक्तिगत प्रमाणित हो, को व्यक्तिगत प्रमाणित अदृश्य ईश्वर कहते हैं जैसे-आत्मा

   ख. **सार्वजनिक प्रमाणित अदृश्य ईश्वर**-व्यक्तिगत प्रमाणित अदृश्य मार्ग से आदान-प्रदान के संचालनकर्ता अतीत को जो सार्वजनिक प्रमाणित हो, को सार्वजनिक प्रमाणित अदृश्य ईश्वर कहते हैं जैसे-ब्रह्माण्ड, प्रकृति, ग्रह, नक्षत्र इत्यादि

2. **दृश्य ईश्वर**-सार्वजनिक प्रमाणित मार्ग से आदान-प्रदान के अतीत संचालनकर्ता को दृश्य ईश्वर कहते हैं। इसके निम्न रूप हैं।

   क. **व्यक्तिगत प्रमाणित दृश्य ईश्वर**-सार्वजनिक प्रमाणित दृश्य मार्ग से आदान-प्रदान के संचालनकर्ता अतीत को जो व्यक्तिगत प्रमाणित हो, को व्यक्तिगत प्रमाणित दृश्य ईश्वर कहते हैं जैसे-व्यक्तिगत प्रमाणित पूर्ववतार

   ख. **सार्वजनिक प्रमाणित दृश्य ईश्वर**-सार्वजनिक प्रमाणित दृश्य मार्ग से आदान-प्रदान के संचालनकर्ता अतीत को जो सार्वजनिक प्रमाणित हो, को सार्वजनिक प्रमाणित दृश्य ईश्वर कहते हैं जैसे-सार्वजनिक प्रमाणित पूर्णावतार

वेद और वेदान्त

आध्यात्मिक आधार *(स्वामी विवेकानन्द)*

01. वेद का अर्थ अनादि सत्यों का समूह है। वेदज्ञ ऋषियों ने इन सत्यों को प्रत्यक्ष किया था। बिना अतिन्द्रिय दृष्टि के साधारण दृष्टि से ये सत्य प्रत्यक्ष नहीं होते। इसी से वेद में ऋषि का अर्थ मन्त्रार्थ दर्शी है, यज्ञोपवीतधारी ब्राह्मण नहीं। ब्राह्मण आदि जाति विभाग वेद के बाद हुआ था। वेद शब्दात्मक अर्थात् भावात्मक हैं अथवा अनन्त भाव राशि की समष्टि को ही वेद कहते हैं। "शब्द" इस पद का वैदिक प्राचीन अर्थ सूक्ष्म भाव है, जो फिर आगे स्थूल रुप से अपने को व्यक्त करता है इसलिए प्रलय काल में भावी सृष्टि का सूक्ष्म बीज समूह वेद में ही संपुटित रहता है। इसी से पुराण में पहले-पहल मीनावतार से वेद का उद्धार दिखाई देता है। प्रथमावतार से ही वेद का उद्धार हुआ। (विवेकानन्द जी के संग में, पृष्ठ-61)

02. भारत में यह सर्वसम्मत है कि "वेद" शब्द में तीन भाग सम्मिलित हैं-संहिता, ब्राह्मण और उपनिषद्। इनमें से पहले दो भाग कर्मकाण्ड सम्बन्धी होने के कारण अब लगभग एक ओर कर दिये गये हैं। सब मतों के निर्माताओं तथा तत्व ज्ञानियों ने केवल उपनिषदों को ही ग्रहण किया है। केवल संहिता ही वेद है, यह स्वामी दयानन्द का शुरु किया हुआ विल्कुल नया विचार है और पुरातनमतावलम्बी या सनातनी जनता में इसको मानने वाला कोई नहीं है। इस मतावलम्बन का कारण यह था कि स्वामी दयानन्द समझते थे कि संहिता की एक नई व्याख्या के अनुसार वे पुरे वेद का एक सुसंगत सिद्धान्त निर्माण कर सकेंगे। परन्तु कठिनाइयाँ कुछ कम न हुई, केवल वे अब ब्राह्मण (वेदों के एक भाग का नाम) भाग के सम्बन्ध में उठ खड़ी हुई और अनेक व्याख्याओं तथा प्रक्षिप्तता की कल्पनाओं का सहारा लेने पर भी बहुत कुछ कठिनाइयाँ शेष ही रह गयीं। अब यदि यह सम्भव है कि संहिता के आधार पर एक समन्वयपूर्ण धर्म का निर्माण किया जाये तो यह सहस्त्र गुना अधिक सम्भव है कि एक समन्वयपूर्ण और सामंजस्य युक्त मत उपनिषदों के आधार पर बन सकता है, फिर इसमें पहले से प्राप्त राष्ट्रीय सम्मति के विपरीत न जाना पड़ेगा। यहाँ भूतकाल के सब आचार्य तुम्हारा साथ देंगे तथा उन्नति के नये मार्गों का विशाल क्षेत्र तुम्हारे सामने खुला है। निस्सन्देह गीता हिन्दुओं की बाइबिल बन चुकी है और यह इस मान के सर्वथा योग्य भी है। परन्तु श्रीकृष्ण का व्यक्तित्व काल्पनिक कथाओं के झुण्ड में ऐसा आच्छादित हो गया है कि उनके जीवन से जीवनदायिनी स्फूर्ति प्राप्त करना असम्भव सा जान पड़ता है दूसरे, वर्तमान युग में नई विचार प्रणाली और नवीन जीवन की आवश्यकता है (पत्रावली भाग-2, पृष्ठ-97)

03. स्मृति और पुराण, सीमित बुद्धि वाले व्यक्तियों की रचनाएँ हैं और भ्रम, प्रमाद, भेद तथा द्वेष भाव से परिपूर्ण हैं। उनके कुछ अंश जिनमें मन की उदारता और प्रेम का आविर्भाव है, ग्रहण करने योग्य है और शेष सब का त्याग कर देना चाहिए। उपनिषद् और गीता सच्चे शास्त्र हैं, और राम, श्रीकृष्ण, बुद्ध, चैतन्य, नानक, कबीर आदि सच्चे अवतार हैं, क्योंकि उनके हृदय आकाश के समान विशाल थे। ओर इन सब में श्रेष्ठ हैं-रामकृष्ण। रामानुज, शंकर इत्यादि संकीर्ण हृदय वाले केवल पंडित मालूम होते हैं। वह प्रेम कहाँ है, वह हृदय जो दूसरों का दुःख देखकर द्रवित हो? पंडितों का शुष्क विद्याभिमान-जैसे-तैसे केवल अपने आप को मुक्त करने की इच्छा। परन्तु महाशय क्या यह सम्भव है? क्या इसकी कभी सम्भावना थी या हो सकती है? क्या अहम भाव का अल्पांश भी रहने से किसी चीज की प्राप्ति हो सकती है? (पत्रावली भाग-2, पृष्ठ-95)

04. सभी देशों में, सभी काल में कर्मकाण्ड, सामाजिक रीति-नीति सदा ही परिवर्तित होते रहते हैं। एक मात्र ज्ञान काण्ड ही परिवर्तित नहीं होता। वैदिक युग में भी देख, कर्मकाण्ड धीरे-धीरे परिवर्तित हो गया, परन्तु उपनिषद् का ज्ञान प्रकरण आज तक भी एक ही भाव से मौजूद है, सिर्फ उसकी व्याख्या करने वाले अनेक हो गये। (विवेकानन्द जी के संग में, पृष्ठ-259)

05. समग्र धर्म वेदान्त में ही है अर्थात् वेदान्त दर्शन के द्वैत, विशिष्टाद्वैत और अद्वैत। इन तीन स्तरों या भूमिकाओं में है और ये एक के बाद एक आते हैं तथा मनुष्य की आध्यात्मिक उन्नति के क्रम से तीन भूमिकाएं हैं। प्रत्येक भूमिका आवश्यक है। यही सार रुप से धर्म है भारत के नाना प्रकार के जातीय आचार व्यवहारों और धर्म मतों में वेदान्त के प्रयोग का नाम है-हिन्दू धर्म। यूरोप की जातियों के विचारों नें उसकी पहली भूमिका अर्थात् द्वैत का प्रयोग है-ईसाई धर्म। सेनेटिक जातियों में उसका ही प्रयोग है-इस्लाम धर्म। अद्वैतवाद ही अपनी योगानुभूति के आकार में हुआ-बौद्ध धर्म। इत्यादि, इत्यादि। धर्म का अर्थ है वेदान्त, उसका प्रयोग विभिन्न जातियों के विभिन्न प्रयोजन, पारिपार्श्विक अवस्था एवं अन्यान्य अवस्थाओं के अनुसार विभिन्न रुपों में बदलता ही रहेगा। मूल दार्शनिक तत्व एक होने पर भी तुम देखोगे कि शैव, शाक्त आदि हर एक ने अपने विशेष धर्ममत और अनुष्ठान पद्धति में उसे रुपान्तरित कर लिया है (पत्रावली भाग-1, पृष्ठ-318)

06. एक श्रेणी के वेदान्तवादियों का ऐसा ही मत है-वे कहते हैं "व्यष्टि की मुक्ति, मुक्ति का वास्तविक स्वरुप नहीं है। इस समष्टि की मुक्ति ही मुक्ति है।" हाँ, इस मत के दोष-गुण अवश्य दिखाए जा सकते हैं (विवेकानन्द जी के संग में, पृष्ठ-255)

वेद या शास्त्र

आदान-प्रदान के अतीत के व्यापक ज्ञान को वेद या शास्त्र तथा विशेषज्ञ वेदी या शास्त्री कहलाता है। इसके निम्नलिखित रूप है-

1. **अदृश्य वेद**-व्यक्तिगत प्रमाणित अदृश्य मार्ग से आदान-प्रदान के अतीत का व्यापक ज्ञान व्यक्तिगत प्रमाणित अदृश्य वेद या व्यष्टि वेद तथा विशेषज्ञ व्यष्टि वेदी कहलाता है। इसके निम्नरूप है।
   - क. **व्यक्तिगत प्रमाणित अदृश्य वेद**-व्यक्तिगत प्रमाणित अदृश्य मार्ग से आदान-प्रदान के अतीत का व्यापक ज्ञान जो व्यक्तिगत प्रमाणित हो, व्यक्तिगत प्रमाणित अदृश्य या व्यष्टि वेद कहलाता है। जैसे-आत्मा से व्यक्त ज्ञान।
     - i. **ऋगवेद**-व्यक्तिगत प्रमाणित अदृश्य मार्ग से ज्ञान की ओर से आदान-प्रदान के अतीत के व्यापक ज्ञान को ऋगवेद कहते हैं।
   - ख. **सार्वजनिक प्रमाणित अदृश्य वेद**-व्यक्तिगत प्रमाणित अदृश्य मार्ग से आदान-प्रदान के अतीत का व्यापक ज्ञान जो सार्वजनिक प्रमाणित हो, सार्वजनिक प्रमाणित अदृश्य या व्यष्टि वेद कहलाता है। जैसे-ब्रह्माण्ड और प्रकृति से व्यक्त ज्ञान।
     - ii. **सामवेद**-व्यक्तिगत प्रमाणित अदृश्य मार्ग से सार्वजनिक प्रमाणित गायन की ओर से आदान-प्रदान के अतीत के व्यापक ज्ञान को सामवेद कहते हैं।
     - iii. **यजुर्वेद**-व्यक्तिगत प्रमाणित अदृश्य मार्ग से सार्वजनिक प्रमाणित कर्म की ओर से आदान-प्रदान के अतीत के व्यापक ज्ञान को यजुर्वेद कहते है। इसे अदृश्य यज्ञज्ञान भी कहते हैं।
     - iv. **अथर्ववेद**-व्यक्तिगत प्रमाणित अदृश्य मार्ग से सार्वजनिक प्रमाणित औशधि की ओर से आदान-प्रदान के अतीत के व्यापक ज्ञान को अथर्ववेद कहते है।

2. **दृश्य वेद**-सार्वजनिक प्रमाणित दृश्य मार्ग से आदान-प्रदान के अतीत या व्यापक ज्ञान सार्वजनिक प्रमाणित दृश्य वेद या समष्टि वेद कहलाता है। इसके निम्न रूप है।
   - क. **व्यक्तिगत प्रमाणित दृश्य वेद**-सार्वजनिक प्रमाणित दृश्य मार्ग से आदान-प्रदान के अतीत का व्यापक ज्ञान जो व्यक्तिगत प्रमाणित हो, व्यक्तिगत प्रमाणित दृश्य या समष्टि वेद कहलाता है। जैसे-व्यक्तिगत प्रमाणित पूर्णावतार से व्यक्त ज्ञान।

i. **गीता**-सार्वजनिक प्रमाणित दृश्य मार्ग से व्यक्तिगत प्रमाणित कर्म की ओर से आदान-प्रदान के अतीत के व्यापक ज्ञान को कर्मवेद कहते है। इसे व्यक्तिगत प्रमाणित दृश्य यज्ञज्ञान भी कहते हैं।

ख. सार्वजनिक प्रमाणित दृश्य वेद-सार्वजनिक प्रमाणित दृश्य मार्ग से आदान-प्रदान के अतीत का व्यापक ज्ञान जो सार्वजनिक प्रमाणित हो, सार्वजनिक प्रमाणित दृश्य या समष्टि वेद कहलाता है। जैसे-सार्वजनिक प्रमाणित पूर्णावतार से व्यक्त ज्ञान।

ii. **कर्मवेद**-सार्वजनिक प्रमाणित दृश्य मार्ग से सार्वजनिक प्रमाणित कर्म की ओर से आदान-प्रदान के अतीत के व्यापक ज्ञान को कर्मवेद कहते है। इसे सार्वजनिक प्रमाणित दृश्य यज्ञ ज्ञान भी कहते हैं।

साधारण भाषा में, गेंद उपर जाती है फिर नीचे गिरती है। प्रत्येक व्यक्ति के पास एक सर्वोच्च विचार होता है उसे भी व्यक्त कर देने के बाद नीचे आना पड़ता है। ऐसा विचार जो कभी नीचे ना आ सके उसे ही ईश्वरीय विचार कहते हैं। वाट-वटखरा तोलने के लिए बना है, पूजा करने के लिए नहीं। मानक-पैमाना-मात्रक तोलने के लिए बना है पूजा करने के लिए नहीं। ईश्वर-आत्मा-सार्वभौम सत्य-सिद्धान्त मनुष्य को तोलने के लिए बना है पूजा करने के लिए नहीं। पूजा करने से ज्यादा, स्वयं को तोलने में अधिक लाभ है।

ऐसा विचार या सिद्धान्त-नियम जो सम्पूर्ण ब्रह्माण्ड में व्याप्त है, जिसमें परिवर्तन करना असम्भव है उसे ही ईश्वरीय विचार या आकाशीय विचार कहते हैं। और ऐसा विचार जिस पुस्तक में लिखा होता है, आकाशीय किताब कहते हैं।, ईश्वरकृत कहते हैं, उसे शास्त्र कहते हैं। और प्रकट करने का माध्यम केवल एक मात्र मानव शरीर ही होता है।

ईश्वर नाम

आध्यात्मिक आधार *(स्वामी विवेकानन्द)*

1. उन्हें (सिद्ध गुरुवों) मंत्र द्वारा शिष्यों में आध्यात्मिक ज्ञान का बीजारोपड़ करना पड़ता है। ये मंत्र क्या हैं? भारतीय दर्शन के अनुसार नाम और रुप ही इस जगत की अभिव्यक्ति के कारण हैं। मानवीय अन्तर्जगत में एक भी ऐसी चित्तवृत्ति नहीं रह सकती, जो नाम-रुपात्मक न हो। *- (भक्ति योग, पृष्ठ-44)*
2. बृहत् ब्रह्माण्ड में भी ब्रह्मा, हिरण्यगर्भ या समष्टि महत् ने पहले अपने आप को नाम के, और फिर बाद में रुप के आकार में अर्थात् इस परिदृश्यमान जगत के आकार में अभिव्यक्त किया। *- (भक्ति योग, पृष्ठ-44)*
3. यह सारा व्यक्त इन्द्रियग्राह्य जगत रुप है, और इसकें पीछे है अनन्त अव्यक्त स्फोट। स्फोट का अर्थ-समस्त जगत की अभिव्यक्ति का कारण शब्द-ब्रह्म है। समस्त नामों अर्थात् भावों की नित्य समवायी उपादान स्वरुप यह नित्य स्फोट ही वह शक्ति है, जिससे भगवान इस विश्व की सृष्टि करते हैं। यहीं नहीं बल्कि भगवान पहले स्फोट रुप में परिणत हो जाते हैं और तत्पश्चात् अपने को उससे भी स्थूल इस इन्द्रियग्राह्य जगत के रुप में परिणत कर लेते हैं। *- (भक्ति योग, पृष्ठ-45)*
4. ये वाचक शब्द ऋषियों की गम्भीरतम आध्यात्मिक अनुभूति से उत्पन्न हुए हैं और वे भगवान तथा विश्व के जिन विशेष-विशेष खण्ड भाव के वाचक हैं, उन विशेष भावों को यथासम्भव प्रकाशित करते हैं। जिस प्रकार "ऊँ" अखण्ड ब्रह्म का वाचक है, उसी प्रकार अन्यान्य मंत्र भी उसी परम पुरुष के खण्ड-खण्ड भावों के वाचक हैं। ये सभी ईश्वर के ध्यान और प्रकृत ज्ञान की प्राप्ति में सहायक हैं। *- (भक्ति योग, पृष्ठ-47)*
5. एक शब्द में वेदान्त का आदर्श है-मनुष्य के सच्चे स्वरुप को जानना। और वेदान्त का यहीं संदेश है कि यदि तुम व्यक्त ईश्वर रुप अपने भाई की उपासना नहीं कर सकते, तो तुम उस ईश्वर की उपासना कैसे करोगे जो अव्यक्त है। *- (विवेकानन्द राष्ट्र को आह्वान, पृष्ठ-48)*

ईश्वर नाम

आदान-प्रदान के अतीत का शब्द प्रतीक ईश्वर नाम कहलाता है। इसके निम्नरूप है।

1. **अदृश्य ईश्वर नाम-**व्यक्तिगत प्रमाणित अदृश्य मार्ग से आदान-प्रदान के अतीत का शब्द प्रतीक को व्यक्तिगत अदृश्य अर्थात् व्यक्ति ईश्वर नाम कहते है। इसके निम्न रूप है।
   - **क. व्यक्तिगत प्रमाणित अदृश्य ईश्वर नाम-**व्यक्तिगत प्रमाणित अदृश्य मार्ग से आदान-प्रदान के अतीत का शब्द प्रतीक को जो व्यक्तिगत प्रमाणित हो, व्यक्तिगत प्रमाणित अदृश्य अर्थात् व्यष्टि ईश्वर नाम कहते है। जैसे-आत्मा का शब्द प्रतीक नाम-"ओउम", "अल्ला",GOD, "वाहे गुरू" इत्यादि।
   - **ख. सार्वजनिक प्रमाणित अदृश्य ईश्वर नाम-**व्यक्तिगत प्रमाणित अदृश्य मार्ग से आदान-प्रदान के अतीत का शब्द प्रतीक को जो सार्वजनिक प्रमाणित हो, सार्वजनिक प्रमाणित अदृश्य अर्थात् व्यष्टि ईश्वर नाम कहते है। जैसे-ब्रह्माण्ड, प्रकृति, ग्रह, नक्षत्र इत्यादि के शब्द प्रतीक नाम।

2. **दृश्य ईश्वर नाम-**सार्वजनिक प्रमाणित दृश्य मार्ग से आदान-प्रदान के अतीत का शब्द प्रतीक को सार्वजनिक प्रमाणित दृश्य अर्थात् समष्टि ईश्वर नाम कहते है। इसके निम्न रूप है।
   - **क. व्यक्तिगत प्रमाणित दृश्य ईश्वर नाम-**सार्वजनिक प्रमाणित दृश्य मार्ग से आदान-प्रदान के अतीत का शब्द प्रतीक को जो व्यक्तिगत प्रमाणित हो, व्यक्तिगत प्रमाणित दृश्य अर्थात् समष्टि ईश्वर नाम कहते है। जैसे-व्यक्तिगत प्रमाणित पूर्णावतार का नाम।
   - **ख. सार्वजनिक प्रमाणित दृश्य ईश्वर नाम-**सार्वजनिक प्रमाणित दृश्य मार्ग से आदान-प्रदान के अतीत का शब्द प्रतीक को जो सार्वजनिक प्रमाणित हो, सार्वजनिक प्रमाणित दृश्य अर्थात् समष्टि

ईश्वर नाम कहते है। जैसे-सार्वजनिक प्रमाणित पूर्णावतार का नाम और उनके द्वारा व्यक्त ईश्वर नाम- **TRADE CENTRE**

उपनिषद्

आदान-प्रदान के अतीत का शब्द प्रतीक ईश्वरनाम का व्यापक दर्शन उपनिषद् कहलाता है। इसके निम्न रूप है।

1. **अदृश्य उपनिषद्**-व्यक्तिगत प्रमाणित अदृश्य मार्ग से आदान-प्रदान के अतीत का शब्द प्रतीक ईश्वरनाम का व्यापक दर्शन अदृश्य या व्यष्टि उपनिषद् कहलाता है। इसके निम्न रूप है।
   - **क. व्यक्तिगत प्रमाणित अदृश्य उपनिषद्**-व्यक्तिगत प्रमाणित अदृश्य मार्ग से आदान-प्रदान के अतीत का शब्द प्रतीक ईश्वरनाम का व्यापक दर्शन जो व्यक्तिगत प्रमाणित हो, व्यक्तिगत प्रमाणित अदृश्य उपनिषद् कहलाता है। जैसे-आत्मा का शब्द प्रतीक ईश्वर नाम "ओउम" शब्द का दर्शन प्रस्तुत करने वाले अनेक उपनिषद्।
   - **ख. सार्वजनिक प्रमाणित अदृश्य उपनिषद्**-व्यक्तिगत प्रमाणित अदृश्य मार्ग से आदान-प्रदान के अतीत का शब्द प्रतीक ईश्वरनाम का व्यापक दर्शन जो सार्वजनिक प्रमाणित हो, सार्वजनिक प्रमाणित अदृश्य उपनिषद् कहलाता है। जैसे-ब्रहमाण्ड, प्रकृति, ग्रह, नक्षत्र इत्यादि के शब्द प्रतीक ईश्वर नाम शब्द का दर्शन प्रस्तुत करने वाले उपनिषद्।

2. **दृश्य उपनिषद्**-सार्वजनिक प्रमाणित दृश्य मार्ग से आदान-प्रदान के अतीत का शब्द प्रतीक ईश्वरनाम का व्यापक दर्शन दृश्य या समष्टि उपनिषद् कहलाता है। इसके निम्न रूप है।
   - **क. व्यक्तिगत प्रमाणित दृश्य उपनिषद्**-सार्वजनिक प्रमाणित दृश्य मार्ग से आदान-प्रदान के अतीत का शब्द प्रतीक ईश्वरनाम का व्यापक दर्शन जो व्यक्तिगत प्रमाणित हो, व्यक्तिगत प्रमाणित दृश्य उपनिषद् कहलाता है। जैसे-व्यक्तिगत प्रमाणित पूर्णावतार का नाम के शब्द प्रतीक ईश्वर नाम शब्द का दर्शन प्रस्तुत करने वाले अनेक उपनिषद्।
   - **ख. सार्वजनिक प्रमाणित दृश्य उपनिषद्**-सार्वजनिक प्रमाणित दृश्य मार्ग से आदान-प्रदान के अतीत का शब्द प्रतीक ईश्वरनाम का व्यापक दर्शन जो सार्वजनिक प्रमाणित हो, सार्वजनिक प्रमाणित दृश्य उपनिषद् कहलाता है। जैसे-सार्वजनिक प्रमाणित पूर्णावतार का नाम के शब्द प्रतीक ईश्वर नाम शब्द का दर्शन प्रस्तुत करने वाले उपनिषद् और व्यक्त TRADE CENTRE शब्द का दर्शन प्रस्तुत करने वाला उपनिषद्।

काल	
अदृश्य	दृश्य
ईश्वर	ब्रह्माण्ड
ज्ञान	वाणी
प्रेम	कर्म
ध्यान	समर्पण

व्यक्तिगत प्रमाणित

अदृश्य काल

व्यक्तिगत प्रमाणित अदृश्य काल का
अदृश्य ईश्वर नाम-"ऊँ" शब्द का दर्शन

आध्यात्मिक आधार *(स्वामी विवेकानन्द)*

1. इस स्फोट का एक मात्र वाचक शब्द है-"ऊँ"। और चूँकि हम किसी भी उपाय से शब्द को भाव से अलग नहीं कर सकते, इसलिए यह "ऊँ" भी इस नित्य स्फोट से नित्य संयुक्त है।

-स्वामी विवेकानन्द (भक्ति योग, पृष्ठ-45)

2. एकमेव यह "ऊँ" ही इस प्रकार सर्वभावाव्यापी वाचक शब्द है, अन्य कोई भी इसके समान नहीं। स्फोट ही सारे भावों का उपादान है, फिर भी वह स्वयं पूर्ण रुप से विकसित कोई विशिष्ट भाव नहीं है। अर्थात् यदि उन सब भेदों को, जो एक भाव को दूसरे से अलग करते हैं, निकाल दिया जाय, तो जो कुछ बचा रहता है, वहीं स्फोट है। इसलिए इस स्फोट को "नादब्रह्म" कहते हैं।

-स्वामी विवेकानन्द (भक्ति योग, पृष्ठ-45)

3. जो वाचक शब्द उसे सब से कम विशेषभावापन्न करेगा, पर साथ ही उसके स्वरुप को यथासम्भव पूरी तरह प्रकाशित करेगा, वहीं उसका सबसे सच्चा वाचक होगा। और यह वाचक शब्द है-एकमात्र "ऊँ" क्योंकि ये तीनों अक्षर अ, उ और म्, जिनका एक साथ उच्चारण करने से "ऊँ" होता है, समान शब्दों के सधारण वाचक के तौर पर लिये जा सकते हैं।

-स्वामी विवेकानन्द (भक्ति योग, पृष्ठ-46)

4. अक्षर "अ" सारे अक्षरों में सबसे कम विशेषभावापन्न है। इसीलिए भगवान कृष्ण गीता में कहते हैं-"अक्षरों में मैं "अ" कार हूँ।" (गीता,10/33) स्पष्ट रुप से उच्चारित जितने भी शब्द हैं, उनकी उच्चारण क्रिया मुख में जिह्वा के मूल से आरम्भ होती है और ओठों में आकर समाप्त हो जाती है। "अ" जिह्वा मूल अर्थात् कण्ठ से उच्चारित होता है, और "म" ओठों से होने वाला अन्तिम शब्द है। और "उ" उस शक्ति का सूचक है, जो जिह्वा मूल से आरम्भ होकर मुँह भर में लुढ़कती हुई ओठों में आकर समाप्त हो जाती है। यदि "ऊँ" का उच्चारण ठीक ढंग से किया जाय, तो इसके शब्दोच्चारण की सम्पूर्ण क्रिया सम्पन्न हो जाती है-दूसरे किसी भी शब्द में यह शक्ति नहीं।

-स्वामी विवेकानन्द (भक्ति योग, पृष्ठ-46)

5. जिस प्रकार अल्पतम् विशेष भावात्मक तथा सार्वभौमिक वाचक शब्द "ऊँ" के सम्बन्ध में वाच्य और वाचक आपस में अभेद्य रुप से सम्बद्ध है उसी प्रकार वाच्य और वाचक का यह अविच्छिन्न सम्बन्ध भगवान और विश्व के विभिन्न खण्ड भावों पर भी लागू है, अतएव उनमें रो प्रत्येक का एक विशिष्ट वाचक शब्द होना आवश्यक है।

-स्वामी विवेकानन्द (भक्ति योग, पृष्ठ-47)

वेद शब्द का अर्थ "ज्ञान" है। वेद-पुरूष के शिरोभाग को उपनिषद् कहते हैं। उप (व्यवधानरहित), नि (सम्पूर्ण), षद् (ज्ञान)। किसी विषय के होने न होने का निर्णय ज्ञान से होता है। अज्ञान का अनुभव भी ज्ञान ही कराता है। अतः ज्ञान को प्रमाणित करने के लिए ज्ञान से भिन्न किसी वस्तु की आवश्यकता नहीं है। उपनिषद् का अन्य अर्थ उप (समीप) निषत्-निषीदति (बैठने वाला) अर्थात् जो उस परमतत्व के समीप बैठता हो अर्थात् जिसे ब्रह्म का साक्षात्कार किया जा सके, वह उपनिषद् है। मुक्तिकोपनिषद् में 108 उपनिषदों का वर्णन आता है। इसके अतिरिक्त अडियार लाइब्रेरी मद्रास से प्रकाशित संग्रह में से 179 उपनिषदों के प्रकाशन हो चुके हैं। गुजराती प्रिंटिंग प्रेस, मुम्बई से मुद्रित वाक्य महाकोश में 223 उपनिषदों की नामावली दी गई है। इनमें उपनिषद् 1. उपनिधित्स्तुति तथा 2. देव्युपनिषद्। 2 की चर्चा शिवरहस्य नामक ग्रन्थ में है लेकिन ये दोनों उपलब्ध नहीं हैं तथा माण्डूक्यकारिका के चार प्रकरण चार जगह गिने गये हैं। इस प्रकार अब तक ज्ञात उपनिषदों की संख्या 220 आती है।

निम्नलिखित 108 उपनिषद् की यह सूची मुक्तिकोपनिषद् में दी गयी है।

अ. ऋग्वेद से 10 उपनिषद् है और उनका शान्ति पाठ "वण्में मनिस" से आरम्भ होता है। जो प्रकार के अनुसार निम्नवत् हैं-

1. मुख्य उपनिषद्-एतरेय
2. योग उपनिषद्-बिन्दु
3. शैव उपनिषद्-अक्षमालिक
4. वैष्णव उपनिषद्-कोइ नहीं
5. शाक्त उपनिषद्-सौभाग्य, त्रिपुर, बह्च
6. सन्यास उपनिषद्-निर्वाण
7. सामान्य उपनिषद्-आत्मबोध, कौशीतिकी, मुद्रल

ब. सामवेद से 16 उपनिषद् है और उनका शान्ति पाठ "आप्यायन्तु" से आरम्भ होता है। जो प्रकार के अनुसार निम्नवत् हैं-

1. मुख्य उपनिषद्-केन, छान्दोग्य
2. योग उपनिषद्-योगचूड़ामिण, दर्शन
3. शैव उपनिषद्-रूद्राक्ष, जाबाल
4. वैष्णव उपनिषद्-अव्यक्त, वासुदेव
5. शाक्त उपनिषद्-कोई नहीं
6. सन्यास उपनिषद्-सन्यास, मैत्रेय, आरूणेय, कुण्डिक
7. सामान्य उपनिषद्-मैत्रायिण, सावित्री, वज्र-सिचू, महत्

स. अथर्ववेद से 31 उपनिषद् है और उनका शान्ति पाठ "भद्रं कर्णेभिः" से आरम्भ होता है। जो प्रकार के अनुसार निम्नवत् हैं-

1. मुख्य उपनिषद्-प्रश्न, मुण्डक, माण्डुक्य
2. योग उपनिषद्-महावाक्य, शाण्डिल्य, पाशुपात
3. शैव उपनिषद्-अथर्व-शिर, बृहज्जाबाल, अथर्व-शिख, शरभ, भस्म, गणपति
4. वैष्णव उपनिषद्-गोपाल, तपिण, कृष्ण, हयग्रीव, दत्तात्रेय, गारूड़, नृसिंहतापनी, महानारायण, रामरहस्य, रामतापिण
5. शाक्त उपनिषद्-सीता, अन्नपूर्ण, त्रिपुरातपिन, देवि, भावन
6. सन्यास उपनिषद्-परिव्रात् (नारदपरिव्राजक), परमहंस-परिव्राजक, परब्रह्म
7. सामान्य उपनिषद्-सूर्य, आत्मा

द. यजुर्वेद के शुक्ल यजुर्वेद शाखा से 19 उपनिषद् है और उनका शान्ति पाठ "पूर्णमदः" से आरम्भ होता है। जो प्रकार के अनुसार निम्नवत् हैं-

1. मुख्य उपनिषद्-बृहदारण्यक, ईश
2. योग उपनिषद्-हंस, त्रिशिख, मण्डलब्राह्मण
3. शैव उपनिषद्-कोई नहीं
4. वैष्णव उपनिषद्-तारसार
5. शाक्त उपनिषद्-कोई नहीं
6. सन्यास उपनिषद्-शात्यायिन, याज्ञवल्क्य, परमहंस, जाबाल, अद्वयतारक, तुरीयातीत, भिक्षुक

7. सामान्य उपनिषद्-मुक्तिक, सुबाल, मान्त्रिक, निरालम्ब, पैंगल, अध्यात्मा

य. यजुर्वेद के कृष्ण यजुर्वेद शाखा से 32 उपनिषद् है और उनका शान्ति पाठ "सहनाववतु" से आरम्भ होता है। जो प्रकार के अनुसार निम्नवत् हैं-

1. मुख्य उपनिषद्-तैत्तरीय, कठ
2. योग उपनिषद्-योग-कुण्डिलिन, अमृत-बिन्दु, अमृत-नाद, क्षुरिक, ध्यानिबन्दु, ब्रह्मिवद्या, योगतत्व, यागिशखा
3. शैव उपनिषद्-कैवल्य, रूद्र-हृदय, पंचब्रह्म, कालाग्निरूद्र, दक्षिणामूर्ति
4. वैष्णव उपनिषद्-नारायण, किल-सण्टारण
5. शाक्त उपनिषद्-सरस्वती रहस्य
6. सन्यास उपनिषद्-वाराह, अवघूत, तेजो-बिन्दु, कठरूद्र, ब्रह्म
7. सामान्य उपनिषद्-सर्वसार, शुक-रहस्य, प्राणाग्नि-होत्र, एकाक्षर, गर्भ, श्वेताश्वतर, शारीरक, अक्षि, स्कन्द

उपरोक्त के अलावा अन्य 112 उपनिषद् निम्नलिखित हैं-

01. अद्वैतोपनियषद्
02. अद्वैतभावनोपनिषद्
03. अनुभवसारोपनिषद्
04. अमनस्कोपनिषद्
05. अरूणोपनिषद्
06. अल्लोपनिषद्
07. अवधूतोपनिषद् (पद्यात्मक)
08. आचमनोपनिषद्
09. आत्मपूजोपनिषद्
10. आत्मोपनिषद् (पद्यात्मक)
11. आथर्वणद्वितीयोपनिषद्
12. आयुर्वेदोपनिषद्
13. आर्षेयोपनिषद्
14. आश्रमोपनिषद्
15. इतिहासोपनिषद् (वाक्यात्मक एवं पद्यात्मक)
16. ईसावास्योपनिषद् उपनशत्स्तुति (शिव रहस्यान्तर्गत-अनुपलब्ध)
17. देव्युपनिषद् (शिवरहस्यान्तर्गत-अनुपलब्ध)
18. ऊध्वर्पण्ड्रोपनिशद् (वाक्यात्मक एवं पद्यात्मक)
19. ऐतेरेयोपनिषद् (खन्डात्मक)
20. ऐतेरेयोपनिषद् (अध्यायात्मक)
21. कात्यायनोपनिषद्
22. कामराजकीलितोद्वारोपनिषद्
23. कालिकोपनिषद्
24. कालिमेधादीक्षितोपनिषद्
25. कौलोपनिषद्
26. गणेशपूर्वतापिन्युपनिषद् (वरदपूर्वतापिन्युपनिषद्)
27. गणेशोत्तरतापिन्युपनिषद् (वरदोत्तरतापिन्युपनिषद्)
28. गान्धर्वोपनिषद्
29. गायजंयुपनिषद्
30. गायत्रीरहस्योपनिषद्
31. गुह्यकाल्युपनिषद्
32. गुह्यषोढ़ान्यासोपनिषद्
33. गोपालोत्तरतापिन्युपनिषद्
34. गोपीचन्दनोपनिषद्
35. चतुर्वेदोपनिषद्
36. चाक्षुशोपनिषद् (चक्षरूपनिषद्, चक्षुरागोपनिषद्, नेत्रोपनिषद्)
37. चित्युपनिषद्
38. छागलेयोपनिषद्
39. तारोपनिषद्
40. तुलस्युपनिषद्
41. त्रिपुरामहोपनिषद्
42. त्रिसुपर्णोपनिषद्
43. दत्तोपनिषद्
44. दुर्वासोपनिषद्
45. द्वयोपनिषद्
46. नारदोपनिषद्
47. नारायणपूर्वतापिन्युपनिषद्
48. नारायणोत्तरतापिन्युपनिषद्
49. निरूक्तोपनिषद्
50. नीलरूद्रोपनिषद्
51. नृसिंहपूर्वतापिन्युपनिषद्
52. नृसिंहषटचक्रोपनिषद्
53. पारमात्मिकोपनिषद्
54. पारायणोपनिषद्
55. पिण्डोपनिषद्
56. पीताम्बरोपनिषद्
57. पुरूषसूक्तोपनिषद्
58. प्रणवोपनिषद् (पद्यात्मक)
59. प्रणवोपनिषद् (वाक्यात्मक)
60. बटुकोपनिषद्
61. बास्कलमन्त्रोपनिषद्
62. बिल्वोपनिषद् (पद्यात्मक)
63. बिल्वोपनिषद् (वाक्यात्मक)
64. भगवद्रीतोपनिषद्
65. भवसंतरणोपनिषद्
66. मठाम्नयोपनिषद्

67. मल्लायुपनिषद्
68. महानारायणोपनिषद् (बृहन्नारायणोपनिषद्, उत्तरनारायणोपनिषद्)
69. महावाक्योपनिषद्
70. माण्डुक्योपनिशत्कारिका-आगम, अलातशान्ति, वैतथ्य, अद्वैत
71. मृत्युलांगूलोपनिषद्
72. यज्ञोपवीतोपनिषद्
73. योगतत्वोपनिषद्
74. योगराजोपनिषद्
75. योगोपनिषद्
76. राजश्यामलारहस्योपनिषद्
77. राधोकोपनिषद् (वाक्यात्मक)
78. राधोकोपनिषद् (प्रपठात्मक)
79. रामोत्तरतापिन्युपनिषद्
80. रूद्रोपनिषद्
81. लक्ष्म्युपनिषद्
82. लाङ्ःगूलोपनिषद्
83. लिंगोपनिषद्
84. बज्रपजंरोपनिषद्
85. बनदुर्गोपनिषद्
86. विश्रामोपनिषद्
87. विष्णुहृदयोपनिषद्
88. 1.शिवसंकल्पोपनिषद्
89. 2.शिवसंकल्पोपनिषद्
90. शिवोपनिषद्
91. शैनकोपनिषद्
92. श्यामोपनिषद्
93. श्रीकृष्णपुरूषोत्तमसिद्धान्तोपनिषद्
94. श्रीचक्रोपनिषद्
95. श्रीविद्यात्तारकोपनिषद्
96. श्रीसूक्तम
97. शोढोपनिषद्
98. संकर्षणोपनिषद्
90. सदानन्दोपनिषद्
100.संन्यासोपनिषद् (वाक्यात्मक)
101. स हवैउपनिषद्
102. संहितोपनिषद्
103. सामरहस्योपनिषद्
104. सिद्धान्तविठ्ठलोपनिषद्
105. सिद्धान्तशिखोपनिषद्
106. सिद्धान्तसरोपनिषद्
107. सुदर्शनोपनिषद्
108. सुमुख्युपनिषद्
109. सूर्यतापिन्युपनिषद्
110. स्वसेवेद्योपनिषद्
111. हंसशोढोपनिषद्
112. हेरम्बोपनिषद्

सार्वजनिक प्रमाणित

दृश्य काल

सार्वजनिक प्रमाणित दृश्य काल का
दृश्य ईश्वर नाम-"TRADE CENTRE" शब्द का दर्शन

***साभार** – "विश्वशास्त्र - द नॉलेज आफ फाइनल नॉलेज"*

TRADE CENTRE शब्द में दो TRADE और CENTRE शब्द है। प्रत्येक का दर्शन निम्नवत् है।

अ. TRADE

TRADE या व्यापार शब्द सम्पूर्ण आदान-प्रदान का सूचक है जो दिशाहीन है। अर्थात् आदान-प्रदान या व्यापार या TRADE की दिशा अनिर्धारित है। जिस किसी आदान-प्रदान या व्यापार या TRADE की दिशा अनिर्धारित हो भोगवाद या भौतिकवाद अर्थात् क्रियान्वयन दर्शन कहलाता है। सम्पूर्ण आदान-प्रदान का मूल विषय क्रमश-बढ़ते क्रम में शारीरिक, आर्थिक और मानसिक है। शारीरिक का अर्थ-शरीर की प्राथमिकता, आर्थिक का अर्थ-संसाधनों की प्राथमिकता तथा मानसिक का अर्थ-बुद्धि की प्राथमिकता है। ऐसा नहीं कि प्रत्येक में दूसरे का अल्पांश भी नहीं है। उदाहरण स्वरूप शरीर की प्राथमिकता के अर्थ में संसाधन और बुद्धि का अंश षामिल है परन्तु वह प्राथमिक नहीं है। TRADE शब्द के प्रत्येक अक्षर का अर्थ निम्नवत है।

1.T : Transaction :-Transaction का अर्थ आदान-प्रदान से है जो मूलरूप में शारीरिक, संसाधन और मानसिक क्षेत्र द्वारा होते है।
2.R : Rural :-Rural शब्द का शब्दिक अर्थ ग्रामीण है। ग्रामीण का व्यापक अर्थ पिछड़ेपन से है। जो मूल रूप से शारीरिक, संसाधन और मानसिक क्षेत्र में है।
3.A : Advancement या Adaptability :-Advancement या **Adaptability** का अर्थ आधुनिकीकरण या अनुकूलन से है जो मूल रूप से शारीरिक, संसाधन और मानसिक क्षेत्र में है।
4.D : Developmnent :-Developmnent का अर्थ वृद्धि या विकास से है। जो मूल रूप से शारीरिक, संसाधन और मानसिक क्षेत्र में है।
5.E : Education :-Education का अर्थ शिक्षा से है जो मूल रूप से शारीरिक, संसाधन और मानसिक क्षेत्र में है।

उपरोक्त बढ़ते मूल्य के पाँच विषय **Trasaction, Rural, Advancement, Development, Education** के क्षेत्र में मूल रूप से शारीरिक, संसाधन और मानसिक कर्म द्वारा दिशाहीन आदान-प्रदान ही सम्पूर्ण भोगवादी अर्थात् भौतिकवादी कर्म है। उपरोक्त पांच विषय और प्रत्येक में तीन कर्म क्षेत्र से जितने भी एक या दो या अधिक के संयुक्त कर्म बनते है उतने प्रकार के भौतिकवादी अर्थात् भोगवादी मन (व्यक्ति) और संयुक्त मन (संस्था) क्रियाशील हो व्यक्त है। सभी पर संयुक्त रूप से आदान-प्रदान करने वाले मन और संयुक्त मन पूर्णभोगवादी अर्थात् भौतिकवादी मन या संयुक्त मन कहलाते है। मूल तीन कर्म-शारीरिक, संसाधन और मानसिक की अनेक शाखाओं का विस्तार करके अनेक रूपों को प्राप्त किया जा सकता है।

ब. CENTRE

CENTRE या केन्द्र शब्द एकात्म या कारण या समभाव का सूचक है जो दिशा है। जो सम्पूर्ण व्यापार या TRADE का दिशा निर्धारित करता है। यह अध्यात्मवाद कहलाता है। यही मार्ग दर्शक और विकास दर्शन कहलाता है। सम्पूर्ण अध्यात्म इस CENTRE में समाहित है। CENTRE शब्द का विस्तृत दर्शन-Centre for Enhancement of Natural Truth & Religious Education अर्थात् प्राकृतिक सत्य एवम् धार्मिक शिक्षा प्रसार केन्द्र जहाँ से प्राकृतिक सत्य और धर्म शिक्षा का प्रसार हो रहा है। इसमें दो शब्द-Natural Truth और Religion अर्थात् प्राकृतिक सत्य और धर्म का प्रयोग आया है। जिसका अर्थ निम्नवत् है।

1-Natural Truth

आदान-प्रदान या सार्वजनिक प्रमाणित सत्य प्राकृतिक नियम या व्यापार या क्रिया या प्रकृति या व्यापार या आदान-प्रदान या परिवर्तन या शक्ति या माया या परिधि या मन या TRADE या कर्म ही सार्वजनिक प्रमाणित विवादमुक्त अटलनीय, अपरिवर्तनीय दृश्य प्राकृतिक सत्य है। प्रारम्भ में जब इसका ज्ञान नहीं होता तब इसे Transaction या Trade या आदान-प्रदान या व्यापार कहते हैं। जब इसका ज्ञान सर्वव्यापी रूप में होता है तब इसे प्राकृतिक सत्य या Natural Truth कहते है। यही क्रियान्वयन दर्शन कहलाती है। यही सिद्धान्त भी कहलाता है।

2-Religion

Religion का अर्थ सत्य या धर्म या एकत्व या एक या एकात्म या समभाव या सर्वशक्तिमान या केन्द्र या कारण या ईश्वर या ब्रह्म या शिव या पुरूष या वेद या प्राण या चेतना या गुरु या रक्षक या GOD या CENTER या ज्ञान या सर्वव्यापी अदृश्य सत्य है। प्रारम्भ में जब इसका ज्ञान नहीं होता तब इसे धर्मनिरपेक्ष या सर्वधर्मसमभाव कहते हैं। जब इसका ज्ञान हो जाता है तब इसे धर्म कहते हैं। इसे ही मार्ग दर्शक और विकास दर्शन अर्थात् दिशा कहते हैं। यह प्राकृतिक सत्य अर्थात् Natural Truth का अतीत (Trans) भी है।

उपरोक्त सर्वव्यापी सत्य-Natural Truth और Religion ही सम्पूर्ण वेदान्त-सिद्धान्त अर्थात् सार्वभौम सत्य-सिद्धान्त, अध्यात्म, योग, ध्यान, चेतना, भाव, ज्ञान और कर्मज्ञान का विषय है। जिसे मन (व्यक्ति) और संयुक्त मन (संस्था) अपने-अपने मूल विषय से व्यक्तिगत और सार्वजनिक प्रमाणित रूप से व्यापार करते है। और उतने प्रकार के व्यक्ति और संस्था व्यक्त हो क्रियाशील है। उपरोक्त सभी के लिए एक साथ आदान-प्रदान करने वाले व्यक्ति और संस्था पूर्ण आध्यात्मवादी व्यक्ति और संस्था कहलाते हैं।

THE WHOLE OF VISIBLE MEDITATION i.e. VISIBLE YOGA i.e. VISIBLE SEVEN CYCLE. i.e. INTERNATIONAL STANDARD OF ACTIVITY i.e DEVELOPMENT PHIILOSOPHY

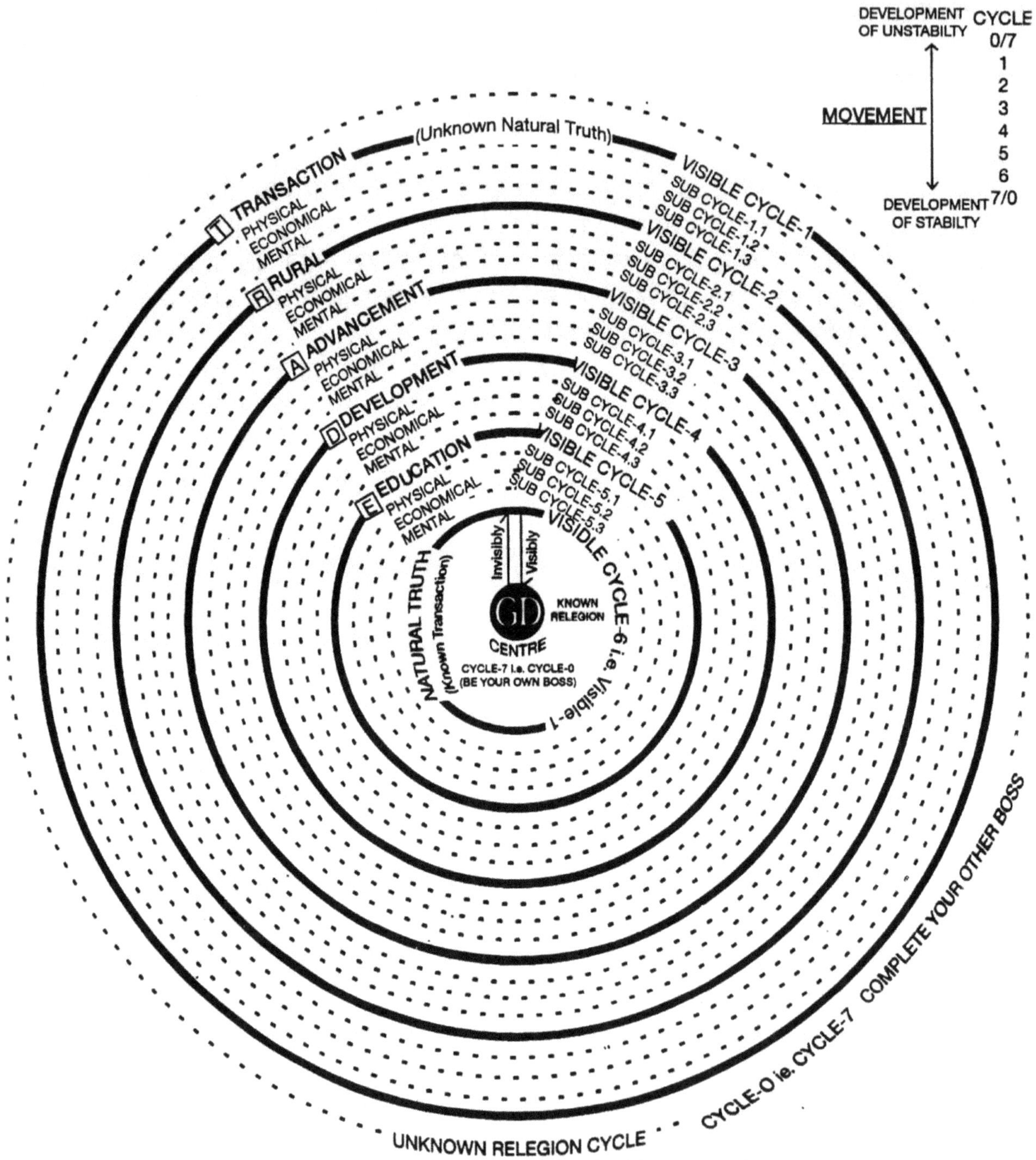

The Truth Theory Of International Standard of Activity (cosm & Human i.e. ISO-000 & ISO-0000)
And
Building That Project Whole Cycle Called As International Standard Of Worship Place
(knowladge Based) ISO-00000.

ट्रेड सेन्टर के सात चक्र की व्याख्या
(Defination of Seven Cycle of TRADE CENTRE)

एक पूर्ण व्यापारिक संगठन (समष्टि मन) या व्यक्ति (व्यष्टि मन) के लिए आवश्यक है कि वह े प्रबन्ध और क्रियाकलाप का विश्वमानक के अनुसार हो। अर्थात् उस संगठन की संरचना और कार्य निम्न सभी चक्र को अवश्य ही संचालित करती हो-

सूत्र-1.ज्ञानातीत चक्र-चक्र-0-धर्म ज्ञान से बिना युक्त के मुक्त अर्थात् अपना मालिक अन्य और धर्म ज्ञान से युक्त होकर मुक्त अर्थात् अपना मालिक स्वंय की स्थिति। ज्ञानावस्था से होकर यही चक्र 7 भी कहलाता है। यह स्थिति शिशु और ज्ञानी की होती है।

उपरोक्त सूत्र के अनुसार व्याख्या-*एक पूर्ण यापारिक संगठन (समष्टि मन) या व्यक्ति (व्यष्टि मन) का मालिक या तो कोई और (ईश्वर) होता है या उस संगठन में शामिल एक या अनेक ईश्वर (व्यक्ति) होते हैं। जिस प्रकार ईश्वर किसी जीव-निर्जीव, स्त्री-पुरूष, जाति-सम्प्रदाय इत्यादि से बिना भेद-भाव के सभी के लिए कार्य करता है उसी प्रकार एक पूर्ण व्यापारिक संगठन को भी उसी प्रकार कार्य करना चाहिए। जिस प्रकार ईश्वर दिन-रात, वर्षा-सूखा, गर्मी-सर्दी, तूफान-शान्ति इत्यादि बिना किसी भेद-भाव अर्थात् एकात्म के द्वारा करता है उसी प्रकार एक पूर्ण व्यापारिक संगठन को भी उसी प्रकार कार्य करना चाहिए। एक शिशु मानव और ज्ञानी मानव दोनों ही समभाव अर्थात् एकात्म में स्थित होकर ही क्रियाशील रहते हैं। बस शिशु अज्ञानावस्था में रहता है जबकि ज्ञानी मानव ज्ञानावस्था में रहकर वही करता है।*

सूत्र-2.भौतिकवाद या भोगवाद कर्म चक्र-

चक्र-1.TRANSACTION-आदान-प्रदान चक्र। यही ज्ञानावस्था में चक्र-6 कहलाता है।

उपचक्र 1.1-शारीरिक
उपचक्र 1.2-आर्थिक/संसाधन
उपचक्र 1.3-मानसिक

उपरोक्त सूत्र के अनुसार व्याख्या-

सूत्र-1 से युक्त चक्र-1 का संचालन-*एक पूर्ण व्यापारिक संगठन सूत्र-1 के भाव (हृदय) से युक्त होकर शारीरिक-आर्थिक-मानसिक क्षेत्र में आदान प्रदान करता है। इसे आध्यात्मिकता या धर्म या समभाव या एकात्म से युक्त व्यवसाय या आदान-प्रदान कहते है।*

अपने कार्यो-योजनाओं-व्यापारिक नियमों को बिना किसी भेद-भाव के आध्यात्मिकता या धर्म या समभाव या एकात्म में स्थित होकर शारीरिक-आर्थिक-मानसिक क्षेत्र में आदान-प्रदान संचालित करता है। जिस प्रकार ईश्वर द्वारा शारीरिक-आर्थिक-मानसिक क्षेत्र में आदान प्रदान हो रहा है, उसी प्रकार हमारा व्यापार भी शारीरिक-आर्थिक-मानसिक क्षेत्र में आदान-प्रदान विकास के लिए और शामिल होने वालों के लिए करता है।

सूत्र-1 से मुक्त चक्र-1 का संचालन-*सूत्र-1 से मुक्त व्यापारिक संगठन भी शारीरिक-आर्थिक-मानसिक क्षेत्र में आदान-प्रदान करता है। इसे भौतिकता या अधर्म या असमभाव या अनेकात्म से युक्त व्यवसाय या आदान-प्रदान कहते है।*

चक्र-2.RURAL-ग्रामीण चक्र

उपचक्र 2.1-शारीरिक
उपचक्र 2.2-आर्थिक/संसाधन

उपचक्र 2.3-मानसिक

उपरोक्त सूत्र के अनुसार व्याख्या- *ग्रामीण का व्यापक अर्थ है-वे जो स्वयं से शारीरिक-आर्थिक-मानसिक क्षेत्र में पीछे हैं।*

सूत्र-1 से युक्त चक्र-2 का संचालन- *एक पूर्ण व्यापारिक संगठन सूत्र-1 के भाव (हृदय) से युक्त होकर जो स्वयं से शारीरिक-आर्थिक-मानसिक क्षेत्र में पीछे हैं, उनके लिए शारीरिक-आर्थिक-मानसिक क्षेत्र में आदान प्रदान करता है। इसे आध्यात्मिकता या धर्म या समभाव या एकात्म से युक्त व्यवसाय या आदान-प्रदान कहते है।*

अपने कार्यो-योजनाओं-व्यापारिक नियमों को बिना किसी भेद-भाव के आध्यात्मिकता या धर्म या समभाव या एकात्म में स्थित होकर जो स्वयं से शारीरिक-आर्थिक-मानसिक क्षेत्र में पीछे हैं, उनके लिए शारीरिक-आर्थिक-मानसिक क्षेत्र में आदान-प्रदान संचालित करता है। जिस प्रकार ईश्वर द्वारा शारीरिक-आर्थिक-मानसिक क्षेत्र में आदान प्रदान जो ईश्वर से शारीरिक-आर्थिक-मानसिक क्षेत्र में पीछे हैं। हो रहा है, उसी प्रकार हमारा व्यापार भी जो स्वयं से शारीरिक-आर्थिक-मानसिक क्षेत्र में पीछे हैं, उनके लिए शारीरिक-आर्थिक-मानसिक क्षेत्र में आदान-प्रदान विकास के लिए और शामिल हाने वालों के लिए करता है।

सूत्र-1 से मुक्त चक्र-2 का संचालन- *सूत्र-1 से मुक्त व्यापारिक संगठन भी शारीरिक-आर्थिक-मानसिक क्षेत्र में आदान-प्रदान करता है। इसे भौतिकता या अधर्म या असमभाव या अनेकात्म से युक्त व्यवसाय या आदान-प्रदान कहते है।*

चक्र-3.ADVANCEMENT या ADAPTABILITY-आधुनिकता या अनुकूलन चक्र

उपचक्र 3.1-शारीरिक

उपचक्र 3.2-आर्थिक/संसाधन

उपचक्र 3.3-मानसिक

उपरोक्त सूत्र के अनुसार व्याख्या- *आधुनिकता या अनुकूलन का अर्थ है-वे जो स्वयं से शारीरिक-आर्थिक-मानसिक क्षेत्र में आगे हैं उनके शारीरिक-आर्थिक-मानसिक प्रणाली को स्वीकार या स्वयं को उस अनुसार बनाना।*

सूत्र-1 से युक्त चक्र-3 का संचालन- *एक पूर्ण व्यापारिक संगठन सूत्र-1 के भाव (हृदय) से युक्त होकर जो स्वयं से शारीरिक-आर्थिक-मानसिक क्षेत्र में आगे हैं, उन्हें स्वीकार या स्वयं को उस अनुसार बनाते हुये उनके लिए शारीरिक-आर्थिक-मानसिक क्षेत्र में आदान प्रदान करता है। इसे आध्यात्मिकता या धर्म या समभाव या एकात्म से युक्त व्यवसाय या आदान-प्रदान कहते है।*

अपने कार्यो-योजनाओं-व्यापारिक नियमों को बिना किसी भेद-भाव के आध्यात्मिकता या धर्म या समभाव या एकात्म में स्थित होकर जो स्वयं से शारीरिक-आर्थिक-मानसिक क्षेत्र में आगे हैं, उनके लिए शारीरिक-आर्थिक-मानसिक क्षेत्र में आदान-प्रदान संचालित करता है। जिस प्रकार ईश्वर द्वारा शारीरिक-आर्थिक-मानसिक क्षेत्र में आदान प्रदान जो ईश्वर से शारीरिक-आर्थिक-मानसिक क्षेत्र में आगे हैं। हो रहा है, उसी प्रकार हमारा व्यापार भी जो स्वयं से शारीरिक-आर्थिक-मानसिक क्षेत्र में आगे हैं, उनके लिए शारीरिक-आर्थिक-मानसिक क्षेत्र में आदान-प्रदान विकास के लिए और शामिल हाने वालों के लिए करता है।

सूत्र-1 से मुक्त चक्र-3 का संचालन- *सूत्र-1 से मुक्त व्यापारिक संगठन भी शारीरिक-आर्थिक-मानसिक क्षेत्र में आदान-प्रदान करता है। इसे भौतिकता या अधर्म या असमभाव या अनेकात्म से युक्त व्यवसाय या आदान-प्रदान कहते है।*

चक्र-4.DEVELOPMENT-विकास चक्र

उपचक्र 4.1-शारीरिक

उपचक्र 4.2-आर्थिक/संसाधन
उपचक्र 4.3-मानसिक

उपरोक्त सूत्र के अनुसार व्याख्या-*विकास का अर्थ है-स्वयं को शारीरिक-आर्थिक-मानसिक क्षेत्र में आगे बढ़ाने से हैं।*

सूत्र-1 से युक्त चक्र-4 का संचालन-*एक पूर्ण व्यापारिक संगठन सूत्र-1 के भाव (हृदय) से युक्त होकर स्वयं को शारीरिक-आर्थिक-मानसिक क्षेत्र में आगे बढ़ाने के लिए शारीरिक-आर्थिक-मानसिक क्षेत्र में आदान प्रदान करता है। इसे आध्यात्मिकता या धर्म या समभाव या एकात्म से युक्त व्यवसाय या आदान-प्रदान कहते है।*

अपने कार्यो-योजनाओं-व्यापारिक नियमों को बिना किसी भेद-भाव के आध्यात्मिकता या धर्म या समभाव या एकात्म में स्थित होकर स्वयं के शारीरिक-आर्थिक-मानसिक क्षेत्र में आगे बढ़ाता है। जिस प्रकार ईश्वर द्वारा शारीरिक-आर्थिक-मानसिक क्षेत्र में विकास हो रहा है, उसी प्रकार हमारा व्यापार भी स्वयं को शारीरिक-आर्थिक-मानसिक क्षेत्र में आगे बढ़ाने के लिए शारीरिक-आर्थिक-मानसिक क्षेत्र में आदान-प्रदान विकास के लिए और शामिल हाने वालों के लिए करता है।

सूत्र-1 से मुक्त चक्र-4 का संचालन-*सूत्र-1 से मुक्त व्यापारिक संगठन भी शारीरिक-आर्थिक-मानसिक क्षेत्र में आदान-प्रदान करता है। इसे भौतिकता या अधर्म या असमभाव या अनेकात्म से युक्त व्यवसाय या आदान-प्रदान कहते है।*

चक्र-5.EDUCATION-शिक्षा चक्र

उपचक्र 5.1-शारीरिक
उपचक्र 5.2-आर्थिक/संसाधन
उपचक्र 5.3-मानसिक

उपरोक्त सूत्र के अनुसार व्याख्या-*शिक्षा का अर्थ है-स्वयं को शारीरिक-आर्थिक-मानसिक क्षेत्र के विषय में मस्तिष्क को चिन्तन स्तर पर लाने से हैं।*

सूत्र-1 से युक्त चक्र-5 का संचालन-*एक पूर्ण व्यापारिक संगठन सूत्र-1 के भाव (हृदय) से युक्त होकर स्वयं को शारीरिक-आर्थिक-मानसिक क्षेत्र में आगे बढ़ाने के लिए शारीरिक-आर्थिक-मानसिक क्षेत्र में शिक्षित करता है। इसे आध्यात्मिकता या धर्म या समभाव या एकात्म से युक्त व्यवसाय या आदान-प्रदान कहते है।*

अपने कार्यो-योजनाओं-व्यापारिक नियमों को बिना किसी भेद-भाव के आध्यात्मिकता या धर्म या समभाव या एकात्म में स्थित होकर स्वयं के शारीरिक-आर्थिक-मानसिक क्षेत्र में आगे बढ़ाने के लिए शिक्षित करता है। जिस प्रकार ईश्वर द्वारा शारीरिक-आर्थिक-मानसिक क्षेत्र में शिक्षण हो रहा है, उसी प्रकार हमारा व्यापार भी स्वयं को शारीरिक-आर्थिक-मानसिक क्षेत्र में आगे बढ़ाने के लिए शारीरिक-आर्थिक-मानसिक क्षेत्र में आदान-प्रदान विकास के लिए शिक्षित करता है और शामिल हाने वालों के लिए करता है।

सूत्र-1 से मुक्त चक्र-5 का संचालन-*सूत्र-1 से मुक्त व्यापारिक संगठन भी शारीरिक-आर्थिक-मानसिक क्षेत्र में शिक्षित करता करता है। इसे भौतिकता या अधर्म या असमभाव या अनेकात्म से युक्त व्यवसाय या आदान-प्रदान कहते है।*

सूत्र-3.आध्यात्मवाद-ज्ञानचक्र-

चक्र-6.NATURAL TRUTH-प्राकृतिक सत्य चक्र-यही चक्र अज्ञानावस्था में चक्र-1 कहलाता है।

उपचक्र-1.1-अदृश्य प्राकृतिक अर्थात् अदृश्य आत्मा

उपरोक्त सूत्र के अनुसार व्याख्या-

सूत्र-1 से युक्त चक्र-6 उपचक्र-1.1 का संचालन-_एक पूर्ण व्यापारिक संगठन सूत्र-1 के भाव (ह्दय) से युक्त होकर अद्दश्य प्राकृतिक या अद्दश्य आत्मा के लिए आदान-प्रदान करता है। इसे आध्यात्मिकता या धर्म या समभाव या एकात्म से युक्त व्यवसाय या आदान-प्रदान कहते है।_

अपने कार्यो-योजनाओं-व्यापारिक नियमों को बिना किसी भेद-भाव के आध्यात्मिकता या धर्म या समभाव या एकात्म में स्थित होकर अद्दश्य प्राकृतिक या अद्दश्य आत्मा के लिए शारीरिक-आर्थिक-मानसिक क्षेत्र में आदान-प्रदान संचालित करता है। जिस प्रकार ईश्वर द्वारा अद्दश्य प्राकृतिक या अद्दश्य आत्मा के लिए शारीरिक-आर्थिक-मानसिक क्षेत्र में आदान प्रदान हो रहा है, उसी प्रकार हमारा व्यापार भी अद्दश्य प्राकृतिक या अद्दश्य आत्मा के लिए शारीरिक-आर्थिक-मानसिक क्षेत्र में आदान-प्रदान विकास के लिए और शामिल हाने वालों के लिए करता है।

सूत्र-1 से मुक्त चक्र-6 उपचक्र-1.1 का संचालन-_सूत्र-1 से मुक्त व्यापारिक संगठन भी शारीरिक-आर्थिक-मानसिक क्षेत्र में आदान-प्रदान करता है। इसे भौतिकता या अधर्म या असमभाव या अनेकात्म से युक्त व्यवसाय या आदान-प्रदान कहते है।_

उपचक्र 1.2-द्दश्य प्राकृतिक अर्थात् द्दश्य आत्मा

उपरोक्त सूत्र के अनुसार व्याख्या-

सूत्र-1 से युक्त चक्र-6 उपचक्र-1.2 का संचालन-_एक पूर्ण व्यापारिक संगठन सूत्र-1 के भाव (ह्दय) से युक्त होकर द्दश्य प्राकृतिक या द्दश्य आत्मा के लिए आदान-प्रदान करता है। इसे आध्यात्मिकता या धर्म या समभाव या एकात्म से युक्त व्यवसाय या आदान-प्रदान कहते है।_

अपने कार्यो-योजनाओं-व्यापारिक नियमों को बिना किसी भेद-भाव के आध्यात्मिकता या धर्म या समभाव या एकात्म में स्थित होकर द्दश्य प्राकृतिक या द्दश्य आत्मा के लिए शारीरिक-आर्थिक-मानसिक क्षेत्र में आदान-प्रदान संचालित करता है। जिस प्रकार ईश्वर द्वारा द्दश्य प्राकृतिक या द्दश्य आत्मा के लिए शारीरिक-आर्थिक-मानसिक क्षेत्र में आदान प्रदान हो रहा है, उसी प्रकार हमारा व्यापार भी द्दश्य प्राकृतिक या द्दश्य आत्मा के लिए शारीरिक-आर्थिक-मानसिक क्षेत्र में आदान-प्रदान विकास के लिए और शामिल हाने वालों के लिए करता है।

सूत्र-1 से मुक्त चक्र-6 उपचक्र-1.2 का संचालन-_सूत्र-1 से मुक्त व्यापारिक संगठन भी शारीरिक-आर्थिक-मानसिक क्षेत्र में आदान-प्रदान करता है। इसे भौतिकता या अधर्म या असमभाव या अनेकात्म से युक्त व्यवसाय या आदान-प्रदान कहते है।_

सूत्र-4.ज्ञानातीत चक्र-चक्र-7-RELIGION-धर्मचक्र-अपना मालिक स्वंय की स्थिति। यही अज्ञानावस्था में चक्र-0 भी कहलाता है।

उपरोक्त सूत्र के अनुसार व्याख्या-

एक पूर्ण व्यापारिक संगठन का मालिक या तो कोई और (ईश्वर) होता है या उस संगठन में शामिल एक या अनेक ईश्वर (व्यक्ति) होते हैं। जिस प्रकार ईश्वर किसी जीव-निर्जीव, स्त्री-पुरूष, जाति-सम्प्रदाय इत्यादि से बिना भेद-भाव के सभी के लिए कार्य करता है उसी प्रकार एक पूर्ण व्यापारिक संगठन को भी उसी प्रकार कार्य करना चाहिए। जिस प्रकार ईश्वर दिन-रात, वर्षा-सूखा, गर्मी-सर्दी, तूफान-शान्ति इत्यादि बिना किसी भेद-भाव अर्थात् एकात्म के द्वारा करता है उसी प्रकार एक पूर्ण व्यापारिक संगठन को भी उसी प्रकार कार्य करना चाहिए। एक शिशु मानव और ज्ञानी मानव दोनों ही समभाव अर्थात् एकात्म में स्थित होकर ही क्रियाशील रहते हैं। बस शिशु अज्ञानावस्था में रहता है जबकि ज्ञानी मानव ज्ञानावस्था में रहकर वही करता है।

अपने कार्यो-योजनाओं-व्यापारिक नियमों को बिना किसी भेद-भाव के समभाव में स्थित होकर संचालित करता है। जिस प्रकार ईश्वर द्वारा वर्षा होती है जिसको जितना जल लेना हो ले ले, उसी प्रकार हमारा व्यापार भी मनुष्यों के लिए है जिसको जितने में शामिल होना है हो लें। और यह सब ज्ञानावस्था अर्थात् धर्म में स्थित होकर करता है।

जिस प्रकार "ओउम" शब्द, उस अदृश्य व्यक्तिगत प्रमाणित ईश्वर का नाम है और "ओउम" शब्द की व्याख्या, उस ईश्वर को समझने-जानने का मार्ग है। उसी प्रकार "TRADE CENTRE" शब्द, इस दृश्य सर्वाजनिक प्रमाणित ईश्वर-ब्रह्माण्ड का नाम है और "TRADE CENTRE" शब्द की व्याख्या, इस ईश्वर-ब्रह्माण्ड में सार्वभौम कर्मज्ञान को समझने-जानने का मार्ग है। शब्द "TRADE CENTRE" ब्रह्माण्ड के पर्यायवाची शब्द के रूप में भी देखा जा सकता है क्योंकि यह ब्रह्माण्ड ही सबसे बड़ा व्यापार केन्द्र है। शब्द "TRADE CENTRE" की व्याख्या के अनुसार ही इस संसार में व्यक्ति से लेकर संगठन, सरकार और विश्व तक संचालित हो रहे हैं।

इस प्रकार-to stepup TRADE through CENTRE (सभी कर्म व्यापार को सार्वभौम आत्मा केन्द्र के ज्ञान द्वारा आगे बढ़ाना) अर्थात् 2.विस्तार में to stepup Transaction, Rural, Advancement(Adoptability), Development, Education through Center for Enhancement of Natural Truth&Religious Education (सभी कर्म आदान-प्रदान, ग्रामीण, आधुनिकता-अनुकूलन, विकास, शिक्षा को प्राकृतिक सत्य और धार्मिक शिक्षा के ज्ञान द्वारा आगे बढ़ाना) हुआ अर्थात् जो व्यक्ति (व्यष्टि) और संस्था (समष्टि) समभाव और निष्पक्ष में स्थित होकर सभी शारीरिक, आर्थिक व मानसिंक कर्म आदान-प्रदान, ग्रामीण, आधुनिकता-अनुकूलन, विकास, शिक्षा को सदैव एक साथ करता है वही मानक-पूर्ण-आदर्श व्यक्ति (व्यष्टि) और संस्था (समष्टि) कहलाता है।

इस प्रकार इस सिद्धान्त से देखने पर पायेगें कि जो व्यक्ति और संस्था सफल हैं या सफलता प्राप्त कर रहें हैं उनके मूल में यही सिद्धान्त है। यही नहीं यह किसी देश के कार्य प्रणाली पर भी उतना ही सत्य है। और सिर्फ इतना ही नहीं आॅठवे व्यक्तिगत प्रमाणित पूर्णावतार श्री कृष्ण भी इसी सिद्धान्त से ही अपने जीवन की समग्र योजना का निर्माण किये थे। यही मानव (व्यक्तिगत मन) और संस्था (संयुक्त मन) के प्रबन्ध और क्रियाकलाप का विश्वमानक (WS-0000 & WS-000) भी है। जब तक भारत इस सिद्धान्त को स्वयं के लिए प्रयोग नहीं करता तब तक आध्यात्मिक एवं दार्शनिक विरासत के आधार पर "एक भारत-श्रेष्ठ भारत" का निर्माण नहीं हो सकता और जब तक भारत इस सिद्धान्त को विश्व में स्थापित नहीं करता तब तक वह इस दृश्य काल में विश्व गुरू नहीं बन सकता।

शब्द TRADE CENTRE का दर्शन सभी के लिए होते हुये भी उपरोक्त मार्गदर्शक बिन्दु व सिंद्धान्त ही एक आदर्श मानक वैश्विक नागरिक (व्यष्टि) व एक आदर्श मानक संस्था (समष्टि) के लिए विशेष रूप से मार्गदर्शक बिन्दु व सिंद्धान्त है।

भाग – 01

व्यापार क्षेत्र

विश्व या जगत्

ब्रह्माण्ड या व्यापार केन्द्र : एक अनन्त व्यापार क्षेत्र

ब्रह्माण्ड की उत्पत्ति

ब्लैक होल और आत्मा

सौर मण्डल

पृथ्वी

विश्व या जगत्

विश्व को अन्य अर्थों में संसार, जगत, सृष्टि, दुनिया के रूप में भी लेते हैं। कुँए के चारो ओर बने चबूतरे, जिस पर खड़े होकर पानी खींचते है, उसे भी जगत् कहते हैं। जगत संस्कृत मूल का शब्द है। वाक्यों द्वारा इन शब्दों का अर्थ निम्न प्रकार स्पष्ट है-

01. कुँए के जगत् पर रखा घड़ा नीचे गिर गया।
02. दुर्गम काज जगत् के जेते। सुगम अनुग्रह तुम्हरे तेते।
03. ब्रह्मा जी को भगवान नारायण ने सम्पूर्ण जगत् की रचना करने की आज्ञा दी।
04. इस चराचर जगत् में समस्त वस्तुएँ नश्वर हैं।
05. हिन्दी का चिट्ठा जगत् दिनोदिन प्रगति कर रहा है।

वर्तमान में विश्व (WORLD) पृथ्वी की सीमा तक के अर्थों में अधिकतम प्रयोग होता है। परन्तु मानवीय व्यक्तिगत दृष्टि में प्रत्येक मनुष्य का विश्व, जगत्, संसार, सृष्टि व दुनिया उतना ही बड़ा होता है जितने क्षेत्र तक का उसका ज्ञान होता है।

इस प्रकार व्यक्ति का अपने व्यक्तिगत दृष्टि से विश्व को देखना उसका प्राथमिक विश्व तथा व्यक्ति का अपने सार्वभौम दृष्टि से विश्व को देखना उसकी अन्तिम व पूर्ण दृष्टि होती है।

संवेदना के अनुभव की सीमा ही व्यक्ति का शरीर होता है। जिस व्यक्ति की संवेदना उसके अपने शरीर तक होता है उसके शरीर की सीमा उसके अपने शरीर तक ही होती है। इसी प्रकार जो व्यक्ति अपने परिवार, मुहल्ला, गाँव, जिला, प्रदेश, देश, पृथ्वी और ब्रह्माण्ड तक की संवेदना का अनुभव करता है उस व्यक्ति का शरीर उस स्तर का होता है। अनन्त ब्रह्माण्ड तक के शरीर का अनुभव ही "अंह ब्रह्मास्मि" कहलाता है और अपने शरीर के सुख-दुःख का अनुभव करते हुये अपने उस शारीरिक सीमा के लिए कर्म करता है।

इस प्रकार मैं लव कुश सिंह "विश्वमानव" अनन्त ब्रह्माण्ड तक की संवेदना का अनुभव कर उसे सत्य, शिव और सुन्दर की ओर दिशा देने के लिए यह "विश्वशास्त्र" व्यक्त किया हूँ।

कुछ वर्षों पहले वैज्ञानिक डा0 फ्रेड हायल भारतवर्ष आये थे। विज्ञान भवन में उन्होंने कहा था- "अंतरिक्ष की गहराइयाँ जितनी अनन्त की ओर बढ़ेंगी, उसमें झाँककर देखने से मानवीय अस्तित्व का अर्थ और प्रयोजन उतना ही स्पष्ट होता चला जायेगा। शर्त यह रहेगी कि हमारी अपनी अन्वेषण बुद्धि का भी विकास और विस्तार हो। यदि हमारी बुद्धि, विचार और ज्ञान मात्र पेट, प्रजनन, तृष्णा, अहंता तक ही सीमित रहता है, तब तो हम पड़ोस को भी नहीं जान सकेंगे, पर यदि इन सबसे पूर्वाग्रह मुक्त हों तो ब्रह्माण्ड इतनी खुली और अच्छे अक्षरों में लिखी चमकदार पुस्तक है कि उससे हर शब्द का अर्थ, प्रत्येक अस्तित्व का अभिप्राय समझा जा सकता एवं अनुभव किया जा सकता है।"

वस्तुतः चेतना का मुख्य गुण है-विकास। जहाँ भी चेतना या जीवन का अस्तित्व विद्यमान दिखाई देता है, वहाँ अनिवार्य रूप से विकास, वर्तमान स्थिति से आगे बढ़ने की हलचल दिखाई देती है। इस दृष्टि से मनुष्यों, जीव-जन्तु और पेड़-पौधों को ही जीवित माना जाता है। परन्तु भारतीय आध्यात्म की मान्यता है कि जड़ कुछ है ही नहीं, सब कुछ चैतन्य ही है। सुविधा के लिए स्थिर, निष्क्रिय और यथास्थिति में बने रहने वाली वस्तुओं को जड़ कहा जाता है, परन्तु वस्तुतः वे प्रचलित अर्थों में जड़ है ही नहीं। सृष्टि के इस विराट रूप, क्रमिक विस्तार एवं सतत गतिशीलता के मूल में झाँकने पर वैज्ञानिक पाते हैं कि यह सब एक सुनियोजित चेतना की विधि व्यवस्था के अन्तर्गत सम्पन्न हुआ क्रियाकलाप है।

इस सम्पूर्ण विवेचन से यह निष्कर्ष निकलता है कि मनुष्य को यह नहीं समझना चाहिए कि वह इस सृष्टि का सर्वतः स्वतन्त्र सदस्य है और उसे कर्म करने की जो स्वतन्त्रता मिली है, उसके अनुसार वह इस सृष्टि के महानियंता की नियामक व्यवस्था द्वारा निर्धारित दण्ड से भी बच पायेगा। इस विराट ब्रह्माण्ड में पृथ्वी का ही अस्तित्व एक धूलिकण के बराबर नहीं है तो मनुष्य का स्थान कितना बड़ा होगा? फिर भी मनुष्य नाम का यह प्राणी इस पृथ्वी पर कैसे-कैसे प्रपंच फैलाये हुये है यह जानने और उसे उस अन्तिम मार्ग से परिचय कराने हेतु ही इस "विश्वशास्त्र" को प्रस्तुत किया गया है। वस्तुतः यथार्थ में ऐसा होना चाहिए कि जीवकोपार्जन हेतु ज्ञान व कर्म मनुष्य-मनुष्य के अनुसार अलग-अलग हो सकते हैं परन्तु जीवन का ज्ञान एक ही होना चाहिए और यदि मानव जाति के नियंतागण ऐसा कर सके तो भविष्य की सुरक्षा हेतु बहुत बड़ी बात होगी। साथ ही ब्रह्माण्ड के अनेक रहस्यों को जानने के लिए मनुष्य के शक्ति का एकीकरण भी कर सकने में हम सफल होंगे।

"प्रत्येक व्यक्ति केवल अपने ही विश्व को देखता है, इसलिए उस विश्व की उत्पत्ति उसके बन्धन के साथ होती है और उसकी मुक्ति से वह विश्व मय हो जाता है। तथापि वह औरों के लिए, जो बन्धन में हैं, अवशेष रहता है। नाम और रुप से ही विश्व बना है। समुद्र की तरंग, उस हद तक ही तरंग कहला सकती है, जब तक कि नाम और रुप से वह सीमित है। यदि तरंग लुप्त हो जाये तो वह समुद्र ही है। यह नाम और रुप माया कहलाता है और पानी ब्रह्म।"

-स्वामी विवेकानन्द

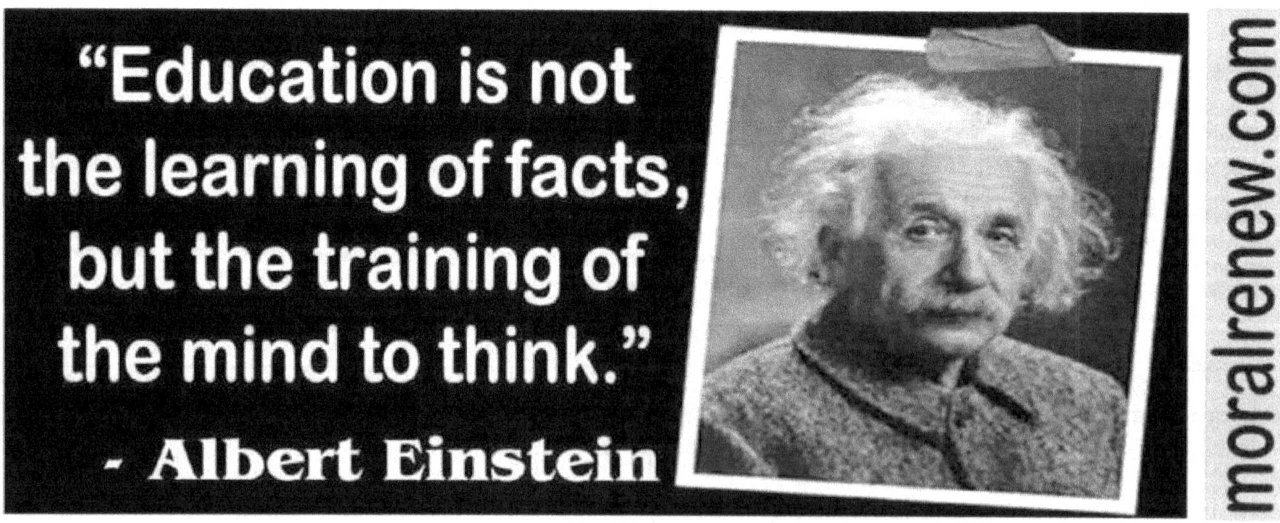

ब्रह्माण्ड या व्यापार केन्द्रः एक अनन्त व्यापार क्षेत्र

आकाश पर नजर डालने से एक काली चादर या कुछ जुगनू से बैठे चमकते दिखते हैं। दिन और रात में चमकते हुये दो गोले घूमते नजर आते हैं। मोटी दृष्टि यहीं समाप्त हो जाती है, पर जब गहराई में उतरकर वास्तविकता खोजने की बात चलती है तो प्रतीत होता है कि इस नगण्य के पीछे न जाने कितना बड़ा विशाल विस्तार छिपा पड़ा है। उसकी परतें उठाते चलने पर विशालता का अनंत विस्तार आँखों के सामने आकर खड़ा हो जाता है। ब्रह्माण्ड का स्वरूप कभी मानवी मान्यता के अनुसार बहुत छोटा था, पर अब पर्यवेक्षण से उसकी विशालता इतनी बढ़ चली है कि उसकी कल्पना करने तक में मस्तिष्क चकराने लगता है।

ब्रह्माण्ड के बारे में जैसे-जैसे जानकारीयाँ बढ़ती जा रही हैं वैसे-वैसे उसके विस्तार का दायरा बढ़ता जा रहा है। अभी वह बचपन की ही अवधि में है इसलिए उसे बहुत समय बढ़ने, फलने और परिपुष्ट होने में लगेगा। प्रौढ़ता आने के उपरान्त ही वृद्धावस्था की झुर्रियाँ पड़ना आरम्भ होगी। कमर झुकेगी। खाँसी-श्वास का सिलसिला चलेगा और घटते-घटते हारा थका जराजीर्ण होने पर वह मरण की तैयारी करेगा। मरने के उपरान्त उसे फिर जन्म लेने में कितने समय भूतकाल जैसा गर्भावस्था में रहना होगा, यह तो नहीं कहा जा सकता किन्तु यह निश्चित है कि जन्म-मरण के चक्र में पदार्थों एवं प्राणियों की तरह ब्रह्माण्ड को भी गुजरना पड़ेगा। और यह क्रम सदैव चलता रहता है। वर्तमान समय का ब्रह्माण्ड अभी बचपन की अवधि में है।

हमारा सौर मण्डल ब्रह्माण्ड में उपस्थित कई अरब निहारिकाओं में से एक में उपस्थित अरबों-खरबों सौरमण्डल में से एक सौर मण्डल है। कई अरब निहारिकाओं का समुच्चय आकाशगंगा (मिल्की वे या ग्लैक्सी) कहलाता है। ब्रह्माण्ड में असंख्यों आकाशगंगाएँ हैं। हमारा ब्रह्माण्ड दिनों-दिन फैलता जा रहा है और निहारिकाएँ एक-दूसरे से दूर हटती जा रहीं हैं। एक आकाशगंगा को ही लें तो पाते हैं कि अपने सूरय जैसे लगभग 500 करोड़ ताराओं, सौरमण्डल तथा अकल्पनीय विस्तार वाले धूल तथा गैस वर्तुलों के मेघ मिलकर मात्र एक गंगा बनती है। ऐसी 10 करोड़ से अधिक आकाशगंगाओं या उनके मध्य के अकल्पनीय आकाश को एक ब्रह्माण्ड कहा जाता है। यह ब्रह्माण्ड कितने है? इस स्थान पर मनुष्य की बुद्धि व कल्पना थक जाती है। इसलिए दर्शन ने उसे "नेति-नेति" एवं विज्ञान ने उसे "अनन्त" कहा है। आध्यात्मवाद ने इस समस्त रचना को ही नहीं उसके स्वामी, नियंता, रक्षक को भी अनन्त नाम से ही सम्बोधित किया है।

क्या अनन्त अंतरिक्ष का अन्त है? इस प्रश्न के उत्तर में विश्व प्रसिद्ध वैज्ञानिक आईन्सटीन एवं मिन्कोवस्की ने "है" के रूप में दिया है। वे कहते हैं-"सीधे चलते हुये कोई भी वस्तु अन्ततः घूमकर अपने मूल उद्गम पर ही आ जाती है। इस गणित के सिद्धान्त के आधार पर अंतरिक्ष का अंत भी वहीं होना चाहिए, जहाँ से उसका आरम्भ हुआ है।" अर्थात अनादि और अनन्त कहे जाने वाले अंतरिक्ष का किसी एक बिन्दु पर मिलन अवश्य होगा ही, भले ही वह कितना दूरवर्ती क्यों न हो? ब्रह्माण्ड निरन्तर फैल व बढ़ रहा है। विराट की पोल में प्रत्यक्ष ग्रह-नक्षत्र किसी असीम-अनन्त की दिशा में तेज गति से भागते चले जा रहे हैं। यों ये पिण्ड अपनी धुरी व कक्षा में भी घूमते हैं, पर हो यह रहा है कि वह कक्षा, धुरी और मण्डली तीनों ही असीम की ओर दौड़ रहे हैं। ब्रह्माण्ड 150 मील प्रति सेकण्ड की गति से विकसित हो रहा है और यह गति बिना किसी बाधा के सभी स्थान पर है। जो तारे कुछ समय

पूर्व दिखते थे, वे अब अधिक दूरी पर चले जाने के कारण अदृश्य हो गये। इस क्रिया को विस्तार, विघटन या अन्त में एकता की प्राप्ति के लिए दौड़ भी कह सकते हैं। गोलाई का सिद्धान्त अकाट्य है। प्रत्येक गतिशील वस्तु गोल हो जाती है। स्वयं ग्रह-नक्षत्र इसी सिद्धान्त के अनुसार चौकोर, तिकोने, आयताकार न होकर गोल हुये। यह ब्रह्माण्ड भी गोल है। नक्षत्रों की कक्षाएँ भी गोल हैं।

ब्रह्माण्ड का 99 प्रतिशत भाग शून्य है। एक प्रतिशत भाग को ही यह ग्रह-नक्षत्र घेरे हुये है। आकाश में सूर्य जैसे खरबों तारकों का अस्तित्व है। वह तारे आकाशगंगाओं से जुड़े हैं। वे उसी से निकले हैं। मुर्गी अण्डे देती है, उन्हें सेती है, और जब तक बच्चे समर्थ नहीं हो जाते, उन्हें अपने साथ लिए फिरती है। आकाशगंगाएँ ऐसी ही मुर्गीयाँ हैं जिनके अण्डे-बच्चों की गणना करना पूरा सिरदर्द है। हमारी आकाशगंगा 1 लाख प्रकाश वर्ष लम्बी और 20 हजार प्रकाश वर्ष मोटी है। सूर्य इसी मुर्गी का एक छोटा चूजा है जो अपनी माता से 33000 प्रकाश वर्ष दूर रहकर उसकी परिक्रमा 170 मील प्रति सेकण्ड की गति से करता है। आकाशगंगाएँ भी आकाश में करोड़ों हैं। वे आपस में टकरा न जाएँ या उनके अण्डे-बच्चे एक-दूसरे से उलझ न पड़े इसलिए अपने सैर-सपाटे के लिए काफी बड़ा क्षेत्र हथिया लिया है। ये आकाशगंगाएँ एक-दूसरे से लगभग 20 लाख प्रकाश वर्ष दूर रहती है। अनन्त आकाश में गतिशील आकाशगंगाओं में एक अपने सौरमण्डल की भी है, जिसकी चाल 24,300 मील प्रति सेकण्ड नापी गई है। इस तरह ब्रह्माण्ड चैतन्य तो है ही, निरन्तर फैल रहा है, इसकी हर इकाई गतिशील है। निष्क्रियता कहीं भी दृष्टिगोचर नहीं होती।

प्रकाश की गति 1 सेकण्ड में 1 लाख 86 हजार मील है। इस गति से चलते रहने पर 1 वर्ष में प्रकाश जितनी दूरी तय करता है उसे 1 प्रकाश वर्ष कहते हैं। आकाश को अत्यधिक प्रभावित करने वाले क्वासर तारे अभी तक चार खोजे जा सके हैं। इसमें जो निकटतम है उनकी दूरी 800 करोड़ प्रकाश वर्ष मानी गई है। यदि वहाँ तक पहुँचने का कोई मनुष्य दावा करे और अब तक उपलब्ध राकेटों के सहारे 2500 मील प्रति घंटा की चाल से चले तो उस मनुष्य के 100 वर्ष वाले जीवन के 8 करोड़ जन्म लेने पड़ेंगे। यदि वापस भी लौटना हो तो फिर इतना ही वर्ष और चाहिए। यह लगातार गति में रहने की गणना है। यदि बीच में तेल-पानी या सुस्ताने की आवश्यकता पड़ी तो समय और भी अधिक लग जायेगा। यह आलंकारिक विवरण इस विराट परब्रह्म का मात्र एक अंश की झलक भर का दर्शन है।

निष्कर्ष रूप में सारांश यह है कि यह ब्रह्माण्ड एक अनन्त व्यापार केन्द्र या क्षेत्र (TRADE CENTRE or TRADE AREA) के रूप में है जहाँ प्रत्येक क्षण व्यापार या आदान-प्रदान (TRADE or TRANSACTION) चल रहा है और यह स्थिर नहीं है।

"ब्रह्माण्ड" शब्द के सम्बन्ध में वर्तमान विचार

ब्रह्माण्ड शब्द विश्व के प्राचीनतम भाषाओं में से सर्वश्रेष्ठ प्राचीन भारतीय भाषा संस्कृत का शब्द है। जिसका प्रयोग दिनोदिन कम होता जा रहा है। क्योंकि इसके स्थान पर जगत, विश्व, संसार, सृष्टि इत्यादि शब्दों का प्रयोग बढ़ रहा है। और यह भी प्रश्न उठता है कि-"ब्रह्माण्ड शब्द के स्थान पर प्रयोग किये जा रहे जगत, विश्व, संसार, सृष्टि इत्यादि शब्द ब्रह्माण्ड शब्द के ही अर्थ को व्यक्त करते हैं या किसी अन्य अर्थ को।" वर्तमान समय (सन् 2012 ई0) तक के विचार के अनुसार यह माना जाता है कि जगत, विश्व, संसार, सृष्टि इत्यादि शब्द ब्रह्माण्ड शब्द के अर्थ को व्यक्त नहीं करते बल्कि यह अंग्रेजी के यूनिवर्स (UNIVERSE) शब्द के अर्थ को व्यक्त करते हैं। क्योंकि हिन्दी व्याकरण शब्द विन्यास के अनुसार ब्रह्माण्ड शब्द ब्रह्म + अण्ड से मिलकर बना है। और ब्रह्म का अर्थ होता है-जीव और अण्ड का अर्थ होता है-अण्डा। अर्थात ब्रह्माण्ड का अर्थ हुआ-जीव का अण्डा। अर्थात यह ब्रह्माण्ड, जीव के अण्डे जैसा है।

ब्रह्माण्ड शब्द के उपरोक्त हिन्दी अर्थ के आधार पर अंग्रेजी के यूनिवर्स शब्द से तुलना करने पर यह स्पष्ट होता है कि-

01. ब्रह्माण्ड शब्द जहाँ पूर्ण विश्वास के साथ ब्रह्माण्ड के प्रत्येक इकाई में जीवन को सिद्ध करता है, वहाँ यूनिवर्स शब्द सम्पूर्ण यूनिवर्स में जीवन व्याप्त है, इस विषय पर अति तुक्ष सोच रखता है।
02. ब्रह्माण्ड शब्द जहाँ ब्रह्माण्ड को अण्डे के खोल जैसे एक खोल में सीमाबद्ध होने और एक निश्चित आकृति वाला सिद्ध करता है वहीं यूनिवर्स शब्द यूनिवर्स को अनन्त और निराकार मानता है।
03. ब्रह्माण्ड शब्द जहाँ पूर्णता लिए है वहीं यूनिवर्स शब्द मात्र ब्रह्माण्ड के आन्तरिक भाग का ही मात्र प्रतिनिधित्व करता दिखाई देता है।
04. ब्रह्माण्ड शब्द के अनुसार जहाँ ब्रह्माण्ड के बाहर और भी कुछ है को सिद्ध करता है वहीं यूनिवर्स शब्द के अनुसार यूनिवर्स में ही खोज करना अभी शेष ही शेष है।
05. ब्रह्माण्ड शब्द जहाँ अपने अर्थ को एक निष्कर्ष के रूप में प्रस्तुत करता है, वहीं यूनिवर्स शब्द उलझे हुये खोजों का एक समूह दिखाई पड़ता है।
06. ब्रह्माण्ड शब्द जहाँ ब्रह्माण्ड को किसी तन्त्र की कार्यकारी इकाई के रूप में प्रस्तुत करता है, वहीं यूनिवर्स शब्द यूनिवर्स की ही कार्य प्रणाली समझने में असमर्थ है।
07. ब्रह्माण्ड शब्द जहाँ ब्रह्माण्ड में निहित जीवों को मात्र एक उद्देश्य, जीवन में वृद्धि के लिए प्रेरित करता है, वहीं यूनिवर्स शब्द यूनिवर्स में निहित जीवों को अपना ही जीवन किसी भी प्रकार बचाने के लिए, किसी भी प्रकार के उद्देश्य को अपनाने के लिए बाध्य करता है।

जबकि आधुनिक विज्ञान की दृष्टिकोण से देखा जाय तो, उपरोक्त अर्थ और व्याख्या के आधार पर कदापि यह सिद्ध नहीं होता कि हमारा ब्रह्माण्ड वास्तव में जीव के अण्डे जैसा ही है। क्योंकि ये तभी सिद्ध हो सकता है जब कोई बुद्धिजीवी आधुनिक विज्ञान के माध्यम से इस यूनिवर्स से (सशरीर या मानसिक आधार पर) बाहर जाये और तथाकथित ब्रह्माण्ड के बाहरी स्वरूप को देखें और पुनः इस यूनिवर्स में वापस लौटकर हमें ब्रह्माण्ड के स्वरूप के विषय में बताए कि हमारा यूनिवर्स अण्डे के रूप वाला ही है। किन्तु हम सभी धर्म और आधुनिक विज्ञान के तकनीकों तथा उनके समस्त प्रमाणों और उपलब्धियों के आधार पर विवादमुक्त रूप से जानते हैं कि न कि ऐसा पहले ही कभी सम्भव था, ना ही यह भविष्य में सम्भव होने जा रहा है। जबकि आधुनिक विज्ञान वर्तमान में भी मात्र यूनिवर्स शब्द पर ही अपना सम्पूर्ण ध्यान केन्द्रित करते हुये इसके गूढ़ रहस्य को ही सुलझाने में प्रयत्नशील है। आधुनिक विज्ञान के खोजों के आधार पर यह कह सकते हैं कि ये खोजें भी यूनिवर्स शब्द के समान ही अनन्त और निराकार सिद्ध हो रही है, जिसका ना तो कोइ सीमा है ना ही कोई आकार।

तो क्या हमारे पूर्वजों ने मात्र पृथ्वी के जीवों के अण्डों को देखकर निर्णय लिया कि हमारा ब्रह्माण्ड जीव के अण्डे जैसा ही है, या किसी अत्यधिक विकसित वैज्ञानिक प्रयोग तथा गणना द्वारा खोजे गये सिद्धान्त के आधार पर यह निर्णय लिया? जिस सिद्धान्त के अभाव में यूनिवर्स आज भी आधुनिक विज्ञान के लिए रहस्य का विषय बना हुआ है। विज्ञान को दिशाहीन अनन्त मार्ग पर चलने के लिए अगर कोई एक मात्र नैतिक रूप से उत्तरदायी है, तो वो हैं-भारतीय। इनके उत्तरदायी होने के दो मुख्य कारण हैं-

01. भारतीयों का, अपने पूर्वजों द्वारा अत्यधिक विकसित विज्ञान के द्वारा की गयी अति दुर्लभ खोजों की टूटी कड़ीयों को फिर से जोड़ने के स्थान पर, सदैव उनकी उपेक्षा करते रहने का अस्वाभाविक स्वभाव।

02. भारतीयों का आधुनिक विज्ञान के आधार पर स्वयं को तुक्ष मानना, और साथ ही साथ सदैव ही दूसरों के बताए मार्गों को श्रेष्ठ मानते हुये उनके ही मार्गों पर कटिबद्ध होकर निरन्तर चलते रहना।

उपरोक्त व्याख्याओं के आधार पर ब्रह्माण्ड की परिभाषा इस प्रकार होती है-"ब्रह्माण्ड वो है जिसका स्वरूप जीव के अण्डे जैसा है। जिसकी परिधि एक ठोस तत्व से निर्मित है और आन्तरिक क्षेत्र में सम्पूर्ण ग्रह, उपग्रह और तारे इत्यादि स्थित है और इसके आन्तरिक क्षेत्र को हम जगत्, संसार, विश्व, सृष्टि, यूनिवर्स इत्यादि के

नाम से सम्बोधित करते हैं। इसके आन्तरिक क्षेत्र और इसमें स्थित सम्पूर्ण ग्रह, उपग्रह और तारों आदि के मध्य मात्र इतना सा अन्तर है कि इसका आन्तरिक क्षेत्र "मूलतत्व" के मूल रूप से निर्मित है, जबकि सम्पूर्ण ग्रह, उपग्रह और तारे आदि मूलतत्व के, ब्रह्माण्ड के मूल तापमान में अस्थिरता आने के कारण, आपस में जुड़ने और जुड़कर टुटने से निर्मित है।"

भारतीय वैज्ञानिक पूर्वजों ने ब्रह्माण्ड को समझने के लिए कौन-कौन से वैज्ञानिक प्रयोग और गणनाएँ की, इसका कोई ठोस प्रमाण, सम्पूर्ण विश्व में प्रत्य रूप से वर्तमान समय में कहीं भी उपलब्ध नहीं है किन्तु यह तो निश्चित है कि उन्होंने अपने वैज्ञानिक प्रयोगों और गणनाओं के आधार पर अवश्य ही किसी ऐसे सिद्धान्त को और उसके प्रयोग की उचित दिशा को उसी समय खोज लिया था जिसके बिना उनके द्वारा यह सिद्ध करना सम्भव नहीं था कि हमारा ब्रह्माण्ड जीव के अण्डे जैसा ही है। अतः उनके द्वारा खोजे गये उस सिद्धान्त को और उसके प्रयोग की दिशा को समझने के लिए सबसे पहले ये समझना अतिआवश्यक है कि भारतीय वैज्ञानिक पूर्वजों ने ब्रह्माण्डीय खोज को आरम्भ करने के लिए आखिर ब्रह्माण्ड के किस बिन्दु को अपना "प्रथम लक्ष्य" बनाया। चूँकि प्रमाणों के अभाव में ये कहना कठिन है कि उन्होंने ब्रह्माण्ड के किस बिन्दु को अपना प्रथम लक्ष्य बनाया, किन्तु मानव स्वभाव के आधार पर अगर देखा जाय तो निश्चित रूप से उनके खोज का भी वही केन्द्र बिन्दु रहा होगा, जो वर्तमान में वर्तमान विज्ञान का रहा होगा। अतः उस अतिमहत्वपूर्ण केन्द्र बिन्दु को पूर्णतया स्पष्ट करने के लिए नितान्त आवश्यक है कि वर्तमान के आरम्भिक, सभी ब्रह्माण्डिय खोजों के लक्ष्यों पर ध्यान पूर्वक दृष्टि डालते हुये, उनका ध्यानपूर्वक पुर्नावलोकन किया जाए। पुर्नावलोकन करने के उपरान्त सम्पूर्ण विश्व के समक्ष स्वयं ही निर्विवाद रूप से स्पष्ट हो जायेगा कि, वर्तमान के आरम्भिक लक्ष्यों में से केन्द्र बिन्दु के रूप में मात्र एक ही लक्ष्य था, जिसपर वर्तमान में भी निरन्तर खोज जारी है, और वह लक्ष्य था-"हमारे ब्रह्माण्ड के सम्पूर्ण ग्रह, उपग्रह और सूर्य तथा तारे आदि अन्तरिक्ष में आखिर किस सिद्धान्त के कारण, अपनी कक्षा से बाहर नहीं निकल पाते तथा केवल अपनी ही गोलाकार कक्षा में ही स्थित रहते हुये, अपने-अपने केन्द्र की निरंतर परिक्रमा करते रहते हैं?"

वर्तमान विज्ञान के दृष्टिकोण से अगर उपरोक्त केन्द्र बिन्दु को देखा जाए तो, निष्कर्ष रूप में अभी तक एक ही मूल कारण स्पष्ट हो पाया है कि "हमारे ब्रह्माण्ड के सम्पूर्ण ग्रह, उपग्रह और सूर्य तथा तारे आदि इसलिए अपनी कक्षा से बाहर नहीं निकल पाते तथा अपनी ही गोलाकार कक्षा में स्थित रहते हुये, अपने-अपने केन्द्र की निरंतर परिक्रमा करते रहते हैं क्योंकि ये अपने-अपने गोलाकार केन्द्र के गोलाकार चुम्बकीय क्षेत्र में फँसे हुये हैं।" जैसे कि हमारे सौरमण्डल के सम्पूर्ण ग्रह हमारे सौर मण्डल के केन्द्र सूर्य के चुम्बकीय क्षेत्र में फँसे होने के कारण, अपनी कक्षा से बाहर नहीं निकल पाते और अपनी-अपनी गोलाकार कक्षा में ही स्थित रहते हुये, सूर्य की निरंतर परिक्रमा करते रहते हैं।

उपरोक्त स्पष्टिकरण के उपरान्त ऐसे तो बहुत सारे प्रश्न एकाएक उत्पन्न हो जाते हैं, किन्तु सारांश में एक प्रश्न द्वारा ऐसे व्यक्त किया जा सकता है कि-"हमारे ब्रह्माण्ड में स्थित केन्द्रीय कक्षा हो या अन्य, किसी भी गोलाकार कक्षा के निर्माण का मूल आधार क्या है, अर्थात गोलाकार कक्षा के निर्माण हेतु किन-किन दशाओं का होना अनिवार्य है?" इस प्रश्न के समाधान हेतु अगर ध्यानपूर्वक, वर्तमान विज्ञान के दृष्टिकोण से विचार किया जाए तो, समाधान के रूप में एक ही निष्कर्ष स्पष्ट होगा कि, इस प्रश्न का स्पष्ट उत्तर वर्तमान विज्ञान के पास उपलब्ध है ही नहीं और जो अस्पष्ट उत्तर है भी, वो भी उत्तरों की जाल में ऐसे उलझे हुये हैं कि, उनको व्यक्तिगत आधार पर समझना या किसी को भी व्यक्तिगत आघार पर समझाना, किसी भी प्रतिभाशाली से प्रतिभाशाली वैज्ञानिक के वश का नहीं। वर्तमान विज्ञान द्वारा इस प्रश्न के अनुत्तरित रहने का कारण यह है कि वर्तमान विज्ञान द्वारा दिया गया "प्रथम लक्ष्य" के सम्बन्ध में त्रुटिपूर्ण स्पष्टिकरण। क्योंकि अगर "प्रथम लक्ष्य" के सम्बन्ध में दिया गया स्पष्टिकरण परिशुद्ध होता तो, स्पष्टिकरण के उपरान्त कोई भी अनुत्तरित प्रश्न शेष रहने की सम्भवतः न्यूनतम सम्भावना ही शेष रहती। जबकि भारतीय वैज्ञानिक पूर्वजों के ब्रह्माण्डिय खोजों को "प्रथम लक्ष्य" से जोड़कर देखा जाय तो, ऐसा प्रतीत होता है कि भारतीय वैज्ञानिक पूर्वजों ने "प्रथम लक्ष्य" का परिशुद्ध हल सम्भवतः खोज निकाला था। क्योंकि अगर उनके द्वारा निकला "प्रथम लक्ष्य" का हल परिशुद्ध नहीं होता तो वो "ब्रह्माण्ड" जैसे महानतम शब्द का

आविष्कार ही नहीं करते। और साथ ही साथ ये भी ध्यान देने योग्य बिन्दु है कि संस्कृत भाषा के इस महानतम् शब्द का, किसी भी भाषाविद् द्वारा किसी भी प्रकार अभी तक आलोचना नहीं की गयी है, जिससे इस शब्द के अर्थ की सत्यता और भी सशक्त हो जाती है। "प्रथम लक्ष्य" रूपी प्रथम कड़ी को सम्भवतः खोजने के उपरान्त सबसे बड़ी चुनौति अभी शेष है कि आखिर उन्होंने "प्रथम लक्ष्य" के समाधान हेतु कौन-कौन से प्रयोग और कौन-कौन सी गणनाएँ की होंगी?

ब्रह्माण्ड के सम्बन्ध में सार्वभौम सत्य-सैद्धान्तिक विचार

हिन्दी व्याकरण शब्द विन्यास के अनुसार ब्रह्माण्ड शब्द ब्रह्म + अण्ड से मिलकर बना है। ब्रह्म, ब्रह्मा से सम्बन्धित है। और एकात्म ज्ञान से सम्बन्धित हैं। इसी प्रकार विष्णु, एकात्म कर्म से और शंकर, एकात्म ध्यान से सम्बन्धित हैं। इसी क्रम में उनका अस्त्र क्रमशः ब्रह्मास्त्र, सु-दर्शन और पशुपास्त्र है अर्थात क्रमशः ज्ञान का अस्त्र, अच्छे विचार का अस्त्र और सार्वभौम सत्य-सिद्धान्त का अस्त्र है। इस प्रकार ब्रह्माण्ड का अर्थ ज्ञान के अण्डे से है। ब्रह्म के साथ अण्ड जोड़ने के पीछे ये रहस्य था कि ज्ञान का प्रारम्भ और अन्त एक चक्र है जैसे क्रिया-कारण, जन्म-मृत्यु-जन्म। अर्थात एक चक्र या गोला। ब्रह्माण्ड के सभी ग्रह-तारे सब गोल रूप में हैं। यह ब्रह्माण्ड, ईश्वर की दृश्य कृति हैं जो उससे निकला है और इसमें वह स्वयं है। जिस प्रकार यह "विश्वशास्त्र" श्री लव कुश सिंह "विश्वमानव" से निकला है और इसमें वे स्वयं है। यह ब्रह्माण्ड, ज्ञान का अण्डा है, अनन्त है, इसका कोई निश्चित आकार और सीमा नहीं हैं, यह एक बड़े वट वृक्ष के समान है। बस, कुछ नहीं।

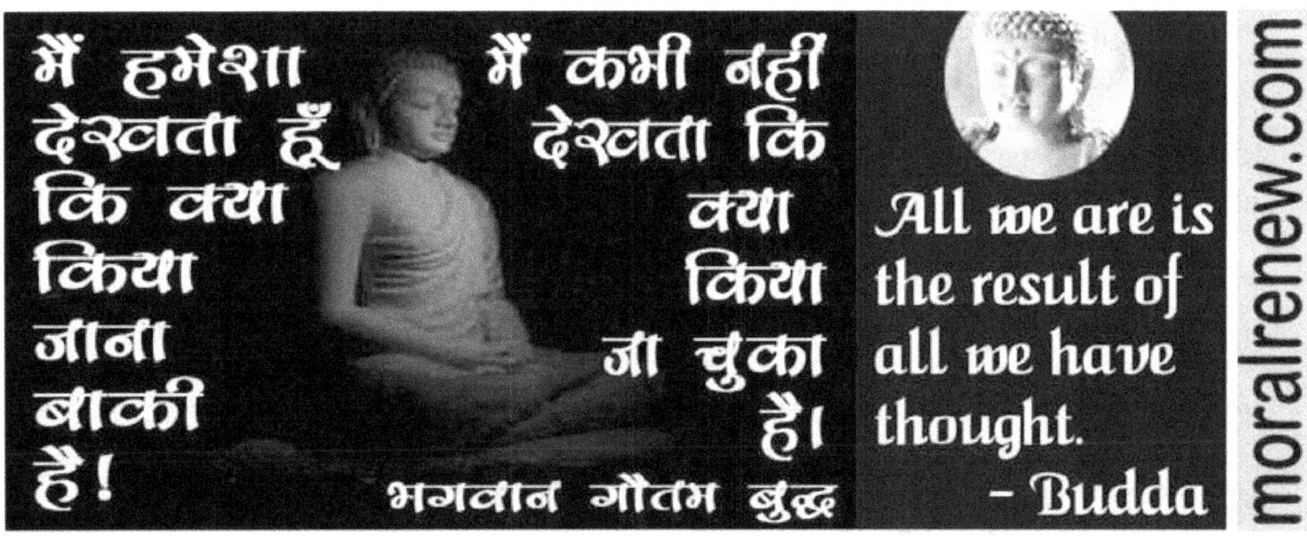

ब्रह्माण्ड की उत्पत्ति

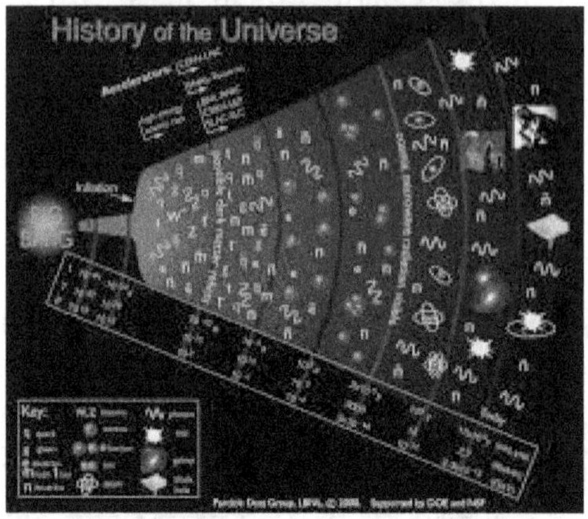

ब्रह्माण्ड का आरम्भ कब और किस क्रम से हुआ इसके सम्बन्ध में अनेक मत हैं, पर जिस प्रतिपादन पर आम सहमति हो चुकी है वह यह है कि-"आरम्भ में थोड़ा सा सघन द्रव्यमान था। उसके अन्तराल में किसी अज्ञात कारण से विस्फोट हुआ और उसकी धज्जियाँ उड़ गई। अंसख्य टुकड़े हुये, वे जिधर-तिधर छितर गये। इस छितराव ने एक नई दिशा अपनाई। टुकड़ों में से अधिकांश अपनी धुरी पर लट्टू की तरह घूमने लगे और साथ ही घुड़दौड़ की तरह आगे की ओर भी भागने लगे।" चूँकि यह समस्त सृष्टि रचना में गोलाकार है फलतः गति भी गोलाकार ही अग्रगामी रह सकती है। अनवरत घुड़दौड़ को अन्ततः गोलाकार बनाना पड़ा और किसी लक्ष्य तक पहुँचकर प्रयास को इतिश्री कर देने की अपेक्षा अनन्तकाल तक अनवरत घुड़दौड़ जारी रखने का एक सुनिश्चित मार्ग मिल गया। द्रव्यमान के छितरे हुये टुकडों ने न केवल वाह्य जगत में, ब्रह्माण्ड के क्षेत्र में अपनी घुड़दौड़ को जारी रखा वरन् आत्मसत्ता की नीजी परिधि में भी इसी नीति को अपनाया। वे अपनी-अपनी धुरियों पर भी घूमने लगे। इस प्रकार वैयक्तिक और सामूहिक दोनों ही क्षेत्रों में उसने अपने प्रयास-पुरूषार्थ को अग्रगमन के लक्ष्य में नियोजित किये रहने का मार्ग चुना और अनुशासन अपनाया।

विज्ञानवेत्ताओं के अनुसार सृष्टि का आरम्भिक द्रव्यमान एक सघन बादल के रूप में था। उस स्थिति में उसका घनत्व 10-12 किलोग्राम प्रति घन मीटर आँका गया है। जिसे प्रोटोगैलेक्सी के नाम से पुकारते हैं। आरम्भ में वह बादल ऐसे ही अनगढ़ था। विस्फोट होने के बाद उस केन्द्र में तथा टुकड़ों में एक नई क्षमता उद्‌भूत हुई। उसे गुरूत्वाकर्षण के नाम से जाना जाता है। विस्फोट के बाद टुकड़े निहारिका बन गये और छोटे ग्रहतारकों के रूप में अपने छोटे-छोटे कलेवरों को सुगठित बना सकने में सफल हो गये। निहारिकाएँ अभी भी उतनी सुव्यवस्थित नहीं हो सकी हैं। ब्रह्माण्ड फूल रहा है। उसके अन्तराल में अवस्थित निहारिकाएँ तथा तारामण्डल क्रमशः एक-दूसरे से दूर जा रहे हैं। इस हटने का तात्पर्य पीछे की ओर से नहीं आगे की ओर बढ़ना है। पदार्थ चल रहा है, यह स्पष्ट है पर क्यों चल रहा है, किस दशा में चल रहा है कि उसके सामने भी प्रगति का, विस्तार का, पराक्रम के प्रकटीकरण का और अपूर्णता को पार करते हुये चरम पूर्णता तक पहुँचने का लक्ष्य ही प्रेरणा स्रोत बनकर रह रहा है।

हर 50 वर्ष में हमारी आकाशगंगा के किसी विशालकाय तारा में सुपरनोवा विस्फोट होता है। इस विस्फोट से अंतरिक्ष में बड़े पैमाने पर विकिरण एवं पदार्थ किसी भावी खगोलीय पिण्ड से बीज के रूप में आते हैं और पूरी आकाशगंगा में एक तीव्र कम्पन उत्पन्न करते हैं। यह कम्पन्न तरंग अतंर तारक गैसों को गर्म करती है, बादलों के छोटे टुकड़ों को वाष्पीभूत करती है और बड़ों पर गहरा दबाव डालती है, जिससे वे बादल उसी स्थान पर अपने स्वयं के गुरूत्व बल के कारण दबकर ठोस रूप में परिणत हो जाते हैं और नए तारे का निर्माण करते हैं।

सुपरनोवा ऐसे विस्फोट हैं जो आकाशगंगा के इंजन को विकास की दिशा में आगे की ओर बढ़ाते हैं। अरबों वर्ष पहले पृथ्वी पर भी प्राकृतिक विस्फोटों की श्रृंखला द्वारा ही जीवन का उद्भव सम्भव हुआ। तारक पिण्डों का अपना एक जीवन चक्र होता है, जिसमें वे घूमते रहते हैं। तारे के निर्माण के कुछ काल पश्चात् उनमें विस्फोट

होता है। इस विस्फोट से वे नए-नए भारी तत्वों को अंतर तारक गैसों में समविष्ट करते हैं फिर इनसे दूसरे खगोलिय पिण्ड का निर्माण होता है जो कुछ काल पश्चात् पुनः सुपरनोवा विस्फोट में फटते हैं। इसी प्रकार खगोल में यह सृजन और विध्वंश का यह क्रम सदा चलता रहता है।

भारतीय दर्शन की मान्यता चेतन को मूल मानकर ज्यों की त्यों है। प्रारम्भ में एक ही तत्व परमात्मा पिण्ड रूप में था। उसके नाभि देश से "एकोहं बहुस्यामि (मैं एक हूँ, बहुत हो जाऊँ)", इस तरह की स्फुरण, भावना या विचार उठा। इससे वह फट पड़ा और महाप्रकृति की रचना हुई। उसमें सत, रज, तम तीन गुणों का सम्मिलन था। इन्हीं से सृष्टि में जीवन का निर्माण हुआ और सृष्टि के विस्तार की तरह ही 84 लाख योनियों का निरन्तर विकास होता चला गया। जिस तरह ब्रह्माण्ड विकसित हो रहा है उसी प्रकार नाना प्रकार के जीवन सृष्टि का भी विकास होता जा रहा है। यह सब अत्यधिक करूणामूलक, स्नेहजनक, मातृसंज्ञक रूप से चल रहा है। भौतिक व आध्यात्मिक दोनों दृष्टियों से आकाशगंगाएँ इस विशाल माता का हृदय कही जा सकती हैं।

दर्शन शास्त्र के व्यक्तिगत प्रमाणित मार्गदर्शक दर्शन के अनुसार-दर्शन शास्त्र से व्यक्त भारत के सर्वप्राचीन दर्शनों (बल्कि विश्व के) में से एक और वर्तमान तक अभेद्य सांख्य दर्शन में ब्रह्माण्ड विज्ञान की विस्तृत व्याख्या उपलब्ध है। स्वामी विवेकानन्द जी के व्याख्या के अनुसार-"प्रथमतः अव्यक्त प्रकृति (अर्थात तीन आयाम- सत, रज, और तम), यह सर्वव्यापी बुद्धितत्व (1. महत्) में परिणत होती है, यह फिर सर्वव्यापी अंहतत्व (2. अहंकार) में और यह परिणाम प्राप्त करके फिर सर्वव्यापी इंद्रियग्राह्य भूत (3. तन्मात्रा-सूक्ष्मभूतः गंध, स्वाद, स्पर्श, दृष्टि, ध्वनि 4. इन्द्रिय ज्ञानः श्रोत, त्वचा, नेत्र, जिह्वा, घ्राण) में परिणत होता है। यही भूत समष्टि इन्द्रिय अथवा केन्द्र समूह (5. मन) और समष्टि सूक्ष्म परमाणु समूह (6. इन्द्रिय-कर्मः वाक, हस्त, पाद, उपस्थ, गुदा) में परिणत होता है। फिर इन सबके मिलने से इस स्थूल जगत प्रपंच (7. स्थूल भूतः आकाश, वायु, अग्नि, जल, पृथ्वी) की उत्पत्ति होती है। सांख्य मत के अनुसार यही सृष्टि का क्रम है और बृहत् ब्रह्माण्ड में जो है-वह व्यष्टि अथवा क्षूद्र ब्रह्माण्ड में भी अवश्य रहेगा। जब साम्यावस्था भंग होती है, तब ये विभिन्न शक्ति समूह विभिन्न रूपों में सम्मिलित होने लगते हैं और तभी यह ब्रह्माण्ड बहिर्गत होता है। और समय आता है जब वस्तुओं का उसी आदिम साम्यावस्था में फिर से लौटने का उपक्रम चलता है। (अर्थात एक तन्त्र का अन्त) और ऐसा भी समय आता है कि सब जो कुछ भावापन्न है, उस सब का सम्पूर्ण अभाव हो जाता है। (अर्थात सम्पूर्ण ब्रह्माण्ड का अन्त)। फिर कुछ समय पश्चात् यह अवस्था नष्ट हो जाती है तथा शक्तियों के बाहर की ओर प्रसारित होने का उपक्रम आरम्भ होता है। तथा ब्रह्माण्ड धीरे-धीरे तंरगाकार में बहिर्गत होता है। जगत् की सब गति तरंग के आकार में ही होता है-एक बार उत्थान, फिर पतन। प्रलय और सृष्टि अथवा क्रम संकोच और क्रम विकास (अर्थात एक तन्त्र या सम्पूर्ण ब्रह्माण्ड का अन्त और आरम्भ) अनन्त काल से चल रहे हैं। अतएव हम जब आदि अथवा आरम्भ की बात करते है तब हम एक कल्प (अर्थात चक्र) आरम्भ की ओर ही लक्ष्य रखते है।"

बिग-बैंग सिद्धान्त

एक समय ऐसा था जब बहुत से लोग विश्वास करते थे कि ब्रह्माण्ड का न आदि है न अंत और यह शाश्वत है। बिग-बैंग सिद्धान्त के आने से ब्रह्माण्ड को शाश्वत नहीं माना गया। इसकी भी एक शुरूआत मानी गई, जिसका एक इतिहास है, अंत है। इस सिद्धान्त के अनुसार 15 अरब वर्ष पहले एक अद्‌भुत अकल्पनीय महाविस्फोट से ब्रह्माण्ड का विस्तार शुरू हुआ। इस महाविस्फोट को "बिग-बैंग" कहा जाता है। इस घटना के प्रारम्भिक बिन्दु पर समस्त ऊर्जा, पदार्थ और देश (स्पेस) एक अत्यन्त सघन बिन्दु में सम्पीडित थें। इस घटना से पहले क्या था, पूरी तरह अज्ञात है और चिंतन का विषय है। यह घटना वैसा विस्फोट नहीं था जैसा कि हम आम विस्फोट को जानते हैं बल्कि यह एक दूसरे से दूर भागते भ्रूणात्मक ब्रह्माण्ड के कणों को समस्त स्पेस में भरने की घटना थी। दरअसल बिग-बैंग, स्पेस के भीतर स्पेस को भरने का विस्फोट था। उस बम के विस्फोट तरह नहीं जिसमें उसके पदार्थ को बाहर फेंका जाता है। इस बिग-बैंग सिद्धान्त का मूल श्रेय इडविन हब्बल को दिया जा

सकता है। 1929 में हब्बल ने अपने निरीक्षणों से पता लगाया कि ब्रह्माण्ड का निरन्तर विस्तार हो रहा है और मंदाकिनियों (ग्लेक्सीज) के पुंज एक दूसरे से दूर भाग रही हैं।

निष्कर्ष

निष्कर्ष के रूप में यह ब्रह्माण्ड एक वृक्ष के समान है जिससे उत्पन्न होने वाला प्रत्येक बीज एक ब्रह्माण्ड को जन्म देने में सक्षम है। जबकि वृक्ष और बीज दोनों ब्रह्माण्ड के ही अंग है। बीज प्रारम्भिक बिन्दु है तो वृक्ष उसका विस्तार ब्रह्माण्ड रूप है। प्रश्न आता है कि पहले कौन था, बीज या वृक्ष? इस पर इस उत्तर को ही अन्त मानकर सन्तोष करना पड़ेगा कि-"एक परमतत्व है जिसे परमात्मा कहते है और वह बीज व वृक्ष दोनों में विद्यमान है, दोनों ही उसी का प्रकाश व विस्तार है, उसी के उपस्थिति में बीज और वृक्ष का क्रम चलता रहता है।"

कोई भी विकास दर्शन अपने अन्दर पुराने सभी दर्शनों को समाहित कर लेता है अर्थात उसका विनाश कर देता है और स्वयं मार्गदर्शक दर्शन का स्थान ले लेता है। अर्थात सृष्टि-स्थिति-प्रलय फिर सृष्टि। चक्रीय रूप में ऐसा सोचने वाला ही नये परिभाषा में आस्तिक और सिर्फ सीधी रेखा में सृष्टि-स्थिति-प्रलय सोचने वाला नास्तिक कहलाता है।

ब्लैक होल और आत्मा

सार्वभौम एकत्व की खोज मनुष्य को सदैव रही है। यह आध्यात्म और विज्ञान दोनों का मुख्य और सर्वोच्च विषय रहा है।

स्वामी विवेकानन्द जी "राजयोग" में लिखते हैं कि-"मन की शक्तियाँ इधर-उधर बिखरी हुई प्रकाश की किरणों के समान है। जब उन्हें केन्द्रीभूत किया जाता है, तब वे सब कुछ आलोकित कर देती है। यही ज्ञान का हमारा एक मात्र उपाय है। बाह्य जगत् में हो अथवा अन्तर्जगत् में लोग इसी को काम में ला रहे है। पर वैज्ञानिक जिस सूक्ष्म पर्यवेक्षण शक्ति का प्रयोग बहिर्जगत् में करता है, मनस्तत्त्वान्वेषी उसी का मन पर करते है। (राजयोग-पृ0-11)", "बहिर्वादी और अन्तर्वादी जब अपने अपने ज्ञान की चरमसीमा प्राप्त कर लेंगे, तब दोनों अवश्य एक ही स्थान पर पहुँच जायेंगे। (राजयोग-पृ0-16)"

आध्यात्म विज्ञान में जितने भी आचार्य हुये वे सृष्टि के उत्पत्ति सम्बन्धित दार्शनिक विचार प्रस्तुत कर ही स्थापित हैं और "सार्वभौम एकत्व" के रूप में उनका आविष्कार "आत्मा" है जो प्रत्येक वस्तु (जीव-नीर्जीव) के रूप में प्रकाशित है और जब वह उसी में प्रकाशित है तो वह अलग से नहीं दिख सकता।

इसी प्रकार विज्ञान भी "सार्वभौम एकत्व" की खोज में लगा हुआ है। "गाड पार्टीकील" अर्थात एक ऐसा कण जो ईश्वर की तरह हर जगह है और उसे देख पाना मुश्किल है जिसके कारण कणों में भार होता है, के खोज के लिए ही जेनेवा (स्विट्जरलैण्ड- फ्रांस सीमा पर) में यूरोपियन आर्गनाइजेशन फार न्यूक्लियर रिसर्च (सर्न) द्वारा रूपये 480 अरब के खर्च से महामशीन लगाई गई है। जिसमें 15000 वैज्ञानिक और 8000 टन की चुम्बक लगी हुई है।

"आत्मा" और "गाड पार्टीकील" दोनों अदृश्य वस्तु हैं, जिस प्रकार विचार अदृश्य वस्तु है ये अपने गुणों से केवल अनुभव में आती है। यह ब्रह्माण्ड सनातन, असीम, अनन्त हैं और सदैव इसके किसी न किसी भाग में सृजन और विनाश (क्रम विकास और क्रम संकुचन) का मानवी शक्ति के सीमा से परे अनियंत्रित खेल चलता रहता है।

ब्लैक होल

तारों में नाभिकीय (परमाणु) ईंधन के जलने से जो ऊर्जा पैदा होती है वह प्रकाश तथा अन्य किस्म के किरणों के रूप में बाहर निकलती है। ऊर्जा से पैदा होने वाला भीषण दाब उस तप्त तारे को उसके गुरूत्वीय बल के अन्तर्गत सिकुड़ने नहीं देता। तारा लगभग संतुलित अवस्था में टिका रहता है। मगर जैसे ही तारे का नाभिकीय ईंधन जलकर राख हो जाता है, वैसे ही वह तारा तेजी से सिकुड़ते हुये मरणावस्था में पहुँच जाता है। उस तारे का द्रव्यमान यदि 1.4 सूर्यो से कम है, तो वह पहले "श्वेत बामन" और अंततः "कृष्ण बामन" बन जाता है। यदि उस तारे का द्रव्यमान 2-3 सूर्यों के बराबर है तो वह अंततः "न्यूट्रान तारा (पल्सर)" बन जाता है, परन्तु ऐसे भी अनेक तारे हैं जिनमें 3 सूर्यों से अधिक द्रव्यराशि है। ऐसे तारों का नाभिकीय ईंधन जब खत्म होता है, तब वे एक ही झटके में तेजी से सिकुड़कर न्यूट्रान तारे से भी अधिक सघन पिण्ड बन जाते हैं। खगोलविदों ने ऐसे पिण्डों को "ब्लैक होल" का नाम दिया है।

ब्लैक होल्स के बारे में सभी बातें बड़ी विलक्षण हैं। ऐसे पिण्डों में इतना अधिक गुरूत्वाकर्षण पैदा होता है कि वह प्रकाश की किरणों को भी बाहर जाने नहीं देता। ब्लैक होल्स के समीप से भी गुजरने वाली प्रकाश-

किरणें मुड़कर उसी में गायब हो जाती हैं। यहाँ तक कि ब्लैक होल्स के नजदीक काल के प्रवाह और दिक (स्पेस) की ज्यामिति में भी बेहद परिवर्तन हो जाता है। ब्लैक होल एक ऐसे अथाह गर्त का निर्माण करता है जिसमें प्रकाश व द्रव्य गिरकर गायब हो जाते हैं। चूँकि ब्लैक होल्स से किरणें बाहर नहीं निकल पाती, इसलिए वह हमारे लिए अदृश्य बना रहता है।

हम जानते हैं कि सूर्य के समीप से गुजरने वाली प्रकाश-किरणें थोड़ी भीतर की ओर मुड़ जाती है। सापेक्षिकता के सिद्धान्त के अनुसार यदि हमारा सूर्य सिकुड़कर केवल तीन किलोमीटर अर्धव्यास का पिण्ड हो जाता है तो वह एक ब्लैक होल बन जायेगा। तब इसके पास से गुजरने वाली किरणें पूर्णतः मुड़कर उसके भीतर गिर जायेंगी। और सूर्य हमारे लिए हमेशा के लिए गायब हो जायेगा। द्रव्यराशि गुरूत्वीय पतन के अन्तर्गत सिकुड़कर करीब एक सेंटीमीटर व्यास का पिण्ड बन जाये, तो वह भी एक ब्लैक होल बन जायेगा। खगोलविदों का अनुमान है कि हमारी आकाशगंगा में ही लाखों-करोड़ों ब्लैक होल हो सकते हैं। कई वैज्ञानिकों का मत है कि "क्वासर" नामक अनोखे पिण्ड और मंदाकिनियों के केन्द्र भाग में भी विशाल ब्लैक होल हो सकते हैं। एक मान्यता यह भी है कि समूचा ब्रह्माण्ड अंततः एक अतिविशाल अदृश्य ब्लैक होल में संघनित हो जायेगा। वर्तमान में अधिकांश वैज्ञानिक ब्लैक होल के अस्तित्व को स्वीकार करते हैं। ब्रह्माण्ड वैज्ञानिक स्टीफेन हाकिंग के अनुसार, विश्व का कोई आरम्भ और अन्त नहीं। आज से डेढ़ हजार साल पहले के भारतीय गणितज्ञ-ज्योतिषि आर्यभट्ट (499 ई.) की भी यही मान्यता थी कि यह विश्व अनादि-अनन्त है।

यही ब्लैक होल इस अनादि-अनन्त विराट ब्रह्माण्ड वृक्ष के बीज हैं जिनसे समय-समय पर छोटे-छोटे ब्रह्माण्ड का सृजन होता रहता है और पुनः बीज रूप में ब्लैक होल उत्पन्न होते रहते हैं।

आत्मा

आत्मा के सम्बन्ध में स्वामी विवेकानन्द के विचार (उनके "ज्ञान योग" पुस्तक से)-कपिल का प्रधान मत है-परिणाम। वे कहते हैं, एक वस्तु दूसरी वस्तु का परिणाम अथवा विकार स्वरूप है, क्योंकि उनके मत के अनुसार कार्य-कारण भाव का लक्षण यह है कि-कार्य अन्य रूप में परिणत कारण मात्र है। (पृ0-52), कपिल का मत है कि समग्र ब्रह्माण्ड ही एक शरीर स्वरूप है जो कुछ हम देखते हैं, वे सब स्थूल शरीर है, उन सबके पश्चात् सूक्ष्म शरीर समूह और उनके पश्चात् समष्टि अहंतत्व, उसके भी पश्चात् समष्टि बुद्धि है। किन्तु यह सब ही प्रकृति के अन्तर्गत हैं। उसमें से जो हमारे प्रयोजन का है, हम ग्रहण कर रहे हैं, इसी प्रकार जगत के भीतर समष्टि मनस्तत्व विद्यमान है, उससे भी हम चिरकाल से प्रयोजन के अनुसार ले रहे हैं। किन्तु देह का बीज माता-पिता से प्राप्त होना चाहिए। इससे वंश की अनुक्रमणिकता और पुनर्जन्मवाद दोनों ही तत्व स्वीकृत हो जाते हैं। (पृ0-25), समग्र प्रकृति के पश्चात् निश्चित रूप में कोई सत्ता है, जिसका आलोक उन पर पड़कर महत्, अहंज्ञान और यह सब नाना वस्तुओं के रूप में प्रतीत हो रहा है। और इस सत्ता को ही कपिल पुरुष अथवा आत्मा कहते हैं। वेदान्ती भी उसे आत्मा कहते हैं। कपिल के मत के अनुसार पुरुष अमिश्र पदार्थ है। वह यौगिक पदार्थ नहीं है। वही एकमात्र व जड़ पदार्थ है और सब प्रपंच-विकार ही जड़ है। पुरुष ही एकमात्र ज्ञाता है। (पृ0-52), वेदान्त के मतानुसार सब जीवात्माएं ब्रह्मनामधेय एक विश्वात्मा में अमिश्र हैं।, पहले यह स्थूल शरीर, उसके पश्चात् सूक्ष्म शरीर, उसके पश्चात् जीव अथवा आत्मा-यही मानव का यथार्थ स्वरूप है। मनुष्य का एक सूक्ष्म शरीर और एक स्थूल शरीर है, ऐसा नहीं है। शरीर एक ही है तथापि सूक्ष्म आकार में वह स्थूल की अपेक्षा दीर्घ काल तक रहता है, तथा स्थूल शीघ्र नष्ट हो जाता है।, यह समग्र जगत् एक अखण्ड स्वरूप है, और उसे ही अद्वैत वेदान्त-दर्शन में ब्रह्म कहते हैं। ब्रह्म जब ब्रह्माण्ड के पश्चात् प्रदेश में है ऐसा लगता है, तब उसे ईश्वर कहते हैं। अतएव यह आत्मा ही मानव का अभ्यन्तरस्थ ईश्वर है। केवल एक पुरुष-उन्हें ईश्वर कहते हैं, तथा जब ईश्वर और मानव दोनों के स्वरूप का विश्लेषण किया जाता है तब दोनों को एक के रूप में जाना जाता है। (पृ0-67), धर्मज्ञान को उच्चतम चूड़ा में आरोहण करने के लिए मानव जाति को जिन सब सोपानों का अवलम्बन करना पड़ा है, प्रत्येक व्यक्ति को भी उसका ही अवलम्बन करना होगा। केवल प्रभेद यह है कि समग्र मानव जाति को एक सोपान से दूसरे सोपान में आरोहण करने के लिए लाख-लाख वर्ष लगे हों, किन्तु व्यक्तिगण कुछ वर्षों में ही मानव जाति का समग्र जीवन यापन कर ले सकते हैं, अथवा वे और भी शीघ्र, सम्भवतः

छः मास के भीतर ही उसे सम्पूर्ण कर ले सकते हैं। (पृ0-135), जो व्यक्ति कहता है, इस जगत् का अस्तित्व है, किन्तु ईश्वर नहीं है, वह निर्बोध है, क्योंकि यदि जगत् हो, तो जगत् का एक कारण रहेगा और उसक कारण का नाम ही ईश्वर है। कार्य रहने पर ही उसका कारण है, यह जानना होगा। जब यह जगत् अन्तर्हित होगा, तब ईश्वर भी अन्तर्हित होंगे। जब आप ईश्वर के सहित अपना एकत्व अनुभव करेंगे, तब आपके पक्ष में यह जगत् फिर नहीं रहेगा। जिसे हम इस क्षण जगत् के रूप में देख रहें हैं, वही हमारे सम्मुख ईश्वर के रूप में प्रतिभासित होगा, एवं जिनको एक दिन हम बहिर्देश में अवस्थित समझते थे, वे ही हमारी आत्मा के अन्तरात्मा रूप में प्रतीत होंगे।-"तत्वमसि"-वही तुम हो। (पृ0-135)।

परमाणु संरचना की भाँति आत्मा केन्द्र में स्थित है और मन इलेक्ट्रान की भाँति क्रियाशील है। यह मन जब बाहरी विषयों के साथ क्रिया करता है तब उसे भौतिकवाद कहते हैं और जब यह केन्द्र में स्थित आत्मा से क्रिया करने लगता है तब उसे आध्यात्मवाद कहते हैं। मन के विचरण का यह विस्तृत दायरा उसके सशक्तता का मार्ग होता है। संकुचित मन में विभिन्न प्रकार की बीमारी सक्रिय हो जाती है। भूत-प्रेत जैसी समस्या केवल संकुचित मन के लिए ही हैं इसलिए इसका प्रसार ज्यादातर महिलाओं और अति पिछड़े मानव वर्ग में है। मन का केन्द्र में गिरना योजनाबद्ध तरीके से भी हो सकता है या दुर्घटनावश भी। जिस प्रकार कुँए में योजनाबद्ध तरीके से प्रवेश करना या अनजाने में उसमें गिर जाना। यदि योजनाबद्ध तरीका है तब तो आप इच्छानुसार जायेंगे और बाहर निकलेंगे। लेकिन दुर्घटनावश है तब उस केन्द्र की उर्जा-प्रकाश को बर्दास्त कर पाना प्रत्येक के लिए सम्भव नहीं होता। फिर भी जो परिणाम आता है वह होता है-मानसिक विक्षिप्तता या मानसिक सशक्तता। मानसिक विक्षिप्तता की स्थिति में कुछ भी सृष्टि अर्थात नव-निर्माण की सम्भावना नहीं रह जाती। मानसिक सशक्तता की स्थिति में संसार के सारे विचार उसमें समाहित होने जैसा व्यक्त होने लगता है। और वह पिछले सभी विचारों के ज्ञान से युक्त हो जाता है। यह भी सम्भव है कि वह शान्त-मौन हो जाये, उनमें से किसी विचार में बद्ध हो जाये और वह बाह्य जगत में गुण-कर्म को व्यक्त किये बिना उस अनुसार स्वयं को समझने व व्यवहार करने लगे। ऐसे उदाहरण मिलते रहते हैं जैसे-कोई स्वयं को राधा समझने लगता है, कोई विष्णु के अवतार के रूप में, कोई कृष्ण के रूप में, कोई कल्कि अवतार के रूप में।

मानसिक सशक्तता की स्थिति में सिर्फ वही सृष्टि अर्थात नव-निर्माण कर पाता है जो सासांरिकता के साथ अपने उस केन्द्र के प्रकाश का योग कर उसे गुण-कर्म के रूप में व्यक्त कर देता है। इसी को योग माया का प्रयोग कहते हैं। इसी को ध्यान कहते हैं, ज्ञान का कालानुसार योग ही ध्यान होता है। इसी से वह स्वयं को सिद्ध करता है। ब्लैक होल की भाँति मानसिक सशक्तता के साथ बाहरी सूचना रामाहित हो जाती है और वह सृष्टि करने के लिए नये रूप में बाहर आती है। महर्षि व्यास ने अपने शास्त्र महाभारत में सृष्टिकर्ता को "कृष्ण" ही कहा है।

स्वामी विवेकानन्द जी अपने पुस्तक "योग क्या है" में लिखते हैं-जब एक साधक शरीर बोध का अतिक्रमण कर जाता है, तो स्वभावतः उसके शरीर का अन्त हो जाता है और यह देखा गया है कि सामान्यतः एक ज्ञानी परमसत्ता के अनुभव के बाद अपने उस विराट अनुभव के बाद अपने उस विराट अनुभव को झेल नहीं पाता। फिर भी शंकर की तरह कुछ अपवाद हैं जिन्होंने विराट के अनुभव के बाद भी मानवता को ऐसी स्थिति की उपलब्धि के साधनों की शिक्षा देने के लिए अपने उच्च विचारों को कायम रखा। ये आत्माएं बन्धन से प्राप्त अनन्त मुक्ति को स्वयमेव तज देती हैं जिसे उन्होंने दूसरों की मुक्ति दिलाने के लिए प्राप्त किया है। उनके लिए उच्चतम अनुभव का द्वार हमेशा खुला रहता है, लेकिन वे उस द्वार में प्रवेश करने से इनकार कर देते हैं, जब तक वे उन लोगों को जो दुःख से पीड़ित हैं और प्रकाश की तलाश में हैं, अपने साथ न ले जा सकें। वे लोग बहुत बड़े सिद्ध, भविष्यद्दष्टा और संत हैं जो गहन अंधकार से मानवता को बचाने के लिए अपनी आत्मा की मशाल को जलाए रखते हैं। वे वही लोग हैं जो साधारण जीवन जीते हुये कम से कम थोड़ी देर के लिए थके हारे संसार को खाई में गिरने से रोकते हैं। वे धरती पर भगवान के सच्चे प्रतिनिधि होते हैं। (योग क्या है, पृष्ठ-62)

सौर मण्डल

अपना सूर्य जिस नीहारिका का परिभ्रमण कर रहा है उसका नाम मंदाकिनी और व्यास प्रायः 4 लाख प्रकाश वर्ष है। सूर्य इन दिनों 2 लाख किलोमीटर प्रति घंटे की चाल से चल रहा है। अपनी नीहारिका का एक पूरा चक्कर लगाने में उसे 25 करोड़ प्रकाश वर्ष लगते हैं। अनुमान है कि अपने सूर्य को अपनी नीहारिका की 10 परिक्रमा लगाते-लगाते बुढ़ापा आ जायेगा और एक-दो परिक्रमा और कर लेने के उपरान्त उसका मरण हो जायेगा। अपनी नीहारिका अब तक 10 हजार तारा गुच्छकों को जन्म दे चुकी है। प्रत्येक तारा गुच्छक में कम से कम 100 सूर्य हैं। इस प्रकार इसके पुत्र सूर्यों की संख्या 10 लाख को पार कर गई है। जिस प्रकार अपने सूर्य के 9 ग्रह और 32 उपग्रह हैं उसी प्रकार इन 10 लाख सूर्यों के भी बाल-बच्चे होंगे। यह सारा परिवार बेटे-तारा गुच्छक, पोते-सूर्य, परपोते-ग्रहपिण्ड और उनके भी पुत्रगण-उपग्रहों समेंत अरबों की संख्या में सदस्यों का बन चुका है। इतने पर भी अपनी नीहारिका की न तो जवानी समाप्त हुई है और न उसके प्रजनन कृत्य में कोई कमी आई है। उसके अपने निजी पुत्र तारा गुच्छक अभी और जन्मेंगे। वे उसके पेट में कुलबुला रहे हैं और भ्रूण की तरह पक रहे हैं। समयानुसार प्रसव होते रहेंगे और यह परिवार अभी अकल्पनीय काल तक इसी प्रकार बढ़ता रहेगा। यह तो मात्र अपनी एक नीहारिका की बात है। फिर ऐसी-ऐसी अन्य सहस्त्रों नीहारिकाएँ और भी हैं। उन सबके अपने-अपने परिवार और विस्तार मिला लेने पर ब्रह्माण्ड विस्तार की परिकल्पना और भी अधिक कठिन हो जाती है।

सौर परिवार अति विशाल है। सूर्य की गरिमा अद्भुत है। उसका वजन सौर परिवार के समस्त ग्रहों-उपग्रहों के सम्मिलित वजन से लगभग 750 गुना अधिक है। सौरमण्डल केवल विशाल ग्रह और उपग्रहों का ही सुसम्पन्न परिवार नहीं है, उसमें छोटे और नगण्य समझे जाने वाले क्षुद्र ग्रहों का अस्तित्व भी अक्षुण्ण है और उन्हें भी समान, सम्मान एवं सुविधाएँ उपलब्ध हैं। यह विश्व सहयोग पर टिका हुआ है, संघर्ष पर नहीं। संघर्ष की उद्धत नीति अपनाकर बड़े समझे जाने वाले भी क्षुद्रता से पतित होता है। यह क्षुद्र ग्रह यह बताते रहते हैं कि हम कभी महान थे पर संघर्ष के उद्धत आचरण ने हमें इस दुर्गति के गर्त में पटक दिया।

अपने सौरमण्डल के सदस्यों में कुछ ग्रह हैं, कुछ उपग्रह। ग्रहों में सूर्य को छोड़कर 9 ग्रह हैं। इनमें से कुछ तो खुली आँखों से देखे जा सकते हैं और कुछ ऐसे हैं जो अधिक दूरी तथा रोशनी की कमी के कारण विशेष उपकरणों से ही देखे जा सकते हैं। इन ग्रहों की दूरी, परिधि, भ्रमण कक्षा तथा प्रति सेकण्ड चाल का लेखा-जोखा निम्न प्रकार है-

01. बुध- सूर्य से अधिकतम दूरी 579 लाख किलोमीटर, सूर्य की परिक्रमा 88 दिन में, अपनी धुरी पर परिभ्रमण 58.6 दिन, अपने कक्ष पर गति प्रति सेकण्ड 48 किलोमीटर।

02. शुक्र- सूर्य से अधिकतम दूरी 1082 लाख किलोमीटर, सूर्य की परिक्रमा 225 दिन में, अपनी धुरी पर परिभ्रमण 250 दिन, अपने कक्ष पर गति प्रति सेकण्ड 35 किलोमीटर।

03. पृथ्वी- सूर्य से अधिकतम दूरी 1495 लाख किलोमीटर, सूर्य की परिक्रमा 365.26 दिन में, अपनी धुरी पर परिभ्रमण 23.9 घंटे, अपने कक्ष पर गति प्रति सेकण्ड 29.8 किलोमीटर।

04. मंगल- सूर्य से अधिकतम दूरी 2279 लाख किलोमीटर, सूर्य की परिक्रमा 687 दिन में, अपनी धुरी पर परिभ्रमण 25 घंटे, अपने कक्ष पर गति प्रति सेकण्ड 24.1 किलोमीटर।

05. बृहस्पति- सूर्य से अधिकतम दूरी 7783 लाख किलोमीटर, सूर्य की परिक्रमा 11.86 वर्ष में, अपनी धुरी पर परिभ्रमण 9.55 घंटे, अपने कक्ष पर गति प्रति सेकण्ड 13.1 किलोमीटर।

06. शनि- सूर्य से अधिकतम दूरी 14269 लाख किलोमीटर, सूर्य की परिक्रमा 29.3 वर्ष में, अपनी धुरी पर परिभ्रमण 10.4 घंटे, अपने कक्ष पर गति प्रति सेकण्ड 9.6 किलोमीटर।

07. अरूण (यूरेनस)- सूर्य से अधिकतम दूरी 28709 लाख किलोमीटर, सूर्य की परिक्रमा 84 वर्ष में, अपनी धुरी पर परिभ्रमण 16.2 घंटे, अपने कक्ष पर गति प्रति सेकण्ड 6.8 किलोमीटर।

08. वरूण (नेप्च्यून)- सूर्य से अधिकतम दूरी 214970 लाख किलोमीटर, सूर्य की परिक्रमा 166 वर्ष में, अपनी धुरी परिभ्रमण 18 घंटे, अपने कक्ष पर गति प्रति सेकण्ड 5.4 किलोमीटर।

09. यम (प्लूटो)- सूर्य से अधिकतम दूरी 59135 लाख किलोमीटर, सूर्य की परिक्रमा 248.6 वर्ष में, अपनी धुरी पर परिभ्रमण 6 दिन 9.3 घंटे, अपने कक्ष पर गति प्रति सेकण्ड 4.7 किलोमीटर।

गुरूत्वाकर्षण बल के कारण सभी 9 ग्रह घड़ी की सुई की विपरीत दिशा में सूर्य की परिक्रमा करते हैं। इन ग्रहों के भ्रमण का कक्ष दीर्घवृत्तीय होता है। बुध सूर्य के सर्वाधिक निकट ग्रह है। इसके बाद क्रमशः शुक्र, पृथ्वी, मंगल, बृहस्पति, शनि, अरूण, वरूण एवं प्लूटो का स्थान आता है। प्लूटो को छोड़कर अन्य ग्रहों को दो वर्गों में विभाजित किया जाता है।

01. आन्तरिक ग्रह- चट्टानों से निर्मित बुध, शुक्र, पृथ्वी एवं मंगल। इस वर्ग में पृथ्वी सबसे बड़ी।

02. बाह्य ग्रह- गैसों से निर्मित बृहस्पति, शनि, अरूण एवं वरूण।

उपरोक्त ग्रहों के उपग्रह भी होते हैं जो निम्न प्रकार हैं-

1. बुध-कोई उपग्रह नहीं, 2. शुक्र-कोई उपग्रह नहीं, 3. पृथ्वी-1 (चन्द्रमा), 4. मंगल-2, 5. बृहस्पति-16, 6. शनि-22, 7. अरूण (यूरेनस)-15, 8. वरूण (नेप्च्यून)-8, 9. यम (प्लूटो)-3

अंतरिक्ष नामकरण की एकमात्र अधिकृत संस्था अन्तर्राष्ट्रीय खगोलशास्त्रीय संघ (International Astronomical Union-IAU) द्वारा 24 अगस्त, 2006 से यम (प्लूटो) की ग्रहीय मान्यता समाप्त की जा चुकी है। जिसका कारण यह है कि प्लूटो की कक्षा पड़ोसी ग्रह वरूण की कक्षा को काटती है तथा अपने गुरूत्वाकर्षण के लिए उसका न्यूनतम द्रव्यमान इतना नहीं है कि वह लगभग गोलाकार हो।

इस सौर मण्डल के पृथ्वी ग्रह पर मानव सहित अनेक जन्तु व वनस्पतियों का निवास है। मनुष्य इस पृथ्वी पर अपने ज्ञान-विज्ञान व बुद्धि से अनेक प्रकार के प्रपंच को फैला रखा है परन्तु वह पदार्थ यहीं से प्राप्त करता है जो उसके द्वारा निर्मित नहीं है।

पृथ्वी

मानव सहित लाखों प्रजातियों का घर पृथ्वी है। पृथ्वी ही ब्रह्माण्ड में एकमात्र वह स्थान है जहाँ जीवन अस्तित्व के लिए वर्तमान समय तक जाना जाता है। वैज्ञानिक सबूत देते हैं कि पृथ्वी ग्रह का जीवन 4.54 अरब वर्ष पहले और उसकी सतह पर जीवन 1 अरब वर्ष पहले प्रकट हुआ। तब से पृथ्वी के जीव मंडल ने इस ग्रह पर पर्यावरण और अन्य अजैवकीय परिस्थितियों को बदल दिया है ताकि वायुजीवी जीवों के प्रसारण, साथ ही साथ ओजोन परत के निर्माण को रोका जा सके। यह ओजोन परत पृथ्वी के चुम्बकीय क्षेत्र के साथ हानिकारक विकिरण को रोक कर जमीन पर जीवन की अनुमति देता है। पृथ्वी का बाहरी सतह कई कठोर खण्डों या विवर्तनिक प्लेट में विभाजित है जो क्रमशः कई लाख वर्षों में पूरे सतह से विस्थापित होती है। सतह का लगभग 71 प्रतिशत नमक जल के सागर से आच्छादित है। शेष में महाद्वीप और द्वीप और तरल पानी है जो सभी ज्ञात जीवन के लिए आवश्यक है। पृथ्वी का आतंरिक सतह एक अपेक्षाकृत ठोस भूपटल की मोटी परत के साथ सक्रिय रहता है। एक तरल बाहरी कोर जो एक चुम्बकीय क्षेत्र और एक ठोस लोहा का आन्तरिक कोर को पैदा करता है। पृथ्वी मोटे तौर पर अपनी धुरी का करीब 366.26 बार चक्कर काटती है। यह समय एक नक्षत्र वर्ष है जो 365.26 सौर दिवस के बराबर है। पृथ्वी की घूर्णन की धूरी इसके कक्षीय समतल से लम्बवत् 23.4 की दूरी पर झुका है जो एक उष्णकटिबंधीय वर्ष 365.24 सौर दिनों में ग्रह की सतह पर मौसम की विविधता को पैदा करता है। पृथ्वी के प्रारम्भिक इतिहास के दौरान एक धूमकेतू की बमबारी ने महासागरों के गठन में भूमिका निभाया। बाद में छुद्र ग्रह के प्रभाव ने सतह के पर्यावरण पर महत्वपूर्ण बदलाव किया।

खगोलशास्त्रीयों के अनुसार अपनी पृथ्वी को एक गैस बादल से समुद्र का, पिण्ड गोलक का रूप धारण किये लगभग 11 अरब वर्ष हुये हैं। सौरमण्डल के अन्य सदस्यों का जन्म भी लगभग एक साथ ही हुआ है। सौरमण्डल के ग्रहों के उपग्रह बाद में बनते रहे हैं। पृथ्वी के चन्द्रमा के सम्बन्ध में कहा जाता है कि समुद्र वाले गड्ढे से टूटकर अंतरिक्ष में विचरण करने वाला पदार्थ भर है, जो टूट तो पड़ा परन्तु पृथ्वी के गुरूत्वाकर्षण को पार न कर पाने के कारण पृथ्वी का परिभ्रमण करने लगा। यही बात अन्य ग्रहों के उपग्रह पर भी लागू होती है।

पृथ्वी आकार में सौरमण्डल का पाँचवाँ सबसे बड़ा तथा सूर्य से दूरी में तीसरा ग्रह है। यह शुक्र व मंगल के बीच स्थित है। इसके चारो ओर तापमान, आक्सीजन और प्रचुर मात्रा में जल की उपस्थिति के कारण यह सौरमण्डल का एक मात्र ग्रह है जहाँ जीवन सम्भव है। पृथ्वी पर जल की अधिकता के कारण यह अंतरिक्ष से नीली दिखाई देती है। इसी कारण इसे नीला ग्रह भी कहते हैं। पृथ्वी का एक मात्र उपग्रह चन्द्रमा है। पृथ्वी सदैव गतिमान है। वह अपने अक्ष पर निरंतर गोलाई में घूमती है। साथ ही सौरमण्डल का सदस्य होने के कारण पृथ्वी अपने दीर्घवृत्ताकार कक्षा में सूर्य के चारो ओर परिक्रमा करती है। इस प्रकार पृथ्वी की दो गतियाँ-घूर्णन गति अथवा दैनिक गति (23 घंटा 56 मिनट 0.099 सेकण्ड) और परिक्रमण गति अथवा वार्षिक गति (365 दिन 6 घंटा) है।

यों पृथ्वी का व्यास और परिधि का जो माप किया जाता है वह स्थिर नहीं है। पृथ्वी क्रमशः फूल रही है। उसका फुलाव यों मंद गति से है, पर यह चलता रहा तो वर्तमान माप से सैकड़ों मील की वृद्धि करनी पड़ेगी। समुद्र क्रमशः सूख रहा है। फलस्वरूप थल भाग बढ़ता जा रहा है। अनुमान है कि 5 लाख वर्ष बाद पृथ्वी का थल क्षेत्र अब की अपेक्षा दूना हो जायेगा। जन्म के बाद वृद्धि का जो क्रम प्राणधारी वनस्पतियों तथा प्राणियों पर लागू होता है, वही पृथ्वी के लिए भी है।

इतनी विशाल हमारी पृथ्वी सौरमण्डल के मध्य में नहीं है वरन् एक कोने में पड़ी है। ठीक इसी प्रकार अपना सौरमण्डल भी मंदाकिनी आकाशगंगा के ठीक मध्य में अवस्थित न होकर एक कोने में पड़ा है। सूर्य प्रति सेकण्ड 220 किलो मीटर की गति से अपने सौरमण्डल सहित आकाशगंगा केन्द्र की परिक्रमा करता है। इस प्रकार जब से पृथ्वी पर मनुष्य का जन्म हुआ है, तब से लेकर अब तक उस केन्द्र की एक परिक्रमा भी पूरी नहीं हो पाई है। अपनी आकाशगंगा के केन्द्र से यह सौरमण्डल 30 हजार प्रकाशवर्ष हटकर है। अपनी आकाशगंगा ध्रुव द्वीप की 19 आकाशगंगाओं में से एक है, पर ऐसे ध्रुव द्वीप भी इस विराट ब्रह्माण्ड में असंख्य बिखरे पड़े हैं। माउण्ट पैलोमर पर लगी हुई 200 इंच व्यास के लेंस वाली संसार की सबसे बड़ी हाले दूरबीन से पता चला लगाया गया है कि ब्रह्माण्ड में कम से कम 1 अरब आकाशगंगाएँ हैं।

विशालता का पैमाना क्या लिया जाए यह मानवी बुद्धि की समझ में सहज ही नहीं आता। 13000 किलोमीटर व्यास वाली हमारी पृथ्वी के मुखिया सूर्य का स्वयं का व्यास 13,90,000 किलोमीटर है। अनुमानित भार 19 करोड़ 98 लाख महाशंख टन है। वह अपनी धुरी पर 25 दिन 7 घंटे 48 मिनट में एक चक्कर लगाता है। उसकी सतह पर 600 डिग्री तथा मध्य गर्भ में 15 लाख डिग्री सेण्टीग्रेट तापमान है। वह 200 मील प्रति सेकण्ड की उड़ान उड़ता हुआ महाध्रुव की परिक्रमा में व्यस्त है जो 25 करोड़ वर्ष में पूरी होती है। इस परिक्रमा में उसके साथी और भी कई सूर्य हैं जिनके अपने-अपने सौरमण्डल भी हैं। पृथ्वी से सूर्य 109 गुना बड़ा है। दोनों के बीच की दूरी 9,30,00,000 मील है। यदि हम 6000 मील प्रति घंटे की गति से उड़ने वाले अपने तीव्रतम वायुयानों में बैठकर लगातार उड़े तो उस दूरी को पार करने में 18 वर्ष लगेंगे।

यह पृथ्वी सौरमण्डल का एक नन्हा सा ग्रह, सूर्य एक तारा, ऐसे तारों की लाखों की संख्या वाली अपनी आकाशगंगा और फिर एक अरब आकाशगंगाओं से भरा-पूरा विराट ब्रह्माण्ड। परमाणु के खण्डकों को सबसे छोटा माने तो उसकी तुलना में यह विराट कितना बड़ा है? यह गणित की अथवा कल्पना की परिधि में कैसे समा सकेगा?

विज्ञानी नीत्सवोहर कहते थे कि-"अस्तित्व के विशाल नाटक में हम ही अभिनेता हैं और हम ही दर्शक। मनुष्य अपने आप में एक रहस्य है। मानवी कलेवर शरीर और मस्तिष्क उन्हीं तत्वों से बना है जिससे कि यह ब्रह्माण्ड। अपने आप की खोज और ब्रह्माण्ड की खोज में असाधारण साम्य है। अणु और विभु का गहन अनुसंधान जब मानवी मस्तिष्क के बलबूते संभव होगा तो वह महत्वपूर्ण संभावनाएँ अपने साथ लेकर आयेगा।"

दृश्य संसार का संचालन सूत्र अदृश्य, अज्ञात और अपरिचित हाथों में है। जानना चाहिए कि जो सत्ता इस सृष्टि संसार का नियमन, नियंत्रण और व्यवस्थापन करती है, वह मनुष्य के प्रति कितनी उदार है? अतएव यह निश्चित मानना चाहिए कि प्रकृति की नियम मर्यादाओं को, ईश्वर की विधि-व्यवस्था को तोड़कर मनुष्य कोई लाभ में नहीं रह सकता। इस प्रकार तो वह अपने आप को नष्ट कर लेगा। प्रकृति की व्यवस्था को बदल सकना और मर्यादा को बदलना उस क्षुद्र के लिए किसी भी प्रकार सम्भव नहीं है। नीति और सदाचार की कर्तव्य और धर्म की मर्यादाओं का उलंघन करके वह अपने आतंक और अनाचार का परिचय दे सकता है, पर इसमें वह विश्व व्यवस्था को अपने अनुरूप बदलने में सफल नहीं हो सकता। इस उद्धत आचरण से वह अपनी मानसिक, सामाजिक और आन्तरिक समस्वरता ही नष्ट करेगा। उसे समझना चाहिए कि जो नियामक शक्ति इतने बड़े ब्रह्माण्ड को, सूर्य को, शक्ति स्रोतों को मर्यादा में रहने और कर्तव्य पर चलने के लिए विवश करती है वह इस क्षुद्र प्राणी के नगण्य से अस्तित्व को अपने ओछेपन पर इतराने और व्यवस्थाएँ बिगाड़ने की छूट कैसे दे सकती है?

कुछ वर्षों पहले वैज्ञानिक डा0 फ्रेड हायल भारतवर्ष आये थे। विज्ञान भवन में उन्होंने कहा था- "अंतरिक्ष की गहराइयाँ जितनी अनन्त की ओर बढ़ेंगी, उसमें झाँककर देखने से मानवीय अस्तित्व का अर्थ और

प्रयोजन उतना ही स्पष्ट होता चला जायेगा। शर्त यह रहेगी कि हमारी अपनी अन्वेषण बुद्धि का भी विकास और विस्तार हो। यदि हमारी बुद्धि, विचार और ज्ञान मात्र पेट, प्रजनन, तृष्णा, अहंता तक ही सीमित रहता है, तब तो हम पड़ोस को भी नहीं जान सकेंगे, पर यदि इन सबसे पूर्वाग्रह मुक्त हों तो ब्रह्माण्ड इतनी खुली और अच्छे अक्षरों में लिखी चमकदार पुस्तक है कि उससे हर शब्द का अर्थ, प्रत्येक अस्तित्व का अभिप्राय समझा जा सकता एवं अनुभव किया जा सकता है।"

वस्तुतः चेतना का मुख्य गुण है-विकास। जहाँ भी चेतना या जीवन का अस्तित्व विद्यमान दिखाई देता है, वहाँ अनिवार्य रूप से विकास, वर्तमान स्थिति से आगे बढ़ने की हलचल दिखाई देती है। इस दृष्टि से मनुष्यों, जीव-जन्तु और पेड़-पौधों को ही जीवित माना जाता है। परन्तु भारतीय आध्यात्म की मान्यता है कि जड़ कुछ है ही नहीं, सब कुछ चैतन्य ही है। सुविधा के लिए स्थिर, निष्क्रिय और यथास्थिति में बने रहने वाली वस्तुओं को जड़ कहा जाता है, परन्तु वस्तुतः वे प्रचलित अर्थों में जड़ है ही नहीं। सृष्टि के इस विराट रूप, क्रमिक विस्तार एवं सतत गतिशीलता के मूल में झाँकने पर वैज्ञानिक पाते हैं कि यह सब एक सुनियोजित चेतना की विधि व्यवस्था के अन्तर्गत सम्पन्न हुआ क्रियाकलाप है।

इस सम्पूर्ण विवेचन से यह निष्कर्ष निकलता है कि मनुष्य को यह नहीं समझना चाहिए कि वह इस सृष्टि का सर्वतः स्वतन्त्र सदस्य है और उसे कर्म करने की जो स्वतन्त्रता मिली है, उसके अनुसार वह इस सृष्टि के महानियंता की नियामक व्यवस्था द्वारा निर्धारित दण्ड से भी बच पायेगा। इस विराट ब्रह्माण्ड में पृथ्वी का ही अस्तित्व एक धूलिकण के बराबर नहीं है तो मनुष्य का स्थान कितना बड़ा होगा? फिर भी मनुष्य नाम का यह प्राणी इस पृथ्वी पर कैसे-कैसे प्रपंच फैलाये हुये है यह जानने और उसे उस अन्तिम मार्ग से परिचय कराने हेतु ही इस "विश्वशास्त्र" को प्रस्तुत किया गया है। वस्तुतः यथार्थ में ऐसा होना चाहिए कि जीवकोपार्जन हेतु ज्ञान व कर्म मनुष्य-मनुष्य के अनुसार अलग-अलग हो सकते हैं परन्तु जीवन का ज्ञान एक ही होना चाहिए और यदि मानव जाति के नियंतागण ऐसा कर सके तो भविष्य की सुरक्षा हेतु बहुत बड़ी बात होगी। साथ ही ब्रह्माण्ड के अनेक रहस्यों को जानने के लिए मनुष्य के शक्ति का एकीकरण भी कर सकने में हम सफल होंगे।

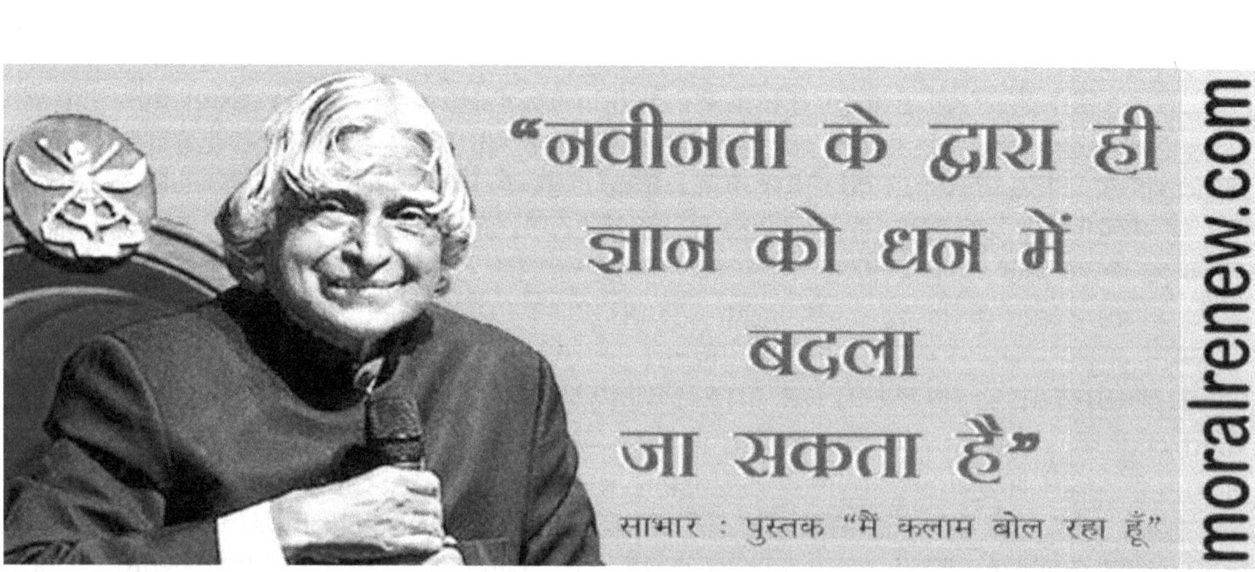

भाग – 02

व्यापार

सृष्टि और ईश्वरीय समाज

समाज रचना और व्यापार का आधार

व्यापार का अर्थ और उसका मूल आधार

सफलता का पैमाना

सफलता का नाम विशेषज्ञता नहीं

लांचिग (Launching)], प्री-लांचिग (Pre-Launching) और प्री-आर्गनाइजेशन (Pre-Organisation)

व्यवसाय का लेखांकन (एकाउण्ट बुक किपिंग)-दोहरी प्रविष्टि प्रणाली

सृष्टि और ईश्वरीय समाज

"सृष्टि" का अर्थ होता है- सम्पूर्ण ब्रह्माण्ड की रुकी स्थिति के आगे एकात्मता के साथ नवनिर्माण। "सृष्टि करने की स्थिति" में भूतकाल की चर्चा की स्थिति आ जाने पर उसे "सृष्टि रूकना" कहते हैं ऐसी ही स्थिति महाभारत युद्ध के समय श्रीकृष्ण के समक्ष आ गया था जब अर्जुन ने युद्ध से मना कर दिया था परिणामस्वरूप श्रीकृष्ण "गीता" उपदेश के लिए भूतकाल की चर्चा में उलझ गये थे। **"रचना" का अर्थ होता है-** उपलब्धता पर आधारित एकात्मता के साथ नवनिर्माण। **"विकास" का अर्थ होता है-** उपलब्धता पर आधारित नवनिर्माण। विकास का कोई लक्ष्य नहीं होता। जब विकास एकात्मता की ओर होती है तो वह रचना बन जाती है। विकास लक्ष्य विहिन होता है इसलिए कालान्तर में वह विनाश का रुप ले लेती है।

ईश्वरीय समाज कोई संगठन नहीं है बल्कि यह मानव जीवन के व्यष्टि व समष्टि क्षेत्र के अनेक विषयों की ओर से ईश्वर (सार्वभौम सत्य-सिद्धान्त) से योग कराने के लिए प्रणाली का विस्तार है जिससे वे किसी भी संस्थागत धर्म/समाज से जुड़े होने के बावजूद भी सीधे ईश्वर (सार्वभौम सत्य-सिद्धान्त) से जुड़ सकें। ज्ञान के इस युग और उसी ओर बढ़ते काल क्रम में ज्ञान-कर्मज्ञान मनुष्य की विवशता है। ईश्वरीय समाज पूरी स्वतन्त्रता के साथ मनुष्य को सिर्फ "जानने के लिए" सिद्धान्त के लिए कार्य करता है न कि "मानने के लिए"।

वर्तमान में "पुनर्निर्माण" के अन्तर्गत वही कार्य हैं जो सरकार के वैधानिक प्रक्रिया के अनुसार, उसके सहयोग और उससे मुक्त अवस्था में रहकर व्यक्ति स्वयं सामाजिक, आर्थिक और मानसिक नवनिर्माण के लिए कर सकता है। क्योंकि इस संसार में कुछ भी सुधार के लिए नहीं है, या तो वह पूर्ण है या वह विकसित करने के लिए है। वृक्ष की शाखा को पुनः तने में नहीं समेटा जा सकता बल्कि उसे विकसित कर बीज तक अवश्य पहुँचाया जा सकता है, जिससे पुनः वृक्ष का नवनिर्माण हो। किसी व्यक्ति का सुधार नहीं होता बल्कि वह विकसित होता है। और वह नया मानव बनता है। समस्त सुधारों का एक मात्र रास्ता है-नवनिर्माण। इसलिए वातावरण को बदलना आवश्यक है जिससे व्यक्ति स्वयं बदल जायेगा और यही एक मात्र उपाय है।

सभी नवनिर्माण मुख्यतः तीन क्षेत्रों में होते हैं-शारीरिक, आर्थिक व मानसिक। जिस प्रकार किसी व्यक्ति (व्यष्टि) का शारीरिक, आर्थिक व मानसिक नवनिर्माण होता है उसी प्रकार व्यक्ति-समूह या देश (समष्टि) का शारीरिक, आर्थिक व मानसिक नवनिर्माण होता है। "पुनर्निर्माण" व्यष्टि व समष्टि दोनों के लिए नवनिर्माण का एक मात्र उपाय है।

पौराणिक कथाओं में एवं आधारित फिल्म या दूरदर्शन के धारावाहिकों में दिखाया जाता है कि नारद जी देव लोक जाते हैं और पृथ्वी की समस्याओं को देवताओं के समक्ष रखते हैं और उस अनुसार देवतागण अपने कार्य क्षेत्रानुसार समस्या पर चिन्तन करते हैं एवं हल निकालकर पृथ्वीवासियों को उपलब्ध कराते हैं।

शिक्षा में सुधार, सामाजिक परिवर्तन या कोई अन्य समस्या पर सम्मेलन, सेमिनार, संवाद इत्यादि केवल समस्या विषय पर चिन्तन हैं। जैसे पौराणिक कथाओं में देवताओं का समस्या पर चिन्तन होता है लेकिन समस्या का हल ही ना निकले तो चिन्तन केवल एक आयोजन मात्र बनकर रह जाता है। हाँ, देश-विदेश में इस प्रकार के होने वाले आयोजन से निकले विचार उनके लिए महत्वपूर्ण जरूर बन जाता है जो कहीं दूर से इसे आकड़ें के रूप में देखते हुये मनुष्यों के लिए आवश्यकता समझते हुये हल पर कार्य करने वाले होते हैं। इसलिए ही तो कहा गया है-

भक्त वही, जो भगवान को बेच सके,
चेला वही, जो गुरू से कुछ ले सके,
संत वही, जो समाज को कुछ दे सके,
और
अवतार वही, जो पृथ्वी की आवाज सुन सके।

वो आवाज सुनी गयी और उसका हल तैयार किया गया। जो निम्न मूल सिद्धान्त पर आधारित है। यदि यह सार्वजनिक रूप से सत्य है, स्वीकार है तो यह समझना चाहिए कि सार्वभौम समस्या समाधान के लिए विकसित प्रणाली पूर्णतया सार्वभौम सत्य सैद्धान्तिक है क्योंकि प्रणाली का विकास इन पर ही आधारित है चाहे वह समष्टि समाधान के लिए हो या व्यष्टि समाधान के लिए। ये सिद्धान्त हैं-

1. **सम्पूर्ण ब्रह्माण्ड में कुछ भी स्थिर नहीं है।**
2. **सभी स्वयं की स्थिरता और शान्ति के लिए गतिशील हैं।**
3. **उस सार्वभौम एकात्म (सार्वभौम आत्मा) का कोई नाम नहीं हैं, उसका नाम मानवीय भाषा के केवल शब्द हैं।**

क्रान्ति और सम्पूर्ण क्रान्ति

क्रांति, का अर्थ है- 1. लाँघना 2. पूर्ण परिवर्तन, उलट दिया जाना जैसे-पूँजीवादी या जनवादी क्रांति, समाजवादी क्रांति

राजनीतिक, आर्थिक व सामाजिक परिस्थिति में उसकी स्वस्थता के लिए परिवर्तन ही क्रान्ति है, और यह तभी मानी जायेगी जब उसके मूल्यों, मान्यताओं, पद्धतियों और सम्बन्धों की जगह नये मूल्य, मान्यता, पद्धति और सम्बन्ध स्थापित हों। अर्थात क्रान्ति के लिए वर्तमान व्यवस्था की स्वस्थता के लिए नयी व्यवस्था स्थापित करनी होगी। यदि व्यवस्था परिवर्तन के आन्दोलन में विवेक नहीं हो, केवल भावना हो तो वह आन्दोलन हिंसक हो जाता है। हिंसा से कभी व्यवस्था नहीं बदलती, केवल सत्ता पर बैठने वाले लोग बदलते हैं। हिंसा में विवेक नहीं उन्माद होता है। उन्माद से विद्रोह होता है क्रान्ति नहीं। क्रान्ति में नयी व्यवस्था का दर्शन - शास्त्र होता है अर्थात क्रान्ति का लक्ष्य होता है और उस लक्ष्य के अनुरुप उसे प्राप्त करने की योजना होती है। दर्शन के अभाव में क्रान्ति का कोई लक्ष्य नहीं होता।

सम्पूर्ण क्रान्ति जयप्रकाश नारायण का विचार व नारा था जिसका आह्वान उन्होने इंदिरा गांधी की सत्ता को उखाड़ फेकने के लिये किया था। लोकनायक नें कहा कि सम्पूर्ण क्रांति में सात क्रांतियाँ शामिल है – 1. राजनैतिक, 2. आर्थिक, 3. सामाजिक, 4. सांस्कृतिक, 5. बौद्धिक, 6. शैक्षणिक व 7. आध्यात्मिक क्रांति। इन सातों क्रांतियों को मिलाकर सम्पूर्ण क्रान्ति होती है। "सम्पूर्ण क्रांति से मेरा तात्पर्य समाज के सबसे अधिक दबे-कुचले व्यक्ति को सत्ता के शिखर पर देखना है।"

राजनैतिक क्रान्ति

वैश्विक सम्पूर्ण क्रान्ति

भारत स्तरीय सम्पूर्ण क्रान्ति

सामाजिक क्रान्ति - ईश्वरीय समाज

सांस्कृतिक क्रान्ति – एकात्मकर्मवाद

बौद्धिक क्रांति - एक राष्ट्रीय शास्त्र - विश्वशास्त्र

आध्यात्मिक क्रांति - मन (मानव संसाधन) का विश्वमानक (WS-0) श्रृंखला

शैक्षणिक क्रान्ति - सत्य मानक शिक्षा - पूर्ण ज्ञान का पूरक पाठ्यक्रम

आर्थिक क्रान्ति - मानक विपणन प्रणाली : 3F (Fuel-Fire-Fuel)

भारत स्तरीय - पुनर्निर्माण - सत्य शिक्षा का राष्ट्रीय तीव्र मार्ग

भारत स्तरीय - डिजिटल प्रापर्टी और एजेन्ट नेटवर्क

समाज रचना और व्यापार का आधार

"आकाश शब्द मंय" अर्थात् आकाश शब्द रूप में है। विचार ही आविष्कार का जन्मदाता है। फिर वही व्यापार का मूल होता है। आध्यात्म जगत हो या भौतिक जगत विचार द्वारा ही आविष्कार और व्यापार चल रहे हैं। आविष्कारकों के साथ निम्न विचार अवश्य जुड़ जाते हैं। उनके सत्य अर्थ को जानना आवश्यक है-

1. **"बहुत पहुँचे हुये हैं"** - इसका अर्थ होता है- पहला अन्तर्जगत के सम्बन्ध में - आध्यात्मिक सार्वभौम सत्य-सिद्धान्तों का अनुभव, दूसरा बाह्य जगत के सम्बन्ध में - उच्च पीठासीन राजनेता और धर्माचार्य से सम्बन्ध। जिससे कल्याण व स्वार्थ का कार्य सम्पन्न कर सकें। तीसरा कोई अर्थ नहीं होता।

2. **"दर्शन"** - इसका अर्थ होता है- पहला अन्तर्जगत के सम्बन्ध में - उनके सम्पूर्ण रूप जीवन, ज्ञान व कर्म को देखना, दूसरा बाह्य जगत के सम्बन्ध में - केवल शरीर, संसाधन और महिमामण्डन को देखना। तीसरा कोई अर्थ नहीं होता। दूसरे प्रकार के दर्शन से दर्शन करने वाले को कोई लाभ नहीं होता।

3. **"आशीर्वाद"** - इसका अर्थ होता है- पहला अन्तर्जगत के सम्बन्ध में - उनसे अपने कल्याणार्थ शब्द सुनना।, दूसरा बाह्य जगत के सम्बन्ध में - उनसे अपने कल्याण के लिए कार्य लेना या उनके ज्ञान को अपने कल्याण के लिए जीवन में उपयोग करना। तीसरा कोई अर्थ नहीं होता। पहले प्रकार के आशीर्वाद से आशीर्वाद लेने वाले को कोई लाभ नहीं होता।

अ. भौतिक जगत द्वारा आविष्कार और व्यापार

भौतिक जगत में जैसे ही कोई आविष्कार होता है वह व्यापार बन जाता है परन्तु आविष्कारक का जीवन व्यापार नहीं बन पाता है। केवल आविष्कारक का ज्ञान और उत्पाद ही व्यापार में परिवर्तित होता है। पुनः आविष्कारक के ज्ञान और उत्पाद पर आधारित अन्य आविष्कार भी होने लगते हैं जैसे- बिजली का आविष्कार हुआ तो बिजली का आविष्कार जिस सिद्धान्त से हुआ वह और उस पर आधारित अनेक आविष्कार जैसे बल्ब, मोटर, जेनरेटर, बैटरी इत्यादि अनेक आविष्कार हो गये और उस पर आधारित अनकों प्रकार के व्यापार विकसित हो गये। लेकिन आविष्कारक का जीवन व्यापार नहीं बन पाया। वर्तमान समय में भौतिक जगत ने इतने अधिक आविष्कार दिये हैं कि मनुष्य के जन्म के पूर्व से ही वह भौतिक आविष्कारों का उपभोक्ता बन चुका है। और यह क्रम जारी भी है। भौतिक आविष्कारों से मनुष्य को संसाधन प्राप्त होता है।

ब. आध्यात्म जगत द्वारा आविष्कार और व्यापार

आध्यात्म जगत में जैसे ही कोई आविष्कार होता है वह व्यापार बन जाता है जो आविष्कारक के जीवन, ज्ञान और कर्म से जुड़ा होता है। पुनः आविष्कारक के जीवन, ज्ञान और कर्म पर आधारित अन्य आविष्कार भी होने लगते हैं। जैसे - श्रीराम, श्रीकृष्ण, शिव-शंकर, बुद्ध, माँ वैष्णों देवी, सांई बाबा, विश्व के तमाम धर्म संस्थापकों के जीवन, ज्ञान व कर्म पर अनेकों व्यापार विकसित हो गये हैं। भारतीय आध्यात्म और दर्शन जगत ऐसे उदाहरणों से भरा हुआ है। वर्तमान समय में आध्यात्म जगत ने इतने अधिक आविष्कार दिये हैं कि मनुष्य के जन्म के पूर्व से ही वह आध्यात्मिक आविष्कारों द्वारा ही संचालित है। और यह क्रम जारी भी है। आध्यात्मिक आविष्कारों से मनुष्य को सुख व ईश्वरत्व की ओर विकास प्राप्त होता है।

जिस प्रकार लोग आत्मा की महत्ता को न समझकर शरीर को ही महत्व देते हैं उसी प्रकार लोग भले ही पढ़कर ही विकास कर रहें हो परन्तु वे शास्त्राकार लेखक की महत्ता को स्वीकार नहीं करते। जबकि वर्तमान

समय में चाहे जिस विषय में हो प्रत्येक विकास कर रहे व्यक्ति के पीछे शास्त्राकार, लेखक, आविष्कारक, दार्शनिक की ही शक्ति है जिस प्रकार शरीर के पीछे आत्मा की शक्ति है।

सदैव मानव समाज को एकात्म करने के लिए शास्त्र-साहित्य की रचना करना लेखक का काम रहा है। सामूहिक रूप से ऐसे कार्य करने वाले को व्यास कहते हैं। चाहे वह आध्यात्म दर्शन (अद्श्य विज्ञान) के क्षेत्र में हो या पदार्थ विज्ञान (द्श्य विज्ञान) के क्षेत्र में हो। इस प्रकार सभी लेखकों के आदर्श आदि पुरूष व्यास ही हैं।

मात्र एक विचार- "ईश्वर ने इच्छा व्यक्त की कि मैं एक हूँ, अनेक हो जाऊँ" और "सभी ईश्वर हैं", यह प्रारम्भ और अन्तिम लक्ष्य है। आध्यात्म जगत द्वारा आविष्कार और व्यापार कें मुख्य रूप में इस प्रकार हैं-

01. सत्युग (सार्वभौम सत्य)

01. वैदिक/सनातन धर्म-ऋषि-मुनि गण ई0पूर्व 6000-2500 चार वेद और वैदिक साहित्य

1. ईश्वर कृत - ऋगवेद, सामवेद, यजुवेद व अथर्ववेद

2. ऋषि-मुनि कृत - संहिता, ब्राह्मण कृत ब्राह्मण (कर्म काण्ड) व आरण्यक (ज्ञान काण्ड), उपनिषद्, वेदांग या सूत्र-साहित्य शिक्षा (स्वर विज्ञान), कल्प (धर्मानुष्ठान)-श्रौत सूत्र, शुल्व सूत्र, गृह्य सूत्र, धर्म सूत्र, व्याकरण, निघण्टु, निरूक्त (व्युत्पत्ति), छन्द, ज्योतिष, उपांग - सांख्य दर्शन (प्रकृति आधारित), वैशेषिक दर्शन (काल या समय आधारित), मीमांसा दर्शन (कर्म आधारित), चार्वाक दर्शन, अपौरूषेय दर्शन, योग दर्शन (पुरूषार्थ आधारित), न्याय दर्शन (परमाणु आधारित), वेदांत दर्शन (ब्रह्म आधारित)

उपवेद- आयुर्वेद, धनुर्वेद, गान्धर्वेद, अथर्वेद।

पुराण - मत्स्य, मार्कण्डेय, भागवत, भविष्य, ब्रह्म, ब्रह्माण्ड, ब्रह्म बैवर्त, वायु, विष्णु, बाराह, बामन, अग्नि, नारदीय, पद्म, लिंग, गरूण, कूर्म, स्कन्द।

02. त्रेतायुग यज्ञ (अद्श्य कर्म)

1. भगवान परशुराम कृत - परशुराम परम्परा - साकार आधारित लोकतंत्र व्यवस्था।
2. महाकाव्य- वाल्मीकि रचित - रामायण - आदर्श मानक व्यक्ति चरित्र का प्रस्तुतीकरण।

03. द्वापरयुग (भक्ति और प्रेम)

01. वेदान्त अद्वैत धर्म - श्रीकृष्ण ई0 पूर्व 3000 - गीता - अद्वैत दर्शन

भगवान श्री कृष्ण कृत साकार आधारित परशुराम परम्परा का नाश, पूर्ववर्ती सभी मतों का समन्वय व एकीकरण करत हुये निराकार आधारित लोकतंत्र व्यवस्था के प्रारम्भ का बीज शास्त्र "गीता/ गीतोपनिषद्"

व्यास रचित - महाभारत - आदर्श मानक व्यक्ति चरित्र समाहित आदर्श मानक सामाजिक व्यक्ति चरित्र अर्थात् व्यक्तिगत प्रमाणित आदर्श मानक वैश्विक व्यक्ति चरित्र का प्रस्तुतीकरण।

04. कलियुग संघ और योजना (द्श्य कर्म)

01. बौद्ध - भगवान बुद्ध - ई0पू0 1567-487 - बौद्ध दर्शन
02. कन्फ्यूसी - कन्फ्यूसियश - ई0पूर्व 551-479
03. टोईज्म - लोओत्से - ई0पूर्व 604-518
04. जैन - भगवान महावीर - ई0पूर्व 539-467 - जैन दर्शन
05. पारसी - जरथ्रुसट - ई0 पूर्व 6 - जेन्दा अवेस्ता
06. ईसाई - ईसा मसीह - सन् 33 ई0 - बाईबल
07. इस्लाम - मुहम्मद पैगम्बर - सन् 670ई0 - कुरआन शरीफ
08. वेदान्त अद्वैत धर्म - आदि शंकराचार्य - सन् 830 ई0 - अद्वैत दर्शन

09. वेदान्त विशिष्टाद्वैत धर्म - रामानुज - सन् 1200 ई0 - विशिष्टाद्वैत दर्शन
10. वेदान्त द्वैत - माध्वाचार्य - सन् 1300 ई0 - द्वैत दर्शन
11. भक्ति धर्म - चौतन्य महाप्रभु - सन् 1485-1533ई0 - भक्तियोग दर्शन
12. सिक्ख - गुरु नानक - सन् 1510 ई0 - गुरुग्रन्थ साहिब
13 वेदान्त अद्वैत धर्म - स्वामी विवेकानन्द - सन् 1863-1902ई0 - विश्व धर्म दर्शन

05. सत्ययुग/स्वर्णयुग (सार्वभौम सत्य-सिद्धान्त)

14. विश्व धर्म / वेदान्त धर्म / अद्वैत धर्म / एकता धर्म / लोकतन्त्र धर्म / समष्टि धर्म / प्राकृतिक धर्म / सत्य धर्म / संयुक्तमन धर्म / ईश्वर धर्म / हिन्दू धर्म / सार्वजनिक धर्म / दृश्यधर्म / मानवधर्म / धर्मनिरपेक्ष धर्म - लव कुश सिंह "विश्वमानव" - सन् 2012 ई0 - पूर्ववर्ती सभी धर्मों व मतों का समन्वय व एकीकरण करते हुये निराकार आधारित लोकतंत्र व्यवस्था का वृक्ष शास्त्र विश्व-नागरिक धर्म का धर्मयुक्त धर्मशास्त्र-कर्मवेद : प्रथम, अन्तिम तथा पंचम वेदीय श्रृंखला विश्व-राज्य धर्म का धर्मनिपेक्ष धर्मशास्त्र : विश्वमानक शून्य-मन की गुणवत्ता का विश्वमानक श्रृंखला, आदर्श मानक सामाजिक व्यक्ति चरित्र समाहित आदर्श मानक वैश्विक व्यक्ति चरित्र अर्थात् सार्वजनिक प्रमाणित आदर्श मानक वैश्विक व्यक्ति चरित्र का प्रस्तुतीकरण।

पूर्ण प्रत्यक्ष अवतार से पूर्ण प्रेरक अवतार तक की यात्रा यहीं समाप्त होती है।

उपरोक्त मुख्य मूल आविष्कार के उपरान्त अनेक आविष्कार पर आविष्कार होते गये और मनुष्य आविष्कारक के जीवन, ज्ञान व कर्म से सम्बन्धित व्यापार से अपने जीवन को विकास की ओर ले जा रहा है। कोई भी विचारधारा (आविष्कार) चाहे उसकी उपयोगिता कालानुसार समाज को हो या न हो, यदि वह संगठन का रूप लेकर अपना आय स्वयं संचालित करने लगती है तो उसके साथ व्यक्ति जीवकोपार्जन, श्रद्धा व विश्वास से जुड़ता है न कि ज्ञान के लिए।

व्यापार का अर्थ और उसका मूल आधार

जहाँ भी, कुछ भी आदान-प्रदान हो रहा हो, वह सब व्यापार के ही अधीन है। व्यक्ति का जितना बड़ा ज्ञान क्षेत्र होता है ठीक उतना ही बड़ा उसका संसार होता है। फलस्वरूप उस ज्ञान क्षेत्र पर आधारित व्यापार का संचालन करता है इसलिए ही ज्ञान क्षेत्र को विस्तार के लिए सदैव प्रयत्नशील रहना चाहिए। प्रत्येक व्यक्ति ही व्यापारी है और वही दूसरे के लिए ग्राहक भी है। यदि व्यक्ति आपस में आदान-प्रदान कर व्यापार कर रहें हैं तो इस संसार-ब्रह्माण्ड में ईश्वर का व्यापार चल रहा है और सभी वस्तुएँ उनके उत्पाद है। उन सब वस्तुओं का आदान-प्रदान हो रहा है जिसके व्यापारी स्वयं ईश्वर है। ये सनातन सिद्धान्त है।

शिक्षा क्षेत्र का यह दुर्भाग्य है कि जीवन से जुड़ा इतना महत्वपूर्ण विषय "व्यापार", को हम एक अनिवार्य विषय के रूप में पाठ्यक्रम में शामिल नहीं कर सकें। इसकी कमी का अनुभव उस समय होता है जब कोई विद्यार्थी 10वीं या 12वीं तक की शिक्षा के उपरान्त किसी कारणवश, आगे की शिक्षा ग्रहण नहीं कर पाता। फिर उस विद्यार्थी द्वारा पढ़े गये विज्ञान व गणित के वे कठिन सूत्र उसके जीवन में अनुपयोगी लगने लगते है। यदि वहीं वह व्यापार के ज्ञान से युक्त होता तो शायद वह जीवकोपार्जन का कोई मार्ग सुगमता से खोजने में सक्षम होता।

किसी विचार पर आधारित होकर आदान-प्रदान का नेतृत्वकर्ता व्यापारी और आदान प्रदान में शामिल होने वाला ग्राहक होता है। प्रत्येक मनुष्य के लिए 24 घंटे का दिन और उस पर आधारित समय का निर्धारण है और यह पूर्णतः मनुष्य पर ही निर्भर है कि वह इस समय का उपयोग किस गति से करता है। उसके समक्ष तीन बढ़ते महत्व के स्तर हैं-शरीर, धन/अर्थ और ज्ञान। इन तीनों के विकास की अपनी सीमा, शक्ति, गति व लाभ है। जिसे यहाँ स्पष्ट करना आवश्यक समझता हूँ-

1. शरीर आधारित व्यापार

यह व्यापार की प्रथम व मूल प्रणाली है जिसमें शरीर के प्रत्यक्ष प्रयोग द्वारा व्यापार होता है। इससे सबसे कम व सबसे अधिक धन कमाया जा सकता है। परन्तु यह कम धन कमाने के लिए अधिक लोगों को अवसर तथा अधिक धन कमाने के लिए कम लोगों को अवसर प्रदान करता है। अर्थात् शरीर का प्रत्यक्ष प्रयोग कर अधिक धन कमाने का अवसर कम ही लोगों को प्राप्त होता है। यह प्रकृति द्वारा प्राप्त गुणों पर अधिक आधारित होती है। जो एक अवधि तक ही प्रयोग में लायी जा सकती है। क्योंकि शरीर की भी एक सीमा होती है। उदाहरण स्वरुप-किसान, मजदूर, कलाकार, खिलाड़ी, गायक, वादक, पहलवान इत्यादि। जिसमें अधिकतम संख्या कम कमाने वालों की तथा न्यूनतम संख्या अधिक कमाने वालों की है। शरीर आधारित व्यापारी हमेशा धन व ज्ञान आधारित व्यापारियों पर निर्भर रहते हैं। इस व्यापार में शरीर की उपयोगिता अधिक तथा धन व ज्ञान की उपयोगिता कम होती है।

2. धन/अर्थ आधारित व्यापार

यह व्यापार की दूसरी व मध्यम प्रणाली है जिसमें धन के प्रत्यक्ष प्रयोग द्वारा व्यापार होता है। इससे अधिक धन कमाया जा सकता है और उन सभी को अवसर प्रदान करता है जिनके पास धन होता है। जैसे- दुकानदार, उद्योगपति, व्यापारी इत्यादि। धन आधारित व्यापारी हमेशा शरीर व ज्ञान आधारित व्यापारियों पर निर्भर रहते हैं। इस व्यापार में धन की उपयोगिता अधिक तथा शरीर व ज्ञान की उपयोगिता कम होती है।

3. ज्ञान आधारित व्यापार

यह व्यापार की अन्तिम व मूल प्रणाली है जिसमें ज्ञान के प्रत्यक्ष प्रयोग द्वारा व्यापार होता है। इससे सबसे अधिक धन कमाया जा सकता है और उन सभी को अवसर प्रदान करता है जिनके पास ज्ञान होता है। उदाहरण स्वरुप-विद्यालय, महाविद्यालय, विश्वविद्यालय एवं अन्य शिक्षा व विद्या अध्ययन संस्थान, शेयर कारोबारी, बीमा व्यवसाय, प्रणाली व्यवसाय, कन्सल्टेन्ट, ज्ञान-भक्ति-आस्था आधारित ट्रस्ट-मठ इत्यादि। ज्ञान आधारित व्यापारी हमेशा शरीर व धन आधारित व्यापारियों पर निर्भर रहते हैं। इस व्यापार में ज्ञान की उपयोगिता अधिक तथा शरीर व धन की उपयोगिता कम होती है।

शरीर के विकास के उपरान्त मनुष्य को धन के विकास की ओर, धन के विकास के उपरान्त मनुष्य को ज्ञान के विकास की ओर बढ़ना चाहिए अन्यथा वह अपने से उच्च स्तर वाले का गुलाम हो जाता है। बावजूद उपरोक्त सहित इस शास्त्र से अलग विचारधारा में होकर भी मनुष्य जीने के लिए स्वतन्त्र है। परन्तु अन्ततः वह जिस अटलनीय नियम-सिद्धान्त से हार जाता है उसी सार्वभौम सत्य-सिद्धान्त को ईश्वर कहते हैं और इसके अंश या पूर्ण रूप को प्रत्यक्ष या प्रेरक विधि का प्रयोग कर समाज में स्थापित करने वाले शरीर को अवतार कहते हैं। तथा इसकी व्याख्या कर इसे व्यक्ति में स्थापित करने वाले शरीर को गुरू कहते हैं। मनुष्य केवल प्रकृति के अदृश्य नियमों को दृश्य में परिवर्तन करने का माध्यम मात्र है। इसलिए मनुष्य चाहे जिस भी विचार में हो वह ईश्वर में ही शरीर धारण करता है और ईश्वर में ही शरीर त्याग देता है, इसे मानने या न मानने से ईश्वर पर कोई प्रभाव नहीं पड़ता। यह उसी प्रकार है जैसे कोई किसी देश में रहे और वह यह न मानने पर अड़ा रहे कि वह उस देश का नहीं है या कोई स्वयं को यह समझ बैठे कि मेरे जैसा कोई ज्ञानी नहीं और यदि हो भी तो मैं नहीं मानता।

जिस प्रकार वर्तमान व्यावसायिक-समाजिक-धार्मिक इत्यादि मानवीय संगठन में विभिन्न पद जैसे प्रबन्ध निदेशक, प्रबन्धक, शाखा प्रबन्धक, कर्मचारी, मजदूर इत्यादि होते हैं और ये सब उस मानवीय संगठन के एक विचार जिसके लिए वह संचालित होता है, के अनुसार अपने-अपने स्तर पर कार्य करते हैं और वे उसके जिम्मेदार भी होते हैं। उसी प्रकार यह सम्पूर्ण ब्रह्माण्ड एक ईश्वरीय संगठन है जिसमें सभी अपने-अपने स्तर व पद पर होकर जाने-अनजाने कार्य कर रहें हैं। यदि मानवीय संगठन का कोई कर्मचारी दुर्घटनाग्रस्त होता है तो उसका जिम्मेदार उस मानवीय संगठन का वह विचार नहीं होता बल्कि वह कर्मचारी स्वयं होता है। इसी प्रकार ईश्वरीय संगठन में भी प्रत्येक व्यक्ति की अपनी बुद्धि-ज्ञान-चेतना-ध्यान इत्यादि गुण ही उसके कार्य का फल देती है जिसका जिम्मेदार वह व्यक्ति स्वयं होता है न कि ईश्वरीय संगठन का वह सार्वभौम सत्य-सिद्धान्त। मानवीय संगठन का विचार हो या ईश्वरीय संगठन का सार्वभौम सत्य-सिद्धान्त यह दोनों ही कर्मचारी के लिए मार्गदर्शक नियम है। जिस प्रकार कोई मानवीय संगठन आपके पूरे जीवन का जिम्मेदार हो सकता है उसी प्रकार ईश्वरीय संगठन भी आपके पूरे जीवन का जिम्मेदार हो सकता है। जिसका निर्णय आपके पूरे जीवन के उपरान्त ही हो सकता है परन्तु आपके अपनी स्थिति के जिम्मेदार आप स्वयं है। जिस प्रकार मानवीय संगठन में कर्मचारी समर्पित मोहरे की भाँति कार्य करते हैं उसी प्रकार ईश्वरीय संगठन में व्यक्ति सहित मानवीय संगठन भी समर्पित मोहरे की भाँति कार्य करते हैं, चाहे उसका ज्ञान उन्हें हो या न हो। और ऐसा भाव हमें यह अनुभव कराता है कि हम सब जाने-अनजाने उसी

ईश्वर के लिए ही कार्य कर रहें है जिसका लक्ष्य है-ईश्वरीय मानव समाज का निर्माण जिसमें जो हो सत्य हो, शिव हो, सुन्दर हो और इसी ओर विकास की गति हो।

व्यवसाय-अर्थ, विकास, प्रकृति तथा क्षेत्र

व्यवसाय विधिक रूप से मान्य संस्था है जो उपभोक्ताओं को कोई उत्पाद या सेवा प्रदान करने के लक्ष्य से निर्मित की जाती है। व्यवसाय को "कम्पनी", "इंटरप्राइज" या "फर्म" भी कहते हैं। पूँजीवादी अर्थव्यवस्थाओं में व्यापार का प्रमुख स्थान है जो अधिकांशतः निजी हाथों में होते हैं और लाभ कमाने के ध्येय से काम करते हैं तथा साथ-साथ स्वयं व्यापार की भी वृद्धि करते हैं। किन्तु सहकारी संस्थाएँ तथा सरकार द्वारा चलायी जानी वाली संस्थाएं प्रायः लाभ के बजाय अन्य उद्देश्यों की पूर्ति के लिये बनायी गयी होती हैं। हम व्यावसायिक वातावरण में रहते हैं। यह समाज का एक अनिवार्य अंग है। यह व्यावसायिक क्रियाओं के विस्तृत नैटवर्क के माध्यम से विभिन्न प्रकार की वस्तुएं तथा सेवाएं उपलब्ध कराकर हमारी आश्यकताओं की पूर्ति करता है। व्यवसाय के अन्य अर्थ-व्यापार, धंधा, व्यवसाय, कारबार, कारोबार, काम-काज, काम-धंधा, उद्यम हैं।

व्यवसाय विकास

भारत की सांस्कृतिक धरोहर बहुत समृद्ध है। लेकिन शायद यह बहुत कम लोग जानते होंगे कि प्राचीन काल में भारत, अर्थव्यवस्था तथा व्यवसाय के स्तर पर बहुत ही विकसित देश था। यह बात ऐतिहासिक साक्ष्यों, खुदाई से प्राप्त प्रमाणों, साहित्य व लिखित दस्तावेजों से सिद्ध होती हैं। इन सबसे अधिक भारत की असीम धन संपत्ति से आकर्षित होकर विभिन्न विदेशी आक्रमणकारियों द्वारा समय-समय पर हुए आक्रमण भी इस तथ्य को प्रमाणित करते हैं। प्राचीन भारतीय सभ्यता न केवल कृषि आधारित थी, बल्कि इसके आंतरिक व बाह्य व्यापार व वाणिज्य भी काफी उन्नत थे। व्यावसायिक जगत के विभिन्न क्षेत्रों में भारत का असीम योगदान है। उस समय के अन्य देशों में प्रचलित व्यवसायों से तुलना करने पर हम पाते हैं कि भारतीय व्यवसाय अपनी विलक्षणता, गतिशीलता व गुणात्मकता में इन सबसे कहीं आगे था।

शुरू के दिनों में भारतीय अर्थव्यवस्था पूर्णतः कृषि आधरित थी। लोग अपने उपभोग की वस्तुओं का उत्पादन स्वयं करते थे। वस्तुओं को बेचने अथवा विनिमय की आवश्यकता ही नहीं थी। लेकिन विकास के साथ-साथ लोगों की आवश्यकताएँ बढ़ने लगी। जिसके कारण वस्तुओं के उत्पादन में भी वृद्धि होने लगी। लोगों ने दैनिक उपयोग तथा विलासिता संबंधी विभिन्न वस्तुओं के उत्पादन में विशेषज्ञता अर्जित करनी शुरू कर दी और इस तरह से उनके पास अपने उपयोग की अन्य वस्तुओं के उत्पादन के लिए दक्षता और समय का व्यवसाय की प्रकृति तथा क्षेत्र अभाव होना शुरू हो गया। इस प्रकार इनकी कुशलता में वृद्धि होने लगी और ये अपनी आवश्यकता से अधिक वस्तुओं का उत्पादन करने में सक्षम हो गए। अतः अपनी अन्य आवश्यकताओं की पूर्ति के लिए अपनी अधिक उत्पादित वस्तुओं के विनिमय की प्रणाली विकसित हो गई। यह व्यापार की शुरूआत थी।

आज ज्यादातर लोग यह मानते हैं कि भारत में व्यवसाय व व्यापार के क्षेत्र में इतना विकास स्वतंत्रता प्राप्ति के पश्चात् ही हुआ है। भारत, आज औद्योगिक उत्पादन में इतना सक्षम हो गया है कि हम सभी वस्तुओं का उत्पादन देशी तकनीक के प्रयोग से कर सकते हैं। लेकिन इससे यह परिणाम नहीं निकाल लेना चाहिए कि भूत काल में भारतीय सभ्यता विकसित या उन्नत नहीं थी। जबकि हमें आज भी भारत की समृद्धि व्यापारिक व वाणिज्यिक धरोहर पर गर्व है।

आप यह जानकर हैरान होंगे कि भारत ने व्यापार व वाणिज्य के क्षेत्र में अपनी यात्रा 5000 वर्ष ई.पू. शुरू कर दी थी। कई ऐतिहासिक साक्ष्यों से यह प्रमाणित होता है कि उस समय भारत में सुनियोजित शहर थे। भारतीय कपड़ों, आभूषणों और इत्र इत्यादि के प्रति पूरे विश्व में आकर्षण था। यह भी प्रमाण मिले हैं कि काफी

समय से भारतीय व्यापारियों में व्यवसाय के लिए मुद्रा के प्रयोग का चलन था। व्यापारियों, शिल्पकारों व उत्पादकों के हितों की रक्षा के लिए संघों का प्रचलन था। यह भारत में व्यापार व वाणिज्य के जटिल विकास की ओर संकेत करता है। उस समय भारत के व्यापारियों ने न केवल सुदृढ़ आंतरिक व्यवसायिक रास्तों का जाल बुना था, बल्कि उनके व्यावसायिक संबंध अरब, मध्य व दक्षिण पूर्व एशिया के व्यापारियों से भी थे।

भारत विभिन्न प्रकार की धातु सामग्री के उत्पादन में भी सक्रिय था, जैसे तांबा, पीतल की वस्तुएं, बर्तन, गहने तथा सजावटी सामान आदि। भारतीय व्यापारी विश्व के विभिन्न भागों में अपने उत्पादों का निर्यात करते थे और वहां से उनके उत्पादों का आयात करते थे। यह एक सर्वविदित तथ्य है कि अंग्रेज सर्वप्रथम भारत में व्यापार करने के लिए ही आए थे, जिन्होंने बाद में यहां अपना राज्य स्थापित कर लिया।

भारत ने कई प्रकार से विश्व व्यापार व वाणिज्य में योगदान दिया है। गणना के लिए अंक प्रणाली, जिसका हम आज भी उपयोग करते हैं, भारत में पहले से विकसित थी। संयुक्त परिवार प्रथा तथा व्यवसाय में श्रम विभाजन का विकास भी यहीं हुआ, जो आज तक प्रचलित है। आज आधुनिक समय में प्रयोग की जाने वाली उपभोक्ता केंद्रित व्यवसाय तकनीक पुराने समय से भारतीय व्यवसाय का एक अभिन्न अंग रही है।

इसलिए हम कह सकते हैं कि भारत की अपनी समृद्धि व्यावसायिक धरोहर है, जिसने इसकी उन्नति में महत्वपूर्ण योगदान दिया है।

व्यवसाय की प्रकृति तथा क्षेत्र

जब हम अपने आसपास ध्यान देते हैं तो देखते हैं कि ज्यादातर लोग किसी न किसी काम में संलग्न हैं। अध्यापक विद्यालयों में पढ़ाते हैं, किसान खेतों में काम करते हैं, मजदूर कारखानों में काम करते हैं, चालक गाड़ियाँ चलाते हैं, दुकानदार सामान बेचते हैं, चिकित्सक रोगियों को देखते हैं आदि। इस तरह बारहों महीने हर आदमी दिन भर, या कभी-कभी रात भर, किसी न किसी काम में व्यस्त रहता है। लेकिन अब प्रश्न यह उठता है कि हम सब इस तरह किसी न किसी काम में अपने आपको इतना व्यस्त क्यों रखते हैं? इसका सिर्फ एक ही उत्तर है-"अपनी आवश्यकताओं की पूर्ति के लिए"। इस तरह काम करके या तो हम अपने विभिन्न उत्तरदायित्वों की पूर्ति करते हैं या धन अर्जित करते हैं, जिससे कि हम अपनी आवश्यकता की वस्तुएँ तथा सेवाएँ खरीद सकें।

1. मानवीय क्रियाएँ-मनुष्य द्वारा की जाने वाली विभिन्न क्रियाएँ मानवीय क्रियाएँ कहलाती हैं। इन सभी क्रियाओं को हम दो वर्गों में बाँट सकते हैं-"आर्थिक क्रियाएँ" और "अनार्थिक क्रियाएँ"।

2. आर्थिक क्रियाएँ-जो क्रियाएँ धन अर्जित करने के उद्देश्य से की जाती हैं, उन्हें आर्थिक क्रियाएँ कहते हैं। उदाहरण के लिए, किसान खेत में हल चलाकर फसल उगाता है और उसे बेचकर धन अर्जित करता है, कारखाने अथवा कार्यालय का कर्मचारी अपने काम के बदले वेतन या मजदूरी प्राप्त करता है, व्यापारी वस्तुओं के क्रय-विक्रय से लाभ अर्जित करता है। ये सभी क्रियाएँ आर्थिक हैं।

3. अनार्थिक क्रियाएँ-जो क्रियाएँ धन अर्जित करने की अपेक्षा, संतुष्टि प्राप्त करने के उद्देश्य से की जाती हैं उन्हें अनार्थिक क्रियाएँ कहते हैं। इस तरह की क्रियाएँ, सामाजिक उत्तरदायित्वों की पूर्ति, मनोरंजन या स्वास्थ्य लाभ के लिए की जाती हैं। लोग पूजा स्थलों पर जाते हैं, बाढ़ अथवा भूकंप राहत कोष में दान देते हैं, स्वास्थ्य लाभ के लिए स्वयं को खेलकूद में व्यस्त रखते हैं, बागवानी करते हैं, रेडियो सुनते हैं, टेलीविजन देखते हैं या इसी तरह की अन्य क्रियाएँ करते हैं। ये कुछ उदाहरण अनार्थिक क्रियाओं के हैं। आमतौर पर आर्थिक क्रियाएँ धन अर्जित करने के उद्देश्यों से की जाती है। साधरणतया लोग इस तरह की क्रियाओं में नियमित रूप में संलग्न होते हैं, जिसे आर्थिक क्रिया कहा जाता है।

4. व्यवसाय-व्यवसाय का अर्थ है एक ऐसा धंधा, जिसमें धन के बदले वस्तुओं अथवा सेवाओं का उत्पादन, विक्रय और विनिमय होता है। यह नियमित रूप से किया जाता है तथा इसे लाभ कमाने के उद्देश्य से किया जाता है। खनन, उत्पादन, व्यापार, परिवहन, भंडारण, बैंकिंग तथा बीमा आदि व्यावसायिक क्रियाओं के उदाहरण हैं।

5. पेशा-कोई भी व्यक्ति हर क्षेत्र का विशेषज्ञ नहीं हो सकता। इसलिए हमें दूसरे क्षेत्रों में विशेषज्ञ व्यक्तियों की सेवाओं की आवश्यकता पड़ती है। उदाहरण के लिए, हमें अपने इलाज के लिए डॉक्टर की और कानूनी सलाह के लिए वकील के सहयोग की आवश्यकता पड़ती है। ये सभी व्यक्ति पेशे से जुड़े लोग हैं। इस प्रकार पेशे का अभिप्राय ऐसे धंधे से है, जिसमें उस पेशे के विशेष ज्ञान और प्रशिक्षण की आवश्यकता होती है तथा प्रत्येक पेशे का मुख्य उद्देश्य सेवा प्रदान करना होता है। एक पेशेवर निकाय प्रत्येक पेशे का नियमन करती है। इन पेशेवरों की आचार संहिता होती है, जिसे सम्बन्धित पेशेवर इकाई द्वारा विकसित किया जाता है।

6. नौकरी-नौकरी का अर्थ, एक ऐसे धंधे से है जिसमें व्यक्ति नियमित रूप से दूसरों के लिए कार्य करता है और उसके बदले में वेतन अथवा मजदूरी प्राप्त करता है। सरकारी कर्मचारी, कंपनियों के कार्यकारी, अधिकारी, बैंक कर्मचारी, फैक्टरी मजदूर आदि नौकरी में संलग्न माने जाते हैं। नौकरी में काम के घंटे मजदूरी, वेतन की राशि तथा अन्य सुविधाएँ यदि हैं, के सम्बंध में शर्तें होती है। सामान्यतः नियोक्ता इन शर्तों को तय करता है। कोई भी व्यक्ति जो नौकरी चाहता है, उसे तभी कार्य करना आरम्भ करना चाहिए जबकि वह शर्तों से संतुष्ट हो। कर्मचारी का प्रतिफल निश्चित होता है तथा उसका भुगतान मजदूरी अथवा वेतन के रूप में किया जाता है।

सफलता का पैमाना

"सफलता", एक ऐसा शब्द, जिसके लिए प्रत्येक मनुष्य संघर्ष करता है। यह अलग-अलग व्यक्ति के लिए अलग-अलग होता है या एक ही। यह यह एक विचारणीय प्रश्न है। और यदि यह अलग-अलग है तो किसे सफल माना जाये? इसका निर्धारण तो तभी हो सकता है जब उसका कोई पैमाना हो। ठोस, द्रव, गैस इत्यादि का तो हमें पैमाना प्राप्त है जिससे हम यह कह देते हैं कि ये वस्तु इतनी है परन्तु ये कैसे निर्धारित हो कि कोई व्यक्ति अपने जीवन में कितना सफल हुआ या सबसे अधिक सफल कौन हुआ?

प्रतियोगिता से भरे वर्तमान समय में व्यक्ति का व्यक्ति से मूल्यांकन करने में इस सफलता शब्द का प्रयोग बहुत होने लगा है और उसके मूल्यांकन का आधार मुख्य रूप से धन अर्जित करना के अर्थों में ही लिया जाता है। क्या सभी मनुष्यों का लक्ष्य धन अर्जित करना ही होता है? यदि कोई व्यक्ति ऐसा सोच रखता है तो शायद उस व्यक्ति का ज्ञान संकुचित ही हो क्योंकि वे उन व्यक्तियों को नहीं जान पाये जो धन को मात्र साधन रूप में ही प्रयोग किये, धन को कभी अपना अन्तिम लक्ष्य नहीं बनाया। सीधे रूप में अगर इस प्रकार समझा जाये कि ऐसे व्यक्ति जिनका लक्ष्य धन रहा था वे अपने धन के बल पर अपनी मूर्ति अपने घर पर ही लगा सकते हैं परन्तु जिनका लक्ष्य धन नहीं था, उनका समाज ने उन्हें, उनके रहते या उनके जाने के बाद अनेकों प्रकार से सम्मान दिया है ये सार्वजनिक प्रमाणित है।

"सफलता" का क्या अर्थ है? सामान्यतः व्यक्ति के इच्छा युक्त मन के लक्ष्य की प्राप्ति ही सफलता है। इस प्रकार किसी बच्चे का लक्ष्य मिठाई प्राप्त करना हो और वह उसे प्राप्त करे ले तो उसे सफल माना जायेगा। अब अगर दो बच्चों की तुलना की जाये जिनका लक्ष्य मिठाई ही प्राप्त करना हो। यदि दोनों प्राप्त करते हैं तो दोनों सफल। यदि एक ही प्राप्त करता है तो एक सफल और दूसरा असफल। लेकिन दोनों के यदि लक्ष्य अलग-अलग हों और दोनों प्राप्त करें तो दोनों सफल। यदि एक ही प्राप्त करता है तो एक सफल और दूसरा असफल। लेकिन यहाँ एक बात और आती है कि यदि दोनों का लक्ष्य अलग-अलग हैं तो दोनों में कोई प्रतियोगिता नहीं हो सकती और दोनों के सफल होने में समय सीमा भी अलग-अलग होंगी।

सभी व्यक्ति का सफल होने का लक्ष्य एक ही होता है या अलग होते हैं या उम्र के साथ लक्ष्य सदैव बदलते रहते हैं, इस पर भी विचार करना आवश्यक है। बचपन से लेकर मरने तक जब उम्र के साथ इच्छायें बदलती रहती हैं तब लक्ष्य एक कैसे हो सकता है इस प्रकार यह भी सिद्ध है कि अनेक इच्छाओं में मनुष्य सफल भी होता है और असफल भी। वह मनुष्य सदैव अपने जीवन को भ्रम में ही रखता है जो अपनी किसी लक्ष्य के सफल हो जाने पर अपने को संसार का सबसे सफल व्यक्ति मानने लगे और ऐसे व्यक्ति से भी अपनी तुलना करने लगे जो उसके लक्ष्य के विषय से सम्बन्धित भी नहीं था।

उदाहरण स्वरूप, किसी युवा का लक्ष्य एक लड़की को पाना हो सकता है। और उसे पा ले तो अपने को संसार का सबसे सफल व्यक्ति समझने लगता है। ऐसे उदाहरण भी मिलते हैं कि लक्ष्य न प्राप्त करने पर आत्महत्या तक हुयी है। जबकि भगवान श्री कृष्ण तक ने भी शारीरिक प्रेम को जीवन में साथ उतारने को अन्तिम लक्ष्य नहीं माना। मनुष्य की छोटी-छोटी इच्छाएँ बनती रहती है और उसको प्राप्त करने में सफलता और

असफलता होती रहती हैं। परन्तु जो मनुष्य दूरदर्शी होते हैं वे अपने पूरे वर्तमान जीवन का एक लक्ष्य निर्धारित करते हैं। और उस एक लक्ष्य के सामने कोई भी लक्ष्य नहीं होता न ही कोई इच्छा।

सफल होने के बाद क्या होता है? यह भी जानने योग्य है। इस स्थिति का अनुभव लेने के लिए यह जानना जरूरी है कि पहाड़ के सबसे ऊँचे स्थान पर पहुँचने के बाद क्या हो सकता है? व्यक्ति वहीं रहे या वहीं से गिर कर घायल हो जाये या मर जाये या नीचे उतर कर निष्क्रिय सामान्य जीवन जीये या नीचे उतर कर उस अंहकार या घमण्ड में जीवन भर रहे कि वह वहाँ तक पहुँच चुका है और वह सबसे सफल है क्योंकि उस लक्ष्य रूपी ऊँचाई के बाद अब कोई लक्ष्य नहीं होता।

क्या मनुष्य का व्यक्तिगत लक्ष्य के अलावा कोई सामूहिक लक्ष्य भी होता है? इस पर भी विचार करना आवश्यक है। सनातन और पुनर्जन्म सिद्धान्त से इस संसार की सभी गति तंरगाकार होते हुए भी एक चक्र में चल रहा है। इस प्रकार उस चक्र में मनुष्य का क्षणिक जीवन एक कड़ी मात्र है। ये शरीर जो दिख रहा है उसे स्थूल शरीर कहा जाता है और मृत्यु के उपरान्त इच्छा युक्त मन को सूक्ष्म शरीर तथा इच्छा मुक्त मन को आत्मीय शरीर कहते हैं। आत्मीय शरीर केन्द्र है और सूक्ष्म व स्थूल उसके चक्र हैं। मनुष्य योनि का विकास उध्व गति की ओर हुआ है अर्थात् जल से थल, थल से शरीर, फिर संसाधन/अर्थ, फिर मानसिक, और पूर्ण और अन्तिम में आध्यात्मिक केन्द्रित मन। यही वह पैमाना है जिससे स्वयं की तुलनाकर जाना जा सकता है कि मैं कितना सफल हुँ? ये वह मार्ग है जिसे तय करने का सार्वभौम नियम है चाहे मनुष्य को इसका ज्ञान हो या न हो। जो जितना इस मार्ग में बढ़ता है वह उतना ही सफल है और जो नीचे गिरता है वह उतना ही असफल होता है। सफल होने से ही अच्छे समाज का विकास और असफल होने से खराब समाज का विकास होता है क्योंकि पुनर्जन्म तो सूक्ष्म शरीर का ही होता है। शरीर पालना और पीढ़ी आगे बढ़ाना तो सभी जीवों का काम है। फिर उनमें और मनुष्य में क्या अन्तर? अगर ऐसी बात नहीं तो **पं0 दीनदयाल उपाध्याय जी के इस विचार-"मनुष्य पशु नहीं है केवल पेट भर जाने से वह सुखी और संतुष्ट हो जायेगा। उसकी जीवन यात्रा "पेट" से आगे "परमात्मा" तक जाती है। उसके मन उसकी बुद्धि और उसकी आत्मा का भी कुछ तकाजा है।**" का क्या अर्थ होगा?

सफलता का नाम विशेषज्ञता (Specialist) नहीं, बल्कि ज्ञता (Generalized) है।

जब दुनिया बीसवीं सदी के समाप्ति के समीप थी तब वर्ष 1995 ई0 में कोपेनहेगन में सामाजिक विकास का विश्व शिखर सम्मेलन हुआ था। इस शिखर सम्मेलन में यह माना गया कि- "आर्थिक विकास अपने आप में महत्वपूर्ण विषय नहीं है, उसे समाजिक विकास के हित में काम करना चाहिए। यह कहा गया कि पिछले वर्षों में आर्थिक विकास तो हुआ, पर सभी देश सामाजिक विकास की दृष्टि से पिछड़े ही रहे। जिसमें मुख्यतः तीन बिन्दुओं- बढ़ती बेरोजगारी, भीषण गरीबी और सामाजिक विघटन पर चिन्ता व्यक्त की गई। यह स्वीकार किया गया कि सामाजिक विकास की समस्या सार्वभौमिक है। यह सर्वत्र है, लेकिन इस घोर समस्या का समाधान प्रत्येक संस्कृति के सन्दर्भ में खोजना चाहिए।" इसका सीधा सा अर्थ यह है कि व्यक्ति हो या देश, आर्थिक विकास तभी सफल होगा जब बौद्धिक विकास के साथ मनुष्य के गुणवत्ता में भी विकास हो।

इस सम्बन्ध में पं0 दीनदयाल उपाध्याय जी के विचार

कम्युनिस्टों के नारे "कमाने वाला खायेगा"-यह नारा यद्यपि कम्युनिस्ट लगाते है। किन्तु पूंजीवादी भी इस नारे के मूल में निहित सिद्वान्त से असहमत नहीं हैं। यदि दोनों में झगड़ा है तो केवल इस बात का कि कौन कितना कमाता है, कौन कितना कमा सकता है। पूंजीवादी साहस और पूंजी को महत्व देते हैं तो कम्युनिस्ट श्रम को। पूंजीवादी स्वयं के लिए अधिक हिस्सा माँगते हैं और कम्युनिस्ट अपने लिए। यह नारा अनुचित, अन्यायपूर्ण और समाजघाती है। हमारा नारा होना चाहिए- "कमाने वाला खिलायेगा और जो जन्मा है वह खायेगा।" खाने का अधिकार जन्म से प्राप्त होता है कमाने की पात्रता शिक्षा से आती है। यदि केवल कमाने वाला ही खायेगा तो बच्चों, बूढ़ों, रोगियों और अपाहिजों का क्या होगा? "कमाने वाला खायेगा" का दृष्टिकोण आसुरी और "कमाने वाला खिलायेगा" का विचार मानवीय है। समाजिकता और संस्कृति का मापदण्ड समाज में कमाने वाला द्वारा अपने कर्तव्य के निर्वाह की तत्परता है। अर्थव्यवस्था का कार्य इस कर्तव्य के निर्वाह की क्षमता पैदा करना है। मात्र धन कमाने के साधन तथा तरीके बताना-पढ़ाना ही अर्थव्यवस्था का कार्य नहीं है। यह मानवता बढ़ाना भी उसका काम है कि कर्तव्य भावना के साथ कमाने वाला खिलाये भी। यहाँ यह स्पष्ट समझ लिया जाना चाहिए कि वह कार्य दायित्व की भावना से करें न कि दान देने या चंदा देने की भावना से। पूंजीवादी व्यवस्था ने केवल अर्थपरायण मानव का विचार किया तथा अन्य क्षेत्रों से उसे स्वतन्त्र छोड़ दिया तो समाजवादी व्यवस्था केवल "जाति वाचक मानव" का ही विचार करती है। उसमें व्यक्ति की रूचि, प्रकृति गुणों की विविधता और उसके आधार पर विकास करने के लिए कोई स्थान नहीं है इन दोनों अवस्थाओं-व्यवस्थाओं में मनुष्य के सत्य और उसकी पूर्णता को नहीं समझा गया।

एक व्यवस्था उसे स्वार्थी, अर्थपरायण, संघर्षशील, प्रतिस्पर्धी, प्रतिद्वन्दी और मात्स्यन्याय प्रवण प्राणी मानती है तो दूसरी उसे व्यवस्थाओं और परिस्थितियों का दास बेचारा और नास्तिक-अनास्थामय प्राणी। शाक्तियों का केन्द्रिकरण दोनों व्यवस्थाओं में अभिप्रेत है। अतएव पूंजीवादी एवं समाजवादी दोनों ही अमानवीय व्यवस्थाएँ हैं। धन का अभाव मनुष्य को निष्करूण और क्रूर बना देता है। तो धन का प्रभाव उसे शोषक सामाजिक दायित्व निरपेक्ष, दम्भी और दमनकारी। भारत और विश्व की समस्याओं का समाधान और प्रश्नों का उत्तर विदेशी राजनीतिक नारों या वादों (समाजवादी, पूंजीवादी आदि) में नहीं अपितु स्वयं भारत के सनातन विचार परम्परा में से उपजे हिन्दूत्व अर्थात् भारतीय जीवन दर्शन में है। केवल यही एक ऐसा जीवन दर्शन है जो मनुष्य जीवन का विचार करते समय उसे टुकड़ों में नही बाँटता उसके सम्पूर्ण जीवन को इकाई मानकर उसका विचार करता है। यह समझना भारी भूल होगी कि हिन्दूत्व वर्तमान वैज्ञानिक उन्नति का विरोधी है। आधुनिक विज्ञान और प्रौद्योगिक का प्रयोग इस पद्धति से होना चाहिए कि वे हमारे सामाजिक और सांस्कृतिक जीवन पद्धति के प्रतिकूल नहीं, अनुकूल हो। हमारा राष्ट्रीय लक्ष्य धर्मराज्य, जिसे गाँधी जी रामराज्य कहा करते थे, लोकतन्त्र, सामाजिक समरसता और राजनीतिक आर्थिक शक्तियों के विकेन्द्रियकरण का होना चाहिए। आप इसे हिन्दूत्ववाद, मानवता अथवा अन्य कोई भी नया "वाद" या किसी भी नाम से पुकारें किन्तु केवल यही ही भारत की आत्मा के अनुकूल होगा। यही देशवासियों में नवीन उत्साह संचारित कर सकेगा। विनाश और विभ्रन्ति के चौराहे पर खड़े विश्व के लिए भी यह मार्गदर्शक का काम करेगा।

-पं0 दीनदयाल उपाध्याय

कुल मिलाकर जो व्यक्ति या देश केवल आर्थिक उन्नति को ही सर्वस्व मानता है वह व्यक्ति या देश एक पशुवत् जीवन निर्वाह के मार्ग पर है-जीना और पीढ़ी बढ़ाना। दूसरे रूप में इसे ऐसे समझा जा सकता है कि ऐसे व्यक्ति जिनका लक्ष्य धन रहा था वे अपने धन के बल पर अपनी मूर्ति अपने घर पर ही लगा सकते हैं परन्तु जिनका लक्ष्य धन नहीं था, उनका समाज ने उन्हें, उनके रहते या उनके जाने के बाद अनेकों प्रकार से सम्मान दिया है और ये सार्वजनिक रूप से सभी के सामने प्रमाणित है। पूर्णत्व की प्राप्ति का मार्ग शारीरिक-आर्थिक उत्थान के साथ-साथ मानसिक-बौद्धिक उत्थान होना चाहिए और यही है ही। इस प्रकार भारत यदि पूर्णता व विश्व गुरूता की ओर बढ़ना चाहता है तब उसे मात्र कौशल विकास ही नहीं बल्कि राष्ट्रीय बौद्धिक विकास की ओर भी बढ़ना होगा। बौद्धिक विकास, व्यक्ति व राष्ट्र का इस ब्रह्माण्ड के प्रति दायित्व है और उसका लक्ष्य है। सफलता का नाम विशेषज्ञता (Specialist) नहीं, बल्कि ज्ञता (Generalized) है, ये ज्ञता (Generalized) ही राष्ट्रीय बौद्धिक विकास है।

लांचिग (Launching)] प्री-लांचिग (Pre-Launching) और प्री-आर्गनाइजेशन (Pre-Organisation)

लांचिग (Launching)

लांचिंग का अर्थ होता है-सार्वजनिक रूप से उतारना या शुरू करना या अवतरित करना। किसी भी व्यापार का विचार जब प्रारम्भ में मन के अन्दर आता है तब उसे बाहर सार्वजनिक रूप से समाज में ले जाने के लिए नियमानुसार और संसाधन के साथ आना पड़ता है। जब यह प्रक्रिया पूर्ण हो जाती है तब कार्य प्रारम्भ की प्रक्रिया को जिससे सार्वजनिक रूप से समाज जान सके, लांचिंग कहलाती है।

प्री-लांचिग (Pre-Launching)

प्री-लांचिंग का अर्थ होता है-व्यक्तिगत रूप से उतारना या शुरू करना या अवतरित करना। किसी भी व्यापार का विचार जब प्रारम्भ में मन के अन्दर आता है तब उसे बाहर व्यक्तिगत रूप से अपने सम्बन्धों में ले जाने के लिए नियमानुसार और संसाधन के लिए बताना पड़ता है। जब यह प्रक्रिया पूर्ण हो जाती है तब कार्य प्रारम्भ की प्रक्रिया को जिससे व्यक्तिगत रूप से समाज जान सके, प्री-लांचिंग कहलाती है।

प्री-आर्गनाइजेशन (Pre-Organisation)

प्री-आर्गनाइजेशन का अर्थ होता है-किसी संस्था/संगठन के बनने के पहले की स्थिति। यह कार्य उस स्थिति में किया जाता है जब कार्य को सम्पन्न/प्रारम्भ करने के लिए संस्था/संगठन नहीं बनाया गया है और संस्था/संगठन की रूपरेखा को प्रसारित कर प्रबन्धकीय श्रेणी/मालिकाना श्रेणी में योग्य मानव संसाधन का चुनाव करना होता है। प्री-आर्गनाइजेशन की स्थिति में समाज के व्यक्ति के सामने एक अवसर होता है कि वे व्यापार को समझकर प्रबन्धकीय श्रेणी/मालिकाना श्रेणी में अपने को ला सकते हैं। चुने गये योग्य मानव संसाधन के साथ ही संस्था/संगठन की पंजीकरण प्रक्रिया पूरी की जाती है। फिर प्री-लांचिंग और लांचिंग का क्रम आता है। इन्टरनेट व वेबसाइट के इस युग में यह सुविधा है कि पहले कार्य प्रारम्भ हो जाता है फिर प्री-आर्गनाइजेशन, प्री-लांचिंग और लांचिंग की प्रक्रिया चलती रहती है जिससे सार्वजनिक रूप से समाज जान सके कि किस प्रकार का व्यापार हमारे सामने आ रहा है।

व्यवसाय का लेखांकन (एकाउण्ट बुक किपिंग)-दोहरी प्रविष्टि प्रणाली

लेखाकरण में दोहरी प्रविष्टि प्रणाली या दोहरी खतान प्रणाली ;क्नइसम मदजतल ेलेजमउद्ध बहीखाता की एक पद्धति है। इसका नाम "दोहरी प्रविष्टि" इसलिए है क्योंकि इसके अन्तर्गत किसी खाते की प्रत्येक प्रविष्टि के संगत किसी दूसरे खाते में एक विपरीत प्रविष्टि का होना जरूरी है। उदाहरण के लिए, १०० रूपए की कमाई को दर्ज करने के लिए दो प्रविष्टियाँ आवश्यक होंगी-

1. "कैश" नामक खाते में 100 रूपए की डेबिट प्रविष्टि की जाएगी, तथा
2. "आय" नामक खाते में 100 रूपये की क्रेडित प्रविष्टि की जाएगी।

इसे हिन्दी में "द्वि-अंकन प्रणाली" भी कहते हैं।

परिचय

द्वि-अंकन प्रणाली ;दोहरी लेखा प्रणालीद्ध आधुनिक युग में बही खाते की द्वि-अंकन प्रणाली को सर्वश्रेष्ठ, सर्व-सामान्य और सर्वव्यापी माना जाता है क्योंकि यह आधुनिक, वैज्ञानिक और पूर्ण है। यह व्यापारी के समस्त उद्देश्यो की पूर्ति करती है। इसका जन्म पश्चिमी देशों में हुआ है, अतः इसे पाश्चात्य लेखांकन विधि भी कहा जाता है। इसे व्यापारिक लेखा-विधि-प्रणाली भी कहा जाता है, क्योंकि इस विधि के अनुसार रोकड़ और उधार के सौदों को लिपिबद्ध किया जाता है।

द्वि-अंकन प्रणाली की भिन्न-भिन्न विद्वानों ने अलग-अलग परिभाषाएं दी हैं जिसमें से कुछ निम्नलिखित हैं-कार्टर के अनुसार, "लेखांकन की आधुनिक पद्वति द्वि-अंकन प्रणाली के नाम से जानी जाती है। बहीखाते की द्वि-अंकन प्रणाली का आशय वैयक्ति तथा अवैयक्तिक दोनों ही प्रकार के खातों से हैं।

कीलर द्वि-अंकन प्रणाली की निम्नलिखित परिभाषा देते हैं-"एक उद्यम मे लेखांकन की सर्वसामान्य प्रणाली द्वि-अंकन प्रणाली है। जैसा कि नाम से ही विदित होता है-प्रत्येक सौदे के दो लेखे लिए जाते है-एक डेबिट में और दूसरा क्रेडिट में।

प्रत्येक व्यापारिक सौदा जो द्रव्य (मुद्रा) अथवा द्रव्य के मूल्य में परिणित होता है, (अ) लाभ को देना और (ब) उस लाभ को प्राप्त करना। दूसरे शब्दों में व्यापारिक सौदा मूल्य के बदले अथवा द्रव्य के मूल्य में अदल-बदल का नाम है अथवा प्रत्येक व्यापारिक सौदा दो क्रियाओं को जन्म देता है-किसी मूल्यवान वस्तु को प्राप्त करना और किसी मूल्यवान वस्तु को देना। द्वि-अंकन प्रणाली के अनुसार इन दानों ही, प्राप्य पक्ष और देय पक्ष, पक्षों का

लेखांकन किया जाता है। अतः यदि एक भवन मुकेश से खरीदा गया है तो भवन खाता प्राप्त करता है मुकेश का खाता देता है। इसलिए प्रत्येक सौदे के पूर्ण लेखांकन के लिए द्वि-प्रविष्टि (डबल इन्ट्री) होना आवश्यक है।

द्वि-अंकल प्रणाली के नियमों की स्पष्ट जानकारी के लिए यह जान लेना आवश्यक है कि कुछ सौदे लगभग सब व्यापारों में समान होते हैं। ये समान सौदे निम्न है-

1. व्यापारी बहुत-से व्यापारिक व्यौहार (लेन-देन) करता है।
2. उसके पास कुछ सम्पत्तियां होनी चाहिए जिनमें या जिनकी सहायता से वह व्यापार करता है और
3. उसे व्यापार चलाने के लिए कुछ खर्चें जैसे कार्यालय का किराया, वेतन, विज्ञापन आदि करने पड़ते हैं और उसके पास कुछ ऐसे स्रोत भी होने चाहिए जिनके द्वारा व्यापार को आय प्राप्त होती है।

अतः यह निष्करष निकलता है कि सम्पूर्ण व्यापारिक सौदों के पूर्ण लेखांकन के लिए निम्न खाते रखना आवश्यक हैं-

1. प्रत्येक व्यक्ति एवं संस्थान (फर्म) का खाता जिनमें व्यापारी को व्यवहार करना पड़ता है।
2. व्यापार की प्रत्येक सम्पत्ति और अधिकार का खाता और
3. प्रत्येक व्यय एवं आय के स्रोत का खाता

वे खाते जो प्रथम समूह में आते हैं व्यक्तिगत खाते कहलाते हैं, दूसरे समूह के अन्तर्गत आने वाले खातों को सम्पत्ति खाते कहा जाता है और तीसरे समूह में आने वाले खातों के नाममात्र (के) खाते कहा जाता है।

द्वि-अंकन प्रणाली पृष्ठ को दो समान अर्ध-भागों में बंटती है। पृष्ठ के वाम पक्ष को डेबिट पक्ष तथा दक्षिण पक्ष को क्रेडिट पक्ष कहा जाता है। विभिन्न सौदों का प्रतिनिधित्व करने वाले पक्षों के इस प्रकार चयन में कोई न्यासंगत कारण नहीं था और क्रेडिट पक्ष बहुत सरलता से वाम पक्ष या डेबिट पक्ष दक्षिण पक्ष हो सकता था। वेनेसियन व्यापारियों ने जो द्वि-अंकन प्रणाली के सर्वप्रथम ज्ञात व्यापारी थे वाम पक्ष या डेबिट पक्ष को सम्पत्तियों के लिए और दूसरी ओर को पूंजी एवं देयताओं का प्रतिनिधित्व करने के लिए चुन रखा था। अतः यह तब से वैसा ही चला आ रहा है।

खाता एक ऐसा अभिलेख है जिसमें एक विशेष पक्षकार (जो एक मनुष्य या मनुष्यत्व आरोपित पदार्थ हो सकता है) द्वारा दिए गये या प्राप्त किए गये प्रत्येक लाभ के द्रव्य मूल्य (कभी-कभी या द्रव्य मूल्य और मात्रा साथ-साथ) और वाम (वायें) पक्षों के दो अलग-अलग स्तम्भों में व्यवस्थित किया जाता है। प्रत्येक खाते में डेबिट पक्ष एवं क्रेडिट पक्ष होता है। यह क्रमशः खाते के वाम पक्ष एवं दक्षिण पक्ष के हाशिये पर "डेबिट" और क्रेडिट" लिखकर दर्शाया जाता है। डेबिट पक्ष की प्रत्येक प्रविष्टि के आगे "To" शब्द लिखा जाता है। इसका अर्थ यह है कि जिस खाते का अभिलेख तैयार किया जा रहा है वह उस खाते का जिसका कि नाम प्रविष्टि में लिखा गया है देनदार है। दूसरी तरफ क्रेडिट पक्ष की प्रविष्टि के आगे "By" शब्द लिखा जाता है। इसका अर्थ यह है कि उस खाते को जिस खाते का अभिलेख तैयार किया जा रहा है इस खाते से जिसका कि नाम प्रविष्टि में लिखा गया है क्रेडिट किया गया है। खाते का नाम खाते के ऊपर मध्य में लिखा जाता है।

लाभ देने वाले पक्षकार के खाते को लेनदार कहा जाता है और जो पक्षकार इस (लाभ) को प्राप्त करता है उसके खाते को देनदार कहा जाता है। सामान्य रूप से खाते द्वारा प्राप्त लाभ की कीमत को खाते में वाम स्तम्भ में लिखा जाता है और यह कहा जाता है कि खाते की उतनी कीमत (रकम) से डेबिट किया गया। दूसरी ओर खाते द्वारा दिए गए लाभ की कीमत को खाते के दक्षिण स्तम्भ में लिखा जाता है और यह कहा जाता है कि खाते को उतनी कीमत (रकम) से क्रेडिट किया गया। इन्हें क्रमशः डेबिट और क्रेडिट प्रविष्टियां कहते हैं।

द्वि-अंकन प्रणाली के नियम

नियम या सिद्धांत से आशय उस सामान्य नियम से है जो व्यवहारों या सौदों की दिशानिर्देश करने में सहायक होता है। वास्तव में ये सिद्धांत मुख्यतया तीन नियमों पर आधारित है इसे "दोहरा लेखा प्रणाली के सिद्धान्त" भी कहा जाता है।

द्वि-अंकन प्रणाली के नियम खातों के अनुसार प्रयोग किये जाते हैं। दोहरा लेखा प्रणाली में खातों के तीन प्रकार होते हैं। एक विशेष खाते को डेबिट या क्रेडिट करने से पूर्व हमें यह देख लेना चाहिए कि व्यापारी द्वारा किये गए सौदे से कौन सी श्रेणी के खाते प्रभावित होते हैं यह जान लेने के पश्चात् निम्नलिखित नियमों का पालन किया जायगा।

1. व्यक्तिगत खाते

व्यक्तिगत खातों के मामले में हम लाभ प्राप्त करने वाले व्यक्ति या संस्थान का खाता उसके द्वारा प्राप्त लाभ से डेबिट करते हैं और लाभ देने वाले व्यक्ति या संस्थान का खाता उसके द्वारा प्रदत्त लाभ से क्रेडिट करते हैं। संक्षेप में हम कह सकते हैं-

(लाभ) पाने वाले को डेबिट करो (Debit the Receiver) और
(लाभ) देने वाले को क्रेडिट करो Credit the giver)।

2. सम्पति (वस्तुगत) खाते

सम्पत्ति खाते प्राप्ति से डेबिट और जाने वालें (Outgoing) से क्रेडिट किए जाते हैं। अथवा
व्यापार में जो आये उसे डेबिट करो (Debit what comes in) और
व्यापार से जो जाये उसे क्रेडिट करो (Credit what goes out)।

3. नाम मात्र (के) खाते

प्रत्येक व्यय अथवा हानि की धन-राशि को डेबिट किया जाता है और प्रत्येक आय अथवा लाभ की धनराशि को क्रेडिट किया जाता है। दूसरे शब्दों में-
सभी व्ययों और हानियों को डेबिट करो (Debit All Expenses And Losses) और
सभी आयों और लाभों को क्रेडिट करो (Credit All incomes And gains)।

यह जान लेना आवश्यक है कि यह नियम कभी नहीं बदलते और हर सम्भव दशा में इनका दृढ़ता से प्रयोग किया जायेगा। यह भी नोट किया जाना चाहिए कि उपर्युक्त प्रपंचों जैसे कि "देने वाला" और "पाने वाला", "आने वाला" और "जाने वाला" इत्यादि को मालिक के दृष्टिकोण से न जांचकर संस्थान के दृष्टिकोण से जांचा जाना चाहिए।

द्वि-अंकन प्रणाली के उपर्युक्त नियमों के अतिरिक्त लेखांकन की कुछ अवधारणएं तथा मान्यताएं हैं। वास्तविक बहीखाता तथा लेखांकन कार्य आरम्भ करने से पूर्व इनका पता होना आवश्यक है। इन नियमों को कुछ अन्य प्रायोगिक तरीके से भी याद रख कर उपयोग में आसानी से लाया जा सकता है। इसके लिये सर्वप्रथम सौदा या लेनदेन कि प्रकृति को पहचान कर उनके दो रूपों को अलग करना आवश्यक है। सामान्यतः 90 प्रतिशत सौदे नगद लेनदेन से संबंधित होते है। अतः स्पष्ट है कि इनका एक रूप या पक्ष नगद होगा चूंकि नगद वास्तविक खाता है अतः नगद यदि प्राप्त हो रहा है तो नगद खाता डेबिट और उसका दूसरा पक्ष चाहे वह व्यक्तिगत, वास्तविक या अवास्तविक हो बिना विचार किये ही क्रेडिट किया जा सकता है और यदि नगद जा रहा है तो नगद खाता क्रेडिट एवं दूसरा पक्ष जो भी हो वह डेबिट होगा।

इसी प्रकार खर्चों एवं आय को भी सरलता से पहचाना जा सकता है। अतः समस्त प्रकार से आगम खर्चों को डेबिट एवं दूसरे पक्ष को चाहे जो भी हो क्रेडिट होगा यदि एक पक्ष आय या लाभ से संबंधित है तो उसे क्रेडिट एवं विरूद्ध पक्ष डेविट होगा। साथ ही जो भी वस्तु या संपत्ति खरीदी जाती है तो उसे डेबिट करेंगे एवं बेची जाती तो उसे क्रेडिट करेंगे एवं उसके विरूद्ध पक्ष को डेविट या क्रेडिट करेंगे।

दोहरी प्रविष्टि प्रणाली के प्रमुख भाग

दोहरा लेखा प्रणाली के प्रमुख भाग निम्नलिखित है। इन्हें "दोहरा लेखा प्रणाली की सीढ़ियां" या "लेखाकर्म का ढांचा" भी कहा जाता है।

1. प्रारंभिक लेखा या रोजनामचा (जर्नल)
2. वर्गीकरण
3. तलपट (ट्रायल बैलेंस) बनाना
4. अंतिम लेखे (Final Accounts)

    क. निर्माण खाता या व्यापार खाता,

    ख. लाभ हानि खाता या आय व्यय खाता,

    ग. स्थिति विवरण (चिट्ठा)

भाग-03

व्यवसाय संगठन

व्यवसाय की विशेषताएँ, उद्देश्य एवं उत्तरदायित्व

व्यवसाय आरंभ करने का विचार और योजना बनाना

व्यवसाय संगठनों के स्वरूप

अ. पूर्ण स्वामित्व प्रतिष्ठान

ब. साझेदारी प्रतिष्ठान

स. सीमित देयता साझेदारी (एलएलपी)

द. निजी (प्राइवेट) लिमिटेड कंपनी

य. सार्वजनिक (पब्लिक) लिमिटेड कंपनी

व्यवसाय संगठन-सामान्य दिशानिर्देश एवं प्रबंधन

सामाजिक उत्तरदायित्व संगठन-समिति एवं ट्रस्ट

व्यवसाय की विशेषताएँ, उद्देश्य एवं उत्तरदायित्व

व्यवसाय की विशेषताएँ

व्यवसाय को इस प्रकार परिभाषित किया जा सकता है-"व्यवसाय एक ऐसी क्रिया है, जिसमें लाभ कमाने के उद्देश्य से वस्तुओं अथवा सेवाओं का नियमित उत्पादन क्रय-विक्रय तथा विनिमय सम्मिलित है"। व्यवसाय की निम्नलिखित विशेषताएँ होती हैं-

1. **वस्तुओं तथा सेवाओं का लेन-देन**-व्यवसाय में लोग वस्तुओं अथवा सेवाओं के उत्पादन तथा वितरण कार्यों में संलग्न होते हैं। इन वस्तुओं में ब्रेड, मक्खन, दूध, चाय आदि जैसी उपभोक्ता वस्तुएं भी हो सकती हैं और संयन्त्र, मशीनरी, उपकरण आदि जैसी पूंजीगत वस्तुएँ भी। सेवाएँ-परिवहन, बैंकिंग, बीमा, विज्ञापन आदि रूपों में हो सकती हैं।
2. **वस्तुओं तथा सेवाओं का विक्रय अथवा विनिमय**-यदि कोई व्यक्ति अपने उपयोग के लिए या किसी व्यक्ति को उपहार देने के लिए कोई वस्तु खरीदता या उत्पादित करता है तो वह किसी प्रकार के व्यवसाय में संलग्न नहीं है। लेकिन जब वह किसी दूसरे व्यक्ति को बेचने के लिए किसी वस्तु का उत्पादन करता है अथवा खरीदता है तो वह व्यवसाय में संलग्न होता है। इस प्रकार व्यवसाय में क्रेता और विक्रेता के बीच वस्तुओं अथवा सेवाओं के उत्पादन अथवा क्रय में धन अथवा वस्तु (वस्तु विनिमय प्रणाली में) का विनिमय आवश्यक होता है। बिना विक्रय अथवा विनिमय के किसी भी क्रिया को व्यवसाय की संज्ञा नहीं दी जा सकती।
3. **वस्तुओं अथवा सेवाओं का नियमित विनिमय**-इसमें वस्तुओं का नियमित उत्पादन अथवा क्रय-विक्रय होना आवश्यक होता है। सामान्यतया एकाकी सौदे को व्यवसाय की संज्ञा नहीं दी जा सकती। उदाहरण के लिए, यदि राजू अपनी पुरानी कार हरि को बेचता है तो इसे व्यवसाय नहीं कहा जाएगा, जब तक कि वह नियमित रूप से कारों के क्रय-विक्रय में संलग्न न हो।
4. **निवेश की आवश्यकता**-प्रत्येक व्यवसाय में भूमि, श्रम अथवा पूंजी के रूप में कुछ न कुछ निवेश की आवश्यकता होती है। इन संसाधनों का उपयोग विविध प्रकार की वस्तुओं अथवा सेवाओं के उत्पादन, वितरण और उपभोग के लिए किया जाता है।
5. **लाभ कमाने का उद्देश्य**-व्यावसायिक क्रियाओं का प्राथमिक उद्देश्य लाभ के माध्यम से आय अर्जित करना है। बिना लाभ के कोई भी व्यवसाय अधिक समय तक चालू नहीं रह सकता। लाभ कमाना व्यवसाय के विकास और विस्तार की दृष्टि से भी आवश्यक होता है।
6. **आय की अनिश्चितता और जोखिम**-प्रत्येक व्यवसाय का उद्देश्य लाभ कमाना है। जब कोई व्यवसायी विभिन्न संसाधनों का निवेश करता है तो वह उसके बदले में कुछ न कुछ आय प्राप्त करना चाहता है। लेकिन उसके

श्रेष्ठतम प्रयासों के बावजूद व्यवसाय में आय की अनिश्चितता बनी रहती है। कई बार उसे बहुत लाभ होता है और कई बार ऐसा भी समय आता है, जब उसे भारी हानि उठानी पड़ती है। ऐसा इसलिए होता है क्योंकि भविष्य अनिश्चित है। व्यवसायी का आय को प्रभावित करने वाले तत्वों पर कोई नियंत्रण नहीं होता।

व्यवसाय के आर्थिक उद्देश्य

व्यवसाय के आर्थिक उद्देश्यों के अंतर्गत लाभ कमाने के उद्देश्य के साथ वे समस्त आवश्यक क्रियाएँ भी आती हैं, जिनके द्वारा लाभ कमाने के उद्देश्य की पूर्ति की जाती है, जैसे ग्राहक बनाना, नियमित नवप्रवर्तन तथा उपलब्ध संसाधनों का बेहतर उपयोग आदि।

लाभ, व्यवसाय के लिए जीवनदायिनी शक्ति का कार्य करता है। इसके बिना कोई भी व्यवसाय प्रतियोगिता के बाजार में टिका नहीं रह सकता। वास्तव में किसी भी व्यावसायिक इकाई के अस्तित्व में आने का उद्देश्य होता है-लाभ कमाना। लाभ, व्यवसायी को न केवल उसकी आजीविका अर्जित करने में सहायता करता है, अपितु लाभ का एक भाग व्यवसाय में पुनः विनियोजित कर व्यावसायिक गतिविधि के विस्तार में भी सहायक होता है।

लाभ कमाने के प्राथमिक उद्देश्य को प्राप्त करने के लिए व्यवसाय के कुछ अन्य उद्देश्य निम्नलिखित हैं-

1. **ग्राहक बनाना**-जब तक उत्पाद को और सेवाओं को खरीदने वाले ग्राहक न हों, तब तक किसी भी व्यवसाय का अस्तित्व में बने रहना संभव नहीं है। कोई भी व्यवसायी तभी लाभ अर्जित कर सकता है जबकि वह लाभ के बदले में अपने ग्राहकों को अच्छी गुणवत्ता की वस्तुएँ और सेवाएँ उपलब्ध कराए। इसके लिए यह आवश्यक है वह अपनी विद्यमान वस्तुओं के लिए ग्राहकों को आकर्षित करे तथा अधिक से अधिक ग्राहक बनाए और नए-नए उत्पाद बाजार में लाए। विभिन्न विपणन क्रियाओं के द्वारा इसे प्राप्त किया जा सकता है।
2. **नियमित नव-प्रवर्तन**-व्यवसाय अत्यंत गतिशील है तथा एक उपक्रम अपने वातावरण में हुए परिवर्तनों को अपनाकर ही निरंतर सफल हो सकता है। नव प्रवर्तन का अर्थ है-नया परिवर्तन। ऐसा परिवर्तन, जिससे उत्पाद की गुणात्मकता, प्रक्रिया और वितरण में संशोधन हो। कीमतों में कमी और बिक्री में वृद्रि से व्यवसायी को अधिक लाभ प्राप्त होता है। हथकरघों के स्थान पर पावरलूम और कृषि में हल अथवा हाथ से चलने वाले यंत्रों के स्थान पर ट्रैक्टर का उपयोग आदि नव-प्रवर्तन के ही परिणाम हैं।
3. **संसाधनों का श्रेष्ठतम उपयोग**-किसी भी व्यवसाय को चलाने के लिए पर्याप्त पूँजी अथवा कोष की आवश्यकता होती है। इस पूँजी को मशीनें खरीदने, कच्चा माल तथा कर्मचारियों को काम पर रखने और प्रतिदिन के खर्चों की पूर्ति के लिए प्रयोग में लाया जाता है। इस प्रकार व्यावसायिक क्रियाओं में विभिन्न संसाधनों जैसे मशीनें, आदमी, माल, मुद्रा आदि की आवश्यकता होती है। कुशल कर्मचारियों की नियुक्ति द्वारा, मशीनों का क्षमता पूर्ण उपयोग करके तथा कच्चे माल के अपव्यय को कम करके इन उद्देश्यों की प्राप्ति की जा सकती है।

व्यवसाय के सामाजिक उद्देश्य

सामाजिक उद्देश्य व्यवसाय के वे उद्देश्य होते हैं, जिन्हें समाज के हितों के लिए प्राप्त करना आवश्यक होता है। अतः हर व्यवसाय का उद्देश्य होना चाहिए कि वह किसी भी प्रकार से समाज को हानि न पहुँचाए। व्यवसाय के सामाजिक उद्देश्यों के अंतर्गत अच्छी गुणवत्ता वाली वस्तुओं तथा सेवाओं का उत्पादन तथा पूर्ति, उचित व्यापारिक प्रथाएँ अपनाना, समाज के सामान्य कल्याणकारी कार्यों में योगदान तथा कल्याणकारी सुविधाओं में योगदान करना सम्मिलित है।

1. **अच्छी गुणवत्ता वाली वस्तुओं और सेवाओं का उत्पादन तथा पूर्ति**-चूंकि व्यवसाय समाज के विविध संसाधनों का उपयोग करता है। इसलिए समाज की अपेक्षा होती है कि व्यवसाय उसे गुणवत्ता वाली वस्तुओं तथा सेवाओं की आपूर्ति करे। इसलिए व्यवसाय का उद्देश्य होना चाहिए कि वह अच्छी गुणवत्ता वाली वस्तुओं तथा सेवाओं का उत्पादन करे तथा उचित कीमत पर और उचित समय पर उनकी पूर्ति करें। व्यवसायी द्वारा समाज को आपूर्ति की जाने वाली वस्तुओं तथा सेवाओं की गुणवत्ता के अनुसार उनका मूल्य वसूल करना चाहिए।
2. **उचित व्यापारिक प्रथाएँ अपनाना**-प्रत्येक समाज में जमाखोरी, कालाबजारी, अधिक कीमत वसूलना आदि क्रियाएँ अवांछित मानी जाती हैं। इसके अलावा गुमराह करने वाले विज्ञापन, वस्तुओं की गुणवत्ता के बारे में गलत छाप छोड़ते हैं। व्यावसायिक इकाइयों को अधिक लाभ कमाने के लिए आवश्यक वस्तुओं की कृत्रिम कमी अथवा कीमतों में वृद्धि नहीं करनी चाहिए। ऐसी क्रियाओं से व्यवसायी की बदनामी होती है और कभी-कभी उसे दंड अथवा कानूनन जेल की सजा भी भुगतनी पड़ती है। इस प्रकार उपभोक्ता और समाज के कल्याण को ध्यान में रखते हुए, व्यवसायी को उद्देश्य तथा उचित व्यापारिक प्रथाओं को अपनाना चाहिए।
3. **समाज के सामान्य कल्याण कार्यों में योगदान**-व्यावसायिक इकायों को समाज के सामान्य कल्याण तथा उत्थान के लिए कार्य करना चाहिए। यह अच्छी शिक्षा के लिए स्कूल तथा कॉलेज बनाकर, लोगों को आजीविका कमाने के लिए व्यावसायिक प्रशिक्षण केन्द्र खोलकर, चिकित्सा की सुविधा के लिए अस्पतालों की स्थापना कर, आम जनता के मनोरंजन के लिए पार्क तथा खेल परिसरों आदि की सुविधएँ प्रदान करके संभव है।

व्यवसाय के मानवीय उद्देश्य

मानवीय उद्देश्यों से अभिप्राय उन उद्देश्यों से है, जिनमें समाज के अक्षम तथा विकलांग, शिक्षा अथवा प्रशिक्षण से वंचित लोगों के कल्याण तथा कर्मचारियों की अपेक्षाओं की पूर्ति के लक्ष्य निहित होते हैं। इस प्रकार व्यवसाय के मानवीय उद्देश्यों के अंतर्गत कर्मचारियों की आर्थिक सुरक्षा, सामाजिक तथा मनोवैज्ञानिक संतुष्टि और मानव संसाधनों का विकास निहित है।

1. **कर्मचारियों का आर्थिक कल्याण**-व्यवसाय में कर्मचारियों को उचित वेतन, कार्य-निष्पादन के लिए अभिप्रेरणाएं, भविष्यनिधि के लाभ, पैंशन तथा अन्य अनुलाभ जैसे चिकित्सा सुविधा, आवासीय सुविधा आदि उपलब्ध कराए जाने चाहिए। इससे कार्य क्षेत्र में व्यक्ति अधिक संतुष्टि का अनुभव करेंगे और व्यवसाय के लिए अधिक योगदान दे सकेंगे।
2. **कर्मचारियों की सामाजिक तथा मानसिक संतुष्टि**-यह हर व्यावसायिक इकाई का कर्तव्य बनता है कि वह अपने कर्मचारियों को सामाजिक तथा मानसिक संतुष्टि प्रदान करें और ऐसा वे उनके काम को रोचक और चुनौतीपूर्ण बनाकर, सही कार्य के लिए सही व्यक्ति को नियुक्त कर तथा कार्य की नीरसता को समाप्त करके संभव बना सकते हैं। साथ ही निर्णय लेते समय कर्मचारियों की शिकायतों तथा उनके सुझावों पर गंभीरतापूर्वक विचार किया जाना चाहिए। यदि कर्मचारी खुश और संतुष्ट हैं तो वे अपने कार्य भी अच्छे ढंग से कर सकेंगे।
3. **मानवीय संसाधनों का विकास**-कर्मचारी मनुष्य हैं और इसलिए सदैव अपने पेशागत वृद्धि के लिए तत्पर रहते हैं। इसके लिए उपयुक्त प्रशिक्षण तथा विकास की आवश्यकता होती है। व्यवसाय तभी उन्नति की ओर अग्रसर हो सकता है जब समय के अनुसार उसके कर्मचारी अपनी क्षमताओं, कार्य-कुशलताओं तथा दक्षताओं में सुधार करते रहें। अतः व्यवसाय के लिए यह महत्वपूर्ण है कि वह अपने कर्मचारियों के लिए प्रशिक्षण तथा विकास के कार्यक्रम आयोजित करते रहें।

4. **सामाजिक तथा आर्थिक रूप से पिछड़े लोगों का आर्थिक कल्याण**-व्यावसायिक इकाइयाँ समाज के पिछड़े तथा शारीरिक और मानसिक रूप से विकलांग लोगों की मदद करके समाज के लिए एक प्रेरणा स्रोत बन सकती हैं। ऐसा वे विभिन्न प्रकार से कर सकती हैं। उदाहरण के लिए व्यवसायिक प्रशिक्षण कार्यक्रमों का आयोजन करके समाज के पिछड़े समुदाय के लोगों की आय अर्जन क्षमता बढ़ाई जा सकती है। इसके अलावा व्यवसायिक इकाइयाँ मेधावी विद्यार्थियों को उच्च शिक्षा के लिए छात्रवृत्ति प्रदान करके भी ऐसा कर सकती है।

व्यवसाय के राष्ट्रीय उद्देश्य

व्यवसाय, देश का एक महत्वपूर्ण अंग होता है अतः राष्ट्रीय लक्ष्यों और आकांक्षाओं की प्राप्ति प्रत्येक व्यवसाय का उद्देश्य होना चाहिए। व्यवसाय के राष्ट्रीय उद्देश्य निम्नलिखित हैं-

1. **रोजगार के अवसर उपलब्ध कराना**-व्यवसाय के महत्वपूर्ण राष्ट्रीय लक्ष्य है, लोगों को लाभपूर्ण रोजगार के अवसर उपलब्ध कराना। इस लक्ष्य की पूर्ति नई व्यावसायिक इकाईयाँ स्थापित करके, बाजार का विस्तार करके तथा वितरण प्रणाली को और अधिक व्यापक बनाकर की जा सकती है।
2. **सामाजिक न्याय को बढ़ावा देना**-एक जिम्मेदार नागरिक के रूप में एक व्यवसायी से यह आशा की जाती है कि जिन लोगों के साथ वह लेनदेन करता है उन सभी को समान अवसर प्रदान करे। यह भी आशा की जाती है कि वह सभी कर्मचारियों को कार्य करने तथा उन्नति करने के समान अवसर उपलब्ध कराए। इस उद्देश्य के अंतर्गत वह समाज के पिछड़े तथा कमजोर वर्गों के लोगों पर विशेष ध्यान दें।
3. **राष्ट्रीय प्राथमिकता के अनुसार उत्पादन करना**-व्यावसायिक इकाइयों को सरकार की नीतियों तथा योजनाओं की प्राथमिकता को देखते हुए उन्हीं के अनुसार वस्तुओं का उत्पादन तथा आपूर्ति करनी चाहिए। हमारे देश में व्यवसाय के राष्ट्रीय उद्देश्यों में से एक उद्देश्य आवश्यक वस्तुओं के उत्पादन को बढ़ाकर उचित दर पर उपलब्ध कराना होना चाहिए। देश के राजस्व में योगदान व्यवसाय के स्वामियों को करों और बकाया राशि का भुगतान ईमानदारी के साथ करना चाहिए। इससे सरकार का राजस्व बढ़ता है, जिसका उपयोग राष्ट्र के विकास के लिए किया जा सकता है।
4. **आत्मनिर्भरता तथा निर्यात को बढ़ावा**-देश को आत्मनिर्भर बनने में सहायता करने के लिए व्यावसायिक इकाइयों की एक अतिरिक्त जिम्मेदारी है कि वे वस्तुओं के आयात को रोकें। इसके अतिरिक्त प्रत्येक व्यावसायिक इकाई को निर्यात बढ़ाने तथा अधिक से अधिक विदेशी मुद्रा देश के कोष में लाने को अपना लक्ष्य बनाना चाहिए।

व्यवसाय के वैश्विक उद्देश्य

पहले भारत के अन्य देशों के साथ बहुत ही सीमित व्यापारिक संबंध थे। तब वस्तुओं की आयात और निर्यात संबंधी नीतियाँ बहुत कठोर थीं, लेकिन आजकल उदारवादी आर्थिक नीतियों के कारण काफी हद तक विदेशी निवेश पर प्रतिबंध समाप्त हो चुका है, तथा आयातित वस्तुओं पर लगने वाला शुल्क भी काफी कम हो गया है। इन परिवर्तनों से बाजार में प्रतियोगिता काफी बढ़ गई है। आज वैश्वीकरण के कारण पूरी दुनिया एक बड़े बाजार के रूप में परिवर्तित हो चुकी है। आज एक देश में तैयार माल दूसरे देश में आसानी से उपलब्ध है। इस प्रकार विश्व बाजार में प्रतिस्पर्धा बढ़ने से प्रत्येक व्यवसाय अपने मस्तिष्क में कुछ उद्देश्य रखकर काम करने लगा है, जिसे वैश्विक उद्देश्य कहा जा सकता है।

1. **सामान्य जीवन स्तर में वृद्धि**-व्यावसायिक गतिविधि के विकास के कारण अब दुनिया भर में उचित मूल्य पर अच्छी गुणवत्ता वाली वस्तुएँ आसानी से उपलब्ध हैं। इस प्रकार एक देश का व्यक्ति दूसरे देश के व्यक्ति द्वारा

उपयोग किए जा रहे उसी प्रकार के सामान का उपयोग कर सकता है। इससे लोगों के सामान्य जीवन स्तर में वृद्धि होती है।

2. **विभिन्न देशों के बीच असमानताओं को कम करना**-व्यवसाय को अपनी गतिविधि का विस्तार कर अमीर और गरीब राष्ट्रों के बीच की असमानता को कम करना चाहिए। विकासशील तथा अविकसित देशों में पूँजी विनियोजित करके ये औद्योगिक तथा आर्थिक वृद्धि को प्रोत्साहित कर सकते हैं।
3. **विश्व स्तर पर प्रतिस्पर्धा वस्तुओं तथा सेवाओं की उपलब्धता**-व्यवसाय को उन वस्तुओं तथा सेवाओं के उत्पादन में वृद्धि करनी चाहिए, जिनकी विश्व बाजार में माँग तथा प्रतिस्पर्धा अधिक है। इससे निर्यातक देश की छवि में सुधार आता है और देश को अधिक विदेशी मुद्रा की प्राप्ति होती है।

व्यवसाय के सामाजिक उत्तरदायित्व

लोग लाभ अर्जित करने के उद्देश्य से व्यवसाय चलाते हैं। लेकिन केवल लाभ अर्जित करना ही व्यवसाय का एकमात्र उद्देश्य नहीं होता। समाज का एक अंग होने के नाते इसे बहुत से सामाजिक कार्य भी करने होते हैं। यह विशेष रूप से अपने अस्तित्व की सुरक्षा में संलग्न स्वामियों, निवेशकों, कर्मचारियों तथा सामान्य रूप से समाज व्यवसाय की प्रकृति तथा क्षेत्र व समुदाय की देख-रेख की जिम्मेदारी भी निभाता है। अतः प्रत्येक व्यवसाय को किसी न किसी रूप में इनके प्रति जिम्मेदारियों का निर्वाह करना चाहिए। उदाहरण के लिए, निवेशकों को उचित प्रतिफल की दर का आश्वासन देना, अपने कर्मचारियों को अच्छा वेतन, सुरक्षा, उचित कार्य दशाएँ उपलब्ध कराना, अपने ग्राहकों को अच्छी गुणवत्ता वाली वस्तुएँ उचित मूल्यों पर उपलब्ध कराना, पर्यावरण की सुरक्षा करना तथा इसी प्रकार के अन्य बहुत से कार्य करने चाहिए।

हालांकि ऐसे कार्य करते समय व्यवसाय के सामाजिक उत्तारदायित्वों के निर्वाह के लिए दो बातों का विशेष रूप से ध्यान रखना चाहिए। पहली तो यह कि ऐसी प्रत्येक क्रिया धर्मार्थ क्रिया नहीं होती। इसका अर्थ यह है कि यदि कोई व्यवसाय किसी अस्पताल अथवा मंदिर या किसी स्कूल अथवा कॉलेज को कुछ धनराशि दान में देता है तो यह उसका सामाजिक उत्तरदायित्व नहीं कहलाएगा, क्योंकि दान देने से सामाजिक उत्तरदायित्वों का निर्वाह नहीं होता। दूसरी बात यह है कि, इस तरह की क्रियाएँ कुछ लोगों के लिए अच्छी और कुछ लोगों के लिए बुरी नहीं होनी चाहिए। मान लीजिए एक व्यापारी तस्करी करके या अपने ग्राहकों को धोखा देकर बहुत सा धन अर्जित कर लेता है और गरीबों के मुफ्त इलाज के लिए अस्पताल चलाता है तो उसका यह कार्य सामाजिक रूप से न्यायोचित नहीं है। सामाजिक उत्तरदायित्व का अर्थ है कि एक व्यवसायी सामाजिक क्रियाओं को सम्पन्न करते समय ऐसा कुछ भी न करे, जो समाज के लिए हानिकारक हो।

इस प्रकार सामाजिक उत्तरदायित्व की अवधारणा व्यवसायी को जमाखोरी व कालाबाजारी, कर चोरी, मिलावट, ग्राहकों को धोखा देना जैसी अनुचित व्यापरिक क्रियाओं के बदले व्यवसायी को विवेकपूर्ण प्रबंधन के द्वारा लाभ अर्जित करने के लिए प्रोत्साहित करती है। यह कर्मचारियों को उचित कार्य तथा आवासीय सुविधाएँ प्रदान करके, ग्राहकों को उत्पाद विक्रय उपरांत उचित सेवाएँ प्रदान करके, पर्यावरण प्रदूषण को नियंत्रित करके तथा प्राकृतिक संसाधनों की सुरक्षा द्वारा संभव है।

व्यवसाय आरंभ करने का विचार और योजना बनाना

"सृष्टि के पूर्व ब्रह्म शब्दात्मक बनते है, फिर ओंकारात्मक या नादात्मक होते है। तत्पश्चात पहले कल्पों के विशेष शब्द जैसे-भूः, भुवः, स्वः अथवा गो, मानव, घट, पट इत्यादि का प्रकाश उसी ओंकार से होता है। सिद्ध संकल्प ब्रह्म में क्रमशः एक-एक शब्द के होते ही उसी क्षण उन सब पदार्थों का भी प्रकाश हो जाता है और इस विचित्र जगत् का विकास हो उठता है। अब समझे न कि कैसे शब्द ही सृष्टि का मूल है।"

-स्वामी विवेकानन्द (विवेकानन्द जी के संग में, पृष्ठ-62)

प्रत्येक व्यापार के जन्म होने का कारण एक विचार होता है। पहले विचार की उत्पत्ति होती है फिर उस पर आधारित व्यापार का विकास होता है। विचार पहले किसी एक व्यक्ति के अन्दर जन्म लेता है उसके उपरान्त भले ही वह कई व्यक्ति के समूह का बन जाये, अलग बात है। जब समूह का बन जाता है तब वह कम्पनी, कार्पोरेशन, एन.जी.ओ., ट्रस्ट और यदि अधिक शक्तिशाली हो तो राष्ट्र का व्यापार बन समाज के सामने आता है। इसके कुछ उदाहरण इस प्रकार हैं-

- व्यापारिक क्षेत्र में व्यापार के वस्तु का विचार सर्वप्रथम व्यक्ति के अन्दर आता है फिर वह बाहर प्रोप्राइटरशिप, पार्टनरशिप, प्राइवेट लिमिटेड कम्पनी, लिमिटेड कम्पनी इत्यादि के रूप में बाहर आता है और उस व्यापार के लक्ष्य की प्राप्ति के लिए वह सरकारी प्रक्रिया, कार्यालय, उत्पाद निर्माण, विज्ञापन, प्रचार-प्रसार, कर्मचारी वेतन, योजना, प्रलोभन इत्यादि पर धन खर्च करता है।
- राजनीतिक क्षेत्र में एक ग्राम प्रधान/सभासद, क्षेत्र पंचायत सदस्य, क्षेत्र प्रमुख, जिला पंचायत सदस्य, जिला पंचायत अध्यक्ष, विधायक, सांसद, मंत्री इत्यादि बनने का विचार सर्वप्रथम उस व्यक्ति के मन में आता है। फिर वह बाहर व्यक्त होता है और उस लक्ष्य की प्राप्ति के लिए वह धन, सम्बन्ध, जन आधार इत्यादि का प्रयोग करता है।
- धार्मिक क्षेत्र में भी आजकल स्वयं के विचार के अनुसार स्वयं को लक्ष्य के अनुसार स्थापित करने के लिए व्यक्ति सरकारी प्रक्रिया, कार्यालय, उत्पाद निर्माण, विज्ञापन, प्रचार-प्रसार, कर्मचारी वेतन, योजना, प्रलोभन इत्यादि पर धन खर्च करता है।

व्यवसाय योजना बनाना

व्यवसाय योजना व्यवसाय लक्ष्यों, उन्हें प्राप्त करने की तर्कसंगतता तथा उन्हें प्राप्त करने हेतु योजना की औपचारिक विवरणी होती है।

1. व्यवसाय योजना की विषयवस्तु

इसे पढ़ने से पहले यह समझ लें कि इसमें दी हुयी विषयवस्तु केवल आपके मार्गदर्शन के उद्देश्य से दी गयी है। आपका व्यवसाय विशिष्ट है तथा उसमें यह तथ्य परिलक्षित होना चाहिये। इसमें दी गयी विषयवस्तु किसी एक प्रकार के व्यवसाय से संबंधित नहीं है। यहां दी गयी सामग्री यह मार्गदर्शन देने के लिये दी गयी है कि व्यवसाय योजना में कि पक्षों का उल्लेख होना चाहिये।

2. एक्जिक्यूटिव सारांश

व्यवसाय योजना में एक्जिक्यूटिव सारांश अवश्य होना चाहिये। इसमें व्यवसाय की मुख्य बातों का सारांश दिया जाता है। यदि आप बैंक से ऋण प्राप्त करना चाहते हैं, अथवा वेंचर कैपिटल फर्म से निवेश करवाना चाहते हैं तो निम्न बातों को शामिल करेः-कंपनी की सूचनाः नाम, प्रस्तावित विधिक रूप, अल्पसंख्यक एवं बहुसंख्यक निवेशक। आपकी सूचना के लिये हमने व्यावसायिक संस्थाओं के रूप पर एक अलग सेक्शन रखा है। विधि संबंधी परिस्थितियों की बेहतर समझ उपलब्ध कराने हेतु हमने मूलभूत विधिक बाते पर भी एक सेक्शन रखा है।

3. परियोजना का संक्षिप्त परिचय

ऋण की राशि तथा अवधि (यदि आप बैंक से संपर्क कर रहे हैं), वांछित निवेश की राशि (यदि वेंचर कैपिटल फर्म से संपर्क कर रहे हैं), कंपनी, बैंक का पैसा लौटाने में सक्षम है यह दर्शाने हेतु ये विवरण प्रदान करें-विगत वित्तीय कार्य निष्पादन, प्राप्तियों के भावी स्रोत, भावी प्राप्तियों के स्रोत पर विश्वास हो सके इसके लिये यदि कोई अनुबंध किये हों, समाप्य मूल्य (वेंचर कैपिटल फर्म हेतु), विपणन के उपलब्ध अवसर तथा कंपनी द्वारा इनके दोहन हेतु रणनीति, पृष्ठभूमि, कुछ सूचना एक्जिक्यूटिव सारांश में दी जाये तथा विवरण इस भाग में दिये जा सकते हैं।

4. कंपनी की वर्तमान स्थिति

कुछ सूचनायें जो आप शामिल कर सकते हैं-कर्मचारियों की संख्या तथा बिक्री के वार्षिक आंकड़े, मुख्य उत्पाद, विकास की वर्तमान स्थिति (नयी परियोजनाओं के मामले में), कार्पोरेट ढांचा-व्यक्तिगत प्रोप्राइटरी, पार्टनरशिप, लिमिटेड लायबिलिटी पार्टनरशिप, प्राइवेट लिमिटेड, पब्लिक लिमिटेड, कंपनी का इतिहास-स्थापना की तारीख, बड़ी सफलतायें, तथा रणनीति की दृष्टि से महत्वपूर्ण अनुभव

5. प्रबंधन टीम का परिचय

कंपनी के मालिकों, निदेशकों, प्रवर्तकों (वेंचर कैपिटल फंडिंग के मामले में) भागीदारों, तथ अन्य मुख्य पदाधिकारियों के विषय में जानकारी दें।

6. विपणन योजना

आमतौर पर एक विपणन योजना के पाँच उद्देश्य होते हैं। (अधिक जानकारी हेतु हमारे विपणन भाग को देखें।)

- **उत्पाद-**यहां पर आप अपने उत्पाद तथा अन्य वैकल्पिक उत्पादों के बीच के अंतर को बता सकते हैं। आपका उत्पाद क्यों बेहतर है, तथा ग्राहक आपके नये उत्पाद को कैसे स्वीकार करेगा (कोई अतिरिक्त लागत लगेगी), आदि प्रश्नों के उत्तर यहाँ दिये जाने चाहिये।
- **मूल्य निर्धारण-**आप अपने नये उत्पाद के मूल्य का निर्धारण कैसे करें तथा मूल्य निर्धारण नीति का यहां उल्लेख होना चाहिये।
- **वितरण पोजिशनिंग-**अपने उत्पाद के वितरण की योजना क्या है? क्या आप वितरकों के साथ भागीदारी करेंगे? यदि इस संबन्ध में कोई बातचीत चल रही हो तो उसे भी शामिल करें। अधिक जानकारी हेतु हमारा वितरण चैनल भाग शामिल करें।
- **मांग प्रबंधन-**इसका तात्पर्य आवश्यकता के आधार पर माल तथा सेवाओं के प्रबंधन तथा वितरण एवं पहुंच बनाने से है।
- **संवर्द्धन तथा ब्रांड विकास-**अपना ब्रांड नाम बनाने तथा अपने उत्पाद को बढ़ावा देने के लिये किये गये उपायों अथवा इससे संबंधित योजना का उल्लेख करे। अपने उत्पाद को बढ़ावा देने हेतु सुझावों के लिये हमारे विपणन संप्रेषण भाग को देखें।

7. प्रयोक्ता अनुभव

पारंपरिक विपणन प्रयासों के साथ साथ आजकल अनेक कंपनियां प्रयोक्ता अनुभवों पर बल दे रही हैं। तथ्य जैसे क्रय प्रक्रिया, खुदरा वातावरण, उत्पाद की विशिष्टता, आदि कुछ महत्वपूर्ण विचार बिंदु हैं।

8. परिचालनगत योजना

इस भाग में आप इस बात का उल्लेख करें कि आप अपने ग्राहकों को प्रभावी तथा दक्षता पूर्वक सेवा कैसे दे पायेंगे। इसमें आप निम्न को शामिल कर सकते हैं।

- **निर्माण योजना-**अपनी आपूर्ति श्रृंखला, उत्पादन हेतु वांछित इनपुट्स, सुविधायें, उपकरणों की आवश्यकतायें, तथा भंडारण आवश्यकतायें आदि का उल्लेख करें।
- **सूचना एवं संचार प्रौद्योगिकी योजना-**आप किस तरह के प्रोद्योगिकी तथा संचार माध्यम शामिल करना चाहते हैं? साफ्टवेयर संबंधी आवश्यकताओं का उल्लेख करें (सीधे खरीदी जाने वाली है या आवश्यकतानुसार विकसित)। यदि आपकी योजना अपनी वेबसाइट विकसित करने की है तो उसका उल्लेख करें।
- **टीम बिल्डिंग-**स्टाफ की मुख्य भूमिकायें, मुआवजा, भूमिकाओं की सूची तथा प्रबंधन ढांचा आदि का विवरण दें। इसी तरह, प्रशिक्षण संबंधी आवश्यकताओं तथा कार्यविधियों की भी चर्चा यहां करें।
- **इंटेलेक्चुअल प्रापर्टी योजना-**आपकी इंटेलेक्चुल प्रापर्टी आपकी कंपनी के लिये अत्यंत महत्वपूर्ण आस्ति है। आप अपने आईपीआर (ट्रेडमार्क, पेटेंट्स, कापीराइट्स आदि) को कैसे सुरक्षित रखेंगे इसका उल्लेख करें। यदि आपकी कंपनी की परिवर्ती लागत अधिक है तो आप लागत आवंटन माडल भी शामिल कर सकते हैं।

9. वित्तीय योजना

किसी व्यवसाय के वित्तीय मामलों से संबंधित उठाये गये कदमों की श्रृंखला अथवा प्राप्त लक्ष्यों की श्रृंखला को वित्तीय योजना कहते हैं। इसमे आप इसे शामिल कर सकते हैं-चालू वित्तपोषण-मुख्य निवेशक तथा मालिकान, वर्तमान ऋण एवं देयताये, बैंक अथवा वेंचर कैपिटल फर्म से संपर्क करने से पूर्व प्राप्त किया गया कोई वित्तपोषण, निधिपोषण योजना, वित्तीय भविष्यवाणी, तुलनपत्र, आय विवरणी, नकद प्रवाह विवरणी, सभी का यहां उल्लेख होना चाहिये। कभी-कभी आप भविष्य की आय के अनुमानों का भी उल्लेख कर सकते हैं (यदि आप बैंक से सावधि ऋण लेना चाह रहे हों अथवा वेंचर कैपिटल फर्म के साथ संपर्क कर रहे हों)

10. जोखिम विश्लेषण

अ. जोखिम मूल्यांकन

- **विपणन जोखिम**-नये प्रतिस्पर्धियों का खतरा, उत्पाद की अनुमान से धीमी खपत आदि विपणन संबंधी जोखिम में शामिल होते हैं।
- **परिचालनगत जोखिम-**दैनंदिन परिचालन के दौरान आने वाले जोखिम
- **स्टार्फिंग जोखिम-**कार्यबल(कर्मचारियों) से संबंधित किसी भी जोखिम की पहचान करके यहां उल्लेख किया जाना चाहिये।
- **वित्तीय जोखिम-**देयतायें, नकद प्रवाह, कार्यशील पूंजी, आदि कुछ जोखिम हैं जिनका कंपनियों को सामना करना पड़ता है। इनकी पहचान करके इनका उल्लेख करें।
- **प्रबंधकीय जोखिम**
- **नियामक जोखिम-**सरकारी नीतियों तथा नियमों में कभी भी परिवर्तन हो सकता है तथा इनका विपरीत प्रवाह आपके व्यवसाय पर भी पड़ सकता है।

ब. जोखिम प्रबंधन योजना-अब जबकि आपने अपनी संस्था के समक्ष सभी जोखिमों का आकलन कर लिया है इस भाग में आप इनसे निपटने की योजना के विषय में उल्लेख करना होगा। उदाहरणतः देयताओं को सीमित करने की कार्यविधि एवं प्रक्रिया, आरक्षित निधियां, निर्बाध परिचालन योजना।

एक विस्तृत परियोजना रिपोर्ट तैयार करने के लिए दिशानिर्देश

अपनी व्यवसाय संबंधी किसी विचार के क्रियान्वयन के लिए वित्तीय सहायता का अनुरोध करते समय, आपकी कंपनी को एक परियोजना रिपोर्ट तैयार करनी होती है, जिसमें नीचे दिए गए विवरण के अनुसार परियोजना के कतिपय महत्त्वपूर्ण पहलू शामिल किए जाने होते हैं-

1. प्रवर्तक की पृष्ठभूमि/अनुभव
2. निर्मित की जाने वाली क्षमता सहित उत्पाद और शामिल प्रक्रियाओं का विवरण
3. परियोजना का स्थान
4. परियोजना लागत और उनके वित्तीयन के स्रोत
5. उपयोगी सुविधाओं की उपलब्धता
6. तकनीकी व्यवस्थाएँ
7. बाजार संबंधी संभावनाएँ और बिक्री की व्यवस्थाएँ
8. पर्यावरणीय पहलू
9. लाभप्रदता संबंधी प्रानुमान और वित्तीय सहायता की चुकौती की समग्र अवधि के लिए नकदी प्रवाह

चूँकि परियोजना के मूल्यांकन में निम्नलिखित क्षेत्रों में परियोजना का मूल्यांकन किया जाना होता है, अतः आपकी कंपनी को इस मामले में कुछ दस्तावेज सूचनाएँ प्रस्तुत करनी होंगी।

प्रबंधकीय मूल्यांकन

1. **संस्था के बहिर्नियम एवं अंतर्नियम**-उद्देश्य, प्राधिकृत एवं चुकता शेयर पूँजी, प्रवर्तक का अंशदान, उधार लेने की शक्ति, निदेशक मंडल में शामिल निदेशकों की सूची, निदेशकों की नियुक्ति की शर्तें।
2. **प्रवर्तक के रूप में आपकी कंपनी**-कंपनी की कॉर्पोरेट योजना, प्रवर्तित/क्रियान्वित/क्रियान्वयन के अधीन परियोजनाएँ, पिछली ऋण सहायता से संबंधित संव्यवहारों और चुकौती के बारे में बैंकर की रिपोर्ट, समूह की अन्य कंपनियों का विवरण, प्रवर्तक कंपनी का परिचालन, तुलनपत्र एवं लाभ-हानि लेखा।
3. **नए प्रवर्तक**-शैक्षिक पृष्ठभूमि, किसी तरह का औद्योगिक अनुभव, परिवार की पृष्ठभूमि, आय के स्रोत, व्यक्तिगत संपत्तियों का विवरण, बैंकर का संदर्भ, आयकर धनकर विवरणियाँ।
4. **प्रबंधकीय एवं संगठनात्मक संरचना/व्यवस्था**-निदेशक मंडल का संघटन, पूर्णकालिक निदेशकों का विवरण और उनकी जिम्मेदारियाँ, अर्हताओं व अनुभव सहित मुख्य कार्यपालक एवं कार्यकारी कार्यपालकों का विवरण, मौजूदा कंपनी और परियोजना के क्रियान्वयन के दौरान नई कंपनी के लिए संगठनात्मक ढाँचा।

तकनीकी व्यवहार्यता

1. **प्रौद्योगिकी एवं विनिर्माण प्रक्रिया**-सिद्ध नई प्रौद्योगिकी, प्रौद्योगिकी के चयन का आधार, प्रतिस्पर्धी प्रौद्योगिकियाँ, प्रौद्योगिकी पर आधारित संयंत्रों के कार्यनिष्पादन संबंधी आँकड़े विवरण, प्रौद्योगिकी के लाइसेन्स प्रदाता का विवरण, प्रक्रिया प्रवाह का चार्ट और वर्णन।
2. **परियोजना का स्थान**-स्थान संबंधी लाभ, कच्चे माल एवं अन्य उपयोगी सुविधाओं की उपलब्धता, मूलभूत संरचना संबंधी सुविधाएँ, श्रमिकों की उपलब्धता, पर्यावरणीय पहलू।
3. **संयंत्र एवं मशीनें**-मशीनों एवं उपकरणों की सूची, आपूर्तिकर्ताओं का विवरण, प्रतिस्पर्द्धी दर-सूचियाँ (कोटेशन), प्रमुख उपकरणों का तकनीकी एवं वाणिज्यिक मूल्यांकन।
4. **कच्चा माल, उपयोगी सुविधाएँ और श्रम-शक्ति**-कच्चे माल और उनके आपूर्तिकर्ताओं का विवरण, बिजली और जल आपूर्ति, श्रम-शक्ति संबंधी अनुमान का आधार, श्रम-शक्ति का विवरण, जैसे-प्रबंधकीय, पर्यवेक्षण संबंधी कर्मचारी, कुशल/अकुशल श्रमिक, प्रशिक्षण संबंधी आवश्यकताएँ, आदि।

5. **संविदाएँ**-ठेकेदारों की तकनीकी जानकारी, इंजीनियरिंग, अधिप्राप्ति खरीदारी, निर्माण, वित्तीय सुदृढ़ता और अनुभव के विस्तृत विवरण सहित उनके साथ किए जाने वाले करार।
6. **परियोजना की निगरानी एवं क्रियान्वयन**-क्रियान्वयन की विधि, निगरानी दल का विवरण, क्रियान्वयन की विस्तृत समय-सारणी/कार्यक्रम।
7. **पर्यावरणीय पहलू**-वायु, जल एवं भूमि प्रदूषण, प्रदूषणकारी/खतरनाक तत्त्वों की सूची, उनकी सुरक्षा, सँभलाई/रखरखाव और निपटान संबंधी व्यवस्थाएँ, राष्ट्रीय एवं अंतरराष्ट्रीय मानकों का अनुपालन, अपेक्षित एवं प्राप्त की गईं अनुमतियाँ एवं अनापत्ति प्रमाण पत्र, आदि।

वाणिज्यिक व्यवहार्यता

1. मात्रा एवं स्वरूप के संदर्भ में, प्रस्तावित उत्पाद की मौजूदा और भावी बाजार माँग एवं आपूर्ति।
2. विपणन रणनीति के माध्यम से, कुल बाजार में कंपनी के प्रस्तावित उत्पाद का हिस्सा।
3. उत्पाद का बिक्री मूल्य एवं निर्यात संभावनाएँ, यदि कोई हों।
4. वापसी-खरीद संबंधी व्यवस्था, यदि कोई हो।

वित्तीय मूल्यांकन

1. **परियोजना लागत**-इसमें भूमि और परियोजना स्थल के विकास, भवन, संयंत्र एवं मशीनों की लागत, तकनीकी जानकारी एवं इंजीनियरिंग शुल्क, विविध स्थिर आस्तियाँ, प्राथमिक एवं परिचालन-पूर्व व्यय, आकस्मिक व्यय एवं कार्यशील पूँजी के लिए मार्जिन राशि शामिल होती है। आपकी कंपनी से अपेक्षित होता है कि वह यथार्थपरक अनुमान प्रस्तुत करे। परियोजना की लागत की उपयुक्तता की जाँच विभिन्न कारकों, जैसे-क्रियान्वयन अवधि, मुद्रास्फीति, विभिन्न करारों, दर-सूचियों, आदि के संदर्भ में की जाएगी।
2. **वित्तीयन के स्रोत**-वित्तीयन के स्रोतों में शेयर पूँजी और ऋण का उचित मिश्रण होना चाहिए। इसमें शेयर पूँजी, प्रवर्तकों एवं सहायक संस्थाओं से अप्रतिभूत ऋण, आंतरिक उपचय, सावधि ऋण, सरकारी सब्सिडी/अनुदान शामिल हैं। यदि ईक्विटी और ब्याज-मुक्त अप्रतिभूत ऋण के रूप में प्रवर्तकों का अंशदान शामिल होता है, तो उसकी उपयुक्तता का निर्धारण परियोजना के प्रति प्रतिबद्धता को ध्यान में रखकर किया जाता है।
3. **लाभप्रदता संबंधी प्रानुमान**-आपकी कंपनी के पिछले वित्तीय कार्यनिष्पादन की जाँच की जाएगी। आपकी कंपनी को परियोजना के लिए और समग्र रूप में कंपनी के लिए लाभप्रदता अनुमान, नकदी प्रवाह और प्रानुमानित तुलनपत्र प्रस्तुत करना आवश्यक है। प्रानुमानों के आधार पर, विभिन्न वित्तीय अनुपात, जैसे-ऋण-ईक्विटी अनुपात, चालू अनुपात, स्थिर आस्ति सुरक्षा अनुपात, सकल लाभ, परिचालनगत लाभ, निवल लाभ अनुपात, आंतरिक प्रतिफल दर (परियोजना के आर्थिक जीवन के दौरान), ऋण चुकौती सुरक्षा अनुपात, प्रति शेयर अर्जन, देय लाभांश, आदि निकाले जाएँगे, ताकि आपकी परियोजना की वित्तीय सुदृढ़ता निश्चित की जा सके।

आर्थिक व्यवहार्यता

1. परियोजना के आर्थिक मूल्यांकन के लिए आपकी कंपनी को, वित्तीय विश्लेषण में हिसाब में लिए गए मूल्य के विपरीत निविष्टियों का वास्तविक मूल्य लेना होगा।
2. आपकी कंपनी को परियोजना के फलस्वरूप समाज और अर्थव्यवस्था पर आने वाली लागत और उन्हें होने वाले लाभों के रूप में सामाजिक लागत-लाभ विश्लेषण करना चाहिए।
3. इस प्रकार, आर्थिक विश्लेषण का लक्ष्य परियोजना की अंतर्निहित शक्तियों पर केंद्रित होता है और इससे यह निश्चित किया जाता है कि कंपनी अंतरराष्ट्रीय प्रतिस्पर्धा का सामना करने में स्वयं समर्थ है या नहीं।

परियोजना का अनुवर्तन

संवितरण-पूर्व अवस्था-वित्तीय सहायता की मंजूरी का आशयपत्र कतिपय शर्तों के साथ जारी किया जाता है। जब आपकी कंपनी निदेशक मंडल के संकल्प के माध्यम से बिना किसी शर्त के आशयपत्र स्वीकार करती है, तो यथास्थिति लागू सहायता की शर्तों के अनुसार निम्नलिखित दस्तावेज निष्पादित किए जाने की जरूरत होती है।

1. ऋणदाता और उधारकर्ता के बीच संविदागत संबंध को सुनिश्चित रूप देने के लिए उनके बीच ऋण करार का निष्पादन
2. दृष्टिबंधक विलेख
3. शेयरधारिता न बेचने का वचनपत्र
4. अधिवृद्धि/कमी के लिए वचनपत्र
5. गारंटी विलेख
6. शेयर दस्तावेजों की गिरवी
7. अंतरिम प्रतिभूति के सृजन के लिए संबंधित कंपनी रजिस्ट्रार के पास दृष्टिबंधक विलेख के संबंध में फार्म 8 व 13 का पंजीकरण
8. अंतिम रूप से प्रतिभूति का सृजन

आपकी कंपनी को निम्नलिखित दस्तावेज प्रस्तुत करने होंगे-

1. स्वत्व विलेख
2. समरूप/प्राथमिक प्रभार छोड़ने के लिए मौजूदा प्रतिभूत लेनदारों से अनापत्ति प्रमाण पत्र

संस्था के बहिर्नियम और संस्था के अंतर्नियम पर हस्ताक्षर

कंपनी के पंजीकरण के लिए संस्था के बहिर्नियम और संस्था के अंतर्नियम की स्टाम्पित और हस्ताक्षरित प्रतियाँ जमा करने की जरूरत पड़ेगी।

1. संस्था के बहिर्नियम और संस्था के अंतर्नियम के समर्थन के लिए कम से कम दो समर्थनकर्ताओं की जरूरत होती है। हर समर्थनकर्ता के बारे में निम्नलिखित जानकारी होनी चाहिए-
   क. पिता का नाम
   ख. पिता का व्यवसाय
   ग. स्थायी पता
   घ. अभ्यर्थी द्वारा अभिदत्त शेयरों की संख्या
2. हस्ताक्षर प्रक्रिया में कम से कम एक प्रोफेशनल (वकील, सीए या अधिवक्ता) को बतौर गवाह होना चाहिए।
3. सुनिश्चित करें कि संस्था के बहिर्नियम और संस्था के अंतर्नियम स्टाम्पिंग की तारीख के बाद निष्पादित और हस्ताक्षरित हों।
4. यदि आवश्यक हो, तो पट्टाधारित भूमि के बंधक के लिए पट्टादाता की अनुमति
5. यदि आवश्यक हों, तो बंधक सृजित करने के लिए सांविधिक अनुमतियाँ
6. मंजूर सहायता का संवितरण

आपकी कंपनी को परियोजना की प्रगति और आवश्यक निधियों की जानकारी देते हुए, ऋण के आहरण के लिए आवेदन करना होगा। चूँकि अंतिम रूप से प्रतिभूति सृजन होने में समय लगता है, अतः विधिक दस्तावेजों के निष्पादन के बाद बैंक/संस्थाएँ संवितरण संबंधी अनुरोधों पर विचार कर लेती हैं, ताकि परियोजना के क्रियान्वयन में देरी न हो। आपकी कंपनी को निर्धारित प्रवर्तक अंशदान लाना होगा और संबंधित निधियों के उपयोग के साथ-साथ उसके संबंध में सनदी लेखाकार का प्रमाण पत्र प्रस्तुत करना होगा। प्रमाण पत्र के आधार पर, बैंक/संस्थाएँ सामान्यतः समानुपातिक संवितरण पर विचार करती हैं। बैंक/संस्थाएँ संवितरण से पहले

परियोजना में न्यूनतम प्रवर्तक अंशदान लगाए जाने पर जोर दे सकती हैं। सहायता के संवितरण से पहले बैंक अधिकारी प्रगति की जाँच के लिए कार्यस्थल का दौरा करते हैं और बैंक खाते की जाँच-पड़ताल करते हैं। प्रत्येक संवितरण के समय बैंक प्रतिभूति सृजन की प्रगति की समीक्षा करता है।

संवितरण-पश्चात् अवस्था-क्रियान्वयन अवधि और परिचालन-पश्चात् अवधि के दौरान ऋणदाता बैंक/संस्था परियोजना की निगरानी करते हैं। ऋणदाता इनके लिए जोर दे सकता है-आवधिक प्रगति रिपोर्टें, बैंक/संस्था के अधिकारी द्वारा कार्यस्थल का दौरा

प्रगति का निश्चय करने के लिए कंपनी के मुख्य कार्यपालक/वरिष्ठ कार्यपालकों के साथ आवधिक वार्ता/चर्चा, आपकी कंपनी की वार्षिक रिपोर्ट, आपकी कंपनी के निदेशक मंडल में बैंक/संस्था के नामिती की नियुक्ति, आपके नाम और बैंक/संस्था के साथ संयुक्त रूप से आपकी कंपनी की आस्तियों का बीमा, परियोजना का अनुवर्तन मूलतः इस उद्देश्य के साथ किया जाता है कि अभिप्रेत प्रयोजन के लिए मंजूर सहायता का अंतिम उपयोग सुनिश्चित किया जा सके और मंजूरी की शर्तों के अनुसार समय से सहायता की चुकौती हो सके।

अपने व्यवसाय का प्रबंधन

व्यवसाय के प्रबंधन की प्रक्रिया में कई कड़ियाँ आपस में गुँथी रहती हैं जिनके जरिए संगठन के उद्देश्यों और लक्ष्यों को प्राप्त किया जाता है। इन बुनियादी तत्वों अथवा कार्यों में शामिल हैं-फर्म द्वारा तैयार किए गए उत्पाद को आगे बढ़ाना और उसका विपणन करना, उपयुक्त वितरण माध्यमों से भावी उपभोक्ता को उत्पाद उपलब्ध कराना, फर्म के लेखा-बही और वित्त का प्रबंधन करना, बौद्धिक संपदा की रक्षा करना आदि।

व्यापार रणनीति

रणनीति, सरलतम रूप में, एक विशेष लक्ष्य को प्राप्त करने के लिए बनाई गई कार्रवाई की एक योजना है। आमतौर पर रणनीति के बारे में सोचा जाता है कि वह एक प्रबंधन उपकरण के रूप में बड़े संगठनों के लिए ही उपयुक्त है। एमएसएमई के लिए इसकी जरूरत महसूस नहीं की जाती। यह समझना महत्वपूर्ण है कि रणनीति सभी आकार के संगठनों के लिए उतनी ही जरूरी है। एक अच्छी तरह से तैयार की गई रणनीतिक योजना किसी भी फर्म के कर्मचारियों को उसके प्रयोजनों और उद्देश्यों की एक स्पष्ट दृष्टि और दिशा प्रदान करती है। यह फर्म को निकट भविष्य में संसाधनों के लिए योजना बनाने में भी सक्षम बनाती है। एक अच्छी व्यापार रणनीति इन बुनियादी बातों के उचित उपयोग द्वारा बनती है-डिजाइन और कार्यान्वयन, स्थापित होना (पोजीशनिंग), वर्गीकरण, मानव संसाधन, मुआवजा तथा पे रोल, कर्मचारियों को संलग्न रखना, सूचना का आदान-प्रदान, संगठनात्मक आयोजना, कार्य निष्पादन मूल्यांकन, भर्ती तथा कार्यबल - प्रशिक्षण एवं कौशल विकास।

विपणन

अति लघु, लघु एवं मध्यम उद्योगों (एमएसएमई) के सामने बढ़ते हुये बाजार के बारे में पर्याप्त जानकारी का हमेशा अभाव रहता है। अपने छोटे आकार के कारण वे अपनी क्षमताओं के अनुसार बाजार का पूरा दोहन नहीं कर पाते। तथापि, वर्तमान स्पर्धात्मक वातावरण में व्यवसाय को लाभप्रद बनाये रखने के लिये घरेलू तथा अंतर्राष्ट्रीय बाजार में विस्तार अनिवार्य हो गया है। नीचे दी गयी जानकारी एमएसएमई को अपने बाजार का विस्तार करने हेतु सहायक हो सकती है।

बढ़ते बाजारों हेतु बाजार अध्ययन करना

बाजार अध्ययन नयी विपणन संभावनाओं का पता लगाने तथा संभावित बाजार में अपने उत्पादों/सेवाओं की मांग की जानकारी प्राप्त करने में सहायक सिद्ध हो सकता है। इसके द्वारा उन्हें नये बाजारों में

मिलने वाली प्रतिस्पर्द्धा का आकलन करने में भी सहायता मिल सकती है। विपणन में विस्तार के अतिरिक्त बाजार अध्ययन का उपयोग एमएसएमई द्वारा अपने नियमित परिचालनों जैसे ग्राहक प्रतिसूचना, उत्पाद पोर्टफोलियो, इत्यादि हेतु भी किया जा सकता है।, बढ़ते बाजारों हेतु विपणन की संकल्पनाओं को समझना, व्यवसाय को सुचारु रूप से चलाने तथा अपने बाजार को विस्तारित करने के लिये यह अनिवार्य है कि मूलभूत विपणन तकनीकों एवं संकल्पनाओं जैसे बाजार के साथ संप्रेषण के तरीके क्या है, उत्पादों के वितरण-आपूर्ति की योजना कैसे बनानी है, अपने उत्पाद हेतु आपूर्ति आदेश कैसे प्राप्त करने हैं तथा अपने उत्पादों की कीमत कैसे निर्धारित करनी है, आदि को समझा जाये-बाजार संप्रेषण, वितरण, आदेश/क्वेरी प्राप्त करना, मूल्य निर्धारण तथा कोटेशन देना

विदेशी बाजारों का दोहन कैसे करें?

एमएसएमई को अपने उत्पादों के लिये विद्देशी बाजारों का दोहन करने में प्रायः कठिनाई होती है क्योंकि या तो उनके पास संभावित बाजारों की जानकारी का अभाव रहता है, अथवा विदेशी बाजारों में निर्यात से संबंधित विभिन्न विनियमों, दिशानिर्देशों, तथा प्रक्रियाओं का पर्याप्त ज्ञान नहीं होता।

सरकार द्वारा उपलब्ध कराया जाने वाला विपणन सहयोग

एमएसएमई क्षेत्र के उत्पादों को बाजार में बेहतर स्पर्धात्मक स्थिति उपलब्ध कराने के उद्देश्य से एमएसएमई मंत्रालय विभिन्न योजनाओं का क्रियान्वयन कर रहा है।

एमएसएमई मंत्रालय द्वारा कार्यान्वित एमएसएमई योजनायें

1. अति लघु एवं लघु उद्यमों हेतु सरकारी खरीद तथा अधिमान्य मूल्य नीति (केवल एमएसई क्षेत्र से ही खरीदी जाने वाली 358 वस्तुओं की सूची हेतु)
2. एमएसएमई निर्यातकों हेतु विपणन विकास सहायता (एसएसआई एमडीए)
3. अंतर्राष्ट्रीय प्रदर्शनियों/मेलों में सहभागिता
4. बार कोडिंग हेतु वित्तीय सहायता
5. अनुषंगीकरण हेतु वेन्डर विकास कार्यक्रम

एमएसएमई मंत्रालय राष्ट्रीय लघु उद्योग निगम (एनएसआईसी) के माध्यम से विपणन सहायता योजना के अंतर्गत अति लघु एवं लघु उद्यमों को विपणन सहयोग उपलब्ध करा रहा है। एनएसआईसी द्वारा विदेशों में अंतर्राष्ट्रीय प्रौद्योगिकी प्रदर्शनियों का आयोजन तथा अंतर्राष्ट्रीय प्रदर्शनियों/व्यापार मेलों में सहभागिता। घरेलू प्रदर्शनियों का आयोजन तथा प्रत्येक वर्ष आयोजित किये जाने वाली टेक्मार्ट प्रदर्शनी सहित भारत में आयोजित प्रदर्शनियों/व्यापार मेलों में सहभागिता, थोक खरीदारों/सरकारी विभागों तथा एमएसएमई को एक स्थान पर एकत्र करने के उददेश्य से अन्य संगठनों/उद्योग संघों/एजेंसियों द्वारा आयोजित क्रेता विक्रेता सम्मेलनों तथा प्रदर्शनियों में सह प्रायोजन हेतु सहयोग, विपणन विकास हेतु सघन अभियान तथा अन्य आयोजन।

भौतिक आस्तियाँ

पूँजीगत माल प्रबन्धन सभी आस्तियों का प्रबन्धन आवश्यक होता है। ये आस्तियाँ आय प्राप्त करने की साधन होती हैं, कई मामलों में ये निवेश पर प्राप्तियों के रूप में प्राप्त होती है। यह सभी पर लागू होता है, चाहे आस्तियों (चालू आस्तियाँ) की प्रकृति अल्पावधि की हो या आस्तियाँ (अचल आस्तियाँ) दीर्घावधि प्रकृति की हों। भौतिक आस्तियों और पूँजीगत आस्तियों के प्रबन्धन के लिए आवश्यक हैः संयंत्र और मशीनरी, सुरक्षा और बीमा का प्रबन्धन।, उत्पादन, मालसूची प्रबंधन, माल संचालन, अधिप्राप्ति एवं खरीद, उत्पादकता में सुधार, उत्पादन योजना

व्यवसाय संगठनों के स्वरूप

व्यावसायिक संगठनों के अनेक स्वरूप हैं, जिन पर आप अपनी कंपनी के लिए विचार कर सकते हैं। इन विभिन्न स्वरूपों की जानकारी देने से पहले हम नीचे कुछ कारकों का उल्लेख कर रहे हैं, जिन पर आपको व्यावसायिक संगठन का स्वरूप चुनते समय विचार करना चाहिए।

- **व्यवसाय की प्रकृति-**आपके व्यवसाय का संगठन आपके व्यवसाय की प्रकृति पर निर्भर होगा।
- **परिचालनों की मात्रा-**व्यवसाय की मात्रा तथा बाजार क्षेत्र का आकार प्रमुख पहलू हैं। बड़े बाजार परिचालनों के लिए सार्वजनिक या निजी कंपनियाँ बेहतर रहती हैं। छोटे परिचालनों के लिए साझेदारी या प्रोप्राइटरशिप का गठन किया जाता है।
- **नियंत्रण की मात्रा-**यदि आप सीधा नियंत्रण रखना चाहें, तो प्रोप्राइटरशिप अच्छा विकल्प है। व्यवसाय के लिए कंपनी बनाने से स्वामित्व और प्रबंधन का पृथक्करण हो जाता है।
- **पूँजी की राशि-**जब संसाधनों की जरूरत बढ़ती है तो स्वरूप में परिवर्तन करना पड़ता है, जैसे साझेदारी फर्म को कंपनी बनाना पड़ता है।
- **जोखिमों और देयताओं की मात्रा-**यह देखना होगा कि मालिक किस सीमा तक जोखिम उठाने को तैयार हैं। पूर्ण स्वामित्व वाली कंपनी में ऊँचा जोखिम रहता है, जबकि सार्वजनिक या निजी कंपनी में मालिकों के लिए जोखिम कम होता है, क्योंकि विधिक संस्था और उसके मालिक अलग-अलग होते हैं।
- **तुलनात्मक कर देयता-**आपकी कंपनी की कर देयता आपके चुने हुए संगठन के स्वरूप के अनुसार होंगी।

व्यावसायिक संगठनों के विभिन्न रूपों की चर्चा आगे के खंडों में की गई है।

1. पूर्ण स्वामित्व प्रतिष्ठान
2. साझेदारी प्रतिष्ठान
3. सीमित देयता साझेदारी (एलएलपी)
4. निजी (प्राइवेट) लिमिटेड कंपनी
5. सार्वजनिक (पब्लिक) लिमिटेड कंपनी

अ. पूर्ण स्वामित्व प्रतिष्ठान

यह कारोबार का सबसे पुराना तथा सबसे सामान्य स्वरूप है। इस स्वरूप की प्रमुख विशेषताएँ इस प्रकार हैं-गठन में आसानी (कोई विस्तृत विधिक औपचारिकताएं नहीं), पूँजी स्वयं मालिक द्वारा प्रदान की जाती है, पूर्ण नियंत्रण, स्वामित्व का कोई पृथक्करण नहीं, असीमित देयता, निरंतरता का अभाव-यदि मालिक मर जाए तो कारोबार समाप्त, पूंजी जुटाने में कठिनाई, लाभ, हानि, गठन में आसानी, सीमित पूंजी, मालिक को अच्छा कार्य करने के लिए प्रोत्साहन, सीमित प्रबंधकीय क्षमता, शीघ्र निर्णय तथा लोचशीलता, सीमित जीवन, व्यवसाय की गोपनीयता, असीमित देयता। निम्नलिखित के लिए उपयुक्त-

1. मध्यम जोखिम वाले व्यवसायों के लिए
2. छोटे वित्तीय संसाधन तथा छोटी पूँजी आवश्यकताएं

ब. साझेदारी प्रतिष्ठान

जब दो या दो से अधिक व्यक्ति किसी ऐसे व्यवसाय के लाभ का साझा करने के लिए सहमत होते हैं, जो उन सभी के द्वारा अथवा उन सभी की ओर से उनमें से किसी एक के द्वारा चलाया जाए, तो उन व्यक्तियों के बीच के संबंध को साझेदारी कहा जाता है। इस स्वरूप की मुख्य विशेषताएँ हैं-गठन में आसानी (कोई विस्तृत कानूनी गतिविधियाँ नहीं), न्यूनतम साझेदार-2, अधिकतम साझेदार-10 (बैंकिंग में), 20 (अन्य सभी व्यवसायों में), विधिक अस्तित्व का कोई पृथक्करण नहीं, प्रत्येक साझेदार के लिए संपत्ति का स्वामित्व परस्पर एक दूसरे के लिए प्रबंध का अधिकार देता है।, साझेदारों की देयता असीमित, हितों के अंतरण पर प्रतिबंध, सीमित जीवन काल (यदि एक भी साझेदारी इसे कायम रखने में समर्थ नहीं है तो इसे समाप्त किया जाना चाहिए), पूंजी के लिए बड़ी राशि जुटाने में कठिनाई

भारतीय साझेदारी अधिनियम, 1932 द्वारा शासित, लाभ, हानि, गठन में आसानी, अंतिम प्राधिकारी की अनुपस्थिति, अपेक्षाकृत अधिक पूँजी तथा ऋण संसाधन, अन्य साझेदारों के कार्यों के लिए देयता, बेहतर निर्णय तथा अधिक प्रबंधकीय गतिविधि, सीमित जीवन, असीमित देयता। उपयुक्तता-मझोले आकार के कारोबार जिनमें सीमित पूंजी की जरूरत हो।

स. सीमित देयता साझेदारी (एलएलपी)

सीमित देयता साझेदारी (एलएलपी) को एक वैकल्पिक निगमित व्यवसाय साधन के रूप में देखा जाता है, जो सीमित देयता के लाभ देती हैं किंतु इसके सदस्यों को यह लचीलापन उपलब्ध होता है कि वे अपनी आंतरिक संरचना को परस्पर सहमत करार पर आधारित साझेदारी के रूप में गठित कर सकें। एलएलपी स्वरूप के परिणामस्वरूप किसी भी प्रकार की सेवाएँ प्रदान करने वाले अथवा वैज्ञानिक और तकनीकी विषयों से संबंधित काम करने वाले उद्यमी, प्रोफेशनल तथा उद्यम अपनी आवश्यकताओं के अनुरूप वाणिज्यिक रूप से कार्यकुशल साधन गठित कर सकते हैं। इसके ढाँचे और परिचालन में लचीलेपन के फलस्वरूप, एलएलपी लघु उद्यमों के लिए तथा उद्यम पूंजी द्वारा निवेश के लिए भी उपयुक्त होगा। यह सीमित देयता साझेदारी अधिनियम, 2008 के प्रावधानों से शासित होता है।

प्रमुख विशेषताएं

1. पृथक विधिक अस्तित्व, सतत विद्यमानता, साझेदार की मृत्यु (अथवा जारी रख पाने में उसकी असमर्थता) के बावजूद भी इसका अस्तित्व बना रहता है। साझेदारी करार तैयार करने में लचीलापन रहता है। नामित साझेदारों के कर्तव्य और दायित्व सीमित देयता साझेदारी अधिनियम, 2008 के अनुसार होंगे साझेदार दूसरे साझेदारों के कार्यों के लिए जवाबदेह नहीं। देयता एलएलपी में उनके अंशदान तक सीमित। शेयर अंतरण प्रतिबंधित, एलएलपी के गठन के लिए न्यूनतम 2 साझेदार चाहिए, अधिकतम 50। वार्षिक लेखा रख-रखाव की बाध्यता, केंद्र सरकार को जाँच का अधिकार, कोई फर्म, प्राइवेट कंपनी या कोई गैर-सूचीबद्ध सार्वजनिक कंपनी खुद को एलएलपी में रूपांतरित कर सकती है। कंपनी अधिनियम, 1956 के प्रावधान भी शामिल किए जा सकते हैं। भारतीय साझेदारी अधिनियम, 1932 लागू नहीं होगा।
2. **सीमित दायित्व भागीदारी (एलएलपी)-विधिक पहलू-**एलएलपी का एक मुख्य पहलू है कि इसके लिए लाभ का उद्देश्य होना आवश्यक है। इस प्रकार यह दानार्थ संगठनों हेतु उपलब्ध नहीं है।
3. **एलएलपी की मूलभूत विशेषताएं-**संयुक्त संरचना, भागीदारी एवं कंपनी का समन्वय है। असीमित दायित्व की कमियों एवं कंपनी कानून के प्रावधानों की कठोरता को दूर करता है।, सीमित दायित्व, शाश्वत संरचना,

स्वामित्व को पृथक करना सुनिश्चित करता है, इससे दायित्व फर्म तक सीमित रहता है और भागीदारों पर लागू नहीं होता।, परिचालनों में लचीलापन, आंतरिक प्रबंधन, भागीदारों को पारिश्रमिक, प्रबंध शक्ति व कुछ भागीदारों को वीटो शक्ति जैसी विशिष्ट शक्तियों के संबंध में अधिकतम लचीलापन है। ये अपने नाम पर संपत्ति भी रख सकती है।

4. **एलएलपी में भागीदार**-एक भागीदार अन्य भागीदारों के लिए बाध्यकारी नहीं हो सकता। कौन भागीदार हो सकता है? एक कंपनी, एलएलपी, विदेशी एलएलपी एवं विदेशी कंपनी एलएलपी के भागीदार हो सकते हैं तथापि, फेमा प्रावधानों में कोई संशोधन होने तक, लाभों या पूंजी के प्रत्यावर्तन में समस्याएं होंगी, न्यूनतम दो भागीदार होने चाहिए, कोई अधिकतम संख्या नहीं है। भागीदारियों पर कोई प्रतिबंध नहीं। एक व्यक्ति कितनी भी एलएलपी में भागीदार बन सकता है।
5. **पदनामित भागीदार**-न्यूनतम दो भागीदारों को "पदनामित भागीदार" के रूप में नामित किए जाने चाहिए, जो एलएलपी अधिनियम के अंतर्गत सांविधिक दायित्वों को पूर्ण कर सकें। अन्य भागीदारों को, सिवाय धोखाधड़ी के मामले के, सामान्यतः उत्तरदाई नहीं ठहराया जाएगा।

एलएलपी करार

1. **करार की आवश्यकता**-एलएलपी अधिनियम, 2008 में काफी परिचालनगत लचीलापन है। तकनीकी रूप से, एलएलपी करार अनिवार्य नहीं है। कोई एलएलपी करार न होने की स्थिति में, एलएलपी की प्रथम अनुसूची में दिए गए प्रावधान स्वतः लागू होंगे व्यवहार्यतः, प्रथम अनुसूची के प्रावधान अधिकतम स्थितियों में स्वीकार्य नहीं होते हैं। अतः प्रत्येक एलएलपी में एलएलपी करार होना अपेक्षित हो जाता है। एलएलपी का एक मानक प्रारूप होना न तो संभव है और न ही ऐसी सलाह दी जाती है। प्रस्तावित एलएलपी की जरूरतों व संरचना को ध्यान में रखते हुए एलएलपी करार का प्रारूप तैयार किया जाना चाहिए।
2. **करार का निष्पादन**-करार का निष्पादन एलएलपी के निगमन के पहले अथवा बाद में किया जा सकता है। चूंकि यह भागीदारों के बीच एक करार है, अतः इसके निष्पादन के संबंध में कुछ लचीलापन है। यह करार कितनी भी बार संशोधित भी किया जा सकता है।
3. **स्टांप ड्यूटी का ई भुगतान**-कंपनी अधिनियम के अंतर्गत स्टांप ड्यूटी के ईभुगतान के प्रावधान किए गए हैं। जब तक एलएलपी अधिनियम के अंतर्गत इसके समानांतर प्रावधान नहीं बनाए जाते, तब तक भौतिक स्टांप एवं दस्तावेजों का भौतिक प्रस्तुतीकरण जारी रहेगा।

एलएलपी करार पर सामान्य टिप्पणियां

1. **करार को सावधानीपूर्वक तैयार करना**-ऐसा कोई मानक एलएलपी करार नहीं हो सकता है, जो सभी प्रकार की एलएलपी की जरूरतों हेतु उपयुक्त हो। अतः ये अद्वितीय होता है। उदाहरण के लिए, कुछ एलएलपी परिवार भागीदारियों के रूप में तो कुछ संयुक्त उद्यमों के रूप में हो सकते हैं। करार को यथासंभव लचीला होना चाहिए। यह करार जितना कठोर होगा, उतना ही अधिक परिचालनगत समस्याएं होंगी। सभी पक्षों की जरूरतों को ध्यान में रखा जाना चाहिए।
2. **भागीदारों के प्रकार**-भारतीय भागीदारी अधिनियम के अनुसार, भागीदार किसी फर्म में परस्पर एजेंट होते हैं। तथापि, एलएलपी अधिनियम के अंतर्गत, भागीदारों का प्राधिकार एलएलपी करार के माध्यम से सीमित किया जा सकता है।
3. **वीटो शक्ति**-करार में एक या अधिक भागीदारों को वीटो शक्ति के प्रावधान होने चाहिए। यदि आप एलएलपी के एक भागीदार के रूप में निर्णय प्रक्रिया को नियंत्रित करना चाहते हों, तो यह उपयोगी होगा।
4. **कार्यपालक प्रबंध समिति**-भागीदारों की बड़ी संख्या के मामले में, बेहतर होगा कि प्रबंधन के संचालन हेतु वरिष्ठ भागीदारों की एक समिति बनाई जाए।

5. **भागीदारों की संख्या**-एलएलपी करार निष्पादित करने हेतु न्यूनतम कानूनी आवश्यकता 2 भागीदारों की है। तथापि, यदि भागीदारों की संख्या अधिक हो, तो बेहतर होगा कि कंपनी का निगमन 2 भागीदारों के साथ किया जाए तथा बाद में अन्य भागीदारों को शामिल किया जाए।
6. **फार्म 3 के अनुरूप एलएलपी करार बनाना**-फार्म 3 के स्तंभ 7 से 20 तक, एलएलपी करार संबंधी सूचना के बारे में होते हैं। बेहतर होगा कि यदि एलएलपी करार को यथासंभव इसी अनुसार बनाया जाए, जिससे फार्म 3 प्रस्तुत करने और कंपनी रजिस्ट्रार द्वारा इसकी जांच करने में सुविधा होंगी।

एलएलपी को आरंभ करने हेतु कदम

1. एक डी पिन (पदनामित भागीदार पहचान संख्या) प्राप्त करें. इसके आवेदन हेतु फार्म 7 का उपयोग करें और बाद में फार्म की भौतिक प्रति भेजें।
2. डिजिटल हस्ताक्षर-पदनामित भागीदारों को किसी प्रमाणन एजेंसी (सीए) से, श्रेणी-2 या इससे ऊपर का एक डिजिटल हस्ताक्षर प्रमाण पत्र (डीएससी) प्राप्त करना चाहिए।
3. एलएलपी वेबसाइट पर डी पिन एवं डीएससी को रजिस्टर करें।
4. भागीदारों के बारे में सूचना प्रस्तुत करना-फार्म 3 (एलएलपी करार की सूचना) एवं फार्म 4 (भागीदार पदनामित भागीदार की नियुक्ति की सूचना)। ये फार्म फार्म 2 के साथ ही अथवा निगमन के 30 दिनों के भीतर जमा किए जा सकते हैं।
5. एलएलपी करार की विधिवत स्टांपयुक्त एक मूल प्रति भेजें।

एलएलपी को चलाना

1. **गठन**-एलएलपी के निगमन की प्रक्रियाएं, कंपनी के निगमन के समान हैं। निगमन दस्तावेज (ज्ञापन के समान) और एलएलपी करार (संस्था के अंतर्नियमों के समान) इलेक्ट्रानिक रूप से फाइल किया जाना अपेक्षित होता है।
2. **औपचारिकताएं**-एलएलपी चलाने हेतु अत्यंत कम औपचारिकताएं हैं। उदाहरण हैं-बोर्ड बैठकों, सामान्य बैठकों, प्रभारों के पंजीकरण, प्रबंधस्तरीय पारिश्रमिक की सीमाएं, शेयरों के जारी करने व अंतरण, निदेशकों के चयन, बोर्ड की शक्तियों पर प्रतिबंध आदि जैसी कोई औपचारिकताएं नहीं हैं।
3. **लेखे और रिटर्नों की ई फाइलिंग**-लेखों का संधारण आवश्यक है, किंतु एलएलपी लेखापरीक्षण प्रावधानों से मुक्त है। इलेक्ट्रानिक रूप से रिटर्न फाइल करते समय लेखा व शोधन क्षमता की विवरणी अपेक्षित है। यह अर्हता के अधीन है, जो पण्यावर्त एवं योगदान पर आधारित है।
4. **भागीदारों होल्डिंग आउट में परिवर्तन**-कानूनन भागीदारों में बदलाव के 30 दिनों के भीतर अधिसूचना आवश्यक है। "होल्डिंग आउट" का प्रावधान भी रखा गया है, यदि कोई गैर भागीदार ऐसा संकेत देता है कि वह फर्म में किसी बाहरी के लिए भागीदार है, तो ऐसा गैर भागीदार भी भागीदार के समान ही उत्तरदायी ठहराया जाएगा।
5. **पुनर्गठन समामेलन**-पुनर्गठन, समामेलन व समझौतों, समापन, निरीक्षण एवं जांच के प्रावधान कंपनी अधिनियम के समान ही हैं।
6. **मौजूदा कंपनी फर्मों का रूपांतरण**-मौजूदा कंपनियां, निजी व गैरसूचीकृत कंपनियां, एलएलपी में रूपांतरित हो सकती है, बशर्ते, यदि आयकर अधिनियम की धारा 47 में दी गई शर्तें पूर्ण होती हों, तो ऐसे रुपांतरण से कंपनी या इसके शेयरधारकों को कोई पूंजीगत लाभ नहीं होंगे केवल ऐसी छोटी कंपनियां रूपांतरित हो सकती हैं, जिनका पण्यावर्त 60 लाख से कम हो।
7. **एलएलपी का कराधान**-एलएलपी का कराधान, एक भागीदारी के समान ही होगा। अपवाद यह है कि किसी भागीदारी फर्म का भागीदार फर्म के आयकर दायित्वों हेतु वैयक्तिक तौर से उत्तरदायी होंगी। एलएलपी के

मामले में, सभी भागीदार संयुक्त रूप से और अलग अलग आयकर दायित्वों हेतु उत्तरदायी हैं, किंतु कोई भागीदार इस उत्तरदायित्व से बच सकता है यदि वह ऐसा साबित कर सके कि गैर वसूली, उसकी ओर से किसी गंभीर लापरवाही या कर्तव्य की अवहेलना के कारण नहीं हुई है।

एलएलपी हेतु अपेक्षित विवरणियां एवं अभिलेख

1. **कार्यवृत्त पुस्तिका**-भागीदारों के साथ एवं भागीदारों की प्रबंधकार्यपालक समिति के साथ हुई बैठकों के कार्यवृत्त दर्ज करने हेतु।
2. **भागीदारों में परिवर्तन**-भागीदार पदनामित भागीदार में हुए किसी भी परिवर्तन को ऐसे बदलाव के 30 दिनों के भीतर ईफार्म 3 का उपयोग करते हुए इलेक्ट्रानिक रूप से फाइल किया जाना चाहिए।
3. **पूरक एलएलपी करार**-ऐसे स्वीकरण एवं समाप्ति भागीदारों के परस्पर अधिकारों एवं कर्तव्यों को बदल देंगी। अतः पूरक एलएलपी करार आवश्यक होगा, जिसे परिवर्तन के 30 दिनों के भीतर ई फार्म 3 में सशुल्क भरा जाना होगा (इससे बचने हेतु एलएलपी करार उपयुक्त रूप से तैयार किया जा सकता है)।
4. **लेखा एवं शोधन क्षमता की विवरणी**-यह विवरण प्रतिवर्ष ईफार्म 8 में (शुल्क सहित) भरी जारी होती है। इसे प्रति वित्त वर्ष की समाप्ति के 6 माह के भीतर अर्थात् 30 अक्टूबर तक भरा जाना चाहिए।
5. **वार्षिक रिटर्न**-यह वित्त वर्ष की समाप्ति के 60 दिनों के भीतर कंपनी रजिस्ट्रार को ईफार्म 11 में भरा जाना चाहिए। इस रिटर्न में हुए विलंब पर प्रतिदिन 100 रुपए की दर से दंड लगता है।
6. **दस्तावेजों का निरीक्षण**-निगमन दस्तावेज (फार्म 2), वार्षिक रिटर्न (फार्म 11), एसएएस (फार्म 8) एवं भागीदारों के नाम व कोई बदलाव (फार्म 3) जनता के निरीक्षण हेतु सशुल्क उपलब्ध कराए जाते हैं। तथापि, एलएलपी करार, जनता के निरीक्षण हेतु उपलब्ध नहीं होता है।

सीमित देयता साझेदारी (एलएलपी) का पंजीकरण

किसी भारतीय सीमित देयता भागीदारी के पंजीकरण के लिए, आपको पहले मनोनीत भागीदार पहचान संख्या (डीपिन) के लिए आवेदन करना जरूरी है। ऐसा आवेदन निदेशक पहचान संख्या (डिन) या डीपीआईएन (डीपिन) प्राप्त करने का ई-फार्म भरकर किया जा सकता है। उसके बाद आपको डिजिटल हस्ताक्षर प्रमाण पत्र प्राप्त करने की आवश्यकता होंगी और उसे पोर्टल पर पंजीकृत करना होगा। तत्पश्चात् आपको सीमित देयता भागीदारी का नाम मंत्रालय से अनुमोदित कराना होगा। सीमित देयता भागीदारी का नाम अनुमोदित होने के बाद, आप स्थापना का फार्म भरकर सीमित देयता भागीदारी का पंजीकरण करा सकते हैं।

चरण 1-डिन या डीपिन के लिए आवेदन करना

प्रस्तावित सीमित देयता भागीदारी के सभी मनोनीत भागीदार "मनोनीत भागीदार पहचान संख्या (डीपिन)" प्राप्त करेंगे आपको डीआईएन (डिन) या डीपीआईएन (डीपिन) प्राप्त करने के लिए ई-फार्म डिन-1 भरने की जरूरत होंगी। यदि आपके पास पहले से डिन (निदेशक पहचान संख्या) है, तो उसे डीपिन के रूप में प्रयोग किया जा सकता है।

चरण 2-डिजिटल हस्ताक्षर प्रमाण पत्र प्राप्त करना/पंजीकृत करना

इलेक्ट्रॉनिक रूप से दाखिल किए गए दस्तावेजों की सुरक्षा एवं प्रामाणिकता सुनिश्चित करने के लिए, सूचना प्रौद्योगिकी अधिनियम, 2000 में यह प्रावधान किया गया है कि इलेक्ट्रॉनिक रूप में प्रस्तुत दस्तावेजों पर डिजिटल हस्ताक्षरों का प्रयोग किया जाए। यही केवल सुरक्षित एवं प्रामाणिक उपाय है, जिसके माध्यम से कोई दस्तावेज इलेक्टॉनिक रूप से प्रस्तुत किया जा सकता है। वैसे भी, सीमित देयता भागीदारों को सभी दस्तावेज

इलेक्ट्रॉनिक रूप से और दस्तावेजों पर हस्ताक्षर करने के लिए प्राधिकृत व्यक्तियों के डिजिटल हस्ताक्षरों का प्रयोग करते हुए किए जाने हैं।

1. डिजिटल हस्ताक्षर प्रमाण पत्र प्राप्त करना-कोई अनुज्ञप्ति-प्राप्त प्रमाणन प्राधिकारी डिजिटल हस्ताक्षर जारी करता है। प्रमाणन प्राधिकारी से तात्पर्य उस व्यक्ति से है, जिसे भारतीय सूचना प्रौद्योगिकी अधिनियम 2000 की धारा 24 के अंतर्गत डिजिटल हस्ताक्षर जारी करने के लिए अनुज्ञप्ति प्रदान की गई है।
2. डिजिटल हस्ताक्षर प्रमाण पत्र पंजीकृत करना-रोल चेक तभी किया जा सकता है, जब हस्ताक्षरकर्ताओं ने सीमित देयता भागीदारी के आवेदनपत्र के साथ अपने डिजिटल हस्ताक्षर प्रमाण पत्र पंजीकृत किए हों।

चरण 3-नए प्रयोक्ता का पंजीकरण

सीमित देयता भागीदारी पोर्टल पर ई-फार्म भरने या कोई सशुल्क सेवा का उपयोग करने के लिए, आपको पहले संबंधित प्रयोक्ता श्रेणी, जैसे पंजीकृत और व्यवसाय प्रयोक्ता, के अंतर्गत स्वयं को प्रयोक्ता के रूप में पंजीकृत करना होगा।

चरण 4-सीमित देयता भागीदारी की स्थापना

सीमित देयता भागीदारी (एलएलपी) के पंजीकरण के लिए फार्म 1 (नाम के आरक्षण या नाम परिवर्तन के लिए आवेदनपत्र) भरकर उसके पंजीकृत किए जाने वाले नाम के लिए आवेदन करें। उसके बाद, प्रस्तावित सीमित देयता भागीदारी के अनुरूप, स्थापना का अपेक्षित फार्म 2 (स्थापना दस्तावेज एवं अभिदाता का वक्तव्य) दाखिल करें। जब मंत्रालय के संबंधित अधिकारी फार्म अनुमोदित कर देंगे, तब आपको उसकी सूचना का मेल संदेश आपको प्राप्त होगा और फार्म की स्थिति बदलकर अनुमोदित हो जाएगी।

चरण 5-सीमित देयता भागीदारी का करार दाखिल करना

सीमित देयता भागीदारी की स्थापना के बाद, सीमित देयता भागीदारी की स्थापना के 30 दिन के अंदर सीमित देयता भागीदारी का आरंभिक करार दाखिल किया जाना होता है। प्रयोक्ता को फार्म 3 (सीमित देयता भागीदारी के करार से संबंधित और यदि उसमें कोई परिवर्तन किया गया हो, तो उससे संबंधित सूचनाएँ) में सूचनाएँ दाखिल करनी होती हैं।

किसी भिन्न संगठनात्मक स्वरूप में रूपांतर-

1. क्या आप मौजूदा भागीदारी फर्म को सीमित देयता भागीदारी में रूपांतरित करना चाहते हैं?
2. यदि कोई मौजूदा भागीदारी फर्म सीमित देयता भागीदारी में रूपांतरित होना चाहती है, तो उसे फार्म 17 (किसी फर्म के सीमित देयता भागीदारी में रूपांतरण के लिए आवेदनपत्र एवं विवरण) के माध्यम से आवेदन करना होगा। फार्म 17 को फार्म 2 (स्थापना दस्तावेज एवं अभिदाता का वक्तव्य) के साथ दाखिल किया जाना जरूरी है।
3. क्या आप मौजूदा प्राइवेट कंपनी असूचीबद्ध पब्लिक कंपनी को सीमित देयता भागीदारी में रूपांतरित करना चाहते हैं?
4. यदि कोई मौजूदा प्राइवेट कंपनी असूचीबद्ध पब्लिक कंपनी सीमित देयता भागीदारी में रूपांतरित होना चाहती है, तो उसे फार्म 18 (किसी प्राइवेट कंपनी असूचीबद्ध पब्लिक कंपनी के सीमित देयता भागीदारी में रूपांतरण के लिए आवेदनपत्र एवं विवरण) के माध्यम से आवेदन करना होगा। फार्म 18 को फार्म 2 (स्थापना दस्तावेज एवं अभिदाता का वक्तव्य) के साथ दाखिल किया जाना जरूरी है।

द. निजी (प्राइवेट) लिमिटेड कंपनी

प्राइवेट लिमिटेड कंपनी को न्यूनतम 2 और अधिकतम 50 सदस्यों के ऐसे स्वैच्छिक संगठन के रूप में परिभाषित किया जाता है, जिसकी देयता सीमित होती है, जिसके शेयरों का हस्तांतरण सीमित होता है और जिसे अपने शेयरों अथवा डिबेंचरों में अभिदान करने के लिए सामान्य जनता को आमंत्रित करने की अनुमति नहीं होती।

प्रमुख विशेषताएं

स्वतंत्र विधिक अस्तित्व, गठन और परिचालन कम बोझिल होता है क्योंकि इसे ऐसे अनेक नियमों तथा विनियमों से छूट मिली होती है, जिनका पालन करना पब्लिक लिमिटेड कंपनी के लिए आवश्यक होता है। उनमें से कुछ हैं-1. स्वतंत्र विधिक अस्तित्व, 2. प्रॉस्पेक्टस दाखिल करने की जरूरत नहीं, 3. कारोबार शुरू करने के लिए प्रमाण पत्र प्राप्त करने की जरूरत नहीं।, 4. सांविधिक साधारण बैठक आयोजित करने तथा सांविधिक रिपोर्ट दाखिल करने की जरूरत नहीं, 5. पब्लिक लिमिटेड कंपनी के निदेशकों पर लागू प्रतिबंध इसके निदेशकों पर लागू नहीं होते।, 6. इसके सदस्यों की देयता सीमित होती है।, 7. आवंटित शेयर सदस्यों के बीच स्वतंत्र रूप से अंतरणीय नहीं होते।, 8. सतत अस्तित्व, 9. पंजीकृत कार्यालय और नाम की आवश्यकता, 10. संस्था के अंतर्नियम और संस्था के बहिर्नियम हस्ताक्षरित रूप में होने आवश्यक, 11. लाभ, 12. हानि, 13. सतत अस्तित्व, 14. शेयर स्वतंत्र रूप से हस्तातंरणीय नहीं, 15. सीमित देयता, 16. शेयरों में अभिदान के लिए सामान्य जनता को आमंत्रित करने की इजाजत नहीं, 17. कम वैधानिक प्रतिबंध

उपयुक्तता

जो लोग सीमित देयता का लाभ उठाना चाहते हैं पर साथ ही कारोबार पर नियंत्रण सीमित दायरे में ही रखना चाहते हैं और अपने कारोबार की निजता बनाए रखना चाहते हैं, उनके लिए यह स्वरूप उपयुक्त है।

निजी (प्राइवेट) लिमिटेड कंपनी का पंजीकरण

भारत में एक नए व्यवसाय शामिल करने के लिए आवश्यक कदम

1. **अपनी व्यवसाय संस्था का नामकरण करना-**व्यवसाय का अच्छा नाम अद्वितीय और यादगार होता है यह मुख्य व्यवसाय दर्शाता है और यह किसी अन्य कंपनी के नाम के समान नहीं होना चाहिए।
2. **कंपनी का नाम प्रतीक-**चिन्ह एवं नाम संबंधी प्रावधानों का उल्लंघन न करता हो। (अनुचित प्रयोग निवारण अधिनियम 1950) कंपनी का प्रस्तावित नाम उपलब्ध है या नहीं, इसकी जाँच करने के लिए-कंपनी पंजीयक (रजिस्ट्रार) को कम से कम एक उपयुक्त या अधिकतम छह नामों की सूची उपलब्ध कराएँ। कंपनी पंजीयक नामों की उपलब्धता की जाँच करेगा।
3. **एमसीए पोर्टल पर ई-फाइलिंग के लिए पंजीकरण करना-**इसके लिए पहला कदम कॉर्पोरेट कार्य मंत्रालय (एमसीए) की वेबसाइट पर प्रयोक्ता के रूप में पंजीकरण कराना है। एमसीए पोर्टल पर ई-फार्म भरने या कोई सशुल्क सेवा का उपयोग करने के लिए, संबंधित प्रयोक्ता श्रेणी, जैसे पंजीकृत और व्यवसाय प्रयोक्ता, के अंतर्गत स्वयं को प्रयोक्ता के रूप में पंजीकृत करें।
4. **निदेशक पहचान संख्या के लिए आवेदन करना-**कंपनी के सभी मौजूदा एवं होने वाले निदेशकों को अधिसूचना के अनुरूप निर्धारित समय-सीमा के अंदर निदेशक पहचान संख्या (डिन) प्राप्त करनी है। डिन प्राप्त करने के लिए ई-फार्म डिन-1 भरा जा सकता है। आवेदनपत्र पर प्रवर्तक(कों) के प्रतिहस्ताक्षर अपेक्षित होते हैं। प्रक्रिया समय-आवेदन के प्रस्तुतीकरण के बाद 5 से 7 कार्य दिवस
5. **डिजिटल हस्ताक्षर प्रमाण पत्र प्राप्त करना-**एमसीए वेबसाइट पर डिजिटल हस्ताक्षर प्रमाण पत्र का पंजीकरण करना। डिजिटल हस्ताक्षर प्रमाण पत्र प्राप्त करने के बाद, कॉर्पोरेट कार्य मंत्रालय की वेबसाइट पर डिजिटल हस्ताक्षर प्रमाण पत्र का पंजीकरण कराएँ।

6. **कंपनी के नाम के अनुमोदन के लिए आवेदन करना**-किसी कंपनी की स्थापना के पहले, कंपनी के निदेशकों को निदेशक पहचान संख्या प्राप्त करना और कॉर्पोरेट कार्य मंत्रालय में कंपनी पंजीयक द्वारा कंपनी के प्रस्तावित नाम का अनुमोदन किया जाना अनिवार्य है। कंपनी के पंजीकृत किए जाने वाले नाम के पंजीकरण के लिए ई-फार्म-1ए में आवेदन करें। इस फार्म पर किसी एक प्रवर्तक के डिजिटल हस्ताक्षर आवश्यक होते हैं। इस फार्म में अंकित किए जाने वाले कुछ महत्त्वपूर्ण विवरण निम्नवत् हैं-

    अ. प्रस्तावित कंपनी की प्राधिकृत पूँजी
    ब. प्रस्तावित कंपनी के मुख्य उद्देश्य
    स. प्रस्तावित कंपनी की अवस्थिति (स्थान)
    द. ट्रेडमार्क आवेदन पत्र, प्रमाण पत्र की प्रति (यदि लागू हो)
    य. यदि ट्रेडमार्क के साथ कोई प्रतीक-चिन्ह (लोगो) भी जुड़ा हो, तो उसकी छवि
    र. पिछले 2 वर्ष का तुलनपत्र (यदि लागू हो) और आयकर विवरणियाँ

    यदि कंपनी पंजीयक (कॉर्पोरेट कार्य मंत्रालय) प्रस्तावित नाम का अनुमोदन कर देता है, तो प्रस्तावित नाम की स्वीकृति दर्शाते हुए पत्र जारी किया जाता है। यदि नाम अस्वीकार कर दिया जाता है, तो अभ्यर्थी को कंपनी के नाम के अनुमोदन के लिए फिर से आवेदन करना होता है। प्रक्रिया समय-प्रस्तुतीकरण के बाद 7 कार्य दिवसों के अंदर।
7. **महत्त्वपूर्ण टिप्पणी**-नाम के अनुमोदन के बाद, आवेदक नई कंपनी के पंजीकरण के लिए अपेक्षित फार्म (अर्थात् फार्म 1, 18 तथा 32) भरकर नाम के अनुमोदन के 60 दिन के अंदर आवेदन कर सकता है, अन्यथा आवेदक को कंपनी के नाम के लिए फिर से आवेदन करना होगा।

संस्था के बहिर्नियम तैयार करना (MoA)

संस्था के बहिर्नियम वे उद्देश्य होते हैं, जिनके लिए कंपनी का गठन किया जाता है। कोई कंपनी ऐसी कोई गतिविधि चलाने के लिए कानूनी रूप से पात्र नहीं होती है, जो इस खंड में अंकित उद्देश्यों से परे हो। किसी कंपनी के पंजीकरण के लिए विधिवत् प्रारूपित, सत्यापित, मुद्रांकित (स्टाम्पित) और हस्ताक्षरित संस्था का बहिर्नियम होना आवश्यक होता है। संस्था के बहिर्नियम में निम्नलिखित भाग होते हैं-

1. **मुख्य उद्देश्य**-यद्यपि उप-खंड में यह स्पष्ट रूप से भले ही न कहा गया हो, किंतु जो कार्य कंपनी के मुख्य उद्देश्यों की प्राप्ति के लिए या तो अनिवार्य हो या प्रासंगिक हो, उसे वैध माना जाता है।
2. **अन्य उद्देश्य**-जिन उद्देश्यों का मुख्य उद्देश्यों में उल्लेख न किया गया हो, उनका वर्णन इसके अधीन किया जा सकता है। तथापि, यदि कोई कंपनी इस उप-खंड में शामिल कोई व्यवसाय करना चाहती हो, तो उसे या तो विशेष संकल्प पारित करना होगा या साधारण संकल्प पारित करना होगा और उसके लिए केंद्रीय सरकार का अनुमोदन लेना होगा।
3. **पंजीकृत कार्यालय संबंधी खंड**-उस राज्य का नाम और पता उपलब्ध कराएँ, जहाँ कंपनी स्थित है। इस चरण में पंजीकृत कार्यालय का सही-सही पता देना अपेक्षित नहीं है, किंतु उसकी सूचना कंपनी की स्थापना के तीस दिन के अंदर पंजीयक को अवश्य दी जानी चाहिए।
4. **पूँजी संबंधी खंड**-वह अधिकतम पूँजी विनिर्दिष्ट करना, जिसे कंपनी शेयर जारी कर जुटाने के लिए अधिकृत होंगी। इसके साथ ही, उन शेयरों की संख्या भी विनिर्दिष्ट की जानी है, जिनमें वह पूँजी विभाजित की जाएगी।
5. **सहभागिता खंड**-संस्था के बहिर्नियम के हस्ताक्षरकर्ता कंपनी के साथ सहभागिता का अपना आशय और शेयर खरीदने की सहमति अंकित करते हैं।

संस्था के बहिर्नियम किसी अधिवक्ता या सनदी लेखाकार के मार्गदर्शन से सरलतापूर्वक तैयार किए जा सकते हैं। संस्था के बहिर्नियम के बारे में अधिक जानकारी (क) कंपनी अधिनियम, 1956 तथा (ख) द लीगल सर्विसेज ऑफ इंडिया से प्राप्त की जा सकती है।

संस्था के बहिर्नियम और संस्था के अंतर्नियम पर हस्ताक्षर

कंपनी के पंजीकरण के लिए संस्था के बहिर्नियम और संस्था के अंतर्नियम की स्टाम्पित और हस्ताक्षरित प्रतियाँ जमा करने की जरूरत पड़ेगी।

1. संस्था के बहिर्नियम और संस्था के अंतर्नियम के समर्थन के लिए कम से कम दो समर्थनकर्ताओं की जरूरत होती है। हर समर्थनकर्ता के बारे में निम्नलिखित जानकारी होनी चाहिए-
   क. पिता का नाम
   ख. पिता का व्यवसाय
   ग. स्थायी पता
   घ. अभ्यर्थी द्वारा अभिदत्त शेयरों की संख्या
2. हस्ताक्षर प्रक्रिया में कम से कम एक प्रोफेशनल (वकील, सीए या अधिवक्ता) को बतौर गवाह होना चाहिए।
3. सुनिश्चित करें कि संस्था के बहिर्नियम और संस्था के अंतर्नियम स्टाम्पिंग की तारीख के बाद निष्पादित और हस्ताक्षरित हों।

संस्था के अंतर्नियम तैयार करना (Articles of Association)

संस्था के अंतर्नियम किसी कंपनी के आंतरिक प्रबंध से संबंधित नियम होते हैं। ये नियम संस्था के बहिर्नियम के अधीनस्थ होते हैं और इसलिए संस्था के बहिर्नियम में जो कहा गया है ये उसके विरोधी या उससे परे नहीं होने चाहिए। किसी कंपनी के पंजीकरण के लिए विधिवत् प्रारूपित, सत्यापित, मुद्रांकित (स्टाम्पित) और हस्ताक्षरित संस्था का अंतर्नियम होना आवश्यक होता है।

सारणी-ए वह दस्तावेज (विस्तृत विवरण के लिए कंपनी अधिनियम, 1956 देखें) है, जिसमें कंपनी के आंतरिक प्रबंध के लिए नियम और विनियम शामिल होते हैं। यदि कंपनी सारणी-ए अपनाती है, तो उसे अलग से संस्था के अंतर्नियम बनाने की आवश्यकता नहीं है। जो कंपनिया सारणी-ए नहीं अपनाती हैं, उन्हें पंजीकरण के लिए मुद्रांकित (स्टाम्पित) और संस्था के बहिर्नियम पर हस्ताक्षर करने वाले हस्ताक्षरकर्ताओं द्वारा विधिवत् हस्ताक्षरित संस्था के अंतर्नियम की प्रति प्रस्तुत करना आवश्यक होता है।

संस्था के अंतर्नियम किसी अधिवक्ता या सनदी लेखाकार के मार्गदर्शन से सरलतापूर्वक तैयार किए जा सकते हैं। संस्था के अंतर्नियम के बारे में अधिक जानकारी (क) कंपनी अधिनियम, 1956 तथा (ख) द लीगल सर्विसेज ऑफ इंडिया से प्राप्त की जा सकती है।

संस्था के अंतर्नियम का सत्यापन, स्टाम्पन और हस्ताक्षर

पंजीकरण के लिए जमा करने से पहले संस्था के अंतर्नियम की ध्यान से और बारीकी से जाँच (वेटिंग) कर लेने में समझदारी है, क्योंकि उसमें कारोबार का इरादा और उसकी सीमा परिभाषित रहती है।

1. संस्था के बहिर्नियम और अंतर्नियम में कारोबार की भावी संभावनाओं का उल्लेख होना चाहिए, ताकि बाद में संशोधन करने से बचा जा सके।
2. वेटिंग प्रक्रिया के लिए कंपनियों के रजिस्ट्रार से सलाह ली जा सकती है।
3. कंपनियों के रजिस्ट्रार से सत्यापन के बाद संस्था के बहिर्नियम और अंतर्नियम को छपवा लें।
4. संस्था के बहिर्नियम और संस्था के अंतर्नियम की स्टांपिंग
5. संस्था के बहिर्नियम और संस्था के अंतर्नियम को अंतिम रूप देने का बाद, उस पर स्टाम्प्स के रजिस्ट्रार के यहाँ स्टाम्प लगवाने की जरूरत होती है।
6. स्टाम्प शुल्क कंपनी की प्राधिकृत शेयर पूँजी पर निर्भर करती है, जो संस्था के बहिर्नियम और संस्था के अंतर्नियम में दी गई है।

कंपनी के निगमन के लिए अपेक्षित फार्म

कंपनी को पंजीकृत करने के लिए फार्म जमा कराने से पहले कतिपय पूर्वापेक्षाएं (निदेशक पहचान संख्या, डिजिटल हस्ताक्षर प्रमाण पत्र, फार्म-1ए, संस्था के बहिर्नियम और अंतर्नियम) अवश्य पूरी होनी चाहिए।

निगम की प्रक्रिया शुरू करने के लिए फार्म (फार्म 1, फार्म 18 और फार्म 32) तथा अपेक्षित दस्तावेज कॉर्पोरेट मामलों के मंत्रालय तथा कंपनियों के रजिस्ट्रार के पास अवश्य जमा किए जाने चाहिए।

फार्म 1-यह कंपनी के निगमन का आवेदन अथवा उसकी घोषणा है। यह बताता है कि पंजीकरण के संबंध में कंपनी अधिनियम 1956 और उसके अधीन बने सभी नियमों की सभी अपेक्षाओं का अनुपालन कर लिया गया है यह फार्म निदेशक अथवा कंपनी के निर्माण में लगा कोई भी अन्य विनिर्दिष्ट व्यक्ति (वकील, सीए, अधिवक्ता आदि) भर सकता है।

फार्म 18-यह पंजीकृत कार्यालय की लोकेशन अथवा उसकी लोकेशन बदलने का नोटिस है। यह कंपनी के निदेशकों में से किसी एक को भरना होता है। इसमें कंपनियों के रजिस्ट्रार को प्रस्तावित कंपनी के पंजीकृत कार्यालय की जानकारी दी जाती है।

फार्म 32-इस फार्म में प्रस्तावित कंपनी के निगमन की तारीख से निदेशक मंडल में प्रस्तावित निदेशकों की नियुक्ति की बात कही जाती है और इस पर प्रस्तावित निदेशकों में से किसी एक के हस्ताक्षर होते हैं।

उपर्युक्त फार्म (फार्म 1, 18 और 32) में डिजिटल हस्ताक्षर अटैच करने और अपेक्षित फाइलिंग व रजिस्ट्रेशन फीस जमा करने के बाद कॉर्पोरेट मामलों के मंत्रालय (एमसीए) पोर्टल पर जमा करें।

कंपनियों के रजिस्ट्रार के पास निम्नलिखित की फिजिकल प्रतियाँ भेजें

1. संस्था के बहिर्नियम व अंतर्नियम की 3 स्टांपित और हस्ताक्षरित प्रतियाँ कंपनियों के रजिस्ट्रार के पास
2. कंपनियों के रजिस्ट्रार द्वारा जारी किया गया नाम-उपलब्धता पत्र
3. संस्था के बहिर्नियम को स्वीकार करने वाले सभी व्यक्तियों द्वारा हस्ताक्षरित शपथ पत्र, जिसमें निगमन के लिए और निगमन प्रमाण पत्र प्राप्त करने के उद्देश्य से उनकी ओर से किसी एक स्वीकर्ता अथवा किसी अन्य व्यक्ति को अधिकृत किया गया हो।
4. संस्था के बहिर्नियम और अंतर्नियम में उल्लिखित कोई करार।
5. प्रबंध निदेशक अथवा पूर्णकालिक निदेशक नियुक्त किए जाने के लिए किसी व्यक्ति के साथ किया जानेवाला प्रस्तावित करार।

मंत्रालय के संबंधित अधिकारी द्वारा फार्म अनुमोदित किए जाने के पश्चात् उसके बारे में आपको एक ईमेल मिलेगा और फार्म की स्थिति बदलकर अनुमोदित हो जाएगी।

निगमन प्रमाण पत्र

फार्मों के अनुमोदन और सत्यापन के बाद कॉर्पोरेट आइडेंटिटी नंबर जनरेट होता है और कंपनी को निगमन प्रमाण पत्र जारी किया जाता है। प्राइवेट कंपनी प्रमाण पत्र मिलने के तुरन्त बाद अपना कारोबार आरंभ कर सकती है।

पब्लिक लिमिटेड कंपनी का निगमन (अतिरिक्त कदम)

किन्तु पब्लिक कंपनी को कारोबार आरंभ करने के लिए निगम प्रमाण पत्र के साथ-साथ, प्रमाण पत्र की भी जरूरत पड़ती है। पब्लिक लिमिटेड कंपनी के निगमन के लिए कुछ अतिरिक्त फार्म और दस्तावेज होते हैं जो कॉर्पोरेट मामलों के मंत्रालय और सचिवों के रजिस्ट्रार के पास जमा करने होते हैं।

निदेशक अथवा कंपनी सचिव। यह एक घोषणा है जिसमें शेयरों की राशि और कंपनी की शेयर पूँजी का उल्लेख होता है और कहा जाता है कि कंपनी ने ऐसा प्रोस्पेक्टस जारी नहीं किया है, जिसमें आम जनता को उसके शेयर खरीदने के लिए आमंत्रित किया गया हो।

कंपनियों के रजिस्ट्रार के पास जमा करने के लिए प्रोस्पेक्टस के स्थान पर विवरणी

कंपनियों के रजिस्ट्रार के समक्ष प्रत्येक निदेशक का शपथ पत्र, जिसमें कहा गया हो कि कंपनी ने व्यवसाय आरंभ नहीं किया है। कंपनियों के रजिस्ट्रार के पास जमा करने के लिए प्राथमिक खर्चों, पहले लेखा-परीक्षकों की नियुक्ति के अनुमोदन के लिए बोर्ड ज्ञापन (उनका सहमति पत्र भी संलग्न करें)।

अथवा

eForm-19 में घोषणा दाखिल करें और उसके साथ प्रोस्पेक्टस संलग्न करें (कंपनी अधिनियम 1956 की अनुसूची)। eForm-19 शेयर पूँजी की राशि संबंधी घोषणा है जो कंपनी द्वारा जनता को प्रस्तावित की जाती है।

कंपनियों के रजिस्ट्रार के समक्ष प्रत्येक निदेशक का शपथ पत्र, जिसमें कहा गया हो कि कंपनी ने व्यवसाय आरंभ नहीं किया है।

कंपनियों के रजिस्ट्रार के पास जमा करने के लिए प्राथमिक खर्चों, पहले लेखा-परीक्षकों की नियुक्ति के अनुमोदन के लिए बोर्ड ज्ञापन (उनका सहमति पत्र भी संलग्न करें)। तत्पश्चात् कंपनियों का रजिस्ट्रार दस्तावेजों पर कार्रवाई करेगा और यदि सभी दस्तावेज सही हों तो वह व्यवसाय आरंभ करने का प्रमाण पत्र जारी करेगा।

य. सार्वजनिक (पब्लिक) लिमिटेड कंपनी

सार्वजनिक लिमिटेड कंपनी सदस्यों का एक स्वैच्छिक संगठन है, जो निगमित होता है और इसलिए जिसका एक पृथक विधिक अस्तित्व होता है और जिसके सदस्यों की देयता सीमित होती है।

प्रमुख विशेषताएं

पृथक विधिक अस्तित्व, भारतीय कंपनी अधिनियम, 1956 द्वारा शासित, न्यूनतम 7 सदस्य, अधिकतम की सीमा नहीं, शेयर के जरिए पूंजी जुटाती है, शेयर मुक्त रूप से हस्तांतरणीय होते हैं और इसके लिए कंपनी को पहले से कोई नोटिस नहीं देना होता, कंपनी के सदस्य की देयता उसके द्वारा धारित शेयरों के अंकित मूल्य तक सीमित होती है।, शेयरधारकों को प्रबंधन अधिकार नहीं होते। इससे स्वामित्व और प्रबंधन का पृथक्करण सुनिश्चित होता है।. निर्णय करने की शक्ति निदेशक मंडल को दी जाती है।, शेयरधारकों के दिवालियापन या मृत्यु से कंपनी के अस्तित्व को खतरा नहीं होता।, लाभ, हानि, सतत अस्तित्व, पूंजी की अपेक्षाकृत बड़ी राशि, निर्देश की एकता, अन्य व्यवसाय स्वरूपों की तुलना में इस पर अधिक विनियमन लागू हो सकता है।, दक्ष प्रबंधन, सीमित देयता।

व्यवसाय संगठन-सामान्य दिशानिर्देश एवं प्रबंधन

सरकारी दिशानिर्देश

एक बार आपने कारोबार शुरू करने का निर्णय कर लिया तो एक महत्वपूर्ण पक्ष यह होता है कि फैक्टरी की स्थापना के लिए विभिन्न सरकारी दिशानिर्देशों, विभिन्न विभागों (बिजली, पानी, पर्यावरण आदि सहित) से परमिट लेने तथा आवश्यक शुल्क, आवश्यक कराधान सहित रजिस्ट्रेशन फाइल करने के विषय में देखा-समझा जाए।

1. चालू खाता खोलना
2. स्थायी लेखा संख्या
3. कर पंजीकरण के लिए आवेदन करें
4. कर्मचारी भविष्य निधि
5. उत्पाद शुल्क
6. कर्मचारी राज्य बीमा योजना
7. दुकान/प्रतिष्ठान अधिनियम

लेखांकन एवं बहीखाता

व्यावसायिकों को लेखांकन के मूल सिद्धांतों की आधारभूत जानकारी अवश्य होनी चाहिए। व्यावसायिक मालिकों के नाते आपको यह समझना होगा कि प्रति माह आप आय को कैसे अर्जित कर सकते हैं। आपको व्यवसाय के आँकड़ों का रिकार्ड रखना होगा, ताकि व्यवसाय के कार्यकलापों की निगरानी की जा सके। निम्नलिखित तीन वित्तीय विवरणियों को समझना आवश्यक हैं-

1. **लाभ एवं हानि लेखा**-आपको लाभ एवं हानि के मूल सिद्दांतों को समझना होगा, ताकि आपको इस बात की जानकारी हो जाए कि व्यवसाय को चलाने में आपको कितना निवेश करना है। आपको अपनी अर्जित आय के माध्यम से उत्पाद तैयार करने के लिए भी तैयार रहना होगा। आपको यह जानकारी भी होनी चाहिए कि उत्पादन और विपणन में अभी तक कितना व्यय किया गया है।
2. **तुलनपत्र**-वास्तव में यह एक ऐसा ब्लूप्रिंट या उपकरण है जो आपको अपनी कम्पनी की आस्तियों और देयताओं की जानकारी उपलब्ध कराता है। आपको दैनिक आधार पर जाँच की आवश्यकता नहीं है, तथापि, आपको तुलनपत्र में दी गई जानकारी से परिचित होना होगा।
3. **नकदी प्रवाह**-यह एक महत्वपूर्ण उपकरण है, जो व्यावसायिकों को हमेशा ध्यान में रखना चाहिए। व्यवसाय चलाते समय नकदी प्रवाह की सूक्ष्म जाँच की आवश्यकता होंगी, कि आपको यह पता चल सके कि व्यवसाय के आवश्यक व्ययों के लिए राशि कब प्राप्त होंगी।

कम्पनी रजिस्ट्रार में वार्षिक विवरणियाँ प्रस्तुत करना

कम्पनी अधिनियम 1950 के अन्तर्गत शामिल कम्पनियों की वार्षिक ई-विवरणी के भाग के रूप में निम्नलिखित दस्तावेज कम्पनी रजिस्ट्रार को प्रस्तुत करने होते हैं-

क्रम सं	दस्तावेज	ई-फार्म
1.	तुलनपत्र	सभी कम्पनियों द्वारा फार्म 23 एसी भरा जाना है
2.	लाभ एवं हानि	विवरणी सभी कम्पनियों द्वारा फार्म 23 एसी भरा जाना है
3.	वार्षिक विवरणी	शेयर पूंजी वाली कम्पनियों को फार्म 20बी भरना है
4.	वार्षिक विवरणी	शेयर पूंजी रहित कम्पनियों को फार्म 21ए भरना है
5.	अनुपालन प्रमाण पत्र	10 लाख रुपए से 5 करोड़ तक की प्रदत्त पूंजी वाली कम्पनियों द्वारा फार्म 66 भरा जाना है।

अन्तर्राष्ट्रीय वित्तीय रिपोर्टिंग मानक (आई.एफ.आर.एस)

देश में प्रयोग में लाई जा रही विभिन्न लेखांकन नीतियों और प्रणालियों में सामंजस्य स्थापित करने के उद्देश्य से लेखांकन मानकों को तैयार किया गया है। लेखांकन मानकों का संबंध वित्तीय विवरणियों को बनाने और उन्हें प्रस्तुत करने से संबंधित माप की प्रणाली और प्रकटीकरण नियमों से है। ये अधिकारिक विवरणियों के साथ सामने आते हैं कि कैसे विशेष प्रकार के लेन-देन, घटनाओं और अन्य लागतों को मान्यता प्राप्त होनी चाहिए। लेखांकन मानकों को वित्तीय विवरणियों के विभिन्न उपयोगकर्ताओं जैसे शेयर धारकों, लेनदारों, उधारदाताओं, प्रबन्धन, निवेशकों, आपूर्तिकर्ताओं, प्रतियोगियों, शोधकर्ताओं, नियामक निकायों और समाज में रह रहे लोगों को महत्वपूर्ण जानकारी प्रदान करने के लिए तैयार किया गया है।

भारत में लेखांकन मानकों को तैयार करने का कार्य भारतीय चार्टेड एकाऊंटेंटस संस्थान को सौंपा गया है। हाल ही के वर्षों में, विभिन्न देशों में अपनाए जा रहे लेखांकन मानकों में अन्तर्राष्ट्रीय स्तर पर सामंजस्य स्थापित करने की आवश्यकता महसूस की गई, चूँकि दूसरे देशों की पूंजी का अन्तरण अब कॉमन हो गया है। अन्तर्राष्ट्रीय लेखांकन मानक बोर्ड द्वारा जारी अन्तर्राष्ट्रीय वित्तीय रिपोर्टिंग मानकों को वैश्विक वित्तीय रिपोर्टिंग मानकों के रूप में पहचाना जाने लगा है। हाल ही के वर्षों में आईएफआरएस के रुपान्तरण के कारण इसे वैश्विक स्तर पर ख्याति प्राप्त हुई है। चूँकि भारत वैश्विक अर्थव्यवस्था का एक महत्वपूर्ण हिस्सा बन गया है, अंतः, भारत सरकार अप्रैल 01, 2011 से भारतीय लेखांकन मानकों को अन्तर्राष्ट्रीय वित्तीय रिपोर्टिंग मानकों के साथ रूपान्तरित करने के लिए प्रतिबद्ध है। आरम्भ में ये मानक सार्वजनिक रूप से सूचीबद्ध कम्पनियों पर ही लागू होंगे, अन्य कम्पनियों को आईएफआरएस के अन्तर्गत क्रमबद्ध तरीके से लाया जाएगा।

एसएमई के लिए आईएफआरएस मानक लगभग 230 पृष्ठों का मानक है। इसे लघु और मध्यम आकार की इकाइयों के लिए तैयार किया गया हे और यह आकलन किया गया है कि विश्व की लगभग सभी कम्पनियों का 95 प्रतिशत से अधिक को इसमें गिना गया है।

आईसीएआई द्वारा आईएफआरएस के लिए तैयार किया गया ब्लैंडिड लर्निंग पार्टल के माध्यम से आप भारतीय लेखांकन मानकों के रूपान्तरण के बारे में अधिक जानकारी प्राप्त कर सकते हैं।

सामाजिक उत्तरदायित्व संगठन-समिति एवं ट्रस्ट

अ-सरकारी संगठन (Non Government Organisation-NGO)

एन.जी.ओ, "गैर सरकारी संगठन या अ-सरकारी संगठन" का संक्षिप्त रूप है। इस प्रकार गैर सरकारी संगठन, एक गैर सरकारी संगठन है और इसकी व्यापक अर्थ में, सीधे सरकार की संरचना का हिस्सा नहीं है। गैर सरकारी संगठन मानवीय मुद्दों, विकास सहायता और सतत विकास को बढ़ावा देने के लिए बनाया जाता है। एक गैर सरकारी संगठन (एनजीओ) सरकार के किसी भी रूप से स्वतंत्र रूप से संचालित है न कि प्राकृतिक या कानूनी व्यक्तियों के द्वारा बनाई गई एक कानूनी रूप से गठित संगठन है।

गैर सरकारी संगठन एक निश्चित सांस्कृतिक, शैक्षिक, आर्थिक, धार्मिक या सामाजिक संघ/संगठन के रूप में परिभाषित किया जा सकता है। वे किसी भी एक के स्वामित्व में नहीं हैं और इस तरह से आपस में मुनाफा वितरित नहीं कर सकते हैं। वे आर्थिक गतिविधियों पुनर्निवेश या उचित गैर लाभ गतिविधियों पर खर्च कर कमा सकता है जैसे कि राजस्व या गैर सरकारी संगठनों के विशिष्ट स्रोतों निवेश पर दान, सदस्यता शुल्क, ब्याज और लाभांश।

गैर सरकारी संगठनों के किसी भी निम्नलिखित कृत्यों के तहत पंजीकृत किया जा सकता है-

1. भारतीय न्यास अधिनियम, 1882
2. सोसायटी पंजीकरण अधिनियम, 1860
3. कंपनी अधिनियम, 1956, यू एस 25
4. धर्मार्थ और धार्मिक न्यास अधिनियम, 1920
5. सिख गुरुद्वारा अधिनियम, 1925
6. न्यासी और मार्टगेज अधिकार अधिनियम, 1866
7. वक्फ अधिनियम, 1995
8. भारतीय न्यास अधिनियम, 1866
9. धार्मिक बंदोबस्ती अधिनियम, 1863

ये लाभ-निरपेक्ष संस्थाएं स्वतंत्र रूप से काम करती हैं तथा इनका संचालन बोर्ड ऑफ ट्रस्टी, संचालन परिषद व प्रबंध समिति के हाथों में रहता है। संस्था खुद सदस्यों व उनकी भूमिकाओं को चुनती है। इन संस्थाओं के पास किसी भी रूप में अपने सदस्यों को वित्तीय लाभ प्रदान करने की अनुमति नहीं है। अतः ये संस्थाएं अपने सदस्यों के अलावा अन्य सभी लोगों की मदद करती हैं और इसी वजह से इन्हें लाभ-निरपेक्ष संस्थाएं कहा जाता है। भारतीय कानून के अनुसार लाभ-निरपेक्ष एवं धर्मार्थ संस्थाओं का पंजीकरण निम्न रूप में होता है-

1. सोसाइटी
2. ट्रस्ट (न्यास)

3. प्राइवेट लिमिटेड लाभ-निरपेक्ष कंपनी या सेक्शन-25 कंपनी

1. सोसाइटी

सोसाइटी पंजीकरण अधिनियम 1860 की धारा 20 के अनुसार निम्नलिखित सोसाइटियाँ अधिनियम कानून के अनुसार पंजीकृत की जा सकती हैं।

1. चैरिटेबल सोसाइटियाँ
2. जनता के लिए खोले जाने वाले वाचनालय व पुस्तकालय
3. भारत के विभिन्न प्रेसीडेंसियों में स्थापित सैन्य ऑर्फन फंड या सोसाइटियाँ
4. कला, ऐतिहासिक चीजों के संग्रह, आविष्कार, डिजाइन व उपकरणों के संग्रहण से जुड़े सार्वजनिक संग्रहालय एवं चित्रशालाएं
5. विज्ञान, ललित कला और साहित्य को बढ़ावा देने के लिए स्थापित की गई सोसाइटियाँ

आमतौर पर, भारत में संचालित सोसाइटियां सोसायटी पंजीकरण अधिनियम 1860 के तहत पंजीकृत होती हैं। हालांकि, कुछ राज्यों में चैरिटी आयुक्तों की नियुक्ति भी होती है।

सोसाइटी के पंजीकरण के दौरान संस्था के बहिर्नियमों सहित सोसाइटी के उद्देश्यों व इसके कामकाज से जुड़ी जानकारी का विवरण उपलब्ध करना होगा।

प्रबंध समिति में कम से कम 7 सदस्य होने चाहिए। प्रबंध समिति एक संचालक मंडल, कार्यकारी मंडल एवं एक परिषद के रूप में काम कर सकती है। राज्य स्तर पर, सोसाइटी के ट्रस्टियों को सोसाइटी रजिस्ट्रार या सोसाइटी रजिस्ट्रार के स्थानीय कार्यालय में अपील दर्ज करनी होंगी। जिला स्तर पर इन्हें जिला मजिस्ट्रेट के सामने अपील दर्ज करनी पड़ेगी। हालांकि आवेदन की प्रक्रिया हर राज्य में अलग हो सकती है, लेकिन फार्म को लागू पंजीकरण शुल्क सहित निम्नलिखित दस्तावेजों की डुप्लिकेट कॉपी के साथ जमा करना होगा।

1. संस्था के बहिर्नियम तथा नियमों व विनियमों की एक कॉपी। यह स्टाम्प पेपर पर नहीं होनी चाहिए।
2. गैर न्यायिक स्टाम्प पेपर पर सोसाइटी सचिव व अध्यक्ष द्वारा जमा किया गया हलफनामा।
3. हर प्रबंध समिति के सदस्य से सहमति पत्र
4. प्रबंध समिति के सदस्यों से एक घोषणा पत्र जिस पर यह लिखा हो कि सोसाइटी की धनराशि केवल सोसाइटी के लक्ष्यों व उद्देश्यों को क्रियान्वित करने के लिए इस्तेमाल की जाएगी।
5. प्रबंध समिति के सदस्यों द्वारा हस्ताक्षरित प्राधिकार पत्र

2. ट्रस्ट (न्यास)

भारत में पब्लिक चैरिटेबल ट्रस्ट को शुरू करने के लिए आप इमारत या खाली जमीन के रूप में मौजूद अपनी किसी संपत्ति का इस्तेमाल कर सकते हैं। एक ट्रस्ट को खोलने के लिए आपको उस राज्य में लागू विशेष ट्रस्ट अधिनियमों का पालन करना होगा। यदि उस राज्य का या उस केंद्र शासित प्रदेश का अपना कोई ट्रस्ट अधिनियम नहीं है, तब आपको उस क्षेत्र में ट्रस्ट खोलने के लिए ट्रस्ट एक्ट 1882 के नियमों के अनुसार चलना होगा।

ट्रस्ट डीड (न्यास-पत्र) एक पब्लिक चैरिटेबल ट्रस्ट का सबसे महत्वपूर्ण अंग है तथा इसमें ट्रस्ट के लक्ष्यों सहित अन्य संचालन संबंधित जानकारी भी होनी चाहिए। इसके अलावा, ट्रस्ट डीड में ट्रस्टियों की अधिकतम व न्यूनतम संख्या व उनकी नियुक्ति व कार्यालय से हटाया जाने के कारण भी दर्ज होने चाहिए।

ट्रस्ट डीड को दोनों पक्षों के दो गवाहों के सामने हस्ताक्षरित किया जाना चाहिए एवं इसे स्टाम्प पेपर पर तैयार करें। स्टाम्प पेपर की कीमत संपत्ति के मूल्यांकन के आधार पर निर्धारित की जाती है। आमतौर पर एक ट्रस्ट में दो ट्रस्टी होते हैं एवं ये प्रबंधक मंडल का गठन करते हैं।

यदि आप ट्रस्ट खोलने की इच्छा रखते हैं तो ट्रस्ट के स्थापन के लिए आपको उसी राज्य के अधिकार क्षेत्र के दफ्तर में पंजीकरण के लिए आवेदन फार्म जमा करना होगा। आवेदन फार्म में निम्नलिखित विवरण शामिल होने चाहिए-

1. ट्रस्टियों के नाम
2. हलफनामा
3. पंजीकरण शुल्क
4. उत्तराधिकार के बारे में जानकारी
5. सहमति पत्र

फिर आवेदक को क्षेत्रीय कार्यालय के अधीक्षक, चैरिटी आयुक्त, क्षेत्रीय अधिकारी व लेखापत्र प्रमाणकारी के सामने आवेदन फार्म पर हस्ताक्षर करने होंगे फलस्वरूप फार्म को डीड की एक कॉपी के साथ जमा करना होगा।

3. प्राइवेट लिमिटेड लाभ-निरपेक्ष कंपनी (सेक्शन-25 कंपनी)

भारतीय कंपनी अधिनियम 1956 की धारा 25 के अनुसार, वाणिज्य, धर्म, कला, दान, एवं विज्ञान जैसे महत्वपूर्ण क्षेत्र को आगे बढ़ाने के लिए सेक्शन 25 कंपनी की स्थापना की जा सकती है। इस अधिनियम के अंतर्गत रचित कंपनी उठाए गए बीड़े को पूरा करने के लिए अपनी आय व मुनाफे का उपयोग करेगी तथा कंपनी सदस्यों को लाभांश का भुगतान नहीं करेगी।

इस कंपनी को दर्ज करते वक्त ज्ञापन व संस्था के अंतर्नियमों की आवश्यकता होती है। इस कार्य की पूर्ति के लिए आपको स्टाम्प पेपर की जरूरत नहीं पड़ेगी। सेक्शन 25 कंपनी के कम से कम 3 ट्रस्टी होने चाहिए। इन कंपनियों को प्रबंधक मंडल ही प्रबंध समिति या निदेशक मंडल के रूप में संचालित करते हैं।

पंजीकरण के लिए आवेदन जमा करते वक्त निम्नलिखित कारकों को ध्यान में रखा जरूरी है-

1. यह आवेदन कंपनी के नाम के चयन के लिए कंपनी रजिस्ट्रार को भेजा जाएगा। इसके लिए आपको फार्म का इस्तेमाल करना होगा तथा आवेदन जमा करने के लिए शुल्क देने होंगे आवेदन में कंपनी के तीन अलग नाम लिखें ताकि सुझाया गया पहला नाम खारिज होने की स्थिति में चुनने के लिए अन्य नाम मौजूद हों।
2. नाम की पुष्टि होने के बाद, कंपनी लॉ बोर्ड के क्षेत्रीय निर्देशक को एक लिखित आवेदन प्रस्तुत किया जाना चाहिए।

यह आवेदन निम्नलिखित दस्तावेजों के साथ जमा किया जाना चाहिए-

1. संभावित कंपनी के ज्ञापन व संस्था के अंतर्नियम की 3 टाइप की हुई या प्रिंट की हुयी कॉपियाँ। इन पर संस्थापक के हस्ताक्षर सहित उनका पूरा नाम, व्यवसाय व पूरा पता दर्ज होना चाहिए।
2. चार्टर्ड एकाउंटेंट या वकील द्वारा प्रदान किया गया घोषणा पत्र जो यह वर्णित करे कि ज्ञापन व संस्था के अंतर्नियमों को एक्ट के नियमों एवं पंजीकरण जैसे मामलों को ध्यान में रख कर बनाया गया है।
3. संस्थापकों के नाम, कार्य विवरण व पते को सूचीबद्ध करती तीन कॉपियां। यदि संस्थापक एक फर्म है तो फर्म के सभी सहभागियों का विवरण प्रदान करना होगा। इसी प्रकार का विवरण भावी निर्देशक मंडल, संस्थापकों व भागीदारों का उपलब्ध कराना होगा।
4. संस्था के गठन की तिथि या 7 दिनों बाद दर्ज संस्था की कुल संपत्ति का विवरण, इसमें संस्था की संपत्ति की कीमत व ऋण का पूरा विवरण होना चाहिए।
5. कंपनी की अपेक्षित वार्षिक आय व व्यय का विवरण। इसमें, आय के स्रोतों को एवं खर्चों के क्षेत्रों को निर्दिष्ट करना आवश्यक है। संक्षिप्त विवरण में संस्थापकों की पिछली उपलब्धियों को बयान करें साथ ही सेक्शन 25 के रूप में कंपनी के पंजीकरण के बाद पूरे किए जाने वाले उद्देश्यों को स्पष्ट करें।
6. आवेदन जमा करने से जुड़े कारणों का एक विवरण

7. कंपनी अधिनियम 1956 की धारा 203 के अनुसार सभी संस्थापकों को अपने मानसिक स्वास्थ्य, आपराधिक रिकॉर्ड व अदालत के मामलों में अपनी अनुपस्थिति एवं निर्देशक के रूप में उपयुक्तता का एक घोषणा पत्र देना होगा।
8. अब संस्थापकों को कंपनी रजिस्ट्रार को अपने आवेदन की कॉपियों सहित अन्य दस्तावेज उपलब्ध करने होंगे यहां वही आवेदन व दस्तावेज जमा करें जो आपने कंपनी लॉ बोर्ड के क्षेत्रीय निदेशक के पास जमा कराए थे।

कंपनी लॉ बोर्ड के क्षेत्रीय निर्देशक के पास आवेदन जमा करने के 7 दिनों के भीतर संस्थापकों को प्रमुख अंग्रेजी या स्थानीय अखबार में एक नोटिस जारी करना होगा। यह नोटिस उसी क्षेत्रीय अखबार में छपना चाहिए, जहाँ एनजीओ पंजीकृत किया जाना है। यह निर्धारित तरीके के अनुसार किया जाना चाहिए। यदि अखबार में नोटिस प्रकाशित होने के 30 दिनों के भीतर क्षेत्रीय निर्देशक के सामने कोई आपत्तिजनक बात या मुद्दे का खुलासा होता है तब वे संबंधित अधिकारियों, मंत्रालयों एवं विभागों के साथ परामर्श करके लाइसेंस प्रदान करने पर निर्णय ले सकते हैं।

भारत सरकार की अनुदान एजेंसियां

01. मानव
02. संसाधन विकास मंत्रालय
03. महिला एवं बाल विकास विभाग
04. युवा मामले और खेल मंत्रालय
05. गैर परम्परागत ऊर्जा स्रोत मंत्रालय
06. कपड़ा मंत्रालय
07. स्वास्थ्य एवं परिवार कल्याण मंत्रालय
08. पर्यावरण और वन मंत्रालय
09. ग्रामीण विकास मंत्रालय
10. सामाजिक न्याय और अधिकारिता मंत्रालय
11. पर्यटन और संस्कृति मंत्रालय
12. खाद्य प्रसंस्करण उद्योग मंत्रालय
13. मंत्रालय सड़क सुरक्षा एवं राजमार्ग
14. कृषि एवं बागवानी मंत्रालय
15. विज्ञान और प्रौद्योगिकी मंत्रालय
16. मंत्रालय जनजातीय कार्य
17. श्रम मंत्रालय
18. नेशनल ट्रस्ट
19. केन्द्रीय समाज कल्याण बोर्ड

विदेशी आर्थिक सहायता एजेंसिया

01. ब्रिटिश उच्चायोग
02. बिल और मेलिंडा गेट्स फाउंडेशन
03. ऑक्सफेम
04. फोर्ड फाउंडेशन
05. स्विस एड
06. इन्फिनिटी फाउंडेशन
07. बोर्डा (जर्मनी)
08. कनाडा उच्चायोग
09. न्यूजीलैंड उच्चायोग
10. फिण्डहार्न फाउंडेशन
11. गिफर्ड (इजराइल)
12. यूरोपीय आयोग (ईसी)
13. यूनेस्को
14. आसैड
15. जापानी दूतावास

ट्रस्ट (Trust), सोसायटी (Society) व कंपनी (Company) - एक दृष्टि में - 1/3

प्रक्रिया, नियम और आवश्यकताएं	कंपनी	सोसायटी	ट्रस्ट
एनजीओ का स्टेटस। विशेष टिप्पणी - *कंपनी एक्ट के तहत अलाभकारी कंपनी, सोसायटी एक्ट के तहत रजिस्टर की हुई सोसायटी व ट्रस्ट एक्ट के तहत रजिस्टर की हुई पब्लिक चेरिटेबल ट्रस्ट ये तीनों एनजीओ ही कहलाती है।*	अलाभकारी कंपनी एनजीओ कहलाती है।	सोसायटी एनजीओ कहलाती है।	ट्रस्ट भी एनजीओ कहलाती है।
कानून/एक्ट जिनके तहत एनजीओ को रजिस्टर कराया जाता है।	कंपनीज एक्ट	सोसायटी रजिस्ट्रेशन एक्ट 1860	इंडियन ट्रस्टस एक्ट/बॉम्बे ट्रस्ट एक्ट/ देवस्थान ट्रस्ट एक्ट
कितना समय लगता है।	एक से दो महिना	एक से दो महिना	दो दिन से एक सप्ताह
रजिस्ट्रेशन के लिए अधिकृत संस्थान	रजिस्ट्रार ऑफ कम्पनी	रजिस्ट्रार या डीप्टी रजिस्ट्रार ऑफ सोसायटीज/चैरिटी कमिश्नर जो सम्बंधित राज्य/ चैरेटी कमिश्नर के न्याय क्षेत्र में है।	सब रजिस्ट्रार ऑफ रजिस्ट्रेशन / चैरिटी कमिश्नर
संस्था के नाम एप्रूवल के विषय में	रजिस्ट्रेशन से पहले रजिस्ट्रार ऑफ कम्पनी से एप्रूवल अनिवार्य	जिस रजिस्ट्रार ऑफिस से संस्था रजिस्टर करवा रहे है, उस रजिस्ट्रार के अधिकार न्याय क्षेत्र में यदि वांछित संस्था नाम पूर्व में रजिस्टर्ड न हो तो संस्था का नाम एप्रूवल हो जायगा। यदि उस कार्यालय से पहले से ही उसी नाम से संस्था रजिस्टर्ड है तो संस्था का नाम एप्रूवल नही होगा।	नाम एप्रूवल जरूरी नहीं बशर्ते रजिस्टर करवाई जा रही संस्था का नाम एम्बलम एक्ट के तहत नहीं आता हो।
द स्टेट एम्बलम ऑफ इंडिया (प्रोहिबिशन ऑफ इम्प्रोपर यूज एक्ट 2005)	यदि नाम एम्बलम एक्ट के दायरे में आता है तो उस नाम से एप्रूवल नहीं होगा।	यदि नाम एम्बलम एक्ट के दायरे में आता है तो उस नाम से एप्रूवल नहीं होगा।	यदि नाम एम्बलम एक्ट के दायरे में आता है तो उस नाम से अनुमति नहीं

			मिलेगी। *(विशेष टिपण्णी- यदि सम्बंधित रजिस्ट्रार ऑफिस के अधिकारी कर्मचारी एक्ट के दायरे में नहीं आने पर भी यदि ट्रस्ट का नाम एप्रूवल करने के लिए मना करते है, ऐसे में कानूनी चुनौती दी जा सकती है)*
परिवार के सदस्य संस्था के सदस्य बन सकते है?	कम्पनी का डायरेक्टर/निदेशक कोई भी हो सकता है, लेकिन संस्था के लिए सरकारी/विदेशी गैर सरकारी अनुदान नहीं मिल सकता, एक ही परिवार के सदस्य का कम्पनी में होना यहाँ अनुदान में बाधक है।	एक ही परिवार के सदस्य सोसायटी में नहीं हो सकते।	ट्रस्ट बनवाने के समय परिवार के सदस्यों का ट्रस्ट होना किसी भी तरह से गैर कानूनी नहीं है. सरकारी, विदेशी, गैर सरकारी अनुदान लेने के समय परिवार के सदस्य की जगह किसी अन्य को जो एक परिवार से न हो को शामिल करना होता है।
राज्य स्तर पर संस्था रजिस्टर हेतु कम से कम अनिवार्य सदस्य संख्या	कम से कम दो डायरेक्टर /निदेशक	कम से कम सात सदस्य	कम से कम दो ट्रस्टी
राष्ट्रीय स्तर पर संस्था रजिस्टर हेतु कम से कम अनिवार्य सदस्य संख्या. (अधिकतम सदस्य संख्या का कोई दायरा नहीं। अधिकतम सदस्य जितने उपलब्ध हों और संस्थान/संगठन बनाने/चलाने वाले चाहे उतने हो सकते है।)	कम से कम दो डायरेक्टर/ निदेशक	कम से कम आठ सदस्य। आठ सदस्य देश के 8 अलग-अलग राज्यों से होना जरूरी है। सदस्य देश के 8 अलग-अलग राज्यों से होना जरूरी है।	कम से कम दो सदस्य अनिवार्य।
गवर्निंग स्ट्रक्चर (कर्यकारिणी प्रारूप)	1. जनरल बॉडी ऑफ डायरेक्टर्स 2. बोर्ड ऑफ डायरेक्टर्स	1. जनरल बॉडी 2. एक्जेक्युटिव कमिटी	1.जनरल बॉडी/बोर्ड ऑफ ट्रस्टीज/बोर्ड ऑफ मेम्बर्स 2.एक्जेक्यूटिव कमिटी या सिर्फ जनरल बॉडी

			ऑफ ट्रस्टीज
संस्था संचालन का कार्यक्षेत्र	सम्पूर्ण भारत में कहीं पर भी। बशर्तें केंद्र सरकार द्वारा उसे वैध मान्यता प्राप्त हो।	राष्ट्रीय स्तर पर रजिस्टर की हुई संस्था सम्पूर्ण भारत में संस्था का कार्य कर सकती है. राज्य स्तर पर गठित संस्था राज्य में ही रह कर कार्य कर सकती है। देश के अन्य भागों में वह कार्य कर सकती है लेकिन इसके लिए संबंधित राज्य सरकार को आपत्ति न हो।	ट्रस्ट एक्ट के तहत रजिस्टर्ड संस्था सम्पूर्ण भारत में कार्य कर सकती है। बशर्तें ट्रस्ट डीड में इस तरह के प्रावधान/क्लाज को शामिल किया गया हो। कुछ विशेष राज्यों में
संस्था में अधिकार वोटिंग व अन्य	डायरेक्टर्स के पास शेयर होल्डिंग क्षमता के आधार पर वोटिंग अधिकार के प्रावधान है।	जनरल बॉडी के प्रत्येक सदस्य को समान वोटिंग अधिकार है।	सभी ट्रस्टीज को समान वोटिंग अधिकार है यदि उसे विशेष पावर नहीं दिए गये हो तो। अधिकृत सदस्यों को भिन्न पावर हो सकते हैं। ट्रस्ट में सेटलर को विशेष अधिकार भी दिए जा सकते है। अगर सेटलर चाहे तो ट्रस्ट में कई और अधिकार भी ले सकता है।
फंडिंग-फंडिंग प्राप्त करने की शर्तें, नियम व प्रक्रिया कम्पनी, सोसायटी व ट्रस्ट में एक जैसी ही है।	कम्पनी के पास फंड मिलने की संभावनाएं व अवसर हमेशा रहते है।	सोसायटी को राज्य व केंद्र सरकार के विभिन्न मंत्रालयों के नियमों को पूरा करने पर फंड मिल जाता है।	ट्रस्ट को राज्य व केंद्र सरकार के विभिन्न मंत्रालयों से उनके नियम व शर्तानुसार फंड मिल जाता है।
इनकम टेक्स विभाग में एन्यूअल रिटर्न व अन्य डोक्यूमेन्ट्स सबमिट करने?	वित्तीय वर्ष के आखिरी में कम्पनी को एन्यूअल रिटर्न और एकाउंट्स की ओडिट करवानी होती है।	सोसायटीज रजिस्ट्रेशन एक्ट की धारा 4 के अनुसार प्रत्येक वित्तीय वर्ष की एन्यूअल रिपोर्ट और एकाउंट्स की ओडिट करवानी होती है।	ट्रस्ट रजिस्ट्रेशन के बाद किसी भी प्रस्ताव पारित करने की सूचना ट्रस्ट रजिस्ट्रेशन ऑफिस को नहीं देनी होती है। हाँ विभिन्न महकमें से फंडिंग मिल जाए इसके लिए एन्यूअल रिपोर्ट व ओडिट

			रिपोर्ट ट्रस्ट को बनवाना चाहिए।
जनरल बॉडी और बोर्ड मीटिंग	कंपनीज एक्ट के तहत प्रत्येक वर्ष कम से कम एक बार एन्यूअल जनरल मीटिंग व चार बोर्ड मीटिंग करना जरूरी है।	सोसायटीज एक्ट के तहत समय -समय पर जनरल बॉडी व बोर्ड मीटिंग करना जरूरी है।	ट्रस्ट एक्ट में ऐसा कोई प्रावधान तो नहीं है लेकिन फिर भी सक्रिय संस्था संचालन के लिए बोर्ड और ट्रस्टीज व कमिटी सदस्यों की नियमित मीटिंग होनी चाहिए. इसके लिए ट्रस्ट डीड में मीटिंग के प्रावधान नियम शामिल करने चाहिए. ट्रस्ट डीड में मीटिंगज का प्रावधान जोड़ा जाता है।
डायरेक्टरशिप/मेम्बरशिप/ ट्रस्टीशिप का ट्रांसफर	डायरेक्टरशिप का ट्रांसफर हो सकता है। ट्रांसफर पर प्रतिबन्ध भी लगा सकते है।	एक्ट के अनुसार सदस्यता का ट्रांसफर नहीं हो सकता।	ट्रस्टीशिप के ट्रांसफर का इंडियन ट्रस्ट एक्ट में कोई प्रावधान नहीं है।
संस्था के नाम के साथ क्या फाउंडेशन, ट्रस्ट, सोसायटी, समिति एनजीओ शब्द लगा सकते है?	फाउंडेशन, समिति शब्द नाम के साथ लगा सकते है।	फाउंडेशन, समिति, सोसायटी, आर्गेनाइजेशन शब्द संस्था/ सोसायटी के नाम के साथ लगा सकते है।	ट्रस्ट के नाम के साथ फाउंडेशन, ट्रस्ट, समिति, सोसायटी या इसी तरह के अन्य शब्द लगा सकते है. ट्रस्ट बनाते समय नाम के साथ ट्रस्ट ही लगाना जरूरी नहीं है।
क्या कोई विदेशी डायरेक्टर/ सदस्य /ट्रस्टी बन सकता है?	विदेशी डायरेक्टर्स बन सकते है।	कोई विदेशी सोसायटी का सदस्य बन सकता है।	ट्रस्ट में विदेशी के सदस्य बनने हेतु कोई प्रतिबन्ध/निषेध नहीं है अतः कोई विदेशी ट्रस्ट में सदस्य बन सकता है।
क्या किसी विदेशी के एनजीओ में रहने पर FCRA मिल जाएगा ?	कंपनीज एक्ट में किसी विदेशी के कम्पनी में रहने पर FCRA मिलने में कुछ दिक्कतें है।	किसी विदेशी के किसी सोसायटी में सदस्य होने पर FCRA मिलना मुश्किल है. लेकिन कुछ मामले में FCRA मिल जाता है।	ट्रस्ट में किसी विदेशी के सदस्य होने पर FCRA मिलना मुश्किल है लेकिन कुछ मामले में FCRA

			मिल जाता है। यदि उस विदेशी के पास उन्मूल सिटीजनशिप हो तो।
प्रोविजन ऑफ रिकरिंग एक्सपेंडिचर	तय फीस के साथ एन्यूअल रिटर्नस व बेलेंसशीट रजिस्ट्रार ऑफ कम्पनीज को फाइल करनी होती है। कोई प्रस्ताव पारित होने पर भी फीस देनी होती है।	कम और मामूली खर्चे की कुछ औपचारिकताएं है।	ट्रस्ट रजिस्ट्रेशन के बाद रजिस्ट्रेशन से सम्बंधित किसी भी तरह का रिकरिंग एक्सपेंडिचर नहीं है।
स्कूल/कॉलेज शिक्षण संस्था चलाने की योग्यता	नॉन प्रॉफिट कम्पनी स्कूल /कॉलेज जैसी शिक्षण संस्थान का संचालन कर सकती है। कुछ राज्यों को छोड़ कर।	सोसायटी राजस्थान सहित सभी राज्यों में स्कूल/कॉलेज शिक्षण संस्थान खोल सकती है।	ट्रस्ट भी स्कूल/कॉलेज जैसी शिक्षण संस्थाएं संचालित कर सकती है। लेकिन भारत के राजस्थान जैसे कई राज्यों में शिक्षण संस्थाएं सिर्फ सोसायटी रजिस्ट्रेशन एक्ट के तहत बनी सोसायटी ही चला सकती है। अतः राजस्थान में शिक्षण संस्था चलानी हो तो संस्था अलग से सोसायटी में बनाए व अन्य सामाजिक कार्यों के लिए ट्रस्ट बनावें।
क्या सदस्य तनख्वाह/ वेतन/सैलेरी संस्था से ले सकते है ?	जनरल बॉडी ऑफ कम्पनी तनख्वाह सदस्यों को देने का प्रस्ताव पारित करती है। तनख्वाह ले सकते है/लेते है।	जनरल बॉडी के सदस्यों को तनख्वाह देने के आदेश पारित करने के अधिकार है।	ट्रस्टी प्रत्यक्ष रुप से ट्रस्टी के रूप में तनख्वाह नहीं ले सकते। हाँ, किसी प्रोजेक्ट में कन्सल्टेंसी फीस या निर्धारित कार्य के लिए राशि ले सकते है।

भाग-04

सर्वेक्षण (Survey)

आकड़ा (Data)

सर्वेक्षण (Survey) -अर्थ एवं प्रकार

आधुनिक जीवन में सर्वेक्षण का प्रयोग व उपयोगिता

भारत में अध्ययन/सर्वेक्षण/प्रतिवेदन

जनमत से अलग सर्वेक्षण के आधार

आँकड़ा (Data)

गुणात्मक या मात्रात्मक चर के मानों के समुच्चय को आँकड़ा या डेटा (Data) कहते हैं। आँकड़े मापे जाते हैं, एकत्र किये जाते हैं, रिपोर्ट किये जाते हैं तथा उनका विश्लेषण किया जाता है। विश्लेषण के पश्चात आंकड़ों को ग्राफ या छबि (इमेज) के रूप में प्रस्तुत किया जा सकता है। आँकड़े अपने आप में सूचना नहीं होते, उनका प्रसंस्करण (प्रोसेसिंग) करके उनसे सूचना निकाली जाती है।

आँकड़ा + प्रसंस्करण -> सूचना -> ज्ञान

आँकड़ा विज्ञान

आँकड़ा विज्ञान (Data Science) आँकड़ों का विश्लेषण करके उनसे ज्ञान (जानकारी) बाहर निकालता है। आँकड़ा विज्ञान गणित, सांख्यिकी, सूचना सिद्धान्त, सूचना प्रौद्योगिकी आदि अनेकों क्षेत्रों के सिद्धान्तों तथा तकनीकों का प्रयोग करता है। वे विधियाँ जो विशाल आँकड़ों के लिये भी काम करती हैं वे आँकड़ा विज्ञान के क्षेत्र में विशेष महत्व रखतीं हैं। कृत्रिम बुद्धि की मशीन अधिगम (Machine Learning) नामक शाखा के विकास से इस क्षेत्र के विकास को नयी गति और महत्व मिला है।

आंकड़ा संरचना

आंकड़ा संरचना एक तरीका है, जिससे कुशलतापूर्वक आँकड़ों को संयोजित रखा जाता है। यह मुख्य रूप से किसी जानकारी को तालिका में एक संख्या देकर रख के उसे स्मृति (मेमोरी) में डाल देता है। जिससे कभी भी उसकी आवश्यकता होती है, तो हम सरलता पूर्वक उसे खोज सकते है, या पल में ही उस संख्या द्वारा उसे देख सकते है।

इच्छा और आँकड़ा

स्वामी विवेकानन्द के अनुसार-ज्ञान की निम्न भूमि हम पशुओं में देखते हैं और उसे-सहजात ज्ञान कहते हैं। सहजात ज्ञान में प्रायः कभी भूल नहीं होती। एक पशु इस सहजात ज्ञान के प्रभाव से कौन सी घास खाने योग्य है, कौन सी घास विषाक्त है, यह सुविधापूर्वक समझ लेता है। उनके पश्चात् हमारा (मानव का) साधारण ज्ञान आता है-यह सहजात ज्ञान की अपेक्षा उच्चतर अवस्था है। हमारा साधारण ज्ञान भ्रान्तिमय है, यह पग-पग पर भ्रम में जा पड़ता है। इसे ही आप युक्ति अथवा विचारशक्ति कहते हैं। अवश्य सहजात ज्ञान की अपेक्षा उसका प्रसार अधिक दूर तक है, किन्तु सहजात ज्ञान की अपेक्षा युक्ति विचार में अधिक भ्रम की आशंका है। मन की और एक उच्चतर अवस्था विद्यमान है,-ज्ञानातीत अवस्था-इस अवस्था में केवल योगीगण का ही अर्थात् जिन्होंने यत्न करके इस अवस्था को प्राप्त किया है, उनका ही अधिकार है। वह सहजात ज्ञान के समक्ष भ्रान्ति से विहिन है और

युक्तिविचार से भी उसका अधिक प्रसार है। वह सर्वोच्च अवस्था है। जिस प्रकार मनुष्य के भीतर महत् ही ज्ञान की निम्नभूमि, साधारण ज्ञानभूमि और ज्ञानातीत भूमि है, उसी प्रकार इस वृहत् ब्रह्माण्ड में भी यही सर्वव्यापी बुद्धितत्व अथवा महत्-सहजात ज्ञान, युक्ति विचार से उत्पन्न ज्ञान और विचार से अतीत ज्ञान, इन तीन प्रकारों से स्थित है। ज्ञान का अर्थ है-सदृश वस्तु के साथ उसका मिलन। कोई नया संस्कार आने पर यदि आप लोगों के मन में उसके सदृश सब संस्कार पहले से ही वर्तमान रहे, तभी आप तृप्त होते हैं, और इस मिलन अथवा सहयोग को ही ज्ञान कहते हैं। अतएव ज्ञान का अर्थ, पहले से ही हमारी जो अनुभूति-समष्टि विद्यमान है, उसके साथ और एक सजातीय अनुभूति को एक ही कोष में प्रतिष्ठित कर देना है। तथा पहले से ही आपका एक ज्ञान भण्डार न रहने पर कोई नया ज्ञान ही आपका नहीं हो सकता, यही उसका सर्वोत्तम प्रबल प्रमाण है।

उपरोक्त वाणी का अर्थ है-मनुष्य के लिए ज्ञान वह है जो हमारे मस्तिष्क के यादों में पहले से विद्यमान रहता है और कुछ नया विषय मिलने पर जब उससे, उसका मिलान होता है तब ज्ञान प्रमाणित होती है या ज्ञान का विकास होता है।

प्रत्येक व्यक्ति के लिए अपने मस्तिष्क के लिए यह विश्लेषण का विषय है कि वह वह इच्छा से संचालित है या आँकड़ा से? किसी भी व्यक्ति को यदि चाय पीने की इच्छा कर रही हो तो वह किस ओर निकलेगा?

अगर इच्छा कर दिया और वह किसी भी दिशा में निकल लिया तो उसे जीव कहते हैं, इस स्थिति में चाय मिल भी सकती है और नहीं भी। अगर मिल गई तो भाग्य या किस्मत जैसी वाली बात पर विश्वास की ओर वह चला जायेगा। और ना भी मिला तो भी भाग्य या किस्मत जैसी वाली बात पर विश्वास की ओर वह चला जायेगा। इस प्रकार के संचालन को जीव संचालन विधि कहते हैं। जीव, पूर्णतः प्राकृतिक रूप से रहते हैं और संचालित रहते हैं। किसी भी ओर निकल लिए, मिल गया खा लिए, मिल गया पी लिये, कहीं भी उसका निस्तारण भी कर दिये। उनका सम्पूर्ण संचालन वातावरण और परिस्थितियों के अनुसार है। इतना होने के बावजूद भी जीव भी अपने मस्तिष्क में आँकड़ों का संचय करते हैं और उसके अनुसार उनका संचालन होता हैं।

अगर इच्छा कर दिया और वह उस दिशा में निकल लिया जिस ओर चाय मिलने का आँकड़ा (डेटा या डाटा) उसके मस्तिष्क में पहले से विद्यमान है उसे मनुष्य कहते हैं, इस स्थिति में चाय मिलेगी ही मिलेगी अगर नहीं मिलती तो उस चाय के स्थान पर चाय बनाने के सामानो में कुछ कमी हो सकती है लेकिन वह वहीं पहुँचेगा जहाँ पहले चाय मिलती रही है और उसका पहले आना हुआ था या किसी ने यह आँकड़ा पहले से उसे दे रखा था। इस प्रकार के संचालन को मानव संचालन विधि कहते हैं।

मनुष्य को इस विषय पर सूक्ष्म दृष्टि से चिंतन करना चाहिए। मनुष्य हमेशा अपने प्रत्येक गतिविधि में इच्छा से नहीं बल्कि आँकड़ों से संचालित होता है जो उसके ज्ञान में पहले से विद्यमान है या उन आँकड़ों के संग्रह के लिए संचालित रहता है जो उसे चाहिए जिसे खोज या तलाश कहते हैं।

मनुष्य के मस्तिष्क में जितने अधिक आँकड़ें रहेंगे, उसका संचालन उन आँकड़ों के अनुसार उतने ही व्यापक क्षेत्र में होगा। इसलिए ही ज्ञान ही सर्वस्व है। ज्ञान का संकलन अपने मस्तिष्क में सदैव करते रहना चाहिए। कुछ इस जीवन में कभी भी काम आ सकता है। कुछ अगले जन्म में, जब हम नया शरीर पाते हैं।

स्वामी विवेकानन्द के अनुसार-"फलानुमेयाः प्रारम्भाः संस्कराः प्राक्तना इव" फल को देखकर ही कार्य का विचार सम्भव है। जैसे कि फल को देखकर पूर्व संस्कार का अनुमान किया जाता है। एक विशेष प्रवृत्ति वाला जीवात्मा "योग्य योग्येन युज्यते" इस नियमानुसार उसी शरीर में जन्म ग्रहण करता है जो उस प्रवृत्ति के प्रकट करने के लिए सबसे उपयुक्त आधार हो। यह पूर्णतया विज्ञान संगत है, क्योंकि विज्ञान कहता है कि प्रवृत्ति या स्वभाव अभ्यास से बनता है और अभ्यास बारम्बार अनुष्ठान का फल है। इस प्रकार एक नवजात बालक की स्वाभाविक प्रवृत्तियों का कारण बताने के लिए पुनः पुनः अनुष्ठित पूर्व कर्मो को मानना आवश्यक हो जाता है और चूंकि वर्तमान जीवन में इस स्वमाव की प्राप्ति नहीं की गयी, इसलिए वह पूर्व जीवन से ही उसे प्राप्त हुआ है। यदि प्रवृत्ति बारम्बार किये हुये कर्म का परिणाम है, तो जिन प्रवृत्तियों को साथ लेकर हम जन्म धारण करते है, उनको समझने के लिए उस कारण का भी उपयोग करना चाहिए। यह तो स्पष्ट है कि वे प्रवृत्तियाँ हमें इस जन्म में प्राप्त हुई नहीं हो

सकती;अतः हमें उनका मूल पिछले जन्म में ढूंढना चाहिए। अब यह भी स्पष्ट है कि हमारी प्रवृत्तियों में से कुछ तो मनुष्य के ही जान-बूझकर किये हुए प्रयत्नों के परिणाम है, और यदि यह सच है कि हम उन प्रवृत्तियों को अपने साथ लेकर जन्म लेते हैं, तब तो बिल्कुल यही सिद्ध होता है कि उनके कारण गतजन्म में जान-बूझकर किये हुये प्रयत्न ही है-अर्थात् इस वर्तमान जन्म के पूर्व हम उसी मानसिक भूमिका में रहे होंगे, जिसे हम मानव भूमिका कहते हैं।

हम सभी अपने पूर्व जन्म के अधूरी इच्छा को पूर्ण करने के लिए योग्य माता-पिता सहित वातावरण के अनुसार शरीर धारण किये हैं इसलिए अपने उपलब्ध संसाधन का अध्ययन करें और अपने पूर्व जन्म के अधूरी इच्छा को पूर्ण करने के लिए उन आँकड़ों को जानने व उसके अनुसार संचालित होने की कोशिश करें जो हमारे मस्तिष्क में संचित है।

सर्वोच्च आँकड़ा तो ये है कि हम सभी ईश्वर बनने के मार्ग पर हैं और उस ओर की ही हमारी यात्रा है। चाहे कई जन्म क्यों न लेना पड़े। हमारा शरीर धारण के कर्तव्य से अलग मस्तिष्क में अधिक से अधिक आँकड़ों का संग्रह भी है जो ज्ञान का जन्मदाता है।

इस प्रकार हमारा संचालक इच्छा नहीं बल्कि आँकड़े हैं और मन मन से किसी वस्तु को देखना सत्य नहीं है बल्कि आँकड़ों की दृष्टि से देखना सत्य है। आँकड़ों का प्रमाण के फलस्वरूप व्यक्त हुये है श्री लव कुश सिंह "विश्वमानव"।

सर्वेक्षण (Survey)-अर्थ एवं प्रकार

शब्द "Survey" दो शब्दों Sur (Sor) + Vey (Veeir) से मिलकर बना है जिसका अर्थ ऊपर देखना या ऊपर से निरीक्षण करना है। इस विधि का प्रयोग सामान्यतया सामाजिक तथा शैक्षिक समस्याओं के अध्ययन के लिए किया जाता है। जब अनुसंधानकर्ता किसी सामाजिक व्यवहार का अध्ययन कम समय में करना चाहता है या कम समय में लोगों के मत का सर्वेक्षण करना चाहता है, तो वह सर्वेक्षण विधि का प्रयोग करता है। Chaplin (1975) का मत है कि "सर्वेक्षण विधि का तात्पर्य निदर्शन तथा प्रश्नावली विधि द्वारा जनमत के मापन से है।" (Survey method refers to the measurement of public opinion by the use of A sampling And questionnaire technique.)। सर्वेक्षण विधि को परिभाषित करते हुए Kerlinger (1973) ने अपना मत इस प्रकार प्रकट किया है-"सर्वेक्षण अनुसंधान सामाजिक वैज्ञानिक अनुसंधान की वह शाखा है जो छोटी तथा बड़ी जनसंख्याओं का अध्ययन चयन किये गये प्रतिदर्शों के द्वारा सापेक्षिक घटनाओं, वितरणों, अन्तर्सम्बन्धों तथा सामाजिक मनोवैज्ञानिक परिवत्र्यों के माध्यम से किया जाता है।" (Survey research is that branch of social scientific investigation that studies large And small population by selecting And studying small samples chosen from the population to discover the relative incidents, distributions of sociological And psychological variables.)

सामाजिक सर्वेक्षण एक वैज्ञानिक अध्ययन है, एक प्रक्रिया है जिसके द्वारा किसी निश्चित भौगोलिक क्षेत्र में घटित होने वाली घटनाओं के विषय में विश्वसनीय तथ्यों का विस्तृत संकलन किया जाता है। इसकी सहायता से किसी भी पक्ष, विषय या समस्या का खोजपूर्ण निरीक्षण किया जाता है तथा उससे संबंधित विश्वसनीय विस्तृत तथ्यों का संकलन करके वास्तविक एवं प्रयोग से निष्कर्ष निकाले जाते हैं। इन निष्कर्षों के आधार पर रचनात्मक योजनाओं का निर्माण करके समाज सुधार और समाज कल्याण की दिशा में महत्वपूर्ण कार्य किए जाते हैं।

सर्वेक्षण के प्रकार (Types of Survey)

Kerlinger के अनुसार यह चार प्रकार का होता है-

1. वैयक्तिक साक्षात्कार एवं अनुसूची (Personal Interview And Schedules)

सामाजिक विज्ञान अनुसंधानों में यह विधि सर्वाधिक लोकप्रिय है। प्रदत्त संकलन की यह एक प्रमुख विधि है। इसके लिए प्रश्नावली या अनुसूची का निर्माण करना होता है। इसके लिए अनुसंधानकर्ता को प्रश्नावली या अनुसूची का निर्माण करने में अधिक परिश्रम होता है जिसमें कई सूचनाएँ यथा-आयु, यौन, शिक्षा, आय, मत, अभिवृत्ति, व्यवहार का कारण आदि सम्मिलित होती है। यद्यपि साक्षात्कार अनुसूची की रचना में धन व समय अधिक लगता है। इस विधि में प्राप्त सूचनाओं की प्रकृति समाजशास्त्री होती है जैसे-यौन, वैवाहिक स्थिति, आय, राजनीतिक वरीयता, धार्मिक वरीयता आदि। यह सूचनाएँ अतिआवश्यक होती हैं। इनके द्वारा दो परिवत्र्यों के बीच

पाए जाने वाले सम्बन्धों का अध्ययन किया जाता है। इन सूचनाओं को Face Sheet Information कहते हैं। यह सूचनाएँ साक्षात्कार प्रारम्भ करने के पहले प्राप्त कर ली जाती है। यह सूचनाएँ तटस्थ होती हैं। इन्हीं के आधार पर अनुसंधानकर्ता प्रारम्भिक सम्पर्क स्थापित करता है। प्राप्त सूचनाओं के आधार पर भूत, वर्तमान एवं भविष्य के व्यवहार का विश्लेषण कर सकते हैं। इस विधि के द्वारा संज्ञानात्मक वस्तुओं के प्रति उत्तरदाता के अभिवृत्ति, मत और विश्वास को ज्ञात कर सकते हैं।

2. चयनक विधि (Panel Technique)

इसमें उत्तरदाताओं के प्रतिदर्श का चयन किया जाता है और उनका साक्षात्कार लिया जाता है। तत्पश्चात् प्राप्त प्रदत्त का विश्लेषण किया जाता है। मुख्य बात यह है कि इसमें कई निरीक्षक एक साथ होते हैं।

3. दूरभाष सर्वेक्षण (Telephone Survey)

इस विधि में विस्तृत विवरण नहीं प्राप्त होता है। इसलिए इस विधि का प्रयोग भी कम किया जाता है। यद्यपि इस विधि में समय भी कम लगता है और गति से कार्य होता है। इस विधि का प्रयोग उस समय किया जाता है जब

1. साक्षात्मकारकर्ता, उत्तरदाता से अपरिचित होता है।
2. जब उत्तरदाता सरल प्रश्नों का ही उत्तर देना चाहता है।
3. जब उत्तरदाता अ-सहयोगी और अ-अनुक्रियाशील होते हैं।

4. डाक प्रश्नावली (Mail Questionnaire)

डाक प्रश्नावली शिक्षा के क्षेत्र में बहुत लोकप्रिय है परन्तु इसकी कुछ कमियाँ भी है-

1. इसमें समस्त प्रश्नों के उत्तर प्राप्त करने की सम्भावना कम पायी जाती है।
2. दिये गये उत्तरों की जाँच करने में अनुसंधानकर्ता अक्षम होता है।
3. कम लोग ही प्रश्नावलीयों को वापस करते हैं।
4. 40 से 50 प्रतिशत प्रश्नावलीयाँ ही वापस होती हैं।
5. प्रश्नावलीयों के वापसी की संख्या बढ़ाने के लिए प्रश्नावलीयों को पुनः भेजने चाहिए, टिकट लगा लिफाफा भेजना चाहिए।

सर्वेक्षण विधि के लाभ (Advantage of Survey Research)

1. सर्वेक्षण प्रदत्त की जाँच आसानी से की जा सकती है।
2. उत्तरदाता का पुनः साक्षात्कार करके उनके दोनों अनुक्रियाओं की तुलना की जा सकती है।
3. कम पैसे में ही विशाल जनसंख्या से प्रदत्त संकलित किया जाता है।
4. इस विधि में प्राप्त की गई सूचनाएँ अधिक परिशुद्ध होती हैं।
5. इस विधि के द्वारा सैद्धान्तिक, व्यवहारिक तथा शैक्षिक समस्याओं का समाधान होता है।

आधुनिक जीवन में सर्वेक्षण का प्रयोग व उपयोगिता

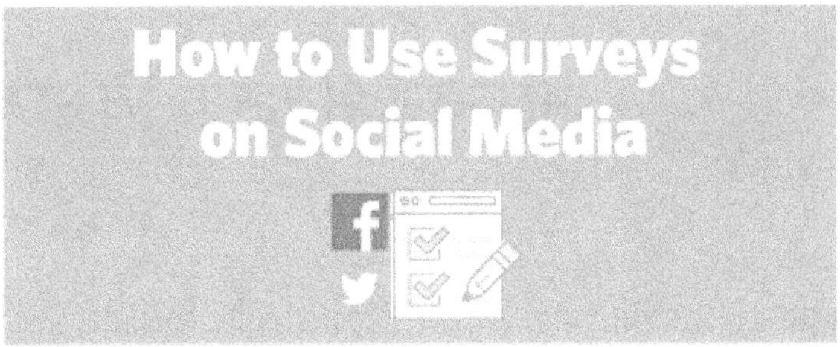

मानव सभ्यता के विकास के साथ जनसंख्या में भी बढ़ोत्तरी होती गई। हम सभी परिवार, कुनबे-कबीले से होते हुये गाँव, राज्य, जिला, प्रदेश, देश और अब विश्व-राष्ट्र तक आ गये हैं। ये स्तर मानव के सामूहिक सोच के क्षेत्र हैं। प्रत्येक सोच-क्षेत्र की अपनी आवश्यकता और व्यवस्था संचालन है। छोटे स्तर पर व्यक्ति का व्यक्ति से सम्पर्क होता है इसलिए वहाँ सर्वेक्षण की बहुत आवश्यकता नहीं पड़ती क्योंकि वहाँ सम्पर्क के द्वारा ही राय-मत-विचार के आँकड़े मिल जाते हैं। सोच के बड़े क्षेत्र में व्यवस्था संचालन के लिए योजना बनानी पड़ती है। ये योजनाएँ वर्तमान के लिए तथा साथ ही साथ भविष्य की आवश्यकतानुसार भी होती हैं।

वर्तमान तथा भविष्य की आवश्यकतानुसार योजना बनाने के लिए उस क्षेत्र के स्तर के आँकड़ों की आवश्यकता होती है। ये आँकड़ें उस विषय क्षेत्र के लिए होते हैं जिस क्षेत्र के लिए वर्तमान तथा भविष्य की आवश्यकतानुसार योजना बनानी होती है।

आधुनिक जीवन में सर्वेक्षण के बिना कोई योजना बनानी मुश्किल है क्योंकि हम सभी इतने विशाल जनसंख्या की ओर बढ़ते जा रहें कि उनकी व्यवस्था के लिए बिना सर्वेक्षण से प्राप्त आँकड़ों के बिना व्यवस्था सम्भालना असम्भव है। वर्तमान समय में सर्वेक्षण और आँकड़ा हमारे जीवन का अंग है और व्यष्टि (व्यक्तिगत) रूप से जिससे हम सभी संचालित हैं वह अब व्यक्त होकर समष्टि (संयुक्त) रूप से संचालित हो रहे हैं। जीवन के हर क्षेत्र में सर्वेक्षण का प्रयोग व उपयोगिता प्रवेश कर चुकी है।

वर्तमान आधुनिक जीवन की अधिकतम योजनाएँ वैश्विक दृष्टि से अर्थात् अपने मन को इस पृथ्वी से बाहर स्थित कर सम्पूर्ण पृथ्वी के लिए सर्वेक्षण कर योजनाएँ, कानून-नियम इत्यादि बन रहें हैं। जिस प्रकार व्यक्ति स्वयं और परिवार के लिए वर्तमान और भविष्य के लिए योजना संकलित आँकड़े के आधार पर बनाता है उसी प्रकार वैश्विक नेतृत्व पूरे पृथ्वी पर रहने वाले मनुष्य, जीवन, पर्यावरण और पृथ्वी की सुरक्षा के लिए योजना बनाते हैं और यह सर्वेक्षण और संकलित आँकड़ों के बिना असम्भव है।

जिस प्रकार नदी में जल का सतत प्रवाह होता रहता है उसका उपयोग सिंचाई में हो सकता है। परन्तु बाँध बनाकर जल का उपयोग करने से बिजली भी बनायी जा सकती है। उसी प्रकार मानव समाज में आँकड़ों (डाटा) का सदैव प्रवाह हो रहा है उसे अपने मस्तिष्क में रोककर इकट्ठा करने से ही उसका विश्लेषण हो सकता है। जितने अधिक आँकड़ों से विश्लेषण होगा परिणाम उतना ही सटीक होगा। यही बुद्धि है। कम्प्यूटर में भी यदि आँकड़े कम होंगे तो विश्लेषण भी कम ही प्राप्त किये जा सकते हैं। जितने बड़े क्षेत्र के लिए कार्य करना हो उतने बड़े क्षेत्र से सम्बन्धित आँकड़े जुटाये जाते हैं। यही बुद्धि है। कोई भी कार्य सिर्फ एक कारण से नहीं होता। अधिक से अधिक कारणों को जानना, कर्म की सटीक व्याख्या है।

इस प्रकार हमारा संचालक इच्छा नहीं बल्कि आँकड़े हैं और मन से किसी वस्तु को देखना सत्य नहीं है बल्कि आँकड़ों की दृष्टि से देखना सत्य है। पृथ्वी के बाहर अपने मन को स्थित कर सम्पूर्ण पृथ्वी के कल्याण के लिए क्रियाकलापों का सर्वेक्षण और आँकड़ों के प्रमाण के फलस्वरूप ही श्री लव कुश सिंह "विश्वमानव" और उनका यह शास्त्र "विश्वशास्त्र" व्यक्त हुआ है। इसलिए मनुष्य जीवन में सर्वेक्षण और आँकड़ों का बहुत महत्व है। भविष्य के बौद्धिक मनुष्य का यही अस्त्र है।

भारत में अध्ययन/सर्वेक्षण/प्रतिवेदन

भारतीय सर्वेक्षण विभाग
Survey of India

भारत में अनेक अभिकरण और संगठन अध्ययन और सर्वेक्षणों का आयोजन करते हैं, साथ ही अर्थव्यवस्था की विविध पहलुओं शामिल करते हुए एक नियमित आधार पर रिपोर्ट प्रकाशित करते हैं। प्रत्येक अनुसंधान और प्रकाशन देश के एक विशेष खंड पर केन्द्रित होता है तथा इसके निष्पादन और घटनाओं का विश्लेषण करता है।

भारतीय रिजर्व बैंक (आरबीआई) सबसे महत्वपूर्ण संगठन है जो अपने वार्षिक, तिमाही, मासिक, साप्ताहिक और यदाकदा होने वाले प्रकाशनों में अर्थव्यवस्था के सभी क्षेत्रों पर सूचना और आंकड़े प्रकाशित करता है।

सांख्यिकीय और कार्यक्रम कार्यान्वयन मंत्रालय यह अंतरराष्ट्रीय मानकों के साथ विश्वसनीय और साखपूर्ण सांख्यिकीय आंकड़ों के प्रसार हेतु एक शीर्ष संगठन है। इस प्रयोजन के लिए मंत्रालय ने "सांख्यिकीय स्कंध" बनाया है जिसमें केन्द्रीय सांख्यिकीय संगठन (सीएसओ) और राष्ट्रीय नमूना सर्वेक्षण संगठन (एनएसएसओ) शामिल हैं। केन्द्रीय सांख्यिकीय संगठन (सीएसओ) यह देश में सांख्यिकीय गतिविधियों के समन्वय तथा सांख्यिकीय मानकों के रखरखाव हेतु उत्तरदायी है। इसकी गतिविधियों में शामिल हैं राष्ट्रीय आय लेखा, उद्योगों के वार्षिक सर्वेक्षण आयोजित करना, आर्थिक जनगणना और इसके अनुपालन सर्वेक्षण, औद्योगिक उत्पादन के सूचकांक का संकलन, शहरी नॉन-मैनुअल कर्मचारियों के लिए उपभोक्ता मूल्य सूचकांक।

राष्ट्रीय नमूना सर्वेक्षण संगठन (एनएसएसओ) यह आर्थिक सर्वेक्षण करता है, उद्योगों के वार्षिक सर्वेक्षण के लिए क्षेत्र कार्य करता है और आर्थिक जनगणना के अनुपालन सर्वेक्षणकर्ता है, क्षेत्र की गणना पर और फसल आकलन सर्वेक्षणों पर नियंत्रण रखता है तथा ग्रामीण और शहरी क्षेत्रों से मूल्य आंकड़ों के संग्रह के अलावा शहरी नमूने लेने में उपयोगी शहरी रूपरेखा तैयार करता है। एनएसएसओ में चार प्रभाग हैं नामतः सर्वेक्षण डिजाइन और अनुसंधान प्रभाग (एसडीआरडी), क्षेत्र प्रचालन प्रभाग (एफओडी), आंकड़ा प्रक्रमण प्रभाग (डीपीडी) तथा समन्वय एवं प्रकाशन प्रभाग (सीपीडी)। एनएसएसओ के प्रतिवेदन और प्रकाशन ये हैं-सामाजिक-आर्थिक सर्वेक्षण, मूल्य संग्रह सर्वेक्षण, उद्योगों का वार्षिक सर्वेक्षण, कृषि सांख्यिकीय सर्वेक्षण, शहरी रूपरेखा सर्वेक्षण

अंतरराष्ट्रीय स्तर पर अनेक प्रतिवेदन तैयार किए और प्रकाशित किए जाते हैं, जो विश्व के अन्य देशों की तुलना में भारत के निष्पादन का विश्लेषण करते हैं। इनमें से प्रमुख इस प्रकार हैं-

1. विश्व बैंक की वार्षिक पत्रिका वर्ल्ड डेवलपमेंट रिपोर्ट (डब्ल्यूडीआर) वर्तमान में दुनिया की आर्थिक, सामाजिक और पर्यावरण की स्थिति जानने का एक अनमोल मार्गदर्शक है। प्रति वर्ष ये विकास के किसी एक विशिष्ट पक्ष का गहराई से विश्लेषण प्रस्तुत करते हैं। इन प्रतिवेदनों में अनेक विषयों को शामिल किया जाता है जैसे राज्य की भूमिका, संक्रमण अर्थव्यवस्था, श्रम, मूलसंरचना, स्वास्थ्य, पर्यावरण और गरीबी।
2. ह्यूमन डेवलपमेंट रिपोर्ट (एचडीआर) इसे 1990 में लोगों को आर्थिक वाद विवाद, नीति और समर्थन के संदर्भ में विकास प्रक्रिया के मध्य में रखने के एक मात्र लक्ष्य के साथ आरंभ किया गया था। इस स्वतंत्र प्रतिवेदन की स्थापना यूनाइटेड नेशन्स डेवलपमेंट प्रोग्राम (यूएनडीपी) द्वारा की गई है। इस प्रतिवेदन का अनुवाद एक दर्जन से अधिक भाषाओं में किया गया है और हर वर्ष 100 से अधिक देशों में आरंभ किया जाता है। 16 अन्य राज्यों ने अपने उप राष्ट्रीय मानव विकास प्रतिवेदन बनाने आरंभ किए हैं-जो हैं-असम, अरुणाचल प्रदेश, दिल्ली,

तमिलनाडु, हिमाचल प्रदेश, कर्नाटक, सिक्किम, महाराष्ट्र, राजस्थान, पश्चिम बंगाल, पंजाब, नागालैंड, ओडिशा, गुजरात छत्तीसगढ़, केरल।

सर्व प्रथम विश्व स्वास्थ्य प्रतिवेदन विश्व स्वास्थ्य संगठन (डब्ल्यूएचओ) द्वारा वर्ष 1995 में प्रकाशित किया गया है। हर वर्ष सभी देशों से संबंधित आंकड़ों के साथ वैश्विक स्वास्थ्य के एक विशेषज्ञ आकलन को लेकर यह प्रतिवेदन एक विशिष्ट विषय पर केन्द्रित होता है। इस प्रतिवेदन का मुख्य प्रयोजन देशों, दाता अभिकरणों, अंतर्राष्ट्रीय संगठनों तथा अन्य सभी को जानकारी प्रदान करना है, जिसकी सहायता से वे नीतियां बनाते हैं और निधिकरण के निर्णय लेते हैं।

विश्व निवेश प्रतिवेदन (डब्ल्यूआईआर) संयुक्त राष्ट्र व्यापार और विकास सम्मेलन (यूएनसीटीएडी) का एक प्रमुख प्रकाशन है जो 1991 से हर वर्ष प्रकाशित किया जाता है। इस प्रतिवेदन के हर अंक में होता है-पिछले वर्ष के दौरान विदेशी प्रत्यक्ष निवेश में रूझानों का विश्लेषण, जिसमें विकास निहितार्थों पर विशेष बल दिया जाता है, विश्व में सबसे बड़े लेन-देन करने वाले निगमों की रैंकिंग, प्रत्यक्ष विदेशी निवेश से संबंधित चुने हुए विषयों का गहराई से विश्लेषण, नीति विश्लेषण और सिफारिशें, प्रत्यक्ष विदेशी निवेश प्रवाहों पर आंकड़ों सहित सांख्यिकीय परिशिष्ट तथा विश्व अर्थव्यवस्थाओं के लिए भंडार।

जनमत से अलग सर्वेक्षण के आधार

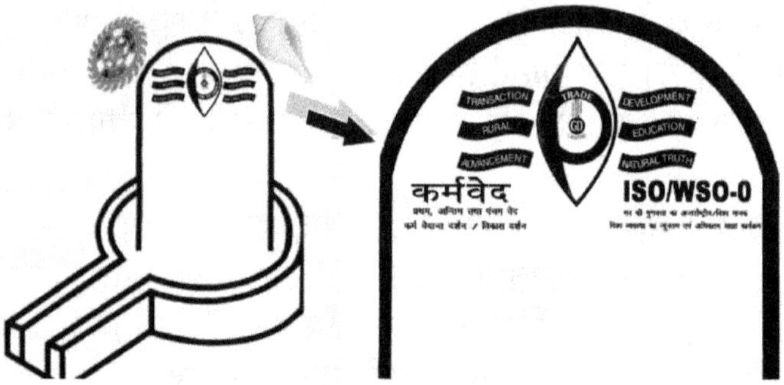

जनमत आधारित सर्वेक्षण किसी विषय/बिन्दु पर पक्ष और विपक्ष आधारित हो सकता है। एक निर्माता चाहे वह किसी उत्पाद का हो या समाज का, वह जनमत से अलग दृष्टि रखकर सर्वेक्षण करता है। इस प्रकार के सर्वेक्षण जनता को छूते भी नहीं और उनके लिए उत्पाद/योजना तैयार कर ली जाती है।

जनमत से अलग होकर सर्वेक्षण के लिए आंकड़े समाचारों और उस क्षेत्र के संसाधन के उपलब्ध आंकड़े द्वारा प्राप्त होते हैं। भारतीय शास्त्रों में ऐसे आंकड़ों को प्रसारित करने वाले मानक चरित्र के रूप में नारद मुनि का प्रक्षेपण है।

एक ही पक्ष को जानना/सुनना/देखना, एक नेत्र से देखना कहा जाता है। दूसरे पक्ष को भी जानना/सुनना/देखना, दो नेत्र से देखना कहा जाता है। दोनों पक्षों को जानना/सुनना/देखना, और संतुष्टि के लिए समन्वय स्थापित करना समन्वायात्मक दृष्टि कही जाती है जबकि संतुष्टि सहित दोनों पक्षों की शक्ति को रचनात्मकता की ओर लगा देना तीसरे नेत्र की दृष्टि कही जाती है। चूँकि यह दृष्टि रचनात्मक होती है इसलिए दोनों पक्षों को अपने विचार पर उनके ही दिशा से व्यापक विचार होता है इसलिए पक्षों को उनके अंहकार पर चोट जैसा अनुभव कराता है। उन्हें लगता है कि हमारा अस्तित्व नहीं रहा। इसी को तीसरे नेत्र से भस्म कर देना कहते हैं। पौराणिक कथाओं में नारद मुनि और शिव-शंकर द्वारा रचनात्मक विकास दर्शन के प्रयोग के अनेक घटनाएँ उपलब्ध हैं। कोई भी रचनात्मक विकास दर्शन अपने अन्दर पुराने सभी दर्शनों को समाहित कर लेता है अर्थात् उसका विनाश कर देता है और स्वयं रचनात्मक मार्गदर्शक दर्शन का स्थान ले लेता है। अर्थात् सृष्टि-स्थिति-प्रलय फिर सृष्टि। चक्रीय रूप में ऐसा सोचने वाला ही नये परिभाषा में आस्तिक और सिर्फ सीधी रेखा में सृष्टि-स्थिति-प्रलय सोचने वाला नास्तिक कहलाता है।

तीसरे नेत्र के दृष्टि सम्पूर्ण ब्रह्माण्ड में व्याप्त कर्मज्ञान की दृष्टि है। कर्मज्ञान की दृष्टि ही रचनात्मक विकास दर्शन की दृष्टि होती है। जो सभी प्रकार के विचार के उपर स्वयं को स्थापित कर लेता है। इस दृष्टि के निम्नलिखित बिन्दु है (आध्यात्मिक सत्य आधार-विस्तार के लिए "विश्वशास्त्र" अध्याय-तीन देखें)

सूत्र-1. ज्ञानातीत चक्र: चक्र -0 - धर्म ज्ञान से बिना युक्त के मुक्त अर्थात् अपना मालिक अन्य और धर्म ज्ञान से युक्त होकर मुक्त अर्थात् अपना मालिक स्वंय की स्थिति। ज्ञानावस्था से होकर यही चक्र 7 भी कहलाता है। यह स्थिति शिशु और ज्ञानी की होती है।

सूत्र-2. भौतिकवाद या भोगवाद कर्म चक्र:

चक्र-1. TRANSACTION - आदान-प्रदान चक्र। यही ज्ञानावस्था में चक्र-6 कहलाता है।

उपचक्र 1.1 - शारीरिक

उपचक्र 1.2 - आर्थिक/संसाधन

उपचक्र 1.3 - मानसिक

चक्र-2. RURAL - ग्रामीण चक्र

उपचक्र 2.1 - शारीरिक

उपचक्र 2.2 - आर्थिक/संसाधन

उपचक्र 2.3 - मानसिक

चक्र-3. ADVANCEMENT या ADAPTABILITY - आधुनिकता या अनुकूलन चक्र

उपचक्र 3.1 - शारीरिक

उपचक्र 3.2 - आर्थिक/संसाधन

उपचक्र 3.3 - मानसिक

चक्र-4. DEVELOPMENT - विकास चक्र

उपचक्र 4.1 - शारीरिक

उपचक्र 4.2 - आर्थिक/संसाधन

उपचक्र 4.3 - मानसिक

चक्र-5. EDUCATION - शिक्षा चक्र

उपचक्र 5.1 - शारीरिक

उपचक्र 5.2 - आर्थिक/संसाधन

उपचक्र 5.3 – मानसिक

सूत्र-3. आध्यात्मवाद-ज्ञान चक्र:

चक्र-6. NATURAL TRUTH - प्राकृतिक सत्य चक्र: यही चक्र अज्ञानावस्था में चक्र-1 कहलाता है।

उपचक्र-1.1 - अदृश्य प्राकृतिक अर्थात् अदृश्य आत्मा

उपचक्र 1.2 - दृश्य प्राकृतिक अर्थात् दृश्य आत्मा

सूत्र-4. ज्ञानातीत चक्र: चक्र -7 - RELIGION - धर्मचक्र: अपना मालिक स्वंय की स्थिति। यही अज्ञानावस्था में चक्र-0 भी कहलाता है।

इस प्रकार - to stepup TRADE through CENTRE (सभी कर्म व्यापार को सार्वभौम आत्मा केन्द्र के ज्ञान द्वारा आगे बढ़ाना) अर्थात् विस्तार में to stepup Transaction, Rural, Advancement (Adoptability), Development, Education through Center for Enhancement of Natural Truth & Religious Education (सभी कर्म आदान-प्रदान, ग्रामीण, आधुनिकता-अनुकूलन, विकास, शिक्षा को प्राकृतिक सत्य और धार्मिक शिक्षा के ज्ञान द्वारा आगे बढ़ाना) हुआ अर्थात् जो व्यक्ति और संस्था समभाव और निष्पक्ष में स्थित होकर सभी शारीरिक, आर्थिक व मानसिक कर्म आदान-प्रदान, ग्रामीण, आधुनिकता-अनुकूलन, विकास, शिक्षा को सदैव एक साथ करता है वही मानक व्यक्ति और संस्था कहलाता है।

किसी भी व्यक्ति (व्यष्टि मन), संस्था (समष्टि मन) और भौगोलिक क्षेत्र के लिए उपरोक्त सर्वेक्षण के आधार बिन्दु के अनुसार देखना, तीसरे नेत्र द्वारा देखना और कमी के पूर्ति हेतु रचनात्मक योजना बनाना, स्वयं की सर्वोच्चता स्थापित करते हुये अन्य को भस्म कर देने जैसा ही होता है। उपरोक्त बिन्दुओं के आधार पर सर्वेक्षण एक सत्य मानक सर्वेक्षण और रचनात्मक योजना ब्रह्माण्डीय विकास की दिशा के मुख्य धारा की ओर होता है।

भाग-05

विज्ञापन Advertisement)

विज्ञापन

विज्ञापन रचना-प्रक्रिया

दूरदर्शन (टी.वी)-विज्ञापन

ऑनलाइन विज्ञापन

विज्ञापन और व्यापार

विज्ञापन

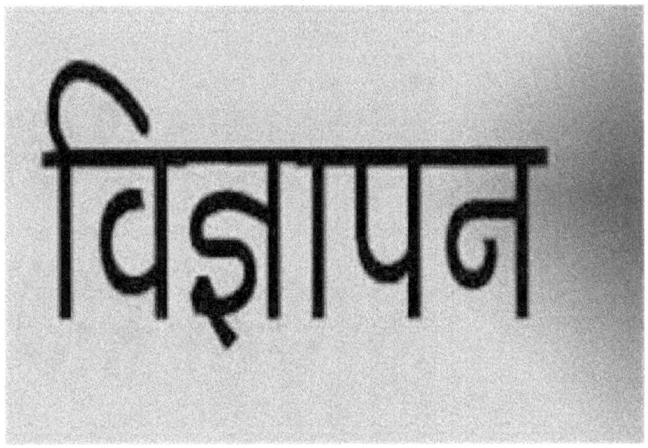

विज्ञापन का अर्थ कुछ उत्पाद या सेवा के एक सार्वजनिक संवर्धन है। आज के युग में विज्ञापनों का महत्व स्वयंसिद्ध है। जूते-चप्पल से लेकर टाई-रूमाल तक हर चीज विज्ञापित हो रही है। लिपस्टीक, पावडर, नेलपालिश, माथे की बिन्दिया विज्ञापनों का विषय है। नमक जैसी आम इस्तेमाल की वस्तुएँ भी विज्ञापनो से अछूती नहीं रह पायी है। बाजार में बढती प्रतिद्वन्द्विता और विज्ञापनों के बढ़ते प्रभाव को लेकर तरह-तरह की आशाएं-आशंकाएँ उपभोक्ताओं में है, परन्तु सिक्के का दूसरा पहलू भी है। विज्ञापन अपने छोटे से संरचना में बहुत कुछ समाये होते हैं। वह बहुत कम बोलकर भी बहुत कुछ कह जाते हैं। यदि विज्ञापनों के इस गुण और ताकत को हम समझने लगें तो अधिकांश विज्ञापन हमारे सामने कोई आक्रमणकारी अस्त्र न रहकर कला के श्रेष्ठ नमूने बनकर उभरेंगे।

विज्ञापन क्यों?

आज विज्ञापन हमारी जिंदगी का एक अहम हिस्सा बन चुका है, सुबह आंख खुलते ही चाय की चुस्की के साथ अखबार में सबसे पहले नजर विज्ञापन पर ही जाती है। घर के बाहर पैर रखते ही हम विज्ञापन की दुनिया में घिर जाते हैं। चाय की दुकान से लेकर वाहनों और दिवारों तक हर जगह विज्ञापन ही विज्ञापन दिखाई देते हैं। किसी भी तथ्य को यदि बार-बार लगातार दोहराया जाये तो वह सत्य प्रतीत होने लगता है-यह विचार ही विज्ञापनों का आधारभूत तत्व है। विज्ञापन जानकारी भी प्रदान करते हैं। उदाहरण के लिए कोई भी वस्तु जब बाजार में आती है, उसके रूप-रंग-सरंचना व गुण की जानकारी विज्ञापनों के माध्यम से ही मिलती है। जिसके कारण ही उपभोगता को सही और गलत की पहचान होती है। इसलिए विज्ञापन हमारे लिए जरूरी है। जहाँ तक उपभोक्ता वस्तुओं का सवाल है, विज्ञापनों का मूल उद्देश्य ग्राहकों के अवचेतन मन पर छाप छोड़ जाता है और विज्ञापन इसमें सफल भी होते हैं। ये कहीं पे निगाहे, कही पे निशाना का सा अन्दाज है।

विज्ञापन रचना-प्रक्रिया

विज्ञापन तैयार करने से पहले उद्यमी के दिमाग में यह बात स्पष्ट होती है कि उसका उपभोक्ता कौन है? और अपने विज्ञापनों में उद्यमी विज्ञापन एजेंसी उसी उपभोक्ता समूह को सम्बोधित करती है। उस समूह की रूचि, आदतों एवं महत्वाकांक्षाओं को लक्ष्य करके ही विज्ञापन की भाषा, चित्र एवं अखबार, पत्रिकाओं, सम्प्रेषण माध्यमों का चुनाव किया जाता है। उदाहरणार्थ-यदि कोई उद्यमी महिलाओं के लिए कोई वस्तु तैयार करता है तो उसकी शैली निम्न बातों के आधार पर निर्धारित होंगी-

अ. उपभोक्ता समूह-महिलाएँ
ब. आर्थिक-मध्यम/निम्न/उच्च
स. शैक्षिक स्तर-साधारण/उच्च

अपनी सलोनी त्वचा के लिए मैं कोई ऐसी-वैसी क्रीम इस्तेमाल नहीं करती।

(अब ये पंक्ति अति साधारण है, परन्तु उसमें कई छिपे अर्थ निहित है। अपनी सलोनी त्वचा के माध्यम से बेहतर दिखने की महत्वाकांक्षा को उभारा गया है, जबकि ऐसी-वैसी शब्द से भय उत्पन्न करता है कि सस्ती क्रीम निश्चय ही त्वचा के लिए हानिकारक होंगी।)

यदि वस्तु की खरीददार मध्यम श्रेणी की महिलाएं हो तो विज्ञापन फुसफुसायेगा-

जिसका था आपको इंतजार............एक क्रीम जो आपकी त्वचा को कमनीय बनाये...... आपके पति आपको देखते रह जायें...

(जिसका आपको इंतजार था, यानी महंगी क्रीम आप चाहते हुए भी खरीद नहीं सकती हैं, परन्तु ये क्रीम आपकी पहुँच में है।)

ये ख्याल में रखकर कि अधिकांश निम्न मध्यम वर्ग की महिलाएँ घर में ही सिमटी होती हैं, पति का उल्लेख भी है।)

यदि उपभोक्ता समूह निम्न आर्थिक वर्ग का हो तो विज्ञापन कुछ यूँ बात करेगा-

ये सस्ती और श्रेष्ठ है, इसीलिये तो राधा, माया, बसन्ती भी इसे इस्तेमाल करती है।

(लोग सस्ता माल चाहते हैं, घटिया माल कदापि नहीं। अतः श्रेष्ठ बताकर यह प्रकट किया गया कि यह ऐसी-वैसी नहीं है।)

राधा-माया-बसन्ती इत्यादि नामों का उल्लेख यह सिद्ध करने के लिए किया गया है कि इस वर्ग के अन्य लोग भी इसे इस्तेमाल करते है, यानी कि यह एक अपनायी गयी एवं स्वीकृत वस्तु है।)

चित्रांकन (विजुअल्स)

भाषा एवं शैली ही नहीं, अपितु विजुअल्स या चित्राकंन भी विज्ञापन का महत्वपूर्ण अंग है। ये चित्र, ग्राफ्स इत्यादि भाषा के प्रभाव को और भी प्रबलता प्रदान करते हैं। ये सब भी उपभोक्ता समूह को मद्देनजर रखकर ही तैयार किये जाते हैं। उदाहरण स्वरूप यदि काँलेज के विद्यार्थियों के लिए कोई वस्तु तैयार की गई है तो चुस्त-फुर्त युवक-युवतियों का समूह विज्ञापन में दर्शाया जायेगा या फिर एक खूबसूरत युवती को निहारते युवक दिखाये जायेंगे। .... और स्लोगन धीमे से फुसफुसायेगा आपको कानों में-

जिसने भी देखा......................देखता ही रह गया।...........

एक युवक बाईक पर सवार उसे देखकर ....मुग्ध नवयौवनाएँ।

(विज्ञापन की कापी कहेगी............राजेश काँलेज का हीरा है।.............अब और कुछ कहा नहीं जा रहा है, परन्तु यह सुझाया जा रहा है कि बाईक महाविद्यालय में लोकप्रियता बढ़ाती है।)

एक मशीनी चीता तेज रफ्तार से दौडते हुए आता है। उस पर बैठा व्यक्ति उसको नियंत्रित करता है। चीता एक बाईक में बदल गया।.

(जो सुझाव है, वे इस तरह है।............ चीता रफ्तार का प्रतीक है, यानी ये बाईक तेज रफ्तार से दौड़ सकती है। मशीनी चीते की जटिलता उस उच्च तकनीक को प्रगट करती है, जिसके माध्यम से बाईक तैयार की गई। चीता शाक्ति का प्रतीक है।....... अतः यह मनुष्य की परिस्थितियों को नियंत्रित करने की इच्छा को उभारता है। सुझाव यह है कि एक शक्तिशाली बाईक को नियंत्रित करने वाला युवक अपने पौरूष को अभिव्यक्त करता है।)

अब आप समझ सकते हैं कि भाषा एवं चित्रों का यह गठबन्धन उपभोक्ताओं पर कितना गहरा असर डाल सकने में सक्षम है। ये श्रोताओं के मन में दबी-छुपी इच्छाओं को उभारते हैं। यही कारण है कि उपभोक्ता जब वस्तुएँ खरीदता है, तब वह सिर्फ पैकिंग में लिपटा माल ही नहीं खरीदता, अपितु अपनी प्रसुप्त इच्छाओं की पूर्ति भी करता है।

कोई महिला जब लक्स साबुन खरीदती है, तब वह सिर्फ स्नान के लिए साबुन नहीं क्रय करती है, अपितु फिल्म अभिनेत्रियों का सा-सौन्दर्य पाने की जो आकांक्षा है, उसकी कीमत भी अदा करती है। (क्राउनींग ग्लोरी की डिम्पल, सिन्थाल के साथ विनोद खन्ना भी इन्ही आकांक्षाओं को उभारने का साधन है)।

इस तरह एक छोटा सा विज्ञापन बहुत बडी ताकत अपने आप में छिपाये होता है। यह एक लक्ष्य को निर्धारित कर शुरू होता है। और चुपके से अपनी बात कह जाता है। विज्ञापन का मूल उद्देश्य किसी वस्तु विशेष को क्रय करने का सुझाव देना है। विज्ञापन कभी सिर पर चोट नहीं करता, वह तो हमारी पीठ में कोहनी मारता है। वह भाषा, शैली, ध्वनि, चित्र, प्रकाश के माध्यम से हमारे अवचेतन से बतियाता है। विज्ञापन सुझाव ऐसे देता है-

मैं सिन्थाल इस्तेमाल करता हूँ। (क्या आप करते है?)
हमको बिन्नीज माँगता (आपको क्या मांगता?)
फेना ही लेना।
जल्दी कीजिये................सिर्फ तारीख तक।
कोई भी चलेगा मत कहिये ....मांगिये।

विज्ञापन बार-बार वस्तु के नाम का उललेख करता है, जिससे कि उनका नाम आपको याद हो जाये। जब आप दुकान पर जाते है तो कुछ यूँ होता है।...........
आप कहते है साबुन दीजिये........
दुकानदार : कौन सा चाहिये, बहनजी?

बस यही वक्त है, जब आपके अवचेतन में पड़े विज्ञापन अपना खेल खेलते हैं, वे कहते है।..............कोई भी चलेगा मत कहिये .... क ख ग ही मांगिये।

या

मैं सिन्थाल इस्तेमाल करता हूँ-विनोद खन्ना
बरसों से फिल्म अभिनेत्रियँ लक्स इस्तेमाल करती है।

विज्ञापन आपकी प्रसुप्त इच्छाओं को पूरा करता है, वह बाजी मार जाता है।

सम्प्रेषण की कला

यह स्पष्ट है कि विज्ञापन प्रतीकों के माध्यम से अपनी बात कहता है। वह कभी हास्य के माध्यम से, कभी लय के माध्यम से, कभी-कभी भय उत्पन्न करके भी अपने लक्ष्य को प्राप्त करने का प्रयत्न करता है। विज्ञापन की कलात्मकता एवं सृजनात्मकता इस बात में निहित है कि यह परिस्थितियों को नये नजरिये से देखने की कोशिश करता है। जिस तरह एक कवि बिम्बों के माध्यम से अपनी भावना को अभिव्यक्त करता है। उसी प्रकार एक विज्ञापन भी प्रतिकात्मक रूप से मानवीय इच्छाओं, भावनाओं एवं कामनाओं का स्पर्श करता है।

फूल सौन्दर्य और प्रेम के प्रतीक बन जाते हैं (जय साबुन) तो दूसरी ओर हरे रंग का शैतान मनुष्य की ईष्र्या को व्यक्त करता है (ओनिडा)।

विज्ञापन तैयार करने वाले विशेषज्ञ

सिर्फ सोचिये
किस वर्ग को विज्ञापन सम्बोधित कर रहा है?
उसका भाषा एवं शैली क्या है?
कौन से शब्द हैं, जो सुझाव दे रहे हैं?
विज्ञान की चित्र एवं रंग व्यवस्था कैसी है?
ये चित्र एवं रगं क्या अभिव्यक्त करना चाहते है?
ध्वनि, लय एवं प्रकाश की कलात्मकता एवं उनमें निहित अर्थ को ग्रहण कीजिये।

इस तरह आप विज्ञापन का अन्दाज समझने लगेंगे। विज्ञापन फिर आपको बहका नहीं पायेंगे, अपितु अपने आसपास के परिदृश्य एवं मानव मन की आपकी समझ भी गहरी होंगी। विज्ञापन सम्प्रेषण की एक संपूर्ण कला है।

दूरदर्शन (टी.वी)-विज्ञापन

टीवी विज्ञापन या टीवी कमर्शियल, जिसे अक्सर बस कमर्शियल, विज्ञापन, ऐड या ऐड फिल्म (भारत) कहा जाता है-सन्देश पहुंचाने वाले किसी संगठन द्वारा किए गए भुगतान के तहत उसके लिए निर्मित टीवी कार्यक्रम का एक विविध रूप है। विज्ञापन से प्राप्त होने वाला राजस्व अधिकांश निजी स्वामित्व वाले टीवी नेटवर्कों के लिए वित्तपोषण के एक बहुत बड़े हिस्से का निर्माण करता है। आजकल के अधिकांश टीवी विज्ञापनों में संक्षिप्त विज्ञापन अंश शामिल होते हैं जो कुछ सेकंड से लेकर कई मिनट तक चल सकते हैं (इसके साथ ही साथ कार्यक्रम के लंबे इन्फोमर्शियल)। टीवी के इस्तेमाल के आरम्भ से ही इस तरह के विज्ञापनों का इस्तेमाल तरह-तरह के उत्पादों, सेवाओं और विचारों को बढ़ावा देने के लिए किया जाता रहा है। विज्ञापन देखने वाली जनता पर वाणिज्यिक विज्ञापनों का काफी सफल और व्यापक असर पड़ा है।

संयुक्त राज्य अमेरिका सहित कई देशों में टीवी अभियान विज्ञापन को राजनीतिक अभियान के लिए अपरिहार्य माना जाता है। फ्रांस जैसे अन्य देशों में टीवी पर राजनीतिक विज्ञापन पर भारी प्रतिबन्ध है और कुछ देशों जैसे नॉर्वे में इस पर पूरी तरह से प्रतिबन्ध है। 1928 में टेलीविजन अपने प्रायोगिक चरण में स्थिर था, परन्तु अपने सुरक्षित भविष्य के लिए ध्यान में रखते हुए माल बेचा करता था।

इतिहास

प्रथम टीवी विज्ञापन का प्रसारण 1 जुलाई 1941 को संयुक्त राज्य अमेरिका में किया गया था। घड़ीसाज बुलोवा ने ब्रूकलिन डोजर्स और फिलाडेल्फिया फिलिज के बीच एक बेसबॉल खेल से पहले न्यूयॉर्क स्टेशन डब्ल्यूएनबीटी पर एक विज्ञापन प्रस्तुत करने के लिए 9 डॉलर का भुगतान किया था। 10 सेकंड वाले एक स्पॉट गें संयुक्त राज्य अमेरिका के एक नक्शे पर रखी एक दीवार घड़ी की तस्वीर दिखाई गई जिसके साथ अमेरिका रन्स ऑन बुलोवा टाइम की आवाज गूंजी थी। यूके में प्रथम टीवी विज्ञापन का प्रसारण 21 सितम्बर 1955 को आईटीवी पर किया गया था जिसमें गिब्स एसआर टूथपेस्ट का विज्ञापन दिया गया था। 1990 के दशक के आरंभिक दौर तक टीवी विज्ञापन का खर्च केवल महत्वपूर्ण निवेश करने की इच्छुक बड़ी कंपनियां ही उठा सकती थीं लेकिन डेस्कटॉप वीडियो के आगमन ने कई छोटे और स्थानीय कारोबारियों को स्थानीय केबल टीवी सेवाओं पर टीवी विज्ञापन का प्रसारण करने का अवसर प्रदान किया।

अभिलक्षण

कई टीवी विज्ञापनों में आकर्षक झंकार (गीत या धुन) या आकर्षक वाक्यांश (नारे) दिखाई देते हैं जो अनवरत विचार पैदा करते हैं जो टीवी दर्शकों के मन में विज्ञापन अभियान के खत्म होने के बाद भी कायम रह सकते हैं। इन विज्ञापन झंकारों या आकर्षक वाक्यांशों में से कुछ का उनके जीवन से ग्रहण किए हुए हो सकते हैं जो परिहास या रिफ्स को जन्म देते हैं जो फिल्मों, टीवी शो, मैगजीनों, हास्य पुस्तकों या साहित्य में दिखाई देते हैं।

कहा जा सकता है कि इन दीर्घस्थायी विज्ञापन तत्वों ने आम लोगों की पॉप संस्कृति के इतिहास में एक जगह बना ली है जिनके लिए उन्हें प्रस्तुत किया गया था। इसका एक उदाहरण 1950 के दशक से 1970 के दशक तक विंस्टन सिगरेट्स के लिए अठारह साल तक चलने वाले विज्ञापन अभियान का स्थायी वाक्यांश "विंस्टन टेस्ट्स गुड लाइक ए सिगरेट शुड" (हिंदी अनुवाद-विंस्टन का स्वाद उतना ही बेहतर है जितना एक सिगरेट को होना चाहिए) है। विज्ञापन अभियान के समाप्त होने के बाद भी लगभग दो दशकों तक इस आकर्षक बातचीत और इसके प्रत्यक्ष सन्दर्भों के भिन्न रूप दिखाई देते रहे। एक और वाक्यांश "व्हेयर्स द बीफ?" (हिंदी अनुवाद-गोमांस कहाँ है?) है जो इतना लोकप्रिय हुआ कि इसका इस्तेमाल वॉल्टर मोंडेल ने भी 1984 के राष्ट्रपति पद के चुनाव में कर डाला. इसके अलावा एक और लोकप्रिय आकर्षक वाक्यांश "आई हैव फालेन एण्ड आई कांट गेट अप" (हिंदी अनुवाद-मैं गिर गया हूँ और मैं उठ नहीं सकता) है जो अभी भी कभी-कभार दिखाई दे जाता है जबकि इसका इस्तेमाल पहली बार आज से लगभग दो दशक पहले किया गया था। कुछ विज्ञापन एजेंसी अधिकारियों ने एक से अधिक स्थायी नारों को जन्म दिया है जैसे मैरी वेल्स लॉरेंस जिन्हें कुछ ऐसे मशहूर नारों को जन्म देने का श्रेय प्राप्त है जिनका इस्तेमाल आज भी किया जाता है जैसे-"रेज योर हैंड इफ यू आर स्योर" (हिंदी अनुवाद-अगर आपको यकीन है तो अपना हाथ उठाएं), "आई लव न्यूयॉर्क" (मुझे न्यूयॉर्क बहुत पसंद है) और "ट्रस्ट द मिडास टच" (मिडास के स्पर्श वाली कहानी पर यकीन करें)।

विज्ञापन एजेंसियां अपने रचनात्मक विपणन अभियानों में एक माध्यम के रूप में अक्सर हास्य का इस्तेमाल करती हैं। वास्तव में कई मनोवैज्ञानिक अध्ययनों ने हास्य के प्रभावों और सशक्त विज्ञापन अनुनय से उसके सम्बन्ध का प्रदर्शन करने का प्रयास किया है।

एक एनिमेटेड टीवी विज्ञापन

विज्ञापनों में अक्सर एनीमेशन का इस्तेमाल किया जाता है। हाथ से बने पारंपरिक एनीमेशन से कंप्यूटर एनीमेशन की तस्वीरों में अंतर हो सकता है। एनिमेटेड पात्रों का इस्तेमाल करने से विज्ञापन में कुछ आकर्षण पैदा हो सकता है जिसे कलाकारों या केवल उत्पादों के प्रदर्शन से प्राप्त करना मुश्किल है। फैशन जगत में होने वाले परिवर्तनों से संबंधित विज्ञापनों में भी एनीमेशन सफल साबित हुए हैं। इसलिए एनिमेटेड विज्ञापन (या ऐसे विज्ञापनों की एक श्रृंखला) कई दृष्टान्तों में कई दशकों तक काफी लंबे समय तक चल सकते हैं। उल्लेखनीय उदाहरणों में केलोग्स अनाजों के लिए विज्ञापनों की श्रृंखला शामिल है जिसमें स्नैप, करैकल एण्ड पॉप और टोनी द टाइगर ने भी अभिनय किया है। एनीमेशन में अक्सर वास्तविक कलाकारों को भी प्रस्तुत किया जाता है। एनिमेटेड विज्ञापन स्थायी लोकप्रियता हासिल कर सकते हैं। यूके में सबसे यादगार टीवी विज्ञापनों के लिए किसी भी लोकप्रिय वोट में (जैसे आईटीवी, या चैनल 4, पर) निरपवाद रूप से सूची में शीर्ष स्थान प्राप्त करने वाले विज्ञापनों में एनीमेशन शामिल है जैसे क्लासिक स्मैश और क्रिएचर कम्फर्ट्स विज्ञापन

अन्य दीर्घस्थायी विज्ञापन अभियान लोगों को आश्चर्य के माध्यम से या दर्शक को चक्कर में डालकर भी आकर्षित करते हैं जैसे एनर्जाईजर बन्नी विज्ञापन श्रृंखला। इसकी शुरुआत 1980 के दशक के अंतिम दौर में एक साधारण तुलना विज्ञापन के रूप में हुई थी जहाँ बैटरी से चलने वाले खरगोशों से भरे एक कमरे में उन्हें अपना-अपना ड्रम बजाते हुए देखा गया था जिनमें से एनर्जाईजर बैटरी वाले एक खरगोश छोड़कर बाकी सभी खरगोश धीरे-धीरे धीमे पड़ते चले गए। सालों बाद इस लाभदायक विज्ञापन के एक संशोधित संस्करण में एनर्जाईजर खरगोश था जो चरणों को पार करते हुए आगे बढ़ता जा रहा था (एनाउंसर के अनुसार वह "चलता ही जा रहा है।...")। इसके बाद एक और विज्ञापन दिखाई दिया-दर्शक इस बात से अनजान थे कि परवर्ती विज्ञापन असल में अन्य जाने-माने विज्ञापनों का एक नकल था जब तक एनर्जाईजर खरगोश का अचानक आगमन नहीं हुआ जहाँ एनाउंसर कह रहा था "अभी भी चलता जा रहा है।" (एनर्जाईजर बैटरी कंपनी का इस बात पर जोर देने का तरीका कि उनकी बैटरी अन्य प्रमुख बैटरियों की तुलना में अधिक समय तक चलती है)। यह विज्ञापन अभियान लगभग 15

साल तक चलता रहा। खुद दूसरों ने भी एक कूर्स लाईट बीयर विज्ञापन के माध्यम से मोशन पिक्चर्स में और यहाँ तक कि गीको इंश्योरेंस के वर्तमान विज्ञापनों में भी एनर्जाईजर बन्नी श्रृंखला की नकल की गई है।

आवृत्ति

टीवी विज्ञापन कार्यक्रमों के बीच में दिखाई देते हैं लेकिन वे अंतरालों पर भी उनमें हस्तक्षेप करते हैं। स्क्रीनिंग विज्ञापनों के इस तरीके का मकसद दर्शक के ध्यान को आकर्षित करना होता है जो दर्शकों का ध्यान टीवी कार्यक्रम पर बनाए रखते हैं ताकि चैनल को बदलने की उनकी इच्छा न हो। इसके बजाय वे कार्यक्रम के अगले खंड का इंतजार करते समय विज्ञापनों को (आशापूर्वक) देखेंगे। हालांकि रिमोट कंट्रोल से अब दर्शक आसानी से विज्ञापनों को अनुकूल बना लेते हैं जिसके लिए उन्हें विज्ञापन आने के समय सिर्फ आवाज को बंद करना या यहाँ तक कि चैनल को बदल देना होता है। इसके अलावा लोग कार्यक्रम के चालू होने का इंतजार करते समय विज्ञापनों के दौरान दूसरे कामों में लग जाते हैं। इसके अतिरिक्त टीवी रिकॉर्डिंग तंत्रों जैसे डीवीआर और टिवी की मदद से दर्शक टीवी कार्यक्रम के दौरान विज्ञापन को पूरी तरह से छोड़कर आगे बढ़ने में सक्षम हो गए हैं।

पूरा उद्योग पूरी तरह से इस काम पर अपना नजर जमाए हुए हैं कि दर्शकों के मन में विज्ञापनों के प्रति इतनी रुचि भर दी जाए कि वे विज्ञापनों का बेसब्री से इंतजार करने लगे। नीलसन रेटिंग सिस्टम यह पता लगाने के लिए स्टेशनों के लिए एक तरीके के रूप में मौजूद है कि उनके टीवी कार्यक्रम कितने सफल है ताकि वे यह फैसला कर सके कि अपने विज्ञापनों के लिए उन्हें विज्ञापकों से किस दर से शुल्क वसूल करना चाहिए।

कार्यक्रम का कुछ समय विज्ञापनों के प्रसारण में चला जाता है। कमर्शियल ब्रेक भी अब अधिक लंबे हो गए हैं। 1960 के दशक में लगभग एक घंटे चलने वाला एक अमेरिकी कार्यक्रम विज्ञापनों को छोड़कर 51 मिनट तक चलता था। आजकल इसी तरह का एक कार्यक्रम केवल 42 मिनट तक ही चलता है। 30 मिनट वाले एक समय खंड में अब कार्यक्रम के लिए 22 मिनट, ही मिलते हैं और छः मिनट राष्ट्रीय विज्ञापन और दो मिनट स्थानीय विज्ञापन में बीत जाता है। यहाँ तक कि कुछ नेटवर्क भी 18 मिनट वाले एक कार्यक्रम या 12 मिनट वाले एक विज्ञापन विभाजन का इस्तेमाल करते हैं। उदाहरण के तौर पर 1960 के दशक के मध्य के आरंभिक दौर में 101 मिनट चलने वाली फिल्म द विजार्ड ऑफ ओज (1939) के टीवी प्रसारण में विज्ञापनों के साथ दो घंटे लगते हैं। आजकल उसी फिल्म का प्रसारण विज्ञापन सहित लगभग दो घंटे 15 मिनट तक चलेगा। दूसरे शब्दों में, 10 घंटों की अवधि में अमेरिकी दर्शक लगभग तीन घंटे विज्ञापन देखेंगे जो कि 1960 के दशक की तुलना में दोगुना है। इसके अलावा, अगर 1960 के दशक के किसी कार्यक्रम आज फिर से चलाया जाए तो अतिरिक्त विज्ञापनों के लिए जगह बनाने के लिए विषय सामग्रियों को संपादित या उसमें कांट-छांट किया जा सकता है। अभी हाल के वर्षों में ही इसकी लम्बाई बढ़कर औसत दो मिनट हो गई है।

1950 और 1960 के दशकों में विज्ञापनों की औसत लम्बाई एक मिनट थी। साल बीतने के साथ-साथ औसत लम्बाई घटकर 30 सेकंड हो गई (और अक्सर 10 सेकंड जो टीवी स्टेशन की विज्ञापन समय की खरीदारी पर निर्भर था) लेकिन उनमें से ज्यादातर विज्ञापनों को अब ब्रेक के दौरान दिखाया जाता है जबकि 60 के दशक में प्रत्येक ब्रेक के दौरान केवल एक या दो विज्ञापनों को दिखाया जाता था। बहरहाल आजकल ज्यादातर विज्ञापन 15 सेकंड से ज्यादा चलते हैं (जिन्हें अक्सर "हुक" कहा जाता है)। टीवी विज्ञापनों को एक आईएससीआई कोड द्वारा पहचाना जाता है।

लोकप्रियता

संयुक्त राज्य अमेरिका में टीवी विज्ञापन को आम तौर पर सबसे प्रभावी जन बाजार विज्ञापन प्रारूप माना जाता है और इसका पता लोकप्रिय टीवी कार्यक्रमों के दौरान विज्ञापन प्रसार के लिए ऊंची कीमत वाले टीवी नेटवर्क शुल्क से चलता है। वार्षिक सुपर बाउल अमेरिकी फुटबॉल खेल जितना अपने खेल के लिए मशहूर है उतना ही अपने विज्ञापनों के लिए भी है और इस खेल (90 मिलियन दर्शकों द्वारा देखा जाना वाला) के दौरान 30

सेकंड तक चलने वाले केवल एक टीवी स्पॉट की औसत लागत 3 मिलियन अमेरिकी डॉलर (फरवरी 2011 के अनुसार) तक पहुँच गई है।

आम तौर पर विज्ञापनदाता 18 से 49 वर्ष के लोगों को अपना निशाना बनाना चाहते हैं। बूढ़े दर्शकों में ज्यादातर विज्ञापनदाताओं की कोई रुचि नहीं होती क्योंकि वे अपने खरीदने की आदतों को बदलना नहीं चाहते। लक्ष्यित जनसंख्या के भीतर आने वाले दर्शकों की संख्या कुल दर्शकों की तुलना में विज्ञापन राजस्वों के लिए अधिक महत्वपूर्ण है। एडवरटाइजिंग एज के अनुसार 2007-08 सत्र के दौरान ग्रेस एनाटोमी प्रत्येक विज्ञापन के लिए 419000 डॉलर चार्ज करने में सक्षम था जबकि इसकी तुलना में सीएसआई के दौरान एक विज्ञापन के लिए केवल 248000 डॉलर चार्ज किया गया था हालाँकि देखा जाए तो सीएसआई में लगभग पांच मिलियन दर्शक अधिक थे। जनसांख्यिकीय ताकत के बल पर फ्रेंड्स ने मर्डर, शी रोट की तरह एक विज्ञापन के लिए लगभग तीन गुना चार्ज किया था जबकि उन सत्रों के दौरान दो श्रृंखलाओं में दर्शकों की कुल संख्या लगभग समान थी जिन सत्रों में उनका एक साथ प्रसारण किया गया था। प्रसारण नेटवर्क युवा दर्शकों द्वारा डीवीआर के बढ़ते उपयोग से चिंतित हैं जिसके परिणामस्वरूप लाइव देखने वाले दर्शकों की संख्या में गिरावट आ रही है और उसके फलस्वरूप विज्ञापन दरों में भी गिरावट आ रही है। इसके अलावा टीवी विज्ञापनदाता कुछ ऐसे दर्शकों की जनसंख्या को भी अपना निशाना बना सकते हैं जो किसी खास जाति, आय स्तर और लिंग से संबंधित हों। हाल के वर्षों में पता चला है कि कार्यक्रम के माध्यम से निशाना बनाए जाने वाले युवा पुरुषों की तुलना में युवा महिलाओं को अपने विज्ञापनों का निशाना बनाना विज्ञापनदाताओं के लिए अधिक फायदेमंद साबित हो रहा है जिसका कारण यह है कि युवा पुरुष महिलाओं की तुलना में कम टीवी देखते हैं।

यूनाइटेड किंगडम में टीवी विज्ञापन को संयुक्त राज्य अमेरिका की तुलना में काफी सस्ता माना जाता है। ब्रिटिश स्थलीय टीवी पर एक विज्ञापन स्लॉट के लिए वर्तमान रिकॉर्ड को ब्रिटेंस गोट टैलेंट की 2010 की श्रृंखला के दौरान 30 सेकंड के एक स्लॉट के लिए 250,000 की बोली लगाई गई है।

प्रतिबंध

2 जनवरी 1971 से अमेरिकी टीवी होने वाले सिगरेट के विज्ञापनों पर प्रतिबन्ध लगा दिया गया। शराब उत्पादों के विज्ञापन की अनुमति है लेकिन टीवी विज्ञापन में किसी भी शराब उत्पाद के सेवन की अनुमति नहीं है। 1990 के दशक के अंतिम दौर से टीवी विज्ञापन ने अधिक विविध रूप धारण कर लिया है और जो-जो घरेलू उत्पाद और खाद्य पदार्थ नए नहीं रह गए हैं उनका अब आम तौर पर विज्ञापन नहीं दिया जाता है जैसा कि बीसवीं सदी के अंतिम दौर के मध्य में होता था। अचेतन संदेशों पर भी प्रतिबन्ध लगा दिया गया है।

क्या विज्ञापन भी एक तरह का कार्यक्रम है?

1960 के दशक के बाद से मीडिया आलोचकों ने दावा किया है कि "कार्यक्रम" और "विज्ञापन" के बीच की सीमा इस हद तक करीब आ गई है जहाँ यह सीमा रेखा लगभग इतनी धुंधली पड़ गई है जितनी इस माध्यम के आरम्भ में थी जब लगभग सभी व्यक्तिगत टीवी कार्यक्रमों को पूरी तरह से किसी एक कॉर्पोरेशन द्वारा प्रायोजित किया जाता था (इस तरह का मॉडल पुराने जमाने के नेटवर्क रेडियो से चला आ रहा था)। 1970, 80 और 90 के दशकों के अधिकांश अवधि तक एफसीसी ने नियम लागू किया जिसके लिए नेटवर्कों को शनिवार की सुबह और रविवार की रात को 7 बजे 6 बजे सेन्ट्रल एयर बम्पर्स पर कार्यक्रम का प्रसारण करना जरूरी था। (हमलोग इस सन्देश के बाद वापस लौटेंगे..., ...अब आइए अपने कार्यक्रम की तरफ वापस लौट चलें और उसके भिन्न रूप) जिससे युवा दर्शक कार्यक्रमों और विज्ञापनों के बीच के अंतर को समझ सके। इस नियम से बाहर रखे गए कार्यक्रमों में केवल समाचार कार्यक्रम और समाचार से संबंधित सूचना कार्यक्रम (जैसे 60 मिनट्स) शामिल थे। बच्चों के कार्यक्रम पर इन शर्तों पर 1970 और 1980 के दशकों से थोड़ी ढील दे दी गई थी।

लोकप्रिय संगीत का प्रयोग

1980 के दशक से पहले टीवी विज्ञापनों में संगीत का इस्तेमाल आम तौर पर झंकार और आकस्मिक संगीत तक ही सीमित था। कुछ मौकों पर किसी विशेष उत्पाद के लिए एक थीम गीत या जिंगल का निर्माण करने के लिए किसी लोकप्रिय संगीत के लिरिक्स को बदल दिया जाता था।

टीवी विज्ञापनों में पहले से रिकॉर्ड किए गए लोकप्रिय गानों के इस्तेमाल में 1985 में कामयाबी मिलनी शुरू हुई जब बर्गर किंग ने रेस्तरां के लिए एक टीवी विज्ञापन में एरेथा फ्रेंकलिन के "फ्रीवे ऑफ लव" नामक गाने की मूल रिकॉर्डिंग का इस्तेमाल किया। आरंभिक दृष्टान्तों में गानों का इस्तेमाल अक्सर मूल कलाकारों की आपत्तियों पर भी कर दिया जाता था जो अपने संगीत प्रकाशन का नियंत्रण खो चुके होते थे जिनमें से बीटल्स का संगीत शायद सबसे जाना-माना मामला था। अभी हाल ही में कलाकारों में विज्ञापनों में अपने संगीत के इस्तेमाल को सक्रिय रूप से अध्येषित किया है और गानों को लोकप्रियता मिली है और विज्ञापनों में इस्तेमाल किए जाने के बाद उनकी बिक्री में भी वृद्धि हुई है। एक मशहुर मामला लेवीस कंपनी से संबंधित है जिसने अपने विज्ञापनों में कई हिट गानों का इस्तेमाल किया है। 2010 में पीआरएस फॉर म्यूजिक द्वारा किए गए शोध से पता चला है कि द पॉलीफोनिक स्प्री का लाईट एण्ड डे यूके टीवी विज्ञापन में सबसे ज्यादा प्रदर्शित होने वाला गाना है। कभी-कभी किसी विज्ञापन में कुछ खास गानों के इस्तेमाल के बाद विवादस्पद प्रतिक्रिया देखने को मिली है। अक्सर यह मुसीबत बन जाती है जब लोगों को विज्ञापनों में उनके लिए महत्वपूर्ण मूल्यों को बढ़ावा देने वाले गानों के इस्तेमाल का विचार पसंद नहीं आता। उदाहरण के लिए एक कार विज्ञापन में स्लाई एण्ड द फैमिली स्टोन के नस्लवाद विरोधी गाने "एवरीडे पीपुल" का इस्तेमाल किया गया था जिससे लोग नाराज हो गए। 1990 के दशक के अंतिम दौर में और 2000 के दशक के आरंभिक दौर में टीवी विज्ञापनों के लिए शुरू में ऑटोमोबाइलों के लिए और बाद में प्रौद्योगिकी और व्यावसायिक उत्पादों जैसे कंप्यूटर और वित्तीय सेवाओं के लिए पृष्ठभूमि स्कोरों के रूप में इलेक्ट्रोनिका संगीत का बहुत ज्यादा इस्तेमाल किया गया था। अपने काम के लिए दर्शकों को जुटाने के लिए नए कलाकारों के लिए टीवी विज्ञापन एक लोकप्रिय आउटलेट बन गया है जिनमें से कुछ विज्ञापनों में कलाकार को भी दिखाया जाता है और शुरू में या अंत में परदे पर गाने की जानकारी भी दी जाती है।

टीवी विज्ञापनों का भविष्य

हालांकि कई देशों में सिगरेट के विज्ञापनों को प्रतिबंधित किया गया है, विज्ञापन अभी भी रेस इवेंट के प्रसारण से प्रकट हो सकता है। टीवी कार्यक्रमों को किसी हार्ड ड्राइव में रिकॉर्ड करने की अनुमति देने वाले टिवो जैसे डिजिटल वीडयो रिकॉर्डरों (जिन्हें डिजिटल टीवी रिकॉर्ड या डीटीआर के नाम से भी जाना जाता है) और स्काई, डिश नेटवर्क और एस्ट्रो मैक्स जैसी सेवाओं के शुरू होने से दर्शकों को रिकॉर्ड किए गए कार्यक्रमों के विज्ञापनों को आगे बढ़ने या अपने आप उसे छोड़कर आगे निकलने में सक्षम बना दिया है। अक्सर इस तरह की अटकलें लगाई जाती है कि टीवी विज्ञापनों को डिजिटल वीडियो रिकॉर्डरों से खतरा है क्योंकि इनकी मदद से दर्शक उन्हें न देखने का विकल्प चुन सकते हैं। हालांकि यूके से प्राप्त सबूत से पता चलता है कि अब तक ऐसा कोई मामला सामने नहीं आया है। 2008 के अंत में यूके के 22 प्रतिशत परिवारों के पास डीटीआर था। इनमें से ज्यादातर परिवारों के पास स्काई था और इन घरों से मिले आंकड़ों से पता चलता है कि किसी भी घर में डीटीआर आ जाने से उस परिवार के लोग 17 प्रतिशत ज्यादा टीवी देखते हैं। उनके द्वारा देखे जाने वाले कार्यक्रमों में से 82 प्रतिशत कार्यक्रमों को सामान्य रूप से एक रैखिक रूप से विज्ञापनों को आगे बढ़ाए बिना टीवी का प्रसारण होता है। देखे जाने वाले समय-स्थानांतरित (अर्थात् जिन्हें लाइव प्रसारण के रूप में नहीं देखा जाता है) टीवी कार्यक्रमों में से 18 प्रतिशत में दर्शक अभी भी सामान्य गति से 30 प्रतिशत विज्ञापन देखते हैं। कुल मिलाकर डीटीआर आ जाने से अतिरिक्त समय तक टीवी देखने के परिणामस्वरूप दर्शक डीटीआर के आने से पहले अपने टीवी देखने के परिणाम की तुलना में डीटीआर आने के बाद सामान्य गति से 2 प्रतिशत अधिक विज्ञापन देख रहे हैं। प्रसारक श्रोता

अनुसन्धान बोर्ड (बीएआरबी) और लन्दन व्यवसाय स्कूल द्वारा वास्तविक डीटीआर व्यवहार पर किए गए अध्ययनों से स्काईव्यू के सबूत को बल मिला है।

टीवी विज्ञापन के अन्य रूपों में खुद टीवी कार्यक्रमों में उत्पाद प्रतिस्थापन विज्ञापन शामिल है। उदाहरण के लिए, एक्सट्रीम मेकओवर होम एडिशन विशेष रूप से सियर्स, केनमोर और होम डिपो के उत्पादों का इस्तेमाल करके इन कंपनियों का प्रचार करता है और नस्कर के स्प्रिंट कप जैसे कुछ खेल कार्यक्रमों का नामकरण प्रायोजकों के नाम पर किया जाता है और यकीनन रेस कारों को अक्सर विज्ञापनों से ढँक दिया जाता है। संयोग से कम से कम उत्तरी अमेरिका में कई प्रमुख खेल स्थलों का नामकरण रिंग्ले फील्ड के जमाने की वाणिज्यिक कंपनियों के नाम पर किया गया है। नए माध्यमों जैसे स्ट्रीमिंग ऑनलाइन वीडियो के माध्यम से वितरित किए जाने वाले टीवी कार्यक्रम टीवी विज्ञापन से राजस्व उत्पन्न करने के पारंपरिक तरीकों में अलग-अलग संभावनाएं पैदा करते हैं।

एक ही चैनल पर विज्ञापन वाले टीवी कार्यक्रमों के ज्यादा से ज्यादा और सबसे ज्यादा दिखाए जाने वाले विज्ञापनों का एक अन्य प्रकार टीवी स्क्रीन के निचले हिस्से पर एक के बाद एक दिखाया जाने वाला विज्ञापन है जो तस्वीर के कुछ हिस्सों को ढँक लेता है। "बैनर" या "लोगो बग" के नाम से जाने जाने वाले इन विज्ञापनों को मीडिया कंपनियों द्वारा माध्यमिक कार्यक्रम के रूप में संदर्भित किया जाता है। यह सब लगभग उसी तरह से किया जाता है जिस तरह एक गंभीर मौसम की चेतावनी दी जाती है फर्क सिर्फ इतना है कि इसे अक्सर कई बार दिखाया जाता है। ये कभी-कभी स्क्रीन का 5 से 10 प्रतिशत हिस्सा लग सकता है लेकिन चरम मामलों में ये ज्यादा से ज्यादा दृश्य क्षेत्र का लगभग 25 प्रतिशत तक ले सकते हैं। कार्यक्रम की विषय सामग्री का एक महत्वपूर्ण हिस्सा माने जाने वाले उपशीर्षक बैनरों से पूरी तरह धुंधले पड़ जाते हैं। कुछ तो शोर भी पैदा करते हैं या स्क्रीन पर घूमते हुए दिखाई देते हैं। इसका एक उदाहरण थ्री मून्स ओवर मिलफोर्ड के लिए प्रसारित 2ई विज्ञापन है जिसे टीवी कार्यक्रम के प्रीमियर से पहले कई महीनों तक प्रसारित किया गया था। एक अन्य टीवी कार्यक्रम के दौरान स्क्रीन के निचले बाएं हिस्से के लगभग 25 प्रतिशत हिस्से को ढंकने वाले वीडियो में विस्फोट के साथ चन्द्रमा से टकराने वाला एक धूमकेतु दिखाई देता था।

गूगल के एरिक श्मिड्ट ने टीवी विज्ञापन वितरण और अनुकूलन व्यवसाय में प्रवेश करने की योजनाओं की घोषणा की है। हालांकि यह भी सच है कि गूगल के पास एक तत्काल वीडियो निर्माण और नेटवर्क प्रतिस्थापन पायदान का अभाव है। इस बात के बहुत कम विवरण उपलब्ध है कि यह कैसे हो सकता है लेकिन कुछ लोगों ने अटकलें लगाई हैं कि वे रेडियो प्रसारण में निर्देशित उनके व्यवसाय की रणनीति की तरह का ही कोई मॉडल इस्तेमाल करेंगे जिसमें संचालन प्रणाली समर्थन प्रदाता का अधिग्रहण शामिल था। ऑनलाइन वीडियो निर्देशिका संवादात्मक विज्ञापन का एक उभरता हुआ रूप है जो प्राथमिक रूप से टीवी के लिए निर्मित विज्ञापन को वापस लाने और उनका जवाब देने में मदद करता है। इन निर्देशिकाओं में अन्य मूल्य संवर्धित सेवाओं की पेशकश करने की भी क्षमता है जैसे उत्तर पत्र और क्लिक-टू-कॉल जो ब्रांड के साथ बातचीत के दायरे को काफी हद तक बढ़ाता है।

2008-09 टीवी सत्र के दौरान फॉक्स ने एक नई रणनीति पर प्रयोग किया जिसे नेटवर्क ने "रिमोट-फ्री टीवी" नाम दिया। फ्रिंज और डॉलहाउस के एपिसोडों में लगभग दस मिनट वाले विज्ञापन शामिल थे जो अन्य घंटे भर चलने वाले कार्यक्रमों की तुलना में चार से छः मिनट कम थे। फॉक्स ने कहा छोटे कमर्शियल ब्रेक दर्शकों को अधिक व्यस्त रखते हैं और विज्ञापनदाताओं के लिए ब्रांड रिकॉल में सुधार करते हैं और इसके साथ ही साथ चैनल बदलने और विज्ञापनों को आगे बढ़ाने की क्रिया कम हो जाती है। हालांकि नेटवर्क को अपनी उम्मीद के अनुसार इस रणनीति में सफलता हासिल नहीं हुई और यह बात अभी भी साफ नहीं हुई है कि अगले सत्र में भी यह जारी रहेगा या नहीं।

ऑनलाइन विज्ञापन

E-commerce ऑनलाइन विज्ञापन प्रचार का एक ऐसा स्वरूप है जो ग्राहकों को आकर्षित करने के लिए विपणन संदेशों के वितरण के निश्चित उद्देश्य से इंटरनेट और वर्ल्ड वाइड वेब (www) का उपयोग करता है। ऑनलाइन विज्ञापन के उदाहरणों में शामिल हैं खोज इंजन परिणामी पृष्ठों पर प्रासंगिक विज्ञापन, बैनर विज्ञापन, समृद्ध मीडिया विज्ञापन, सामाजिक नेटवर्क विज्ञापन, अंतरालीय विज्ञापन, ऑनलाइन वर्गीकृत विज्ञापन, विज्ञापन नेटवर्क और ई-मेल स्पैम सहित ई-मेल विपणन।

पारंपरिक विज्ञापन पर प्रतियोगी लाभ

ऑनलाइन विज्ञापन का एक प्रमुख लाभ है जानकारी और सामग्री का तत्काल प्रकाशन, जो कि भौगोलिक या समय की सीमाओं से बंधा नहीं है। काफी हद तक, संवादात्मक विज्ञापन का उभरता क्षेत्र उन विज्ञापनदाताओं के लिए नई चुनौतियां प्रस्तुत करता है जिन्होंने अब तक अवरोधात्मक रणनीति को अपनाया था। एक अन्य लाभ विज्ञापनदाता के निवेश की कार्यकुशलता है। ऑनलाइन विज्ञापन, सामग्री और पोस्ट किए गए वेबसाइटों के अनुसार विज्ञापनों का अनुकूलन अनुमत करता है। उदाहरण के लिए, ऐडवर्ड्स (AdWord), याहू! सर्च मार्केटिंग (Yahoo! Search Marketing) और ऐडसेन्स (AdSense) प्रासंगिक वेब पृष्ठों या संबंधित खोज-शब्दों के खोज परिणामों के साथ विज्ञापनों का प्रदर्शन संभव बनाते हैं।

नैतिकता

ऑनलाइन विज्ञापन में विज्ञापन के व्यापक प्रकार सम्मिलित हैं, जिनमें से कुछ नैतिक दृष्टि से नियोजित हैं और कुछ नहीं। कुछ वेबसाइट बड़ी संख्या में ऐसे विज्ञापनों का उपयोग करते हैं, जिनमें उपयोगकर्ता का ध्यान भंग करने वाले भड़कीले बैनर शामिल होते हैं और कुछ में भ्रामक छवियां कुछ इस प्रकार बनी होती हैं कि वे विज्ञापन के बजाय ऑपरेटिंग सिस्टम से मिलने वाले त्रुटि संदेश जैसे दिखे। वेबसाइट जोकि अनैतिक रूप से राजस्व के लिए ऑनलाइन विज्ञापन का उपयोग करते हैं, अक्सर अपने वेबसाइट पर इस बात की निगरानी नहीं रखते हैं कि विज्ञापन किन लिंक पर ले जाते हैं, जिससे विज्ञापनों को दुर्भावनापूर्ण सॉफ्टवेयर या वयस्कों की सामग्री वाले साइटों पर ले जाने की छूट मिल जाती है।

वेबसाइट ऑपरेटर जो नैतिक दृष्टि से ऑनलाइन विज्ञापन का उपयोग करते हैं, आम तौर पर कम संख्या में विज्ञापनों का उपयोग करते हैं जिनका इरादा उपयोगकर्ताओं का ध्यान भंग करना या खिजाना नहीं होता है और वे अपने वेबसाइट के डिजाइन और विन्यास से विचलित नहीं होते। कई वेबसाइट मालिक विज्ञापन देने की इच्छुक कंपनियों के साथ सीधे व्यवहार करते हैं, अर्थात् विज्ञापन के माध्यम से जुड़ने वाली वेबसाइट वैध होती है।

ऑनलाइन विज्ञापन में अडोब फ्लैश (Adobe Flash) जैसी प्रौद्योगिकियों के अधिक उपयोग ने कुछ उपयोगकर्ताओं को अपने ब्राउजर में इसे अक्षम करने या Id block अथवा No Script जैसे ब्राउजर प्लग-इन का उपयोग करने के लिए बाध्य किया है। कई साइट केंद्रीकृत विज्ञापन सेवाओं का उपयोग करते हैं, जिनके विज्ञापन सुरक्षा और गोपनीयता उपायों के अतिरिक्त प्रभाव के रूप में अवरुद्ध किए जा सकते हैं, क्योंकि सेवाओं को कार्य करने के लिए Java Script और क्रॉस साइट अनुरोध की जरूरत होती है, जबकि साइटों का उपयोग करने के लिए

अक्सर ऐसी सुविधाओं की आवश्यकता नहीं होती है और ये असुरक्षा के संभाव्य स्रोत हैं। अक्सर वैध विज्ञापनों में देखने या न देखने के चयन का स्पष्ट विकल्प होता है, जो उसे स्पैम से अलग करता है।

मालवेयर

विज्ञापन पद्धतियों का एक और वर्ग है जिसे अनैतिक माना जाता है और जो अवैध भी हो सकता है। इनमें शामिल हैं बाह्य अनुप्रयोग जो सिस्टम सेटिंग को (जैसे कि ब्राउजर का मुख पृष्ठ) परिवर्तित करते हैं, पॉप-अप उत्पन्न करते हैं और असंबद्ध वेबपृष्ठों में विज्ञापन शामिल करते हैं। ऐसे अनुप्रयोगों को सामान्यतः स्पाईवेयर या एडवेयर के रूप में उल्लिखित किया जाता है। वे सामान्य सेवा प्रदान करने की आड़ में अपनी संदिग्ध गतिविधियों पर परदा डाल सकते हैं, जैसे कि मौसम के बारे में प्रदर्शन करना या एक खोज पट्टी प्रदान करना। ये प्रोग्राम उपयोगकर्ता को धोखा देने के लिए परिकल्पित हैं, जो प्रभावी रूप से ट्रोजन हार्स के रूप में कार्य करते हैं। इन अनुप्रयोगों को आम तौर पर इस तरह डिजाइन किया जाता है कि उनको हटाना या स्थापना रद्द करना मुश्किल हो जाए। ऑनलाइन उपयोगकर्ताओं की सदा बढ़ती संख्या, जिनमें से कई लोग कंप्यूटर संबंधी अधिक जानकारी नहीं रखते, उनमें इस प्रकार के प्रोग्रामों से खुद को बचाने का ज्ञान या तकनीकी क्षमता की कमी रहती है।

गोपनीयता

ऑनलाइन विज्ञापन के उपयोग से उपयोगकर्ताओं की गोपनीयता और गुमनामी पर प्रभाव पड़ता है। यदि किसी विज्ञापन कंपनी ने बैनर को दो वेब साइटों पर रखा है, तो अपने सर्वर पर बैनर छवियों को होस्ट करते हुए और तीसरे पक्ष के कुकीज का उपयोग करते हुए, विज्ञापन कंपनी इन दो साइटों पर उपयोगकर्ताओं की ब्राउजिंग का पता लगा सकती है। अधिकतर ब्राउजरों द्वारा उपयोगकर्ता के वेब अनुभव को प्रभावित किए बिना तीसरे पक्ष के कुकीज को अवरुद्ध करते हुए, गोपनीयता बढ़ाया जा सकता है और विज्ञापन और ट्रैकिंग कंपनियों द्वारा की जाने वाली ट्रैकिंग को अवरुद्ध किया जा सकता है। कई विज्ञापन ऑपरेटरों के पास ब्राउजर में व्यवहारपरक विज्ञापन रोकने वाली एक सामान्य कुकी की सहायता से व्यवहारपरक विज्ञापन को चुन कर बाहर करने का एक विकल्प होता है।

राजस्व मॉडल

ऑनलाइन विज्ञापन खरीदने के तीन सबसे आम तरीके हैं-CPM (Cost Per Million), CPC (Cost Per Click), CPV (Cost Per View/Visitor) और CPA (Cost Per Action)

CPM (मूल्य प्रति सहस्र), जो मूल्य प्रति हजार (CPT-Cost Per Thousand)) भी कहलाता है, जब विज्ञापनदाता विशिष्ट दर्शक वर्ग को अपने संदेश प्रदर्शित करने के लिए भुगतान करता है। प्रति सहस्र का अर्थ है प्रति हजार इम्प्रेशंस, या एक विज्ञापन का भार। कुछ इम्प्रेशंस गिने नहीं जा सकते हैं, जैसे एक रीलोड या प्रयोक्ता की आंतरिक क्रिया।

CPV (मूल्य प्रति आगंतुक) जब विज्ञापनदाता, वेबसाइट पर नियत आगंतुक को विज्ञापनदाता के वेबसाइट पर पहुंचाने के आधार पर भुगतान करता है।

CPV (मूल्य प्रति अवलोकन) जब एक विज्ञापनदाता, विज्ञापन या वेबसाइट के प्रत्येक विशिष्ट प्रयोक्ता अवलोकन के आधार पर भुगतान करता है (आम तौर पर पॉप-अप्स, पॉप-अंडर्स और अंतरालीय विज्ञापनों के साथ प्रयुक्त)।

CPC (मूल्य प्रति क्लिक) जिसे प्रति क्लिक भुगतान (PPC-Payment Per Click)) के रूप में भी जाना जाता है। विज्ञापनदाता, प्रयोक्ता द्वारा अपनी लिस्टिंग पर क्लिक किये जाने और उनके वेबसाइट पर पुनः निर्देशित होने पर प्रत्येक बार भुगतान करता है। वे वास्तव में लिस्टिंग के लिए नहीं, अपितु जब लिस्टिंग पर क्लिक किया जाता है, केवल तब भुगतान करते हैं। यह प्रणाली, विज्ञापन विशेषज्ञों को खोजों को परिष्कृत करने और उनके बाजार के बारे में जानकारी हासिल के लिए छूट प्रदान करती है। प्रति क्लिक भुगतान की मूल्य निर्धारण प्रणाली के अंतर्गत, विज्ञापनदाता लक्ष्य-समृद्ध शब्दों की श्रेणी में सूचीबद्ध होकर क्लिक किये जाने के अधिकार के लिए भुगतान करता है, ये शब्द प्रासंगिक यातायात को उनके वेबसाइट पर निर्देशित करते हैं। CPV से CPC इस तरह से

अलग है कि इस मामले में प्रत्येक क्लिक के लिए भुगतान किया जाता है चाहे वह उपयोगकर्ता को लक्ष्य साइट से जोड़े या ना जोड़े। CPA (मूल्य प्रति क्रिया) या (मूल्य प्रति अधिग्रहण) विज्ञापन उपलब्धि आधारित है और यह व्यापार के सम्बद्ध विपणन क्षेत्र में आम तौर पर प्रचलित है। इस भुगतान योजना में, प्रकाशक विज्ञापन चलाने के सभी जोखिम लेता है और विज्ञापनदाता केवल उन उपयोगकर्ताओं के लिए भुगतान करता है जो सौदे (जैसे खरीद या साइन-अप) को पूरा करते हैं। यह बैनर विज्ञापनों के लिए सबसे अच्छे प्रकार की भुगतान दर है और प्रभारित करने के लिए सबसे खराब किस्म की दर। इसी प्रकार, CPL (मूल्य प्रति लीड, Cost Per Lead) विज्ञापन CPA विज्ञापन के समान है और उपयोगकर्ता द्वारा प्रारूप पूरी तरह भरने, न्यूजलेटर के लिए पंजीकृत करने या ऐसी किसी अन्य कार्रवाई से जिससे व्यापारी को लगता है कि बिक्री होगी। इसके अलावा, CPO (मूल्य प्रति आदेश, Cost Per Order) विज्ञापन आदेश के लेन-देन के प्रत्येक मौके पर आधारित है। CPE (मूल्य प्रति अनुबंध) मार्च 2008 में पहली बार प्रवर्तित एक प्रकार का मूल्य प्रति कार्य है। मूल्य-प्रति-इम्प्रेशंस या मूल्य-प्रति-क्लिक मॉडल से भिन्न, CPE मॉडल का मतलब है विज्ञापन इम्प्रेशंस मुफ्त हैं और विज्ञापनदाता केवल तब भुगतान करते हैं जब प्रयोक्ता उनकी विशिष्ट विज्ञापन इकाई के साथ जुड़ता है। अनुबंध को प्रयोक्ता द्वारा विज्ञापन के साथ किसी भी तरीके से परस्पर क्रिया करने के रूप में परिभाषित किया जाता है। मूल्य प्रति रूपांतरण यह एक ग्राहक प्राप्त करने की कीमत को परिभाषित करता है, जिसे आम तौर पर विज्ञापन अभियान की लागत को उससे प्राप्त किये गए ग्राहकों की संख्या से विभाजित करके परिकलित किया जाता है। रूपांतरण की परिभाषा परिस्थिति पर निर्भर करती है। इसे कभी मार्गदर्शक, कभी बिक्री, तो कभी खरीद माना जाता है।

प्रकार

यद्यपि, जैसा कि ऊपर देखा गया, अधिकांश ऑनलाइन विज्ञापनों की कीमत होती है जो विज्ञापन के उपयोग या पारस्परिक क्रिया द्वारा लागू की जाती है, ऑनलाइन विज्ञापन के कुछ अन्य तरीके हैं जिनमे केवल एक बार भुगतान की आवश्यकता होती है। मिलियन डॉलर मुखपृष्ठ इसका एक बहुत ही सफल उदाहरण है। आगंतुकों के लिए विज्ञापन की जगह के लिए 1 डॉलर प्रति पिक्सेल अदा करना पड़ता और उनका विज्ञापन, मुखपृष्ठ पर तब तक बना रहता है जब तक वेबसाइट मौजूद रहे, वह भी बिना किसी अतिरिक्त कीमत के।

चल विज्ञापन-एक ऐसा विज्ञापन जो उपयोगकर्ता के स्क्रीन पर या सामग्री के ऊपर चलता रहता है।

विस्तार विज्ञापन-एक ऐसा विज्ञापन जो आकार बदलता है और जो वेबपेज की सामग्री को बदल सकता हैं।

विनम्र विज्ञापन-एक ऐसी पद्धति जिसके द्वारा एक बड़े विज्ञापन को छोटे टुकड़ों में डाउनलोड किया जाता है ताकि दृश्य सामग्री में कम से कम व्यवधान आए।

वॉलपेपर विज्ञापन-एक ऐसा विज्ञापन, जो देखे जा रहे पृष्ठ की पृष्ठभूमि को परिवर्तित करता है।

चालाक बैनर-एक ऐसा बैनर विज्ञापन, जो बटनों के साथ एक संवाद बॉक्स की तरह दिखता है। यह एक त्रुटि संदेश या चेतावनी का रूप धारण करता है।

पॉप अप-एक नई विंडो, जो एक विज्ञापन या पूरे वेबपेज को प्रदर्शित करती हुई मौजूदा विंडो के सामने खुलती है।

पॉप अंडर-यह पॉप-अप के समान होता है सिवाय इसके कि यह मौजूदा विंडो के पीछे से लोड होता है, ताकि उपयोगकर्ता इसे तब तक ना देख पाए जब तक कि वे एक या अनेक सक्रिय विंडो बंद ना कर दें।

वीडियो विज्ञापन-यह बैनर विज्ञापन के समान ही होता है, सिवाय इसके कि एक स्थिर या एनिमेटेड छवि की जगह वास्तविक चलती हुई वीडियो क्लिप प्रदर्शित होती है। यह टेलीविजन पर सर्वाधिक प्रचलित किस्म का विज्ञापन है और कई विज्ञापनदाता टेलीविजन और ऑनलाइन विज्ञापन, दोनों के लिए एक ही क्लिप का प्रयोग करते हैं।

मानचित्र विज्ञापन-किसी पाठ या ग्राफिक्स से जुड़ा विज्ञापन, जो Google Maps जैसे इलेक्ट्रॉनिक नक्शे में या उस पर प्रदर्शित होता है।

मोबाइल विज्ञापन-सेल फोन को प्रेषित एक SMS पाठ या मल्टी मीडिया संदेश।

अन्तरालीय विज्ञापन-एक पूरे पृष्ठ का विज्ञापन जो एक उपयोगकर्ता के मूल गंतव्य तक पहुंचने से पहले दिखता है।

इसके अलावा, स्ट्रीमिंग वीडियो या स्ट्रीमिंग ऑडियो वाले विज्ञापन, विज्ञापनदाताओं के बीच बहुत लोकप्रिय हो रहे हैं।

ई-मेल विज्ञापन- वैध ई-मेल विज्ञापन या ई-मेल विपणन को स्पैम से भिन्नता के लिए अक्सर ऐच्छिक ई-मेल विज्ञापन के रूप में जाना जाता है।

सहबद्ध विपणन- सहबद्ध विपणन एक प्रकार का ऑनलाइन विज्ञापन है, जहां विज्ञापनदाता सशक्त रूप से छोटे और बड़े प्रकाशकों के एक बड़े समूह के साथ अभियान चलाता है, जिसे केवल मीडिया की फीस का भुगतान, विज्ञापनदाता के लिए यातायात एकत्र होने पर किया जाता है और यह आम तौर पर एक विशिष्ट श्रेणी के मापने योग्य अभियान निष्कर्ष (फार्म, बिक्री या पंजीकरण, आदि) पर प्रयुक्त होता है। आजकल, यह सामान्यतः एक सहबद्ध नेटवर्क के साथ करार के माध्यम से पूरा किया जाता है।

सहबद्ध विपणन का आविष्कार 1994 में CDNow.com द्वारा किया गया था, जिसे Amazon.com द्वारा उत्कृष्ट बनाया गया, जब उसने 1996 में एसोसिएट प्रोग्राम नामक सहबद्ध प्रोग्राम को प्रवर्तित किया। ऑनलाइन खुदरा विक्रेता ने इसके प्रोग्राम को कम लागत ब्रांड प्रदर्शन के लिए इस्तेमाल किया और साथ ही, इसने छोटे वेबसाइटों को कुछ पूरक आय उत्पन्न करने का मौका भी प्रदान किया।

व्यवहार लक्ष्यीकरण

प्रासंगिक लक्ष्यीकरण के अलावा, ऑनलाइन विज्ञापन को उपयोगकर्ता के क्लिकस्ट्रीम अतीत के आधार पर लक्षित किया जा सकता हैं। उदाहरण के लिए, यदि किसी उपयोगकर्ता ने हाल ही में कई मोटर-वाहन खरीदारी तुलनात्मक साइटों को देखा हो, तो उपयोगकर्ता के कंप्यूटर पर संग्रहीत कुकीज से उसके क्लिकस्ट्रीम के विश्लेषण द्वारा, उस उपयोगकर्ता को दूसरी गैर ऑटोमोटिव साइटों पर जाने के लिए मोटर वाहन संबंधी विज्ञापन भेजे जा सकते हैं।

अर्थगत विज्ञापन

अर्थगत विज्ञापन वेब पृष्ठों पर अर्थगत विश्लेषण तकनीक को लागू करता है। यह प्रक्रिया पृष्ठ के मुख्य विषय और या अर्थ की सही ढंग से व्याख्या और वर्गीकरण करने और फिर इसे लक्षित विज्ञापन स्थल पर स्थापित करने से संबंधित है। सामग्री को विज्ञापन से निकटता से जोड़ कर, यह माना जाता है कि दर्शक द्वारा विज्ञापित उत्पाद या सेवा में दिलचस्पी (अर्थात् अनुबंध के माध्यम से) दिखाने की संभावना होंगी।

विज्ञापन सर्वर बाजार संरचना

नीचे एक विशेषता सर्वेक्षण में प्रकाशित लाखों की संख्या में दर्शकों के आंकड़ों सहित 2008 के शीर्ष विज्ञापन सर्वर विक्रेताओं की सूची दी गई है। 2008 से ऑनलाइन विज्ञापन बाजार का Google नियंत्रण अनुमानित तौर पर 69% रहा है।

विक्रेता	विज्ञापन दर्शक (मिलियन)
Google	1,118
DoubleClick (गूगल)	1,079
Yahoo!	362
MSN (माइक्रोसॉफ्ट)	309
AOL (एओएल)	156
Adbrite	73
कुल योग	3,087

यह नोट किया जाए कि 2007 में Google ने 3.1 मिलियन डॉलर की लागत पर DoubleClick का अधिग्रहण किया था। उपरोक्त सर्वेक्षण 68 मिलियन डोमेन के नमूने पर आधारित था।

विज्ञापन और व्यापार

व्यापार जगत में अपने उत्पाद की जानकारी ग्राहक तक पहुँचाने और सदैव उनके सामने अपनी उपस्थिति बनाये रखने का माध्यम विज्ञापन व प्रचार है। जिसके अपने माध्यम हैं जैसे-पम्फलेट, बुकलेट, हैण्डबिल, समाचार-पत्र, पत्रिका, दूरदर्शन, इन्टरनेट इत्यादि। सभी बड़ी कम्पनी के उत्पादों से आप सभी परिचित हो चुके हैं लेकिन फिर भी वे लगातार अपना विज्ञापन व प्रचार क्यूँ करती हैं, कभी सोचा आपने? सिर्फ इसलिए कि सदैव आपके यादों में बने रहें।

कुछ भी शुल्क मुक्त समाज सेवा नहीं है, ऐसा लगता है परन्तु ऐसा है नहीं। एक रास्ते से व्यापार किया जाता है तो दूसरे रास्ते जरूरतमंद लोगों को सहायता दी जाती है। सहायता पाने वाले लोगों को लगता है कि समाज सेवा हो रही है परन्तु वह एक व्यापार चक्र का ही हिस्सा और प्रचार-प्रसार का माध्यम होता है।

प्रिन्ट मीडिया में समाचार पत्र, पत्रिका सस्ते दर पर आपके पास उपलब्ध होता है। टी.वी के कार्यक्रम आपको शुल्क मुक्त और नाम मात्र के शुल्क पर उपलब्ध होता है। इन्टरनेट पर शुल्क मुक्त ई-मेल सुविधा, सोशल नेटवर्किंग साइट इत्यादि कुछ भी समाज सेवा नहीं यह सब एक व्यापार का ही हिस्सा है जो कुछ लोगों के लिए शुल्क मुक्त है तो अन्य के लिए शुल्क युक्त है। आइये इनके व्यापारिक अर्थ-चक्र को समझें।

प्रिन्ट मीडिया-विज्ञापन और व्यापार

प्रिन्ट मीडिया में समाचार पत्र, पत्रिका सस्ते दर पर आपके पास उपलब्ध होता है जबकि जितने रूपये में यह आपको उपलब्ध होता है उतने रूपये में उसमें प्रयोग किया गया कागज भी नहीं मिल पायेगा। कुछ समाचार पत्र प्रकाशक को सस्ते दर पर सरकार द्वारा कागज उपलब्ध कराया जाता है परन्तु वह भी उतना सस्ता नहीं होता कि आपको मुद्रित समाचार पत्र उतने में उपलब्ध कराया जा सके। समाचार पत्र-पत्रिकाओं का सस्ते में उपलब्ध होने का मुख्य आधार व्यापारिक संस्थानों और सरकारी विज्ञापन को प्रकाशित करना है। जिस समाचार पत्र-पत्रिका का वितरण क्षेत्र-पाठक जितना अधिक क्षेत्र में प्रसार होता है उसका विज्ञापन दर अधिक होता है। पाठक, जाने-अनजाने समाचार पत्र-पत्रिका के विज्ञापन दर को बढ़ाने वाला माध्यम होता है जिसका खर्च भी दूसरे रास्ते से उत्पाद या सेवा के विक्रय से आपसे ही लिया जाता है। उदाहरण स्वरूप-माना कि

अ. खर्च/ व्यय

एक हजार प्रति 8 पृष्ठ के समाचार पत्र में कागज का मूल्य	रू0 2000.00
छपाई (रंगीन)	रू0 6400.00
संवाददाता/पत्रकार/लेखक को मानदेय	रू0 20000.00
कम्प्यूटर टाइप सेटिंग	रू0 1600.00
कुल योग	रू0 30000.00

ब. आय

एक हजार प्रति 8 पृष्ठ के समाचार पत्र से आय	रू0 1000.00

विज्ञापन से आय	रू0 50000.00
कुल योग	रू0 51000.00

स. लाभ

ब. आय	रू0 51000.00
अ. खर्च/व्यय	रू0 30000.00
लाभ	रू0 21000.00

टीवी कार्यक्रम-विज्ञापन और व्यापार

दूरदर्शन के कार्यक्रम लगभग शुल्क मुक्त रूप से आपके पास उपलब्ध होता है। दूरदर्शन के कार्यक्रम का लगभग शुल्क मुक्त रूप में उपलब्ध होने का मुख्य आधार व्यापारिक संस्थानों और सरकारी विज्ञापन को कार्यक्रम के दौरान दिखाना है। जिस दूरदर्शन कार्यक्रम का दर्शक क्षेत्र जितना अधिक प्रसार होता है या जो कार्यक्रम अधिक चर्चा के कारण अधिक देखे जाते हैं उसका विज्ञापन दर अधिक होता है। दर्शक, जाने-अनजाने दूरदर्शन के कार्यक्रम के विज्ञापन दर को बढ़ाने वाला माध्यम होता है जिसका खर्च भी दूसरे रास्ते से उत्पाद या सेवा के विक्रय से आपसे ही लिया जाता है। उदाहरण स्वरूप-माना कि

अ. खर्च/व्यय

एक 30 मिनट के दूरदर्शन कार्यक्रम बनाने का कुल खर्च	रू0 200000.00
दूरदर्शन पर समय के लिए दिया गया मूल्य	रू0 300000.00
कुल योग	रू0 500000.00

ब. आय

विज्ञापन से आय	रू0 700000.00

स. लाभ

ब. आय	रू0 700000.00
अ. खर्च/व्यय	रू0 500000.00
लाभ	रू0 200000.00

सोशल नेटवर्किंग वेबसाइट-विज्ञापन और व्यापार

ई-मेल सेवा, सोशल नेटवर्किंग वेबसाइट लगभग शुल्क मुक्त रूप से आपकी सेवा के लिए उपलब्ध होता है। यह सुविधा देने वाली कम्पनी प्राथमिक खर्च कर वेबसाइट का निर्माण करती है। इसके शुल्क मुक्त रूप में उपलब्ध होने का मुख्य आधार व्यापारिक संस्थानों और सरकारी विज्ञापन को वेबसाइट पर दिखाना है। जिस वेबसाइट को जितना अधिक उपयोगकर्ता मिलते हैं उसका विज्ञापन दर अधिक होता है। उपयोगकर्ता, जाने-अनजाने दूरदर्शन वेबसाइट के विज्ञापन दर को बढ़ाने वाला माध्यम होता है जिसका खर्च भी दूसरे रास्ते से उत्पाद या सेवा के विक्रय से आपसे ही लिया जाता है।

वर्तमान समय में चर्चित और अधिक उपयोग होने वाली सोशल नेटवर्किंग वेबसाइट-फेसबुक है। यह इसके उपयोगकर्ता के लिए अनेक सुविधाओं को शुल्क मुक्त उपलब्ध कराता है जिससे बहुत अधिक उपयोगकर्ताओं तक इसकी पहुँच बन गई है। जिसके कारण फेसबुक पर विज्ञापन भी अधिक मिलते हैं और इस कारण से इस वेबसाइट के संचालक व कम्पनी अधिक तेज गति से लाभ कमाने वाली कम्पनी बन गयी है।

कुछ नये सोशल नेटवर्किंग वेबसाइट, उपयोगकर्ताओं की संख्या बढ़ाने के उद्देश्य से विज्ञापन से प्राप्त आय का आधा हिस्सा अपने उपयोगकर्ताओं के बीच वितरित भी करती हैं लेकिन फेसबुक ऐसा नहीं करता है।

भाग – 06
उत्पाद (Product)

उत्पाद-अर्थ एवं प्रकार

ईश्वर निर्मित उत्पाद

- खनिज आधारित ईश्वर निर्मित उत्पाद
- वन आधारित ईश्वर निर्मित उत्पाद
- जीव आधारित ईश्वर निर्मित उत्पाद
- कृषि आधारित ईश्वर निर्मित उत्पाद
- वायुमण्डल आधारित ईश्वर निर्मित उत्पाद

मानव निर्मित उत्पाद

- शरीर आधारित मानव निर्मित उत्पाद
- धन आधारित मानव निर्मित उत्पाद
- बैंकिग उत्पाद और उसका व्यापारिक गणित
- शेयर, डिबेन्चर तथा म्यूचुल फण्ड और उसका व्यापारिक गणित
- वायदा बाजार और उसका व्यापारिक गणित
- सट्टा, पेपर एवं आन लाइन लाटरी और उसका व्यापारिक गणित
- बाजी और उसका व्यापारिक गणित
- मन आधारित मानव निर्मित उत्पाद
- मनोरंजन आधारित मानव निर्मित उत्पाद
- मशीन आधारित मानव निर्मित उत्पाद

एन्टीक एवं सुपर एन्टीक उत्पाद-अर्थ, प्रकार एवं पहचान

विचार, रचनात्मक विचार और लाभ की शक्ति

उत्पाद-अर्थ एवं प्रकार

इस ब्रह्माण्ड की सभी वस्तुएँ ईश्वर निर्मित हैं अर्थात् ईश्वर द्वारा ही उत्पादित हैं। मनुष्य सभी कच्चा माल इसी ईश्वर उत्पादित उत्पाद के द्वारा ही प्राप्त करता है और उसका प्रसंस्करण कर अपने विभिन्न प्रकार के उपयोग में ले रहा है। बहुत से ईश्वर उत्पादित उत्पाद को मनुष्य, उसी रूप में प्रयोग कर रहा तो बहुत के साथ आपने ज्ञान-विज्ञान-तकनीकी का प्रयोग कर उसकी गुणवत्ता में सुधार भी कर रहा है। परिणाम यह है कि पहले केवल एक ही निर्माता ईश्वर थे अब ईश्वर के साथ मनुष्य भी निर्माता के रूप में स्थापित है। इस प्रकार सम्पूर्ण उत्पाद क्षेत्र को निम्नलिखित वर्ग में बाँटा जा सकता है-

ईश्वर निर्मित उत्पाद

खनिज आधारित ईश्वर निर्मित उत्पाद
वन आधारित ईश्वर निर्मित उत्पाद
जीव आधारित ईश्वर निर्मित उत्पाद
कृषि आधारित ईश्वर निर्मित उत्पाद
वायुमण्डल आधारित ईश्वर निर्मित उत्पाद

मानव निर्मित उत्पाद

शरीर आधारित मानव निर्मित उत्पाद
धन आधारित मानव निर्मित उत्पाद
बैंकिग उत्पाद और उसका व्यापारिक गणित
शेयर, डिबेन्चर तथा म्यूचुल फण्ड और उसका व्यापारिक गणित
वायदा बाजार और उसका व्यापारिक गणित
सट्टा, पेपर एवं आन लाइन लाटरी और उसका व्यापारिक गणित
बाजी और उसका व्यापारिक गणित
मन आधारित मानव निर्मित उत्पाद
मनोरंजन आधारित मानव निर्मित उत्पाद
मशीन आधारित मानव निर्मित उत्पाद

एन्टीक एवं सुपर एन्टीक उत्पाद-अर्थ, प्रकार एवं पहचान

विचार, रचनात्मक विचार और लाभ की शक्ति

ईश्वर निर्मित उत्पाद

खनिज आधारित ईश्वर निर्मित उत्पाद
वन आधारित ईश्वर निर्मित उत्पाद
जीव आधारित ईश्वर निर्मित उत्पाद
कृषि आधारित ईश्वर निर्मित उत्पाद
वायुमण्डल आधारित ईश्वर निर्मित उत्पाद

(इस भाग के विस्तृत जानकारी के लिए "विश्वशास्त्र" का अध्याय - चार देखें)

मानव निर्मित उत्पाद

शरीर आधारित मानव निर्मित उत्पाद
धन आधारित मानव निर्मित उत्पाद
- बैंकिग उत्पाद और उसका व्यापारिक गणित
- शेयर, डिबेन्चर तथा म्यूचुल फण्ड और उसका व्यापारिक गणित
- वायदा बाजार और उसका व्यापारिक गणित
- सट्टा, पेपर एवं आन लाइन लाटरी और उसका व्यापारिक गणित
- बाजी और उसका व्यापारिक गणित

मन आधारित मानव निर्मित उत्पाद
मनोरंजन आधारित मानव निर्मित उत्पाद
मशीन आधारित मानव निर्मित उत्पाद

(इस भाग के विस्तृत जानकारी के लिए "विश्वशास्त्र" का अध्याय - चार देखें)

एन्टीक एवं सुपर एन्टीक उत्पाद
अर्थ, प्रकार एवं पहचान

अगर आपमें पुरानी चीजों के प्रति गहरा लगाव है, कीमती वस्तुओं को खोजने के रोमांच में दिलचस्पी है और आप कोई रिटेल कारोबार शुरू करना चाहते हैं, तो एंटीक शॉप की शुरुआत आपके लिए मनमुताबिक कॅरियर का विकल्प साबित हो सकती है।

क्या है एंटीक

तकनीकी रूप से सौ वर्ष या उससे ज्यादा पुरानी वस्तुओं को एंटीक कहते हैं। इनमें फर्नीचर, आभूषण, पुस्तकें, फिल्में, संगीत एलबमों से जुड़ी यादगारें, हस्तशिल्प, कांच की कलाकृतियां, पोशाकें, नक्काशीदार बर्तन, घड़ियां, ऐतिहासिक महत्व के खिलौने और अन्य संग्रहणीय वस्तुएं शामिल होती हैं। वर्तमान समय में एंटीक वस्तुओं की खरीद-बिक्री से जुड़े कारोबार का आकार पहले की तुलना में काफी बढ़ गया है। इसकी बड़ी वजह लोगों की पुरातन वस्तुओं की खरीद में बढ़ती रुचि है। काफी लोग अब कीमती एंटीक वस्तुओं को अपनी धरोहर बनाने के लिए खरीद रहे हैं और जो लोग इन्हें सग्रहित कर रहे हैं, वह धनाढय हैं। एंटीक डीलर का काम काफी लोगों में कलात्मक दृष्टि से महत्वपूर्ण प्राचीन वस्तुओं को संग्रहित करने का शौक होता है। एंटीक डीलर को लोगों के इस शौक को पहचानते हुए अपनी कलात्मक समझ से ऐसी ही वस्तुओं को बिक्री के लिए संग्रहित करना होता है। इसके अलावा उन्हें बाजार में नजर आने वाली उन वस्तुओं पर भी नजर रखनी होती है, जिनकी खरीद कारोबारी नजरिए से फायदेमंद हो सकती है। यानी अलग-अगल प्रकार और महत्व की पुरातन वस्तुओं को जुटाकर अपनी एंटीक शॉप को अन्य प्रतिस्पर्धी कारोबारियों से आगे रखना इनके काम का जरूरी हिस्सा होता है। इस पेशे में आने के बाद आप अपनी रुचि की बदौलत कई तरह से लाभ कमा सकते हैं। पुरातन वस्तुओं को बेचने के अलावा आप लोगों को ऐसी वस्तुओं की देखरेख से लेकर उनकी मरम्मत के लिए बतौर सलाहकार अपनी सेवाएं दे सकते हैं। प्राचीन महत्व की वस्तुओं को खरीदने और बेचने के अलावा एंटीक डीलर ऐसी वस्तुओं के संग्रहकर्ताओं से भी खरीदी करते हैं। इस कार्य में सेल्सरूम, नीलामीघरों, बाजारों और व्यापार मेला आदि जगहों से खरीदी के बाद वस्तुओं को सकुशल अपने गोदाम या शोरूम में पहुंचाना और उन्हें खरीदारों के लिए प्रदर्शित करने जैसी गतिविधियां शामिल होती हैं। ई-कॉमर्स के बढ़ते उपयोग का लाभ एंटीक वस्तुओं के कारोबार को भी मिला है। इन वस्तुओं की ऑनलाइन खरीद-बिक्री धीरे-धीरे बढ़ रही है। इस पेशे में अपनी जगह मजबूत बनाए रखने के लिए यह जानना भी जरूरी होता है कि बाकी एंटीक विक्रेताओं के पास क्या-क्या खास है? इसके लिए दूसरे एंटीक विक्रेताओं के शोरूम में जाना और ऐसी वस्तुओं की तलाश में देश के अलग-अलग हिस्सों में घूमना भी एंटीक डीलर के काम का अहम हिस्सा होता है। इस पेशे में ज्यादा सफल वही होता है, जिसके पास ग्राहकों की इच्छाओं के अनुरूप सामानों की ज्यादा किस्में होती हैं। एंटीक असली-नकली की समझ अहम वस्तुओं की प्रामाणिकता की जांच के लिए शोध करना और वास्तविक होने पर उनकी कीमत का अंदाजा लगाना इस काम का एक जरूरी हिस्सा होता है। ऐसी वस्तुओं की कीमत तय करने का न कोई पैमाना होता है और न ही कोई निश्चित कीमत। इसलिए इनके विक्रेताओं में खरीद और बिक्री के दौरान तोलमोल करने के हुनर का होना जरूरी होता है। एंटीक डीलर बनने के लिए किसी औपचारिक शिक्षा की जरूरत नहीं है। इसके लिए इतना ही काफी है कि व्यक्ति के पास प्राचीन वस्तुओं का बाजार भाव आंकने का हुनर हो। हालांकि बाजार में कुछ प्रशिक्षण पाठयक्रम उपलब्ध हैं, जो इस क्षेत्र में आने के इच्छुक लोगों को पेशे की बुनियादी समझ देते हैं। काफी एंटीक डीलर के लिए यह पेशा पुश्तैनी है। इस कारण इस पेशे से जुड़ी उनकी समझ अनुभव और पेशे के प्रति गहरे लगाव पर आधारित है। आप ऐसे किसी कारोबारी के साथ प्रशिक्षु के रूप में जुड़कर भी इस पेशे की बारीकियों को समझ सकते हैं।

जरूरी गुण

जिन वस्तुओं को खरीदना हो, उनके प्रति गहरी रुचि हो पुरातन वस्तुओं के बारे में दूसरों से जानने के अलावा निजी स्तर पर उनकी पड़ताल करने की इच्छा हो इतिहास के बारे में जानने की जिज्ञासा हो प्राचीन महत्व की संग्रह योग्य वस्तुओं के मूल्यांकन की समझ हो व्यापार की समझ के अलावा ग्राहकों से धैर्यपूर्वक बात करने का गुण हो।

एंटीक के प्रकार और परीक्षण

(इस भाग के विस्तृत जानकारी के लिए "विश्वशास्त्र" का अध्याय - चार देखें)

विचार, रचनात्मक विचार और लाभ की शक्ति

"सृष्टि के पूर्व ब्रह्म शब्दात्मक बनते है, फिर ओंकारात्मक या नादात्मक होते है। तत्पश्चात पहले कल्पों के विशेष शब्द जैसे-भूः, भुवः, स्वः अथवा गो, मानव, घट, पट इत्यादि का प्रकाश उसी ओंकार से होता है। सिद्ध संकल्प ब्रह्म में क्रमशः एक-एक शब्द के होते ही उसी कृषण उन सब पदार्थों का भी प्रकाश हो जाता है और इस विचित्र जगत् का विकास हो उठता है। अब समझे न कि कैसे शब्द ही सृष्टि का मूल है।"

-स्वामी विवेकानन्द (विवेकानन्द जी के संग में, पृष्ठ-62)

प्रत्येक व्यापार के जन्म होने का कारण एक विचार होता है। पहले विचार की उत्पत्ति होती है फिर उस पर आधारित व्यापार का विकास होता है। विचार पहले किसी एक व्यक्ति के अन्दर जन्म लेता है उसके उपरान्त भले ही वह कई व्यक्ति के समूह का बन जाये, अलग बात है। जब समूह का बन जाता है तब वह कम्पनी, कार्पोरेशन, एन.जी.ओ., ट्रस्ट और यदि अधिक शक्तिशाली हो तो राष्ट्र का व्यापार बन समाज के सामने आता है। इसके कुछ उदाहरण इस प्रकार हैं-

- व्यापारिक क्षेत्र में व्यापार के वस्तु का विचार सर्वप्रथम व्यक्ति के अन्दर आता है फिर वह बाहर प्रोप्राइटरशिप, पार्टनरशिप, प्राइवेट लिमिटेड कम्पनी, लिमिटेड कम्पनी इत्यादि के रूप में बाहर आता है और उस व्यापार के लक्ष्य की प्राप्ति के लिए वह सरकारी प्रक्रिया, कार्यालय, उत्पाद निर्माण, विज्ञापन, प्रचार-प्रसार, कर्मचारी वेतन, योजना, प्रलोभन इत्यादि पर धन खर्च करता है।
- राजनीतिक क्षेत्र में एक ग्राम प्रधान/सभासद, क्षेत्र पंचायत सदस्य, क्षेत्र प्रमुख, जिला पंचायत सदस्य, जिला पंचायत अध्यक्ष, विधायक, सांसद, मंत्री इत्यादि बनने का विचार सर्वप्रथम उस व्यक्ति के मन में आता है। फिर वह बाहर व्यक्त होता है और उस लक्ष्य की प्राप्ति के लिए वह धन, सम्बन्ध, जन आधार इत्यादि का प्रयोग करता है।
- धार्मिक क्षेत्र में भी आजकल स्वयं के विचार के अनुसार स्वयं को लक्ष्य के अनुसार स्थापित करने के लिए व्यक्ति सरकारी प्रक्रिया, कार्यालय, उत्पाद निर्माण, विज्ञापन, प्रचार-प्रसार, कर्मचारी वेतन, योजना, प्रलोभन इत्यादि पर धन खर्च करता है।

विचार

व्यापार के लिए विचार कुछ भी हो सकता है। यह नकारात्मक और सकारात्मक हो सकता है। जिसका उद्देश्य किसी भी प्रकार धन बनाना होता है। यह समान्यतः समाज में चल रहे विचारों के अनुसार ही होता है जिसमें स्वयं के विचारों के अनुसार मार्केट में अपना कुछ भागीदारी करना होता है। और जब प्रयोग की जाती है तब वह अपने-आप में अकेला नहीं होता बल्कि इस पर आधारित व्यापार चल रहे होते हैं।

रचनात्मक विचार

रचनात्मक विचार, एक सकारात्मक विचार पर आधारित व्यापार होता है। यह समाज में चल रहे विचारों से थोड़ा ऊपर उठकर सुविधा-साधन उपलब्ध कराता है। और जब प्रयोग की जाती है तब वह अपने-आप में अकेला होता है।

लाभ की शक्ति

विचार पर आधारित व्यापार से अधिक लाभ कमाने का अवसर रचनात्मक विचार पर आधारित व्यापार को मिलता है क्योंकि यह अपने समय में अकेला होता है जिससे अधिक से अधिक लोगों को आकर्षित करता है।

भाग-07

निवेशक (Investor)

निवेश (Investment)

निवेशक (Investor)

निवेश के तरीके

रियल इस्टेट (प्रापर्टी) में निवेश

विश्व का मूल मन्त्र-"जय जवान-जय किसान-जय विज्ञान-जय ज्ञान-जय कर्मज्ञान"

निवेश (Investment)

निवेश या विनियोग (Investment) का सामान्य आशय ऐसे व्ययों से है जो उत्पादन क्षमता में वृद्धि लाये। यह तात्कालिक उपभोग व्यय या ऐसे व्ययों से संबंधित नहीं है जो उत्पादन के दौरान समाप्त हो जाए। निवेश शब्द का कई मिलते जुलते अर्थों में अर्थशास्त्र, वित्त तथा व्यापार-प्रबन्धन आदि क्षेत्रों में प्रयोग किया जाता है। यह पद बचत करने और उपभोग में कटौती या देरी के संदर्भ में प्रयुक्त होता है। निवेश के उदाहरण हैं-किसी बैंक में पूंजी जमा करना, या परिसंपत्ति खरीदने जैसे कार्य जो भविष्य में लाभ पाने की दृष्टि से किये जाते हैं। सामान्यतया इसे किसी वर्ष में पूँजी स्टॉक में होने वाली वृद्धि के रूप में परिभाषित करते हैं। संचित निवेश या विनियोग ही पूँजी है। निवेश के कुछ माध्यम इस प्रकार है- वित्त बाजार, शेयर बाजार, अंतर्राष्ट्रीय फंड, इंडेक्स फंड, ईटीएफ, गोल्ड एक्सचेंज ट्रेडिंग फंड, ग्रीनफील्ड इन्वेस्टमेण्ट, निवेश प्रबंधन, पोर्टफोलियो (वित्त), ब्राउनफील्ड निवेश, म्यूचुअल फंड, यूटीआई एमएफ इत्यादि।

निवेशक (Investor)

निवेशक उन व्यक्ति या संस्थाओं को कहा जाता है, जो किसी योजना में अपना धन निवेश करते हैं। निवेशक कई प्रकार के होते हैं, जैसे व्यक्तिगत निवेशक, सामाजिक संस्थाएं और विदेशी संस्थागत निवेशक इत्यादि।

व्यक्तिगत निवेशक

संख्या के अनुसार देखें, तो यह समूह शेयरधारकों का सबसे बड़ा भाग होता है। सार्वजनिक निर्गम के संदर्भ में, व्यक्तिगत निवेशकों को दो भागों में बांटा जा सकता है। पहले वह जो अधिकतम एक लाख रुपए के शेयर के लिए आवेदन कर सकते हैं और दूसरे वह जो एक लाख या उससे अधिक मूल्य के शेयरों के लिए आवेदन कर सकते हैं। इन निवेशकों को एचएनआई कहा जाता है। आईपीओ में फुटकर निवेशकों का हिस्सा 35 और एचएनआई का 25 प्रतिशत होता है।

सामाजिक संस्थाएं

ये कई लोगों द्वारा आपस में मिलकर बनाई गई संस्थाएं होती हैं, लेकिन ये संस्थाएं अपने बनाए गए नियम कानूनों के तहत ही शेयर बाजार में निवेश कर सकती हैं।

विदेशी संस्थागत निवेशक

ये वे संस्थाएं होती है जिनकी रचना भारत में निवेश करने हेतु विदेश में की गई है। भारत में निवेश करने के लिए इन संस्थाओं को सेबी के साथ अपना पंजीकरण विदेशी संस्थागत निवेशक के रूप में करना होता है। सेबी के नियमों के मुताबिक इस तरह की संस्थाएं किसी भारतीय कंपनी के आईपीओ के कुल मूल्य के दस प्रतिशत से ज्यादा पर निवेश नहीं कर सकतीं।

वित्तीय संस्थाएं

वित्तीय संस्थाओं के अंतर्गत बैंक, बीमा कंपनियां, पेंशन फंड आदि के लिए धन लगाने वाली संस्थाएं होती हैं। निवेशकों के संदर्भ में कहें, तो प्राथमिक और द्वितीयक बाजार के ये सबसे बड़े निवेशक होते हैं।

निवेश के तरीके

मनुष्य के जीवन में विकास करने की इच्छा सदैव बनी रहती है। इस क्रम में वह आर्थिक लाभ के लिए व्यापार, नौकरी इत्यादि करता है। अपने व्यक्तिगत व पारीवारिक खर्चों के सम्भालने के बाद बचे धन को वह अपने भविष्य के लिए संचित करता है तथा ऐसे प्रणाली में निवेश करता है जहाँ से उस धन के बदले अधिकतम लाभ प्राप्त हो सके। इस निवेश के मूल आधार निम्न प्रकार हैं-

1. निवेश की पारम्परिक विधि (प्राकृतिक चेतना विधि)

यह विधि सामान्य व्यवहार में हमेशा से चलती आ रही है। इस विधि में किसी बुद्धि की आवश्यकता नहीं होती। यदि आपके पास धन है तो आप सीधे इस विधि से निवेश कर धन के बदले लाभ प्राप्त कर सकते हैं। जैसे राष्ट्रीयकृत, सार्वजनिक क्षेत्र व अन्य बैंक की जमा योजनाएँ, बीमा योजनाएँ, भूमि-मकान में निवेश। इस विधि में लाभ की गति सामान्य रहती है और वह प्राकृतिक रूप से बढ़ती है। इस विधि में लाभ का निर्धारणकर्ता वह संस्थान होता है जिसमें निवेश किया जाता है।

2. निवेश की आधुनिक विधि (सत्य चेतना विधि)

यह विधि व्यवहार में रहते हुए भी आम व्यक्ति को समझ में नहीं आती क्योंकि इस विधि में बुद्धि की आवश्यकता होती है। यदि आपके पास धन है तो आप सीधे इस विधि से निवेश कर धन के बदले तीव्र गति से लाभ प्राप्त कर सकते हैं। जैसे किसी शहर के बसने या विस्तार या किसी सरकारी या नीजी उद्योग के किसी क्षेत्र में लगने से भूमि के मूल्य में एका-एक बढ़ोत्तरी, शेयर बाजार में निवेश। इस विधि में लाभ की गति सामान्य से तीव्र रहती है और वह सत्य रूप से बढ़ती है।

इस विधि से वे व्यक्ति अधिकतम लाभ उठा पाते हैं जो योजना बनने के बाद ही गुप्त रूप से जानकारी प्राप्त कर लेते हैं कि इस योजना की स्थापना किस क्षेत्र में होनी है। ये योजना सरकारी या नीजी क्षेत्र, दोनों में से किसी की भी हो सकती है। सरकारी व नीजी क्षेत्र द्वारा लगने वाले उद्योग व शहर का विस्तार इसके उदाहरण हैं। इस विधि में लाभ का निर्धारणकर्ता योजना निर्माता होता है जिसकी योजना पर निवेश किया जाता है।

रियल इस्टेट (प्रापर्टी) में निवेश

इतिहास गवाह है मँहगाई कभी कम नहीं हुयी है। समय के साथ प्रत्येक का विकास होता रहा है। बढ़ती जनसंख्या, बढ़ती आवश्यकता और बढ़ते धन के साथ प्रत्येक वस्तु की कीमत भी बढ़ रही है। निवेश के अनेक साधन के बावजूद भूमि-मकान में निवेश सबसे सुरक्षित साधन है। सामान्यतः व्यक्ति इसमें निवेश करना पसन्द करते हैं। किसी भी भूमि की उपयोगिता को अलग-अलग व्यक्ति अलग-अलग नजरिये से भी देख सकते हैं। एक किसान, का नजरिया कृषि योग्य भूमि के लिए हो सकता है तो एक व्यापारी का व्यापार की दृष्टि से हो सकता है, तो किसी हाउसिंग डेवलपमेन्ट कम्पनी का घर-मकान बनाकर बेचने का हो सकता है, तो किसी का उद्योग स्थापित करने की दृष्टि, तो किसी का धार्मिक स्थल बनाने का हो सकता है। यह सब दृष्टि, उस भूमि और उसके आस-पास के संसाधन व उस क्षेत्र की ऐतिहासिकता से सम्बन्धित होता है। रियल स्टेट में निवेश की निम्न विधियाँ है जो अच्छा लाभ देती है-

1. रियल इस्टेट (प्रापर्टी) में निवेश की पारम्परिक विधि (प्राकृतिक चेतना विधि)

इस विधि को पारम्परिक विधि कहते हैं क्योंकि इसमें किसी बुद्धि की आवश्यकता नहीं होती। यदि आपके पास धन है तो किसी भी शहर में या उसके आस-पास भूमि-मकान खरीद ले, आपका धन समय के साथ बढ़ता रहेगा। इसे प्राकृतिक चेतना विधि इसलिए कहते हैं कि यह स्वाभाविक विकास के साथ विकास करता है अर्थात् उसके कीमत के विकास में आपका कोई योगदान नहीं होता।

2. रियल इस्टेट (प्रापर्टी) में निवेश की आधुनिक विधि (सत्य चेतना विधि)

इस विधि को आधुनिक विधि कहते हैं क्योंकि इसमें बुद्धि-योजना-व्यापार नीति की अत्यधिक आवश्यकता होती। यदि आपके पास धन है तो किसी भी शहर में या उसके आस-पास भूमि खरीद ले, और वहाँ के लिए एक अच्छी योजना बनायें, उसे प्रचारित करें जिससे आपका धन समय के साथ-साथ तथा आपके योजना के कारण तेजी से बढ़ता रहेगा। इसे सत्य चेतना विधि इसलिए कहते हैं कि यह स्वाभाविक विकास के साथ-साथ आपकी योजना के कारण विकास करता है अर्थात् उसके कीमत के विकास में आपकी योजना का योगदान होता है। ऐसी योजना या तो सरकार बनाती है या कोई सरकारी नियमानुसार व्यापारिक-सामाजिक संस्था।

सरकार की योजना में नगर विकास, औद्योगिक क्षेत्र का विकास, पर्यटन क्षेत्र, शैक्षणिक संस्थान इत्यादि के विकास से होता है और उस क्षेत्र के भूमि की कीमत तेजी से बढ़ जाती है। इसका लाभ वही लोग ले पाते हैं जो सरकार की योजना को पहले ही जान जाते हैं।

ऐसी योजना सरकारी नियमानुसार व्यापारिक-सामाजिक संस्था बना सकती हैं। भारत देश एक आध्यात्मिक एवं सांस्कृतिक विविधता वाला देश है। घूमना मनुष्य की प्रकृति है। उसे उसके घर में चाहे कितना भी संसाधन क्यों न उपलब्ध हो, वह घूमने-पर्यटन करने जायेगा ही जायेगा। साथ ही वह सत्य-सुन्दर-शान्त स्थान पर रहना भी चाहेगा। और जब मनुष्य ऐसे स्थान पर रहना प्रारम्भ करने लगता है तब अपने-आप मनुष्य की आवश्यकता से सम्बन्धित वस्तुओं का व्यापार व व्यापारी भी उन्हीं में से निकल आते हैं। फिर जहाँ मनुष्य निवास करने लगता है तब सरकार व सरकारी व्यवस्था भी अपने-आप वहाँ पहुँचने लगती है। ऐसी योजनाओं के बहुत से उदाहरण हैं जहाँ का विकास का मूल कारण सरकारी नियमानुसार व्यापारिक-सामाजिक संस्था ही हैं।

वर्तमान समय में चल रहा निम्नलिखित उदाहरण इस विधि का प्रमाण है-

निवेश के सत्य चेतना विधि द्वारा निर्मित हो रहा है चन्द्रोदय मन्दिर, वृन्दावन, मथुरा (उ0प्र0)

भारत देश के उत्तर प्रदेश राज्य का ब्रज क्षेत्र (जिला-मथुरा) अर्थात् सम्पूर्ण ब्रज क्षेत्र कंस-श्रीकृष्ण से सम्बन्धित है। मथुरा कंस की नगरी थी और श्रीकृष्ण का जन्म स्थान। श्रीकृष्ण के बाल-लीला का क्षेत्र ब्रज क्षेत्र है। श्रीकृष्ण की नगरी द्वारिका (गुजरात प्रदेश) में थी। ब्रज क्षेत्र भारत के लोगों के लिए एक आस्था का स्थान है। इस आस्था का उपयोग करते हुये वृन्दावन में एक योजना इस्कान के भक्तों ने बनाया जिसका नाम-"कृष्ण भूमि-ए वन्डर लैण्ड" रखा और विशाल मन्दिर-टाउनशिप की योजना दी।

110 एकड़ के इस मन्दिर-टाउनशिप योजना में श्रीकृष्ण से सम्बन्धित 70 एकड़ में फैले श्री कृष्ण मन्दिर, वेदान्त वन, विश्व का पहला कृष्ण लीला थीम पार्क की योजना दी गयी। जिसमें 5 एकड़ में फैला 210 मीटर अर्थात् 700 फिट विश्व के सबसे ऊँचे श्रीकृष्ण मन्दिर का नाम "चन्द्रोदय मन्दिर" रखा गया। शेष 40 एकड़ में आधुनिक सुविधा एवं संसाधन से युक्त आवासीय व व्यापारिक स्थान की योजना बनायी गयी।

यह योजना जिस भूमि पर बनायी गयी, वह इस योजना के पहले एक उपेक्षित स्थान व सस्ते कीमत का रहा होगा परन्तु योजना के घोषित होते ही आस-पास की भूमि, आवासीय, व्यापारिक स्थान की कीमत तेजी से बढ़ गयी। इस टाउनशिप में आवासीय व व्यापारिक स्थानों की कीमत का निर्धारण तो इस योजना के व्यापारीगण ही किये। श्रीकृष्ण से आस्था, मन्दिर की विशालता और आधुनिक सुविधा ने लोगों को वहाँ खींचा और एक क्षेत्र का सम्पूर्ण विकास हो गया। आवासीय-व्यापारिक स्थान के विक्रय से जो लाभ हुआ उससे मन्दिर बनना प्रारम्भ हुआ। मन्दिर बनना प्रारम्भ हुआ तो आवासीय-व्यापारिक स्थान का कीमत बढ़ा।

निष्कर्ष यह है कि भारत देश में ऐसी योजना बनाने और उसे स्थापित करने की बहुत सी सम्भावनाएँ हैं। योजना बनाकर किसी भी स्थान का महत्व बढ़ाया जा सकता है। स्थान की विशेषता होने पर लोग वहाँ रहना भी चाहते हैं। केवल शहर का विस्तार करते रहने से लोग स्वाभाविक रूप से ही रियल स्टेट में निवेश करते हैं। विशेषताएँ बना देने से इच्छा बनती है और निवेश में तेजी आती है।

भाग-08

मूल मन्त्र

विश्व का मूल मन्त्र-"जय जवान-जय किसान-जय विज्ञान-जय ज्ञान-जय कर्मज्ञान"
भारतीय शास्त्रों की एक वाक्य में शिक्षा

विश्व का मूल मन्त्र-
"जय जवान-जय किसान-जय विज्ञान-जय ज्ञान-जय कर्मज्ञान"

प्रगतिशील मानव समाज में मानव का विकास जैसे-जैसे होता गया उसके परिणामस्वरूप विभिन्न सामाजिक-असामाजिक विषय क्षेत्रों का भी विकास होता गया। समाज में प्रत्येक विषय क्षेत्रों की एक महत्वपूर्ण भूमिका है। जिसमें किसी भी क्षेत्र को पूर्ण रूप में महत्वहीन नहीं कह सकते न ही पूर्ण रूप से महत्वपूर्ण कह सकते है। क्योंकि क्षेत्र कोई भी हो मानव की अपनी दृष्टि ही उसके उपयोग और दुरूपयोग से उस क्षेत्र को महत्वहीन, महत्वपूर्ण या सामाजिक-असामाजिक रूप में निर्धारण करती है। इसलिए मानव की दृष्टि जब तक विषय क्षेत्र के गुण, अर्थ, उपयोगिता और दुरूपयोगिता के ज्ञान पर केन्द्रीत नहीं होगी तब तक किसी भी क्षेत्र को निश्चित रूप से पूर्ण-महत्वपूर्ण निर्धारण कर पाना असम्भव है। यहाँ यह कहा जा रहा है कि वाह्य विषय क्षेत्र चाहे कोई भी हो वह मूलतः मानव द्वारा ही संचालित, आविष्कृत, नियमित और स्थापित की जाती है। इसलिए मानव का ज्ञान और कर्मज्ञान ही प्रत्येक विषय क्षेत्र की उपयोगिता और दुरूपयोगिता का निर्धारण करता है।

प्रत्येक विषय का विकास सतत होता रहता है। आज हम जो कुछ भी उत्पाद व्यावहार में देखते है वह और यहाँ तक कि मानव का निर्माण भी एक लम्बे प्रक्रिया, सुधार, परीक्षण, रखरखाव इत्यादि का ही परिणाम है। सतत विकास के परिणामस्वरूप ही वह अपनी पूर्णता और अन्तिम स्वरूप को प्राप्त होता है। भारत के विकास का मूल मन्त्र भी विकास की प्रक्रिया को पार करते हुऐ अपने पूर्ण और अन्तिम स्वरूप में व्यक्त हो चुका है। भारत के पूर्ण मूलमन्त्र के स्वरूप का बीज भूतपूर्व प्रधानमन्त्री स्व0 लाल बहादुर शास्त्री ने "जय जवान-जय किसान" का नारा देकर किये। यह बीज समयानुसार भारत की मूल आवश्यकता थी, जो आज भी है और आगे भी रहेगी। यहाँ से भारत के मूलमन्त्र के स्वरूप का विकास प्रारम्भ होता है। मई 1998 में परमाणु बम परीक्षण के उपरान्त प्रधानमंन्त्री श्री अटल बिहारी बाजपेयी ने इस मूलमंन्त्र के स्वरूप के विकास क्रम में "जय विज्ञान" जोड़कर मूलमन्त्र के स्वरूप को "जय जवान-जय किसान-जय विज्ञान" के रूप में प्रस्तुत किये। जो समयानुसार आज की आवश्यकता है। जो आगे भी रहेगी।

"जय जवान-जय किसान-जय विज्ञान" तक ही भारत के मूलमन्त्र का पूर्ण विकसित अर्थात् अन्तिम स्वरूप नहीं है क्योंकि जवान-किसान-विज्ञान तीनों स्थान पर मानव ही बैठा है इसलिए मूलमन्त्र के स्वरूप में जब तक मानव के निर्माण का सूत्र नहीं होगा तब तक मूलमन्त्र का स्वरूप भी पूर्ण नहीं हो सकता। इसी कमी को पूर्ण कर पूर्णता प्रदान करने के लिए "विश्व-बन्धुत्व","वसुधैव-कुटुम्बकम्", "बहुजन हिताय-बहुजन सुखाय","एकात्म मानवतावाद" की स्थापना के लिए एकात्मकर्मवाद आधारित सार्वभौम सत्य-सिद्धान्त (धर्मयुक्त नाम-कर्मवेद-प्रथम, अन्तिम तथा पंचमवेदीय श्रृंखला अर्थात् धर्मनिरपेक्ष-सर्वधर्मसम्भाव नाम-विश्वमानक-शून्य श्रृंखला-मन की गुणवता का विश्व मानक) का आविष्कार कर "जय ज्ञान-जय कर्मज्ञान" को जोड़कर भारत के मूलमन्त्र को पूर्ण और अन्तिम स्वरूप-"जय जवान-जय किसान-जय विज्ञान-जय ज्ञान-जय कर्मज्ञान" को व्यक्त किया गया है। जो समयानुसार आज की आवश्यकता है जो आगे भी रहेगी। चूँकि भारत का सर्वोच्च और अन्तिम व्यापक रूप ही विश्व है। अर्थात् भारत ही विश्व है और विश्व ही भारत है। इसलिए यह मूलमन्त्र भारत का ही नहीं सम्पूर्ण विश्व का अन्तिम मूलमन्त्र है।

"ज्ञान" जिससे हम अपने विचारों को एकता-समभाव-बन्धुत्व-धैर्य रूप में प्रस्तुत करने में सक्षम होते हैं। जैसा कि मई 1998 में भारत ने परमाणु बम परीक्षण के उपरान्त उठे विश्वव्यापी विवाद को समाप्त करने के लिए "ज्ञान" का प्रयोग कर अपने विचारों की समभाव रूप में विश्व में समक्ष रखने में सफल हुआ। "कर्मज्ञान" जिससे हम समभाव में स्थित हो कर्म करते है। अर्थात् ईश्वरत्व भाव से उपलब्ध संसाधनों पर आधारित हो कर्म करते हैं। "ज्ञान" से हम सिर्फ एकता-समभाव-बन्धुत्व-धैर्य की भाषा बोल सकते हैं जबकि "कर्मज्ञान" से कार्य करते हुए एकता-समभाव-बन्धुत्व-धैर्य की भाषा बोल सकते है। "ज्ञान" यथावत् स्थिति बनाये रखते हुए शान्ति का प्रतीक है।

तो "कर्मज्ञान" विकास करते हुये शान्ति बनाये रखने का प्रतीक है। ज्ञानावस्था में कर्म प्राकृतिक चेतना अर्थात् शुद्धरूप से वर्तमान स्थिति में प्राथमिकता से कर्म करना, के अन्तर्गत होता है जबकि कर्मज्ञानावस्था में कर्म प्राकृतिक चेतना समाहित सत्य चेतना अर्थात् भूतकाल का अनुभव, भविष्य की आवश्यकता के साथ प्राथमिकता के साथ वर्तमान में कार्य करना, के अन्तर्गत होता है। वर्तमान और भविष्य की आवश्यकताओं को देखते हुऐ मात्र "ज्ञान" से ही अब विकास सम्भव नहीं है। क्योंकि यह अवस्था "नीतिविहीन" अवस्था है। अब "नीतियुक्त" अवस्था कर्मज्ञानावस्था की आवश्यकता है। जिसके अभाव के कारण ही संसाधनों के होते हुये भी बेरोजगारी, अपराधों का विकास, विखण्डन इत्यादि विनाशक स्थिति उत्पन्न हो रही है। इस कर्मज्ञान का आविष्कार सम्पूर्ण विश्व के मानवजाति के लिए महानतम उपलब्धि हैं।

भारतीय शास्त्रों की एक वाक्य में शिक्षा

भारतीय शास्त्र, मनुष्य मात्र को ईश्वरत्व तक उठाने के लिए कालानुसार रची जाती रहीं हैं न कि उसकी पूजा करने के लिए। इसलिए उनके उद्देश्यों को समझना आवश्यक है। इन पर आधारित सिनेमा और दूरदर्शन के निर्माण और उसके प्रसारण से आम जनता इनसे परिचित भी हो चुकी है। अब इन शास्त्रों के व्यावहारिकरण के लिए आवश्यक है कि इनके अर्थ को समझा जाये जिससे उसका जीवन में प्रयोग हो सके।

उपरोक्त स्वतन्त्रता के मूल/जड़ सिंद्धान्त होने के बावजूद मनुष्य के जीवन की दो आवश्यकताएँ, आवश्यक हो गयी हैं जिसका निर्माण वे स्वयं किये हैं। पहला - किसी राजनितिक दल का सदस्य होना और दूसरा किसी गुरू का चेला बनना। और इस प्रकृति से यह स्पष्ट भी हो चुका है कि ये दोनों आवश्यकता इनके परम लक्ष्य और स्वतन्त्रता की आवश्यकता के लिए नहीं बल्कि इनके जीवन के संसाधन के स्वार्थ पूर्ति की आवश्यकता है। इस छोटे से लक्ष्य के लिए उनकी कितनी शारीरिक-आर्थिक-मानसिक बलि चढ़ती है ये तो वही जानें परन्तु बड़े लक्ष्य और पूर्ण स्वतन्त्रता के मार्ग पर ले जाने के लिए ही यह भाग लिखा जा रहा है।

वेद की शिक्षा

वेदों को मूलतः सार्वभौम ज्ञान का शास्त्र समझना चाहिए। जिनका मूल उद्देश्य यह बताना था कि "एक ही सार्वभौम आत्मा के सभी प्रकाश हैं अर्थात बहुरूप में प्रकाशित एक ही सत्ता है। इस प्रकार हम सभी एक ही कुटुम्ब के सदस्य है।"

उपनिषद् कीे शिक्षा

उपनिषद्ोें की शिक्षा उस सार्वभौम आत्मा के नाम के अर्थ की व्याख्या के माध्यम से उस सार्वभौम आत्मा को समझाना है।

पुराण कीे शिक्षा

जब उस सार्वभौम आत्मा का ही सब प्रकाश है, तब यह ब्रह्माण्ड ही ईश्वर का दृश्य रूप है। इसलिए पुराण की रचना कई चरणों में हुयी और प्रत्येक चरण की अलग-अलग शिक्षा है।

प्रथम चरण - इस चरण में पुराण की शिक्षा मूलतः उस सार्वभौम एक आत्मा से ब्रह्माण्ड के विकास को कथा के माध्यम से समझाया गया है।

द्वितीय चरण - इस चरण में पुराण की शिक्षा मूलतः उस सार्वभौम एक आत्मा से सौर मण्डल के विकास को कथा के माध्यम से समझाया गया है।

तृतीय चरण - इस चरण में पुराण की शिक्षा मूलतः उस सार्वभौम एक आत्मा से प्रकृति के विकास को कथा के माध्यम से समझाया गया है।

चतुर्थ चरण - इस चरण में पुराण की शिक्षा मूलतः उस सार्वभौम एक आत्मा से जीवों के विकास को कथा के माध्यम से समझाया गया है।

पंचम चरण - इस चरण में पुराण की शिक्षा मूलतः उस सार्वभौम एक आत्मा से मनुष्य के विकास को कथा के माध्यम से साथ ही मनुष्य को व्यक्तिगत, सामाजिक और वैश्विक मनुष्य तक उठने के उन गुणों को समझाया गया है। जो इस प्रकार हैं-

वैश्विक/ब्रह्माण्डिय (मानक वैश्विक चरित्र) मनुष्य के लिए - एकात्म ज्ञान, एकात्म वाणी, एकात्म कर्म, एकात्म प्रेम, एकात्म सर्मपण और एकात्म ध्यान से युक्त जीवन और वस्त्राभूषण का प्रक्षेपण शिव-शंकर परिवार।

सामाजिक (मानक सामाजिक चरित्र) मनुष्य के लिए - एकात्म ज्ञान, एकात्म वाणी, एकात्म कर्म, एकात्म प्रेम से युक्त जीवन और वस्त्राभूषण का प्रक्षेपण विष्णु परिवार।

व्यक्तिगत (मानक व्यक्ति चरित्र) मनुष्य के लिए - एकात्म ज्ञान, एकात्म वाणी से युक्त जीवन और वस्त्राभूषण का प्रक्षेपण ब्रह्मा परिवार।

रामयाण की शिक्षा

रामायण की शिक्षा आपसी सम्बन्धों में एक-दूसरे को महान बताते हुये परिस्थितियों के अनुसार कर्म करने की शिक्षा दी गयी है जिससे अन्य सभी लोग स्वयं ही अपने लोगों को महान समझने लगते हैं।

महाभारत कीे शिक्षा

महाभारत की शिक्षा अपनी प्रकृति में स्थित रहकर व्यक्तिगत प्रमाणित स्वार्थ (लक्ष्य) को प्राप्त करने के अनुसार सम्बन्धों का आधार बनाने की शिक्षा है।

गीता कीे शिक्षा

गीता की मूल शिक्षा प्रकृति में व्याप्त मूल तीन सत्व, रज और तम गुण के आधार पर व्यक्त विषयों जिसमें मनुष्य भी शामिल है, की पहचान करने की शिक्षा दी गयी है और उससे मुक्त रहकर कर्म करने को निष्काम कर्मयोग तथा उसमें स्थित रहने को स्थितप्रज्ञ और ईश्वर से साक्षात्कार करने का मार्ग समझाया गया।

विश्वभारत कीे शिक्षा

विश्वभारत, विश्वशास्त्र के स्थापना की योजना का शास्त्र है, जो विश्वशास्त्र का ही एक भाग है। विश्वभारत, की शिक्षा अपनी प्रकृति में स्थित रहकर सार्वजनिक प्रमाणित स्वार्थ (लक्ष्य) को प्राप्त करने के अनुसार सम्बन्धों का आधार बनाने की शिक्षा है।

विश्वशास्त्र-द नाॅलेज आॅफ फाइनल नाॅलेज की शिक्षा

विश्वशास्त्र की शिक्षा, उपरोक्त सभी को समझाना है और पूर्ण सार्वजनिक प्रमाणित ज्ञान-कर्मज्ञान से युक्त होकर कर्म करने की शिक्षा है। जिससे भारतीय शास्त्रों की वैश्विक स्वीकारीता स्थापित हो और देवी-देवताओं के उत्पत्ति के उद्देश्य से भटक गये मनुष्य को शास्त्रों के मूल उद्देश्य की मुख्यधारा में लाया जा सके।

"हिन्दू भावों को अंग्रेजी में व्यक्त करना, फिर शुष्क दर्शन, जटिल पौराणिक कथाएं और अनूठे आश्चर्यजनक मनोविज्ञान से ऐसे धर्म का निर्माण करना, जो सरल, सहज और लोकप्रिय हो और उसके साथ ही उन्नत मस्तिष्क वालों को संतुष्ट कर सके- इस कार्य की कठिनाइयों को वे ही समझ सकते हैं, जिन्होंने इसके लिए प्रयत्न किया हो। अद्वैत के गुढ़ सिद्धान्त में नित्य प्रति के जीवन के लिए कविता का रस और जीवन दायिनी शक्ति उत्पन्न करनी है। अत्यन्त उलझी हुई पौराणिक कथाओं में से जीवन प्रकृत चरित्रों के उदाहरण समूह निकालने हैं और बुद्धि को भ्रम में डालने वाली योग विद्या से अत्यन्त वैज्ञानिक और क्रियात्मक मनोविज्ञान का विकास करना है और इन सब को एक ऐसे रुप में लाना पड़ेगा कि बच्चा-बच्चा इसे समझ सके।"

- स्वामी विवेकानन्द

"अब व्यावहारिक जीवन में उसके प्रयोग का समय आया है। अब और 'रहस्य' बनाये रखने से नहीं चलेगा। अब और वह हिमालय की गुहाओ। में, वन-अरण्यांे में साधु-सन्यासियों के पास न रहेगा, लोगों के दैनन्दिन जीवन में उसको कार्यन्वित करना होगा। राजा के महल में, साधु-सन्यासी की गुफा में, मजदूर की झोपड़ी में, सर्वत्र सब अवस्थाओं में- यहाॅं तक कि राह के भिखारी द्वारा भी - वह कार्य में लाया जा सकता है।"

- स्वामी विवेकानन्द

भाग-09

मानक व्यवसाय

डब्ल्यू.एस. (WS)-000 : ब्रह्माण्ड (सूक्ष्म एवं स्थूल) के प्रबन्ध और क्रियाकलाप का विश्वमानक

डब्ल्यू.एस. (WS)-000
ब्रह्माण्ड (सूक्ष्म एवं स्थूल) के प्रबन्ध और क्रियाकलाप का विश्वमानक

एक पूर्ण व्यापारिक संगठन के लिए आवश्यक है कि वह डब्ल्यू.एस. (WS)-000 ब्रह्माण्ड (सूक्ष्म एवं स्थूल) के प्रबन्ध और क्रियाकलाप का विश्वमानक के अनुसार हो। अर्थात् उस संगठन की संरचना और कार्य निम्न सभी चक्र को अवश्य ही संचालित करती हो-

सूत्र-1. ज्ञानातीत चक्र: चक्र-0-धर्म ज्ञान से बिना युक्त के मुक्त अर्थात् अपना मालिक अन्य और धर्म ज्ञान से युक्त होकर मुक्त अर्थात् अपना मालिक स्वंय की स्थिति। ज्ञानावस्था से होकर यही चक्र 7 भी कहलाता है। यह स्थिति शिशु और ज्ञानी की होती है।

उपरोक्त सूत्र के अनुसार हमारे व्यवसाय की व्याख्या- एक पूर्ण व्यापारिक संगठन का मालिक या तो कोई और (ईश्वर) होता है या उस संगठन में शामिल एक या अनेक ईश्वर (व्यक्ति) होते हैं। जिस प्रकार ईश्वर किसी जीव-निर्जीव, स्त्री-पुरूष, जाति-सम्प्रदाय इत्यादि से बिना भेद-भाव के सभी के लिए कार्य करता है उसी प्रकार एक पूर्ण व्यापारिक संगठन को भी उसी प्रकार कार्य करना चाहिए। जिस प्रकार ईश्वर दिन-रात, वर्षा-सूखा, गर्मी-सर्दी, तूफान-शान्ति इत्यादि बिना किसी भेद-भाव अर्थात् सार्वभौम एकात्म के द्वारा करता है उसी प्रकार एक पूर्ण व्यापारिक संगठन को भी उसी प्रकार कार्य करना चाहिए। एक शिशु मानव और ज्ञानी मानव दोनों ही समभाव अर्थात् सार्वभौम एकात्म में स्थित होकर ही क्रियाशील रहते हैं। बस शिशु अज्ञानावस्था में रहता है जबकि ज्ञानी मानव ज्ञानावस्था में रहकर वही करता है।

हमारा व्यापार और व्यापारिक संगठन भी इसी प्रकार है। वह अपने कार्यों-योजनाओं-व्यापारिक नियमों को बिना किसी भेद-भाव के समभाव में स्थित होकर संचालित करता है। जिस प्रकार ईश्वर द्वारा वर्षा होती है जिसको जितना जल लेना हो ले ले, उसी प्रकार हमारा व्यापार भी मनुष्यों के लिए है जिसको जितने में शामिल होना है, हो लें।

सूत्र-2. भौतिकवाद या भोगवाद कर्म चक्र:

चक्र-1. TRANSACTION-आदान-प्रदान चक्र। यही ज्ञानावस्था में चक्र-6 कहलाता है।

उपचक्र 1.1-शारीरिक

उपचक्र 1.2-आर्थिक/संसाधन

उपचक्र 1.3-मानसिक

उपरोक्त सूत्र के अनुसार हमारे व्यवसाय की व्याख्या- सूत्र-1 से युक्त चक्र-1 का संचालन- एक पूर्ण व्यापारिक संगठन सूत्र-1 के भाव (हृदय) से युक्त होकर शारीरिक-आर्थिक-मानसिक क्षेत्र में आदान प्रदान करता है। इसे आध्यात्मिकता या धर्म या समभाव या सार्वभौम एकात्म से युक्त व्यवसाय या आदान-प्रदान कहते हैं।

हमारा व्यापार और व्यापारिक संगठन भी इसी प्रकार का है। वह अपने कार्यों-योजनाओं-व्यापारिक नियमों को बिना किसी भेद-भाव के आध्यात्मिकता या धर्म या समभाव या सार्वभौम एकात्म में स्थित होकर शारीरिक-आर्थिक-मानसिक क्षेत्र में आदान-प्रदान संचालित करता है। जिस प्रकार ईश्वर द्वारा शारीरिक-आर्थिक-मानसिक क्षेत्र में आदान प्रदान हो रहा है, उसी प्रकार हमारा व्यापार भी शारीरिक-आर्थिक-मानसिक क्षेत्र में आदान-प्रदान विकास के लिए और शामिल हाने वालों के लिए करता है।

सूत्र-1 से मुक्त चक्र-1 का संचालन-सूत्र-1 से मुक्त व्यापारिक संगठन भी शारीरिक-आर्थिक-मानसिक क्षेत्र में आदान-प्रदान करता है। इसे भौतिकता या अधर्म या असमभाव या अनेकात्म से युक्त व्यवसाय या आदान-प्रदान कहते हैं।

हमारा व्यापार और व्यापारिक संगठन सूत्र-1 से मुक्त होकर चक्र-1 का कार्य नहीं करता। यह उसका विशिष्ट उद्देश्य है।

चक्र-2. RURAL-ग्रामीण चक्र

उपचक्र 2.1-शारीरिक

उपचक्र 2.2-आर्थिक/संसाधन

उपचक्र 2.3-मानसिक

उपरोक्त सूत्र के अनुसार हमारे व्यवसाय की व्याख्या-ग्रामीण का व्यापक अर्थ है-वे जो स्वयं से शारीरिक-आर्थिक-मानसिक क्षेत्र में पीछे हैं।

सूत्र-1 से युक्त चक्र-2 का संचालन-एक पूर्ण व्यापारिक संगठन सूत्र-1 के भाव (हृदय) से युक्त होकर जो स्वयं से शारीरिक-आर्थिक-मानसिक क्षेत्र में पीछे हैं, उनके लिए शारीरिक-आर्थिक-मानसिक क्षेत्र में आदान प्रदान करता है। इसे आध्यात्मिकता या धर्म या समभाव या सार्वभौम एकात्म से युक्त व्यवसाय या आदान-प्रदान कहते हैं।

हमारा व्यापार और व्यापारिक संगठन भी इसी प्रकार का है। वह अपने कार्यों-योजनाओं-व्यापारिक नियमों को बिना किसी भेद-भाव के आध्यात्मिकता या धर्म या समभाव या सार्वभौम एकात्म में स्थित होकर जो स्वयं से शारीरिक-आर्थिक-मानसिक क्षेत्र में पीछे हैं, उनके लिए शारीरिक-आर्थिक-मानसिक क्षेत्र में आदान-प्रदान संचालित करता है। जिस प्रकार ईश्वर द्वारा शारीरिक-आर्थिक-मानसिक क्षेत्र में आदान प्रदान जो ईश्वर से शारीरिक-आर्थिक-मानसिक क्षेत्र में पीछे हैं। हो रहा है, उसी प्रकार हमारा व्यापार भी जो स्वयं से शारीरिक-आर्थिक-मानसिक क्षेत्र में पीछे हैं, उनके लिए शारीरिक-आर्थिक-मानसिक क्षेत्र में आदान-प्रदान विकास के लिए और शामिल हाने वालों के लिए करता है।

सूत्र-1 से मुक्त चक्र-2 का संचालन-सूत्र-1 से मुक्त व्यापारिक संगठन भी शारीरिक-आर्थिक-मानसिक क्षेत्र में आदान-प्रदान करता है। इसे भौतिकता या अधर्म या असमभाव या अनेकात्म से युक्त व्यवसाय या आदान-प्रदान कहते हैं।

हमारा व्यापार और व्यापारिक संगठन सूत्र-1 से मुक्त होकर चक्र-2 का कार्य नहीं करता। यह उसका विशिष्ट उद्देश्य है।

चक्र-3.ADVANCEMENT या ADAPTABILITY -आधुनिकता या अनुकूलन चक्र

उपचक्र 3.1-शारीरिक

उपचक्र 3.2-आर्थिक/संसाधन

उपचक्र 3.3-मानसिक

उपरोक्त सूत्र के अनुसार हमारे व्यवसाय की व्याख्या-आधुनिकता या अनुकूलन का अर्थ है-वे जो स्वयं से शारीरिक-आर्थिक-मानसिक क्षेत्र में आगे हैं उनके शारीरिक-आर्थिक-मानसिक प्रणाली को स्वीकार और स्वयं को उस अनुसार बनाना।

सूत्र-1 से युक्त चक्र-3 का संचालन-एक पूर्ण व्यापारिक संगठन सूत्र-1 के भाव (हृदय) से युक्त होकर जो स्वयं से शारीरिक-आर्थिक-मानसिक क्षेत्र में आगे हैं, उन्हें स्वीकार और स्वयं को उस अनुसार बनाते

हुये उनके लिए शारीरिक-आर्थिक-मानसिक क्षेत्र में आदान प्रदान करता है। इसे आध्यात्मिकता या धर्म या समभाव या एकात्म से युक्त व्यवसाय या आदान-प्रदान कहते हैं।

हमारा व्यापार और व्यापारिक संगठन भी इसी प्रकार का है। वह अपने कार्यों-योजनाओं-व्यापारिक नियमों को बिना किसी भेद-भाव के आध्यात्मिकता या धर्म या समभाव या सार्वभौम एकात्म में स्थित होकर जो स्वयं से शारीरिक-आर्थिक-मानसिक क्षेत्र में आगे हैं, उनके लिए शारीरिक-आर्थिक-मानसिक क्षेत्र में आदान-प्रदान संचालित करता है। जिस प्रकार ईश्वर द्वारा शारीरिक-आर्थिक-मानसिक क्षेत्र में आदान-प्रदान जो ईश्वर से शारीरिक-आर्थिक-मानसिक क्षेत्र में आगे हैं। हो रहा है, उसी प्रकार हमारा व्यापार भी जो स्वयं से शारीरिक-आर्थिक-मानसिक क्षेत्र में आगे हैं, उनके लिए शारीरिक-आर्थिक-मानसिक क्षेत्र में आदान-प्रदान विकास के लिए और शामिल हाने वालों के लिए करता है।

सूत्र-1 से मुक्त चक्र-3 का संचालन-सूत्र-1 से मुक्त व्यापारिक संगठन भी शारीरिक-आर्थिक-मानसिक क्षेत्र में आदान-प्रदान करता है। इसे भौतिकता या अधर्म या असमभाव या अनेकात्म से युक्त व्यवसाय या आदान-प्रदान कहते है।

हमारा व्यापार और व्यापारिक संगठन सूत्र-1 से मुक्त होकर चक्र-3 का कार्य नहीं करता। यह उसका विशिष्ट उद्देश्य है।

चक्र-4. DEVELOPMENT-विकास चक्र

उपचक्र 4.1-शारीरिक

उपचक्र 4.2-आर्थिक/संसाधन

उपचक्र 4.3-मानसिक

उपरोक्त सूत्र के अनुसार हमारे व्यवसाय की व्याख्या-विकास का अर्थ है-स्वयं को शारीरिक-आर्थिक-मानसिक क्षेत्र में आगे बढ़ाने से हैं।

सूत्र-1 से युक्त चक्र-4 का संचालन-एक पूर्ण व्यापारिक संगठन सूत्र-1 के भाव (हृदय) से युक्त होकर स्वयं को शारीरिक-आर्थिक-मानसिक क्षेत्र में आगे बढ़ाने के लिए शारीरिक-आर्थिक-मानसिक क्षेत्र में आदान प्रदान करता है। इसे आध्यात्मिकता या धर्म या समभाव या सार्वभौम एकात्म से युक्त व्यवसाय या आदान-प्रदान कहते हैं।

हमारा व्यापार और व्यापारिक संगठन भी इसी प्रकार का है। वह अपने कार्यों-योजनाओं-व्यापारिक नियमों को बिना किसी भेद-भाव के आध्यात्मिकता या धर्म या समभाव या एकात्म में स्थित होकर स्वयं के शारीरिक-आर्थिक-मानसिक क्षेत्र में आगे बढा़ता है। जिस प्रकार ईश्वर द्वारा शारीरिक-आर्थिक-मानसिक क्षेत्र में विकास हो रहा है, उसी प्रकार हमारा व्यापार भी स्वयं को शारीरिक-आर्थिक-मानसिक क्षेत्र में आगे बढ़ाने के लिए शारीरिक-आर्थिक-मानसिक क्षेत्र में आदान-प्रदान विकास के लिए और शामिल हाने वालों के लिए करता है।

सूत्र-1 से मुक्त चक्र-4 का संचालन-सूत्र-1 से मुक्त व्यापारिक संगठन भी शारीरिक-आर्थिक-मानसिक क्षेत्र में आदान-प्रदान करता है। इसे भौतिकता या अधर्म या असमभाव या अनेकात्म से युक्त व्यवसाय या आदान-प्रदान कहते है।

हमारा व्यापार और व्यापारिक संगठन सूत्र-1 से मुक्त होकर चक्र-4 का कार्य नहीं करता। यह उसका विशिष्ट उद्देश्य है।

चक्र-5.EDUCATION-शिक्षा चक्र

उपचक्र 5.1-शारीरिक
उपचक्र 5.2-आर्थिक/संसाधन
उपचक्र 5.3-मानसिक

उपरोक्त सूत्र के अनुसार हमारे व्यवसाय की व्याख्या-शिक्षा का अर्थ है-स्वयं को शारीरिक-आर्थिक-मानसिक क्षेत्र के विषय में मस्तिष्क को चिन्तन स्तर पर लाने से हैं।

सूत्र-1 से युक्त चक्र-5 का संचालन-एक पूर्ण व्यापारिक संगठन सूत्र-1 के भाव (हृदय) से युक्त होकर स्वयं को शारीरिक-आर्थिक-मानसिक क्षेत्र में आगे बढ़ाने के लिए शारीरिक-आर्थिक-मानसिक क्षेत्र में शिक्षित करता है। इसे आध्यात्मिकता या धर्म या समभाव या एकात्म से युक्त व्यवसाय या आदान-प्रदान कहते हैं।

हमारा व्यापार और व्यापारिक संगठन भी इसी प्रकार का है। वह अपने कार्यों-योजनाओं-व्यापारिक नियमों को बिना किसी भेद-भाव के आध्यात्मिकता या धर्म या समभाव या सार्वभौम एकात्म में स्थित होकर स्वयं के शारीरिक-आर्थिक-मानसिक क्षेत्र में आगे बढा़ने के लिए शिक्षित करता है। जिस प्रकार ईश्वर द्वारा शारीरिक-आर्थिक-मानसिक क्षेत्र में शिक्षण हो रहा है, उसी प्रकार हमारा व्यापार भी स्वयं को शारीरिक-आर्थिक-मानसिक क्षेत्र में आगे बढ़ाने के लिए शारीरिक-आर्थिक-मानसिक क्षेत्र में आदान-प्रदान विकास के लिए शिक्षित करता है और शामिल हाने वालों के लिए करता है।

सूत्र-1 से मुक्त चक्र-5 का संचालन-सूत्र-1 से मुक्त व्यापारिक संगठन भी शारीरिक-आर्थिक-मानसिक क्षेत्र में शिक्षित करता करता है। इसे भौतिकता या अधर्म या असमभाव या अनेकात्म से युक्त व्यवसाय या आदान-प्रदान कहते हैं।

हमारा व्यापार और व्यापारिक संगठन सूत्र-1 से मुक्त होकर चक्र-5 का कार्य नहीं करता। यह उसका विशिष्ट उद्देश्य है।

सूत्र-3. आध्यात्मवाद-ज्ञानचक्र:

चक्र-6. NATURAL TRUTH -प्राकृतिक सत्य चक्र: यही चक्र अज्ञानावस्था में चक्र-1 कहलाता है।

उपचक्र-1.1-अदृश्य प्राकृतिक अर्थात् अदृश्य आत्मा

उपरोक्त सूत्र के अनुसार हमारे व्यवसाय की व्याख्या- सूत्र-1 से युक्त चक्र-6 उपचक्र-1.1 का संचालन-एक पूर्ण व्यापारिक संगठन सूत्र-1 के भाव (हृदय) से युक्त होकर अदृश्य प्राकृतिक या अदृश्य सार्वभौम आत्मा के लिए आदान-प्रदान करता है। इसे आध्यात्मिकता या धर्म या समभाव या एकात्म से युक्त व्यवसाय या आदान-प्रदान कहते हैं।

हमारा व्यापार और व्यापारिक संगठन भी इसी प्रकार का है। वह अपने कार्यों-योजनाओं-व्यापारिक नियमों को बिना किसी भेद-भाव के आध्यात्मिकता या धर्म या समभाव या सार्वभौम एकात्म में स्थित होकर अदृश्य प्राकृतिक या अदृश्य सार्वभौम आत्मा के लिए शारीरिक-आर्थिक-मानसिक क्षेत्र में आदान-प्रदान संचालित करता है। जिस प्रकार ईश्वर द्वारा अदृश्य प्राकृतिक या अदृश्य आत्मा के लिए शारीरिक-आर्थिक-मानसिक क्षेत्र में आदान प्रदान हो रहा है, उसी प्रकार हमारा व्यापार भी अदृश्य प्राकृतिक या अदृश्य आत्मा के लिए शारीरिक-आर्थिक-मानसिक क्षेत्र में आदान-प्रदान विकास के लिए और शामिल हाने वालों के लिए करता है।

सूत्र-1 से मुक्त चक्र-6 उपचक्र-1.1 का संचालन-सूत्र-1 से मुक्त व्यापारिक संगठन भी शारीरिक-आर्थिक-मानसिक क्षेत्र में आदान-प्रदान करता है। इसे भौतिकता या अधर्म या असमभाव या अनेकात्म से युक्त व्यवसाय या आदान-प्रदान कहते हैं।

हमारा व्यापार और व्यापारिक संगठन सूत्र-1 से मुक्त होकर चक्र-6 उपचक्र-1.1 का कार्य नहीं करता। यह उसका विशिष्ट उद्देश्य है।

उपचक्र 1.2-दृश्य प्राकृतिक अर्थात् दृश्य आत्मा

उपरोक्त सूत्र के अनुसार हमारे व्यवसाय की व्याख्या- सूत्र-1 से युक्त चक्र-6 उपचक्र-1.2 का संचालन-एक पूर्ण व्यापारिक संगठन सूत्र-1 के भाव (हृदय) से युक्त होकर दृश्य प्राकृतिक या दृश्य सार्वभौम आत्मा के लिए आदान-प्रदान करता है। इसे आध्यात्मिकता या धर्म या समभाव या सार्वभौम एकात्म से युक्त व्यवसाय या आदान-प्रदान कहते हैं।

हमारा व्यापार और व्यापारिक संगठन भी इसी प्रकार का है। वह अपने कार्यों-योजनाओं-व्यापारिक नियमों को बिना किसी भेद-भाव के आध्यात्मिकता या धर्म या समभाव या एकात्म में स्थित होकर दृश्य प्राकृतिक या दृश्य आत्मा के लिए शारीरिक-आर्थिक-मानसिक क्षेत्र में आदान-प्रदान संचालित करता है। जिस प्रकार ईश्वर द्वारा दृश्य प्राकृतिक या दृश्य आत्मा के लिए शारीरिक-आर्थिक-मानसिक क्षेत्र में आदान प्रदान हो रहा है, उसी प्रकार हमारा व्यापार भी दृश्य प्राकृतिक या दृश्य सार्वभौम आत्मा के लिए शारीरिक-आर्थिक-मानसिक क्षेत्र में आदान-प्रदान विकास के लिए और शामिल हाने वालों के लिए करता है।

सूत्र-1 से मुक्त चक्र-6 उपचक्र-1.2 का संचालन-सूत्र-1 से मुक्त व्यापारिक संगठन भी शारीरिक-आर्थिक-मानसिक क्षेत्र में आदान-प्रदान करता है। इसे भौतिकता या अधर्म या असमभाव या अनेकात्म से युक्त व्यवसाय या आदान-प्रदान कहते हैं।

हमारा व्यापार और व्यापारिक संगठन सूत्र-1 से मुक्त होकर चक्र-6 उपचक्र-1.2 का कार्य नहीं करता। यह उसका विशिष्ट उद्देश्य है।

सूत्र-4. ज्ञानातीत चक्र: चक्र-7-RELIGIONधर्मचक्र: अपना मालिक स्वंय की स्थिति। यही अज्ञानावस्था में चक्र-0 भी कहलाता है।

उपरोक्त सूत्र के अनुसार हमारे व्यवसाय की व्याख्या-एक पूर्ण व्यापारिक संगठन का मालिक या तो कोई और (ईश्वर) होता है या उस संगठन में शामिल एक या अनेक ईश्वर (व्यक्ति) होते हैं। जिस प्रकार ईश्वर किसी जीव-निर्जीव, स्त्री-पुरूष, जाति-सम्प्रदाय इत्यादि से बिना भेद-भाव के सभी के लिए कार्य करता है उसी प्रकार एक पूर्ण व्यापारिक संगठन को भी उसी प्रकार कार्य करना चाहिए। जिस प्रकार ईश्वर दिन-रात, वर्षा-सूखा, गर्मी-सर्दी, तूफान-शान्ति इत्यादि बिना किसी भेद-भाव अर्थात् एकात्म के द्वारा करता है उसी प्रकार एक पूर्ण व्यापारिक संगठन को भी उसी प्रकार कार्य करना चाहिए। एक शिशु मानव और ज्ञानी मानव दोनों ही समभाव अर्थात् सार्वभौम एकात्म में स्थित होकर ही क्रियाशील रहते हैं। बस शिशु अज्ञानावस्था में रहता है जबकि ज्ञानी मानव ज्ञानावस्था में रहकर वही करता है।

हमारा व्यापार और व्यापारिक संगठन भी इसी प्रकार है। वह अपने कार्यों-योजनाओं-व्यापारिक नियमों को बिना किसी भेद-भाव के समभाव में स्थित होकर संचालित करता है। जिस प्रकार ईश्वर द्वारा वर्षा होती है जिसको जितना जल लेना हो ले ले, उसी प्रकार हमारा व्यापार भी मनुष्यों के लिए है जिसको जितने में शामिल होना है, हो लें। और यह सब ज्ञानावस्था अर्थात् धर्म में स्थित होकर करता है।

व्यवसाय को इस प्रकार परिभाषित किया जा सकता है-"व्यवसाय एक ऐसी क्रिया है, जिसमें लाभ कमाने के उद्देश्य से वस्तुओं अथवा सेवाओं का नियमित उत्पादन क्रय-विक्रय तथा विनिमय सम्मिलित है" जिसके आर्थिक उद्देश्य, सामाजिक उद्देश्य, मानवीय उद्देश्य, राष्ट्रीय उद्देश्य, वैश्विक उद्देश्य व सामाजिक उत्तरदायित्व होते हैं।

लोग लाभ अर्जित करने के उद्देश्य से व्यवसाय चलाते हैं। लेकिन केवल लाभ अर्जित करना ही व्यवसाय का एकमात्र उद्देश्य नहीं होता। समाज का एक अंग होने के नाते इसे बहुत से सामाजिक कार्य भी करने होते हैं। यह विशेष रूप से अपने अस्तित्व की सुरक्षा में संलग्न स्वामियों, निवेशकों, कर्मचारियों तथा सामान्य रूप से समाज व्यवसाय की प्रकृति तथा क्षेत्र व समुदाय की देखरेख की जिम्मेदारी भी निभाता है। अतः प्रत्येक व्यवसाय को किसी न किसी रूप में इनके प्रति जिम्मेदारियों का निर्वाह करना चाहिए। उदाहरण के लिए, निवेशकों को उचित प्रतिफल की दर का आश्वासन देना, अपने कर्मचारियों को अच्छा वेतन, सुरक्षा, उचित कार्य दशाएँ उपलब्ध कराना, अपने ग्राहकों को अच्छी गुणवत्ता वाली वस्तुएँ उचित मूल्यों पर उपलब्ध कराना, पर्यावरण की सुरक्षा करना तथा इसी प्रकार के अन्य बहुत से कार्य करने चाहिए।

हालांकि ऐसे कार्य करते समय व्यवसाय के सामाजिक उत्तारदायित्वों के निर्वाह के लिए दो बातों का विशेष रूप से ध्यान रखना चाहिए। पहली तो यह कि ऐसी प्रत्येक क्रिया धर्मार्थ क्रिया नहीं होती। इसका अर्थ यह है कि यदि कोई व्यवसाय किसी अस्पताल अथवा मंदिर या किसी स्कूल अथवा कालेज को कुछ धनराशि दान में देता है तो यह उसका सामाजिक उत्तरदायित्व नहीं कहलाएगा, क्योंकि दान देने से सामाजिक उत्तरदायित्वों का निर्वाह नहीं होता। दूसरी बात यह है कि, इस तरह की क्रियाएँ कुछ लोगों के लिए अच्छी और कुछ लोगों के लिए बुरी नहीं होनी चाहिए। मान लीजिए एक व्यापारी तस्करी करके या अपने ग्राहकों को धोखा देकर बहुत सा धन अर्जित कर लेता है और गरीबों के मुफ्त इलाज के लिए अस्पताल चलाता है तो उसका यह कार्य सामाजिक रूप से न्यायोचित नहीं है। सामाजिक उत्तरदायित्व का अर्थ है कि एक व्यवसायी सामाजिक क्रियाओं को सम्पन्न करते समय ऐसा कुछ भी न करे, जो समाज के लिए हानिकारक हो।

इस प्रकार सामाजिक उत्तरदायित्व की अवधारणा व्यवसायी को जमाखोरी व कालाबाजारी, कर चोरी, मिलावट, ग्राहकों को धोखा देना जैसी अनुचित व्यापरिक क्रियाओं के बदले व्यवसायी को विवेकपूर्ण प्रबंधन के द्वारा लाभ अर्जित करने के लिए प्रोत्साहित करती है। यह कर्मचारियों को उचित कार्य तथा आवासीय सुविधाएँ प्रदान करके, ग्राहकों को उत्पाद विक्रय उपरांत उचित सेवाएँ प्रदान करके, पर्यावरण प्रदूषण को नियंत्रित करके तथा प्राकृतिक संसाधनों की सुरक्षा द्वारा संभव है।

एक समाज, व्यक्तियों, समूहों, संगठनों, परिवारों आदि से मिलकर बनता है। ये सभी समाज के सदस्य होते हैं। ये सभी एक दूसरे के साथ मिलते-जुलते हैं तथा अपनी लगभग सभी गतिविधियों के लिए एक दूसरे पर निर्भर होते हैं। इन सभी के बीच एक संबंध होता है, चाहे वह प्रत्यक्ष हो या अप्रत्यक्ष। समाज का एक अंग होने के नाते, समाज के सदस्यों के बीच संबंध बनाए रखने में व्यवसाय को भी मदद करनी चाहिए। इसके लिए उसे समाज के प्रति कुछ निश्चित उत्तरदायित्वों का निर्वाह करना आवश्यक है। ये उत्तरदायित्व हैं-समाज के पिछड़े तथा कमजोर वर्गों की सहायता करना, सामाजिक तथा सांस्कृतिक मूल्यों की रक्षा करना, रोजगार के अवसर जुटाना, पर्यावरण की सुरक्षा करना, प्राकृतिक संसाधनों तथा वन्य जीवन का संरक्षण करना, खेलों तथा सांस्कृतिक कार्यक्रमों को बढ़ावा देना, शिक्षा, चिकित्सा, विज्ञान प्रोद्यौगिकी आदि के क्षेत्रों में सहायक तथा विकासात्मक शोधों को बढ़ावा देने में सहायता करना।

जिस प्रकार "ओउम" शब्द, उस अदृश्य व्यक्तिगत प्रमाणित ईश्वर का नाम है और "ओउम" शब्द की व्याख्या, उस ईश्वर को समझने-जानने का मार्ग है। उसी प्रकार "TRADE CENTRE" शब्द, इस दृश्य सर्वाजनिक प्रमाणित ईश्वर-ब्रह्माण्ड का नाम है और "TRADE CENTRE" शब्द की व्याख्या, इस ईश्वर-ब्रह्माण्ड

में सार्वभौम कर्मज्ञान को समझने-जानने का मार्ग है। शब्द "TRADE CENTRE" ब्रह्माण्ड के पर्यायवाची शब्द के रूप में भी देखा जा सकता है क्योंकि यह ब्रह्माण्ड ही सबसे बड़ा व्यापार केन्द्र है। शब्द "TRADE CENTRE" की व्याख्या के अनुसार ही इस संसार में व्यक्ति से लेकर संगठन, सरकार और विश्व तक संचालित हो रहे हैं।

इस प्रकार-जब to step up TRADE through CENTRE (सभी कर्म व्यापार को सार्वभौम आत्मा केन्द्र के ज्ञान द्वारा आगे बढ़ाना) अर्थात् विस्तार में जब to step up Transaction, Rural, Advancement (Adaptability), Development, Education through Center for Enhancement of Natural Truth & Religious Education (सभी कर्म आदान-प्रदान, ग्रामीण, आधुनिकता-अनुकूलन, विकास, शिक्षा को प्राकृतिक सत्य और धार्मिक शिक्षा के ज्ञान द्वारा आगे बढ़ाना) हुआ अर्थात् जो व्यक्ति और संस्था समभाव और निष्पक्ष में स्थित होकर सभी शारीरिक, आर्थिक व मानसिक कर्म आदान-प्रदान, ग्रामीण, आधुनिकता-अनुकूलन, विकास, शिक्षा को सदैव एक साथ करता है वही मानक व्यक्ति और संस्था कहलाता है।

इस प्रकार इस सिद्धान्त से देखने पर पायेंगे कि जो व्यक्ति और संस्था सफल हैं या सफलता प्राप्त कर रहें हैं उनके मूल में यही सिद्धान्त है। यही नहीं यह किसी देश के कार्य प्रणाली पर भी उतना ही सत्य है। और सिर्फ इतना ही नहीं आठवें व्यक्तिगत प्रमाणित पूर्णावतार श्री कृष्ण भी इसी सिद्धान्त से ही अपने जीवन की समग्र योजना का निर्माण किये थे। यही मानव (व्यक्तिगत मन) और संस्था (संयुक्त मन) के प्रबन्ध और क्रियाकलाप का विश्वमानक (WS-0000 & WS-000) भी है। जब तक भारत इस सिद्धान्त को स्वयं के लिए प्रयोग नहीं करता तब तक आध्यात्मिक एवं दार्शनिक विरासत के आधार पर "एक भारत-श्रेष्ठ भारत" का निर्माण नहीं हो सकता और जब तक भारत इस सिद्धान्त को विश्व में स्थापित नहीं करता तब तक वह इस दृश्य काल में विश्व गुरू नहीं बन सकता।

शब्द TRADE CENTRE का दर्शन बहुत ही विस्तृत और शक्तिशाली है। जिसका पूर्ण विवरण " "विश्वशास्त्र"-द नालेज आफ फाइनल नालेज" के अध्याय-तीन में है। सभी के लिए होते हुये भी उपरोक्त मार्गदर्शक बिन्दु व सिद्धान्त ही एक आदर्श मानक वैश्विक नागरिक व संस्था के लिए विशेष रूप से मार्गदर्शक बिन्दु व सिद्धान्त है।

भाग-10
परिवर्तन

सीधी समझ
नये भारत में, नये मनुष्य के उदय के लिए
व्यवस्था के परिवर्तन या सत्यीकरण का पहला प्रारूप और उसकी कार्य विधि
वे शब्द जिसके बिना युग परिवर्तन सम्भव नहीं

उपाधियाँ मिलती है- पीएच0 डी0, डी0 लिट0 और डी0 फिल0 और उनका बड़ा सम्मान होता है। उनका काम क्या है? उनका काम यह है कि वे तय करते हैं कि गोरखनाथ कब पैदा हुए थे। कोई कहता है दसवीं सदी के अंत में, कोई कहता है ग्यारहवीं सदी के प्रारम्भ में। इस पर बड़ा विवाद चलता है। बड़े-बड़े विश्वविद्यालयों के ज्ञानी सिर खपा कर खोज में लगे रहते हैं। शास्त्रों की, प्रमाणों की, इसकी, उसकी। उनकी पूरी जिन्दगी इसी में जाती है। इससे बड़ा अज्ञान और क्या होगा? गोरख कब पैदा हुए, इसे जानकर करोगे क्या? इसे जान भी लिया तो पाओगे क्या? गोरख न भी पैदा हुए, यह भी सिद्ध हो जाये, तो भी क्या फायदा? हुए हों या न हुए हों, अर्थहीन है। गोरख ने क्या जिया उसका स्वाद लो। इसलिए तुम्हारे विश्वविद्यालय ऐसी व्यर्थता के कामों में संलग्न हैं कि बड़ा आश्चर्य होता है कि इन्हें विश्वविद्यालय कहो या न कहो। इनका काम ही........तुम्हारे विश्वविद्यालय में चलने वाली जितनी शोध है, सब कूड़ा-करकट है।

-आचार्य रजनीश "ओशो"

(अक्टुबर व नवम्बर 1978 में दिये गये प्रवचन का अंश)

FINAL KNOWLEDGE BOMB BLAST

AFTER FIRST NOBEL DISCOVERY OF ZERO BY INDIA AGAIN ZERO BASED FINAL DISCOVERY

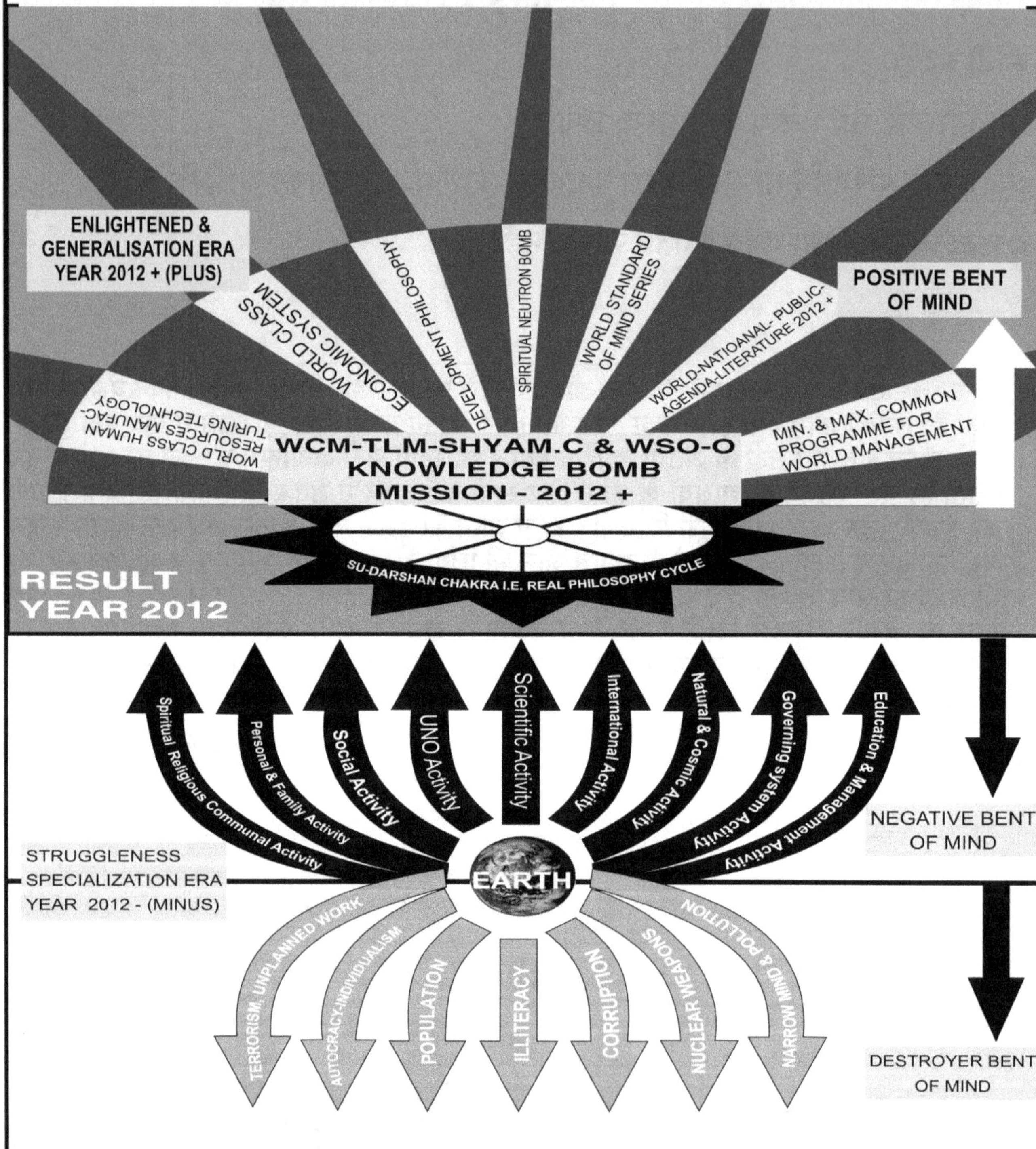

मैकाले शिक्षा पद्धति हम बदल नहीं सकते लेकिन अलग से "सत्य मानक शिक्षा" ग्रहण तो कर सकते हैं।

सरकारी पाठ्यक्रम बनाम नीजी पाठ्यक्रम / सार्वभौम आत्मीय पाठ्यक्रम / ईश्वरीय पाठ्यक्रम

ज्ञान के इस युग में ज्ञान की ओर चलें

FINAL KNOWLEDGE BOMB BLAST

यह चित्र **"FINAL KNOWLEDGE BOMB BLAST"** एक गहन वैचारिक मानचित्र है, जो मानव चेतना, ज्ञान, दर्शन और वैश्विक व्यवस्था के परिवर्तन को प्रतीकात्मक रूप में प्रस्तुत करता है।

इसमें यह दिखाया गया है कि वर्ष 2012 को एक *युग-संधि* के रूप में देखा गया है- जहाँ संघर्ष, विशेषज्ञता और विखंडन (2012–minus) से निकलकर मानवता को प्रबोधन, सामान्यीकरण और समन्वय (2012–plus) की ओर बढ़ना है।

चित्र के केंद्र में **WCM–TLM–SHYAM.C & WSO-O Knowledge Bomb Mission** और **सु-दर्शन चक्र (Real Philosophy Cycle)** को रखा गया है, जो यह संकेत देता है कि वास्तविक परिवर्तन शस्त्रों से नहीं, बल्कि दर्शन, विवेक और समग्र ज्ञान से आता है। ऊपर की ओर उठती संरचना *Positive Bent of Mind* को दर्शाती है, जहाँ विश्व-स्तरीय सोच, आध्यात्मिक दर्शन, मानवीय मूल्य, वैश्विक एजेंडा और कॉमन प्रोग्राम के माध्यम से मानव चेतना का विस्तार होता है।

चित्र के निचले भाग में पृथ्वी को केंद्र बनाकर मानव गतिविधियों-आध्यात्मिक, सामाजिक, वैज्ञानिक, अंतरराष्ट्रीय, शैक्षिक और प्रशासनिक-को दर्शाया गया है, जो यदि संतुलित हों तो उन्नति का मार्ग बनती हैं, और यदि असंतुलित हों तो *Negative* तथा *Destroyer Bent of Mind* की ओर ले जाती हैं।

वहीं नीचे की ओर गिरते तीर आतंकवाद, तानाशाही, जनसंख्या विस्फोट, अशिक्षा, भ्रष्टाचार, परमाणु खतरे और संकीर्ण सोच जैसे विनाशकारी तत्वों का प्रतिनिधित्व करते हैं। समग्र रूप से यह चित्र यह संदेश देता है कि वर्तमान युग में मानवता के सामने विकल्प स्पष्ट है-या तो संकीर्ण, नकारात्मक और विनाशकारी सोच, या फिर **"ज्ञान आधारित सार्वभौमिक दर्शन"** के माध्यम से पृथ्वी और मानव सभ्यता का संतुलित, शांतिपूर्ण और प्रबुद्ध भविष्य।

सीधी समझ

बड़ा वट वृक्ष (Big Banyan Tree), सैकड़ों वर्ष पुराना एक विशाल क्षेत्र में फैला वट वृक्ष है। जिसका मूल वृक्ष अब अस्तित्व में नहीं है उसके तनों से निकले सैंकड़ों जड़ वर्तमान में स्वयं एक वृक्ष, फिर उनके तनों से निकले सैंकड़ों जड़ भी वर्तमान में एक-एक वृक्ष के रूप में स्थापित हैं और सभी एक-दूसरे से जुड़े हुये हैं, बस जो नहीं है, वह है मूल वृक्ष। इस प्रकार सम्पूर्ण वृक्ष परिवार एक बड़े क्षेत्र में फैल चुका है और निरन्तर जारी भी है। प्रत्येक स्वयं स्वतन्त्र वृक्ष के रूप में स्थापित वृक्ष का अपने परिवार के रूप में तना, पत्ता, फूल और फल सब निकलते रहते हैं और जिसे जहाँ अर्थात् नजदीकी स्रोत से सुविधा अर्थात् खुराक मिल सकता हैं वहाँ से प्राप्त करते हुये विकास कर रहे हैं। इस कार्य में आपस में कोई विवाद नहीं है। कोई किसी पर अधिपत्य जमाना नहीं चाहता, ना ही अन्य के विकास में कोई बाधा पहुँचाता है। जिसको जिस ओर उचित वातावरण मिलता जाता है, उस ओर वह विकास कर रहा है। कुल मिलाकर स्व प्रेरित सुशासन की भाँति संचालित है। इस वट वृक्ष के सबसे बाद अर्थात् वर्तमान के तनों-पत्तों के लिए उसका जन्मदाता व पालनकर्ता के रूप में उसका नजदीकी जड़ ही है इसलिए उसकी कथा-कहानी वहीं से शुरू होती है और वहीं तक उसका ज्ञान है जो एक संकुचित और सीमित ज्ञान है। वह पूर्ण को नहीं जान रहा, उसका पूर्णत्व, सार्वभौम पूर्णत्व नहीं बल्कि सीमित पूर्णत्व है। सीमित पूर्णत्व में भी वह आनन्द में हैं और विकासशील है। उसका विकास होना सार्वभौम का ही विकास होना है परन्तु उसे उसका ज्ञान नहीं है और वह उस सार्वभौम के विकास में अपने योगदान को करते हुये भी स्वयं को गौरवान्वित नहीं अनुभव कर रहा है। सार्वभौम से युक्त होने के बाद भी उसे अपने परिवार से ही जुड़ा रहना उसकी विवशता भी है और इसके अलावा कोई अन्य मार्ग भी नहीं हैं। उसके सार्वभौम का मार्ग भी उसके अपने परिवार के ही मार्ग से होकर जाता है। वृक्ष के साथ यह मजबूरी भी है कि क्योंकि वह स्थिर है इसलिए उसका छोटा परिवार केवल पड़ोस तक के ही दायरे के सम्पर्क में है। दूसरे छोर के परिवार का क्या हाल है उसे कुछ नहीं पता।

हे मानवों, ये संसार भी उपरोक्त वट वृक्ष के सामन ही फैला हुआ है। परन्तु उस भाँति विकास नहीं कर रहा है। मनुष्य के अन्दर बीमारी की भाँति अधिकतम "शक्ति और लाभ (पावर और प्राफिट)" की दौड़ ने उसे अधिपत्य, अत्याचार, दूसरे को दबाना इत्यादि से युक्त कर दिया है। और जो इस दौड़ में नहीं हैं वे सीमित पूर्णत्व में आनन्द के साथ विकासशील हैं। उन्हें और भी तेज विकास की इच्छा है परन्तु उनके बुद्धि का दायरा ही सीमित है इसलिए उन्हें मार्ग नहीं मिल रहा है। यदि उनको मार्ग भी मिल रहा हो तो वट वृक्ष की भाँति उसके नजदीकी जन्मदाता ने उसे यह बता रखा है कि जब उस सार्वभौम का मार्ग मेरे ही रास्ते से जाता है तो जो मैं कह रहा हूँ उसे करो। और इसके लिए वे अपने परिवार के लिए अनेक प्रकार की प्रणाली दे रखे हैं। जबकि ये प्रणाली देने वाले उनके नजदीकी जन्मदाता स्वयं कहाँ से आये हैं स्वयं उन्हे भी नहीं पता। क्योंकि वे स्वयं भी उस वट वृक्ष के खो गये मूल जड़ की तरह अपने मूल जड़ को नहीं जानते। वे भी अपने नजदीकी जन्मदाता का ही अनुसरण कर रहे होते हैं। ये प्रणालीयाँ अनेक प्रकार की हैं उदाहरणस्वरूप कुछ मुख्य निम्नवत् हैं-

1 उनके द्वारा प्रस्तुत कुछ पुस्तकें होती हैं जिन्हें नियमानुसार प्रतिदिन पढ़ना होता है। पढ़ने के पूर्व शुद्धता की भी प्रक्रिया अनिवार्य होती है अन्यथा पुस्तकें परिणाम नहीं दे पायेंगी, ये भी शर्त होती हैं।
2 उनके द्वारा भोजन से सम्बन्धित कुछ नियम बना दिये जाते हैं कि क्या खाना है और क्या नहीं खाना है।
3 उनके द्वारा कोई मन्त्र दे कर उसे नियमानुसार जपने के लिए दे दिया जाता है।
4 उनके द्वारा किसी यन्त्र-तन्त्र द्वारा समस्या मुक्ति का उपाय बता दिया जाता है।
5 उनके द्वारा किसी विशेष प्रकार के रंग और ढ़ग के वस्त्र निर्धारित कर दी जाती है जिससे उनकी पहचान एक अलग रूप में हो। अर्थात् समाज का एक और विभाजन कर उसे प्रस्तुत कर देते हैं।

सामान्य रूप से सभी द्वारा अनिवार्य रूप से ये भी निर्धारित कर दी जाती है कि किसी दूसरे के नियमों को न तो जानना है, न सुनना है, न पढ़ना है और न ही उसमें शामिल होना है। अर्थात् एक गतिशील प्राणी मनुष्य को जिसे सदैव श्रेष्ठ से, श्रेष्ठतम और सर्वोच्च तक उठने-विकास करने के लिए निर्मित किया गया था, उसे एक सीमित

दायरे में बुद्धिबद्ध कर दिया गया। मनुष्य जिसका निर्माण अपनी मस्तिष्क को असीम क्षमता को विकसित कर ईश्वर रूप में व्यक्त होना था, उसे जड़ (स्थिर) बना दिया गया।

हे मानवों, मनुष्यों की सबसे बड़ी कमजोरी "स्वयं में गुणों का विकास कर स्वयं बन जाने या हो जाने" में नहीं बल्कि "पाने" की इच्छा है। इस पाने की इच्छा की कमजोरी का परिणाम ही है उपरोक्त अनेक प्रकार के बुद्धिबद्ध करने की विधियाँ।

हे मानवों, उपरोक्त के पृष्ठभूमि में उनका उद्देश्य केवल अपने स्वार्थ की पूर्ति के सिवाय कुछ नहीं होता। क्योंकि मार्गदर्शक या प्रेरक या शिक्षक का उद्देश्य स्वयं से श्रेष्ठ मानव का निर्माण होता है न कि सदैव जीवन भर एक ही प्रणाली या प्रक्रिया या कक्षा में पढ़ते-दुहराते रहने के लिए विवश करना। उपरोक्त के पृष्ठभूमि में शारीरिक-आर्थिक-मानसिक शोषण का ही कार्य विभिन्न प्रकार से चल रहा है। कोई अपने कृषि कार्य को मुफ्त में हल करवा रहा है, तो कोई अपने नाम के उत्पादों को सिर्फ उन्हें ही खरीदने के लिए बुद्धिबद्ध कर दिया है।

हे मानवों, इन सबको आस्था का व्यापार कहते हैं। जबकि मैं देख रहा हूँ कि प्रत्येक संस्कारित करने की क्रिया जो उस काल के लिए आस्था का विषय था। उसके अगले काल के लिए संस्कारित करने की नयी क्रिया उपलब्ध हो जाने के बावजूद, मानव शरीर पिछले काल के संस्कारित करने वाली क्रिया के प्रति आस्था रखते हुये मूर्खता का स्पष्ट प्रदर्शन कर रहा है। सभी कालों में, सभी संस्कारित करने की क्रियाओं में मैं (सार्वभौम आत्मा) ही आस्था का विषय था परन्तु क्रिया के प्रति आस्था रखना मूर्खता का स्पष्ट प्रमाण ही तो है। चाहे वह व्यक्तिगत इच्छा से हो या सामाजिक प्रदर्शन की इच्छा से। इन समस्त संस्कारित करने के क्रिया के पीछे जो रहस्य आज तक गोपनीय था उसे मैंने तुम्हारें समक्ष सार्वजनिक प्रकाशित कर दिया है। अब कुछ भी गोपनीय नहीं। बावजूद इसके प्रत्येक मनुष्य अपनी मूर्खता रूपी आस्था को प्रदर्शित करने के लिए स्वतन्त्र है। परन्तु वह मुझ (सार्वभौम आत्मा) को प्राप्त नहीं कर सकता। हे मानवों, ईश्वर बहुमत से नहीं निर्धारित किया जाता इसलिए ही उसे अनिवर्चनीय कहा गया है। किसी भी वस्तु के प्रति आस्था के विकास से और समस्त मानवों को उसके प्रति आस्थावान् बना देने से वह वस्तु गुण प्रकट कर वैसा नहीं बन सकती जैसा आप उम्मीद करते हो।

हे मानवों, एक तरह से देखा जाये तो उपरोक्त व्यवस्था से कोई समस्या है ही नहीं क्योंकि जिसकी इच्छा जहाँ से पूर्ति हो रही है और विकास का मार्ग मिल रहा है, वह वहाँ से जुडा हुआ है। इसलिए मानव सभ्यता पर आया यह दसवाँ और अन्तिम संकट, संकट होते हुये भी संकट जैसा नहीं दिखता। इस व्यवस्था से हमें कोई समस्या भी नहीं है। समस्या ये है कि धर्म को जिस उद्देश्य के लिए निर्मित किया गया था वही धर्म, संकट में है। यह धर्म ही उस वट वृक्ष का मूल है, सार्वभौम है, समष्टि है। इसके ज्ञान से युक्त दोनों को अर्थात् विशाल संसार रूपी वट वृक्ष के छोटे-छोटे परिवार के नेतृत्वकर्ता मुखिया सहित उसके सदस्यों को होना आवश्यक है। तभी परिवार के नेतृत्वकर्ता मुखिया द्वारा बनाये गये उपरोक्त प्रणाली-नियम परिणाम-फल दे पायेंगे जिसकी इच्छा परिवार के सदस्य करते हैं।

हमारी उत्पत्ति ज्ञान से हुई है। जिन्हें ज्ञान है वही अपने आप को संघर्ष में पाते हैं और सर्वश्रेष्ठता के लिए कर्मशील हैं। शेष सभी तो प्रकृति के अनुसार आते-जाते रहते हैं। इस ज्ञान को ही ब्रह्म (सार्वभौम एकात्म ज्ञान) कहते हैं। देवता रूप में इस ज्ञान को ब्रह्मा के रूप में प्रक्षेपित किया गया है। यह ज्ञान जिस-जिस अंगो द्वारा प्राथमिकता से अनुभव में आता है उतने प्रकार के मानव अपने-आप को उत्पन्न समझते हैं।

पुराण रचनाकार महर्षि व्यास ने ब्रह्मा अर्थात ज्ञान के पुत्रों का प्रक्षेपण किये हैं। ब्रह्मा के 10 मानस पुत्रों

01.मन (विचार) से ज्ञान प्राप्त करने वाले मरीचि

02.नेत्रों (देखकर) ज्ञान प्राप्त करने वाले अत्रि

03.मुख (वाणी) से ज्ञान प्राप्त करने वाले अंगिरा

04.कान (सुन) कर ज्ञान प्राप्त करने वाले पुलस्त्य

05.नाभि (केन्द्र) से ज्ञान प्राप्त करने वाले पुलह

06.हाथ (कर्म) से ज्ञान प्राप्त करने वाले कृतु

07.त्वचा (स्पर्श) से ज्ञान प्राप्त करने वाले भृगु

08.प्राण (श्वास) से ज्ञान प्राप्त करने वाले वशिष्ठ

09.अँगूठे (आत्मा) से ज्ञान प्राप्त करने वाले दक्ष

10.गोद (प्रेम) से ज्ञान प्राप्त करने वाले नारद

ये दस प्रकार ज्ञान से उत्पन्न है और इतने प्रकार के मानव निर्मित होकर संसार में विचरण कर रहे हैं। इसे ये न समझना चाहिए कि मन या नेत्र इत्यादि से कैसे ब्रह्मा ने अपने पुत्रों को उत्पन्न किया? चूंकि शरीर का अस्तित्व अस्थायी है इसलिए विचार के आधार पर ये मनुष्य के वर्ग या श्रेणी का निर्धारण है। इसे मानकीकरण (Standardization) या वर्गीकरण (Classification) भी कहा जा सकता है। जिस प्रकार आजकल मानकीकरण के शब्द ISOऔर ISI मार्का दिये जाते हैं।

नये भारत में, नये मनुष्य के उदय के लिए

आप लंगोट से जौकी पर आ गये...पायजामे से पतलून पर आ गये...नाड़े से बेल्ट पर आ गये...खड़ाऊँ से बूट पर आ गये...कलम से कीबोर्ड पर आ गये। पगडंडियों से एक्सप्रेस वे पर आ गये...चूल्हे से इंडक्शन कुकर पर आ गये...जंगलो से अपार्टमेंट तक आ गये। हल से ट्रैक्टर पर आ गये...पैदल से लक्ज़री जहाज़ों पर आ गये...दीये-मशाल से एलईडी पर आ गये...आप लैंडलाइन से ओरियो एंड्रॉयड तक आ गये...तीर-कमान और गदा से ऑटोमैटिक बंदूकों और मिसाइलों पर आ गये। दुनियां चाँद पे चली गई...मंगल की छाती पर नासा ने रोबोट उतार दिया....शनि मंगल सूर्यग्रहण-चन्द्रग्रहण के हर रहस्य से पर्दा उठ गया!

आप पाँच हज़ार ईसापूर्व और पाँचवी-छठवीं शताब्दी से इक्कीसवी शताब्दी में आ गये...आप लगातार अपडेट होते रहे हैं!!! मगर फिर भी तुम ग्रह-नक्षत्रों को...शनि-मंगल को जन्मकुंडली में देख-देख कर काँप रहे हो। अपना भविष्य सुधारने के लिए बाबा-बाबियों का रास्ता नाप रहे हो। क्या इसी दिन के लिए तुमने बी.एससी, एम.एससी पीएच.डी की थी?? कि तुम पढ़े-लिखे जाहिलों की फौज में शामिल हो जाना! क्या इसी दिन के लिए तुम डॉक्टर, इंजीनियर, वकील, मजिस्ट्रेट या प्रोफेसर बने थे? कि बंगले पर काली हांडी टांगना! निम्बू मिर्ची टांगना! नजर न लगने से एक पैर में काला धागा बांधना?? और अपने उज्ज्वल भविष्य की भीख किसी बाबा-बाबी के दर पर नाक रगड़ के मांगना?

देश आजाद हो गया! दुनिया आजाद हो गई! आखिर कब मिलेगी तुम्हें आजादी?? इस अंधी मानसिक गुलामी से? दुनिया रोज नए-नए आविष्कार कर रही है! तुम हजारों साल पुरानी भाषा, संस्कृति, रीति, रिवाजो की वैज्ञानिक व्याख्या करने में लगे हो! क्या भारत पुनः विश्वगुरु तुम्हारे जैसे मनोरोगियों की वजह से कभी बन पाएगा? बंद कमरे में तुम्हारी चोटी कट जाती! अँधेरे में अकेले में तुम्हें भूत-पलीत सताते हैं! तुम्हें ही सारी दुनिया की नजर लगती है! डायन तो तुम्हारे हर घर में मौजूद है!! तुम्हारे तंत्र-मंत्र-यंत्र काम क्यों नहीं करते हैं? एक पैर में काले धागे वाला रक्षा सूत्र तुम्हारी चोंटी क्यों नहीं बचाता है? आखिर कब तक तुम मानसिक गुलाम रहोगे?

तुम्हारी समस्याएं लौकिक है। मगर तुम्हें हर समस्या का हल परलोक में नजर आता है! संसार तुम्हारे लिए स्वप्नवत् है माया है! भगवान की लीला है! नाटक है! भ्रम है! आखिर तुम्हें इस सपने से कौन जगाए? कब तक शब्दों के साथ बलात्कार करोगे? कब तक धोखे में रहोगे? कब तक हर सिद्धान्त हर आविष्कार को शास्त्रों ऋषि-मुनियों के माथे मड़ोगे??

तुम लोग को जो जगाए वही धर्मद्रोही, देशद्रोही, जातिवादी या नास्तिक है? चारुवाक, बुद्ध, महावीर, कपिल, कणाद गौतम, नागसेन, अश्वघोष, कबीर, नानक, रविदास, ओशो, फुले, शाहू, पेरियार, भीम, भगतसिंह, कोवूर, राहुल संस्कृत्यायन, दयानन्द, विवेकानंद, सबने विवेक लगाया! मगर फिर भी तुम्हारा विवेक नहीं जागा!

तुम्हारा धर्म कब अपडेट (Update) होगा?
तुम्हारी आस्था कब अपडेट (Update) होगी?
तुम्हारा ईश्वर कब अपडेट (Update) होगा?
तुम्हारी सोच कब अपडेट (Update) होगी?
तुम्हारे धर्म की किताबें कब अपडेट (Update) होंगी?

कम्प्यूटर और मोबाइल का साफ्टवेयर तो तुरन्त करते हो, तुम्हारे मस्तिष्क का साफ्टवेयर कब अपडेट (Update) होगा?

क्योंकि तुम विश्वगुरु के अहंकार की दारू पीकर गरीबी, अनपढ़ता, लिंगभेद, जातिभेद, भाषाभेद, क्षेत्रभेद, साम्प्रदायिकता की नाली में पड़े हो! आखिर तुम्हें कब मिलेगी आजादी? इस उम्दा मानसिक गुलामी से?

सोच के बता देना!!
आओ एक कदम शब्दों के उँचाइयों की ओर..........

IDEAS + ACTION = CHANGE

व्यवस्था के परिवर्तन या सत्यीकरण का पहला प्रारूप और उसकी कार्य विधि

उदाहरण के रूप में, यदि किसी शिक्षित व्यक्ति जिसे अंकगणित का ज्ञान हो, उसके समक्ष संख्या 5 लिख दिया जाये और उससे कहा जाये कि इस संख्या के आगे और पीछे की संख्या लिखें तो वह आसानी से उसे लिख देगा परन्तु अंकगणित का अज्ञानी ऐसा नहीं कर पायेगा। उसका सारा ध्यान केवल संख्या 5 पर ही टिका रह जायेगा क्योंकि वह संख्या पद्धति से अपरिचित है। अगर वह कुछ लिख भी देगा तो वह आवश्यक नहीं कि सत्य हो और उसमें सुधार की पूरी सम्भावना बनी रहेगी। समाज सुधार के क्षेत्र में भी यही बात है। हम एक समस्या देखते हैं फिर उसमें कुछ सुधार कर देते हैं। फल यह होता है कि कुछ समय बाद पुनः उसमें सुधार की आवश्यकता आ जाती है।

जितने अधिक आकड़ों को विश्लेषित कर हम परिणाम को खोजेंगे उतने ही सत्य परिणाम हमारे सामने आयेंगे। प्रस्तुत शास्त्र व्यक्त अधिकतम आकड़ों के व्यवस्थित प्रस्तुतीकरण का शास्त्र है। दूसरे रूप में इसे धर्म ज्ञान का बैलेन्ससीट भी कह सकते है। इन सम्पूर्ण आकड़ों पर आधारित होकर व्यक्ति, समाज और विश्व राष्ट्र के लिए लिया गया निर्णय ही एक सत्य निर्णय हो सकता है। समाज सुधार के सम्बन्ध में स्वामी विवेकानन्द का कहना है कि-"तथाकथित समाज-सुधार के विषय में हस्तक्षेप न करना क्योंकि पहले आध्यात्मिक सुधार हुये बिना अन्य किसी भी प्रकार का सुधार हो नहीं सकता (राम पृष्ठ मिशन, पत्रावली भाग-1, पृष्ठ-29), भारत के शिक्षित समाज से मैं इस बात पर सहमत हूँ कि समाज का आमूल परिवर्तन करना आवश्यक है। पर यह किया किस तरह जाये? सुधारकों की सब कुछ नष्ट कर डालने की रीति व्यर्थ सिद्ध हो चुकी है। मेरी योजना यह है, हमने अतीत में कुछ बुरा नहीं किया। निश्चय ही नहीं किया। हमारा समाज खराब नहीं, बल्कि अच्छा है। मैं केवल चाहता हूँ कि वह और भी अच्छा हो। हमें असत्य से सत्य तक अथवा बुरे से अच्छे तक पहुँचना नहीं है। वरन् सत्य से उच्चतर सत्य तक, श्रेष्ठ से श्रेष्ठतर और श्रेष्ठतम तक पहुँचना है। मैं अपने देशवासियों से कहता हूँ कि अब तक जो तुमने किया, सो अच्छा ही किया है, अब इस समय और भी अच्छा करने का मौका आ गया है।"-(राम पृष्ठ मिशन, जितने मत उतने पथ, पृष्ठ-46)

व्यक्ति हो या ज्ञानी, समाज हो या राज्य, देश हो या विश्व, समाज नेता हों या राजनेता सभी को अब यह जान लेना चाहिए कि विश्व एक परिवार है और उस परिवार का शास्त्र-"विश्वशास्त्र" है। जब तक यह शास्त्र उपलब्ध नहीं था तब तक इस विश्व परिवार के एकीकरण का मार्ग नहीं खुला था, अब वह मार्ग मिल चुका है। कोई भी समाज निर्माण या युग परिवर्तन का कार्य एक क्षण का कार्य नहीं है। यह एक लम्बी अवधि की प्रक्रिया का कार्य है। इसे हम उन समाज सुधारकों के संस्थाओं के कार्य को देख कर अनुभव कर सकते हैं।

व्यवस्था परिवर्तन, एक राजनीतिक लुभावना वाला शब्द है। वह कैसे होगा, इसके लिए एक प्रारूप की आवश्यकता होती है अगर वह नहीं है तो व्यवस्था परिवर्तन चिल्लाने से नहीं होता। फिर व्यवस्था परिवर्तन किस बात का? मानव समाज को संचालित करने के लिए तो सिर्फ दो ही मूल व्यवस्था है-एक राजतन्त्र, जिसका युग जा चुका है। दूसरा-लोकतन्त्र, जिसका युग चल रहा है और यही अन्तिम व्यवस्था भी बनी रहेगी क्योंकि ब्रह्माण्डीय व्यवस्था भी लोकतन्त्र से ही चल रहा है और मनुष्य के मस्तिष्क से अन्ततः वही व्यक्त हो रहा है। लोकतन्त्र से हम राजतन्त्र में नहीं जा सकते इसलिए व्यवस्था परिवर्तन का अर्थ ही निरर्थक है।

आवश्यकता है वर्तमान लोकतन्त्र व्यवस्था को ही सत्य आधारित करने की जिसे व्यवस्था सत्यीकरण कहा जा सकता है। इस कार्य में हमें मानकशास्त्र की आवश्यकता है जिससे तोल कर यह देख सके कि इस लोकतन्त्र व्यवस्था में कहाँ सुधार करने से सत्यीकरण हो जायेगा। यह मानकशास्त्र ही "विश्वशास्त्र" है। सिर्फ मतदाता बनने व वोट डालने से ही लोकतन्त्र स्वस्थ नहीं हो सकता। उसके लिए देश व विश्व के पूर्ण ज्ञान की आवश्यकता होगी। इसलिए आवश्यक है कि प्रत्येक मतदाता "विश्वशास्त्र" के ज्ञान से युक्त हो।

अच्छा होता कि हमारे राजनेतागण कुछ दिनों के लिए सन्यास लेकर थोड़ा कुछ अध्ययन-चिंतन करते रहते ताकि उन्हें बार-बार लक्ष्य के लिए शब्दों का परिवर्तन न करना पड़ता। एक ही स्थिति में बहुत समय तक रहने पर बुद्धि, बद्ध हो जाती है। एक-एक सीढ़ी चढ़कर, पहुँच गये-पहुँच गये चिल्लाने से अच्छा है कि अन्तिम सीढ़ी पर पर बैठकर चिल्लाना कि पहुँच गये।

चाहे कुछ हो यदि प्रारूप नहीं, तो न तो व्यवस्था परिवर्तन हो सकता है, न ही व्यवस्था सत्यीकरण हो सकता है, न ही सम्पूर्ण क्रान्ति। भीड़ से क्रान्ति नहीं सिर्फ हंगामा होता है। भीड़ में जोश होता है, होश नहीं।

इस मानक शास्त्र के प्रस्तुत हो जाने से व्यवस्था परिवर्तन की नहीं बल्कि व्यवस्था के सत्यीकरण का मार्ग खुल चुका है। जिसका व्यक्ति, समाज और विश्व राष्ट्र को आवश्यकता भी है। किसी एक विषय पर बहुत अधिक पुस्तक मस्तिष्क को भ्रमित ही करती है। यह शास्त्र प्रारम्भ से अन्त तक के विकास को क्रमबद्ध प्रस्तुत करता है जिससे हम सभी एक सत्य निर्णय करने में सक्षम हों और पूर्ण ज्ञान से युक्त हो जायें और हमारा कोई भी सुधार एक स्थायी, अच्छा और दूरगामी परिणाम देने वाला हो।

प्रश्न यह भी उठता है कि परिवार का मुखिया जिसके द्वारा परिवार का संचालन होता है, यदि वह परिवार के हित व विकास के विषय में कर्म न करता हो तो क्या परिवार का सदस्य उसमें हस्तक्षेप करने का अधिकारी है या नहीं? यही बात देश को चलाने वाले संसद के विषय में भी है। यदि संसद स्वयं देशहित व जनहित के प्रति उदासीन हो जाये तो क्या जनता संसद को मार्गदर्शन देने का अधिकार नहीं रखती? यदि नहीं तो संविधान की धारा-51(ए) के अन्तर्गत नागरिक का मौलिक कर्तव्य की उपयोगिता क्या है? ध्यान रखने योग्य विषय यह है कि कोई भी चुना हुआ प्रतिनिधि सिर्फ उतने ही बड़े क्षेत्र का प्रतिनिधि होता है जिस क्षेत्र से वह चुना जाता है। भारत में ऐसा कोई प्रतिनिधि जनता से नहीं चुना जाता जो भारत का प्रतिनिधित्व करता हो और जब तक भारत का प्रतिनिधित्व करने वाला चुनाव नहीं होता या भारत की जनता का राष्ट्रीय मुद्दों पर विचार कर संसद के कर्तव्य का बोध कराने वाली स्वतन्त्र संस्था नहीं बन जाती, तब तक जनता को संसद को संविधान की धारा-51(ए) के अन्तर्गत नागरिक का मौलिक कर्तव्य के अनुसार न्यायालय व संसद के माध्यम से सरकार को मार्गदर्शन देने का कर्तव्य करना चाहिए जो उसका अधिकार भी है।

वे शब्द जिसके बिना युग परिवर्तन सम्भव नहीं

सन् 1893 से सन् 1993 के 100 वर्षों के समय में विश्व के बौद्धिक शक्ति को जिन्होंने सबसे अधिक हलचल दी वे हैं-धर्म की ओर से स्वामी विवेकानन्द और धार्मिकता की ओर से आचार्य रजनीश"ओशो"। मनुष्य जिस प्रकार भौतिक विज्ञान के नवीन आविष्कारों को आसानी से ग्रहण करता है उसी प्रकार धर्म-आध्यात्म-दर्शन के नवीन आविष्कारों को भी मनुष्य को ग्रहण करना चाहिए, तभी मानसिक-आध्यात्मिक स्वतन्त्रता का अनुभव हो सकेगा। अन्यथा पूर्ण शारीरिक गुलामी का समय बीत चुका, आर्थिक गुलामी का काल चल रहा है और मानसिक गुलामी के काल चक्र में मनुष्य फँस जायेगा।

स्वामी विवेकानन्द जी का कहना था-

- "उसी मूल सत्य की फिर से शिक्षा ग्रहण करनी होगी, जो केवल यहीं से, हमारी इसी मातृभूमि से प्रचारित हुआ था। फिर एक बार भारत को संसार में इसी मूल तत्व का-इसी सत्य का प्रचार करना होगा। ऐसा क्यों है? इसलिए नहीं कि यह सत्य हमारे शास्त्रों में लिखा है वरन् हमारे राष्ट्रीय साहित्य का प्रत्येक विभाग और हमारा राष्ट्रीय जीवन उससे पूर्णतः ओत-प्रोत है। इस धार्मिक सहिष्णुता की तथा इस सहानुभूति की, मातृभाव की महान शिक्षा प्रत्येक बालक, स्त्री, पुरुष, शिक्षित, अशिक्षित सब जाति और वर्ण वाले सीख सकते हैं। तुमको अनेक नामों से पुकारा जाता है, पर तुम एक हो।" (जितने मत उतने पथ, राम कृष्ण मिशन, पृष्ठ-39)।
- "अत: यदि भारत को महान बनाना है, तो इसके लिए आवश्यकता है संगठन की, शक्ति संग्रह की और बिखरी हुई इच्छाशक्ति को एकत्र कर उसमें समन्वय लाने की। अथर्ववेद संहिता की एक विलक्षण ऋचा याद आ गयी जिसमें कहा गया है, "तुम सब लोग एक मन हो जाओ, सब लोग एक ही विचार के बन जाओ। एक मन हो जाना ही समाज गठन का रहस्य है बस इच्छाशक्ति का संचय और उनका समन्वय कर उन्हें एकमुखी करना ही सारा रहस्य है।" (देखें "नया भारत गढ़ो" पृष्ठ संख्या-55)
- "यह भी न भूलना चाहिए कि हमारे बाद जो लोग आएंगे, वे उसी तरह हमारे धर्म और ईश्वर सम्बन्धी धारणा पर हँसेंगे, जिस तरह हम प्राचीन लोगों के धर्म और ईश्वर की धारणा पर हँसते हैं। यह सब होने पर भी, इन सब ईश्वर सम्बन्धित धारणाओं का संयोग करने वाला एक स्वर्ण सूत्र है और वेदान्त का उद्देश्य है-इस सूत्र की खोज करना। भागवान कृष्ण ने कहा है-""भिन्न भिन्न मणियाँ जिस प्रकार एक सूत्र में पिरोयी जा सकती हैं, उसी प्रकार इन सब विभिन्न भावों के भीतर भी एक सूत्र विद्यमान है।" (देखें "ज्ञानयोग", पृष्ठ संख्या-65) ,
- "एक शब्द में वेदान्त का आदर्श है-मनुष्य के सच्चे स्वरूप को जानना।" (देखें "विवेकानन्द राष्ट्र को आह्वान", पृष्ठ सं0-48)।
- यदि हम अपने व्यक्तिगत एवं सामूहिक जीवन में वैज्ञानिक चेतना सम्पन्न एवं आध्यात्मिक एक साथ न हो पाए, तो मानवजाति का अर्थपूर्ण अस्तित्व ही संशय का विषय हो जाएगा। (विज्ञान और आध्यात्मिकता, पृष्ठ-9)
- हमेशा यूरोप से सामाजिक तथा एशिया से आध्यात्मिक शक्तियों का उद्भव होता रहा है एवं इन दोनों शक्तियों के विभिन्न प्रकार के सम्मिश्रण से ही जगत का इतिहास बना है। वर्तमान मानवेतिहास का एक और नवीन पृष्ठ धीरे-धीरे विकसित हो रहा है एवं चारो ओर उसी का चिन्ह दिखाई दे रहा है। कितनी ही नवीन योजनाओं का उद्भव तथा नाश होगा, किन्तु योग्यतम वस्तु की प्रतिष्ठा सुनिश्चित है, सत्य और शिव की अपेक्षा योग्यतम वस्तु और हो ही क्या सकती है? (पत्रावली भाग-1, पृष्ठ-310)

स्वामी विवेकानन्द के अनुसार शब्द से सृष्टि का रहस्य

01. बृहत् ब्रह्माण्ड में भी ब्रह्मा, हिरण्यगर्भ या समष्टि महत् ने पहले अपने आप को नाम के, और फिर बाद में रुप के आकार में अर्थात् इस परिदृश्यमान जगत के आकार में अभिव्यक्त किया। (भक्ति योग, पृष्ठ-44)
02. यह सारा व्यक्त इन्द्रियग्राह्य जगत रुप है, और इसके पीछे है अनन्त अव्यक्त स्फोट। स्फोट का अर्थ-समस्त जगत की अभिव्यक्ति का कारण शब्द-ब्रह्म है। समस्त नामों अर्थात् भावों की नित्य समवायी उपादान स्वरुप यह नित्य स्फोट ही वह शक्ति है, जिससे भगवान इस विश्व की सृष्टि करते हैं। यही नहीं बल्कि भगवान पहले स्फोट रुप में परिणत हो जाते हैं और तत्पश्चात् अपने को उससे भी स्थूल इस इन्द्रियग्राह्य जगत के रुप में परिणत कर लेते हैं। (भक्ति योग, पृष्ठ-45)
03. इस स्फोट का एक मात्र वाचक शब्द है-"ऊँ"। और चूँकि हम किसी भी उपाय से शब्द को भाव से अलग नहीं कर सकते, इसलिए यह "ऊँ" भी इस नित्य स्फोट से नित्य संयुक्त है। (भक्ति योग, पृष्ठ-45)
04. एकमेव यह "ऊँ" ही इस प्रकार सर्वभावाव्यापी वाचक शब्द है, अन्य कोई भी इसके समान नहीं। स्फोट ही सारे भावों का उपादान है, फिर भी वह स्वयं पूर्ण रुप से विकसित कोई विशिष्ट भाव नहीं है। अर्थात् यदि उन सब भेदों को, जो एक भाव को दूसरे से अलग करते हैं, निकाल दिया जाय, तो जो कुछ बचा रहता है, वही स्फोट है। इसलिए इस स्फोट को "नादब्रह्म" कहते हैं। (भक्ति योग, पृष्ठ-45)
05. जो वाचक शब्द उसे सब से कम विशेषभावापन्न करेगा, पर साथ ही उसके स्वरुप को यथासम्भव पूरी तरह प्रकाशित करेगा, वही उसका सबसे सच्चा वाचक होगा। और यह वाचक शब्द है-एकमात्र "ऊँ" क्योंकि ये तीनों अक्षर अ, उ और म्, जिनका एक साथ उच्चारण करने से "ऊँ" होता है, समान शब्दों के साधारण वाचक के तौर पर लिये जा सकते हैं। (भक्ति योग पृष्ठ, पृष्ठ-46)
06. अक्षर "अ" सारे अक्षरों में सबसे कम विशेषभावापन्न है। इसीलिए भगवान श्रीकृष्ण गीता में कहते हैं-"अक्षरों में मैं "अ" कार हूँ। " (गीता,10/33) स्पष्ट रुप से उच्चारित जितने भी शब्द हैं, उनकी उच्चारण क्रिया मुख में जिह्वा के मूल से आरम्भ होती है और ओठों में आकर समाप्त हो जाती है। "अ" जिह्वा मूल अर्थात् कण्ठ से उच्चारित होता है, और "म" ओठों से होने वाला अन्तिम शब्द है। और "उ" उस शक्ति का सूचक है, जो जिह्वा मूल से आरम्भ होकर मुँह भर में लुढ़कती हुई ओठों में आकर समाप्त हो जाती है। यदि "ऊँ" का उच्चारण ठीक ढंग से किया जाय, तो इसके शब्दोच्चारण की सम्पूर्ण क्रिया सम्पन्न हो जाती है-दूसरे किसी भी शब्द में यह शक्ति नहीं। (भक्ति योग, पृष्ठ-46)
07. जिस प्रकार अल्पतम् विशेष भावात्मक तथा सार्वभौमिक वाचक शब्द "ऊँ" के सम्बन्ध में वाच्य और वाचक आपस में अभेद्य रुप से सम्बद्ध हैं उसी प्रकार वाच्य और वाचक का यह अविच्छिन्न सम्बन्ध भगवान और विश्व के विभिन्न खण्ड भावों पर भी लागू है, अतएव उनमें से प्रत्येक का एक विशिष्ट वाचक शब्द होना आवश्यक है। (भक्ति योग, पृष्ठ-47)
08. ये वाचक शब्द ऋषियों की गम्भीरतम आध्यात्मिक अनुभूति से उत्पन्न हुए हैं और वे भगवान तथा विश्व के जिन विशेष-विशेष खण्ड भाव के वाचक हैं, उन विशेष भावों को यथासम्भव प्रकाशित करते हैं। जिस प्रकार "ऊँ" अखण्ड ब्रह्म का वाचक है, उसी प्रकार अन्यान्य मंत्र भी उसी परम पुरुष के खण्ड-खण्ड भावों के वाचक हैं। ये सभी ईश्वर के ध्यान और प्रकृत ज्ञान की प्राप्ति में सहायक हैं। (भक्ति योग, पृष्ठ-47)
09. सृष्टि के पूर्व ब्रह्म शब्दात्मक बनते है, फिर ओंकारात्मक या नादात्मक होते है। तत्पश्चात पहले कल्पों के विशेष शब्द जैसे-भूः, भुवः, स्व-अथवा गो, मानव, घट, पट इत्यादि का प्रकाश उसी ओंकार से होता है। सिद्ध संकल्प ब्रह्म में क्रमश-एक-एक शब्द के होते ही उसी क्षण उन सब पदार्थो का भी प्रकाश हो जाता है और इस विचित्र जगत् का विकास हो उठता है। अब समझे न कि कैसे शब्द ही सृष्टि का मूल है। -स्वामी विवेकानन्द (विवेकानन्द जी के संग में पृष्ठ-62)
10. यह सारा व्यक्त इन्द्रिय ग्राह्य जगत रूप है, और इसके पीछे है अनन्त अव्यक्त स्फोट। स्फोट का अर्थ-समस्त जगत की अभिव्यक्ति का कारण शब्द-ब्रह्म। समस्त नामों अर्थात् भावों की नित्य समवायी उपादान स्वरूप यह नित्य स्फोट ही वह शक्ति है, जिससे भगवान इस विश्व की सृष्टि करते है। यही नहीं बल्कि भगवान पहले स्फोट-रूप में परिणत हो जाते है और तत्पश्चात अपने को उससे भी स्थूल इस इन्द्रिय ग्राह्य जगत् के रूप में परिणत कर लेते है। -स्वामी विवेकानन्द (राजयोग-पृष्ठ-45)

आचार्य रजनीश"ओशो" का कहना था-

- "श्रीकृष्ण का महत्व अतीत के लिए कम भविष्य के लिए ज्यादा है। सच ऐसा है कि कृष्ण अपने समय से कम से कम पाँच हजार वर्ष पहले पैदा हुये। सभी महत्वपूर्ण व्यक्ति अपने समय से पहले पैदा होते हैं और

सभी गैर महत्वपूर्ण व्यक्ति अपने समय के बाद पैदा होते हैं। बस महत्वपूर्ण और गैर महत्वपूर्ण में इतना फर्क है और सभी साधारण व्यक्ति अपने समय के साथ पैदा होते हैं महत्वपूर्ण व्यक्ति को समझना आसान नहीं होता। उसका वर्तमान और अतीत उसे समझने में असमर्थता अनुभव करता है जब हम समझने योग्य नहीं हो पाते तब हम उसकी पूजा शुरु कर देते हैं या तो हम उसका विरोध करते हैं। दोनों पूजाएं हैं एक मित्र की एक शत्रु की।"

- उसके लिए सब हंसी खेल है, सब लीला है। इसलिए हमने कृष्ण को पूर्णावतार कहा। राम गम्भीर हैं छोटी-छोटी बात का हिसाब रखते हैं। नियम मर्यादा से चलते हैं- मर्यादा पुरूषोत्तम हैं। कृष्ण अमर्याद हैं न कोई नियम है न कोई मर्यादा। कृष्ण के लिए जीवन लीला है।
- धर्म कोई विषय थोड़े ही है। धर्म की कोई सीमा थोड़े ही है। धर्म तो समस्त जीवन का नाम है। जीवन में जो कुछ भी समाविष्ट है, धर्म उस सभी के सम्बन्ध में वक्तव्य देने का हकदार है। राजनीतिज्ञ, धर्म के सम्बन्ध में वक्तव्य नहीं दे सकता क्योंकि राजनीति की सीमा है। लेकिन धार्मिक व्यक्ति, राजनीति के सम्बन्ध में वक्तव्य दे सकता है क्योंकि धर्म की कोई सीमा नही है धर्म असीम है, धर्म तो पूरे जीवन को घेरता है जैसे आकाश घेरता है। धर्म से तो कोई भी चीज छोड़ी नहीं जा सकती। धार्मिक व्यक्ति की दृष्टि तो सब सम्बन्धों में होगी।
- जो एक गुरू बोल रहा है, वह अनन्त सिद्धों की वाणी है। अभिव्यक्ति में भेद होगा, शब्द अलग होंगे, प्रतीक अलग होंगे मगर जो एक सिद्ध बोलता है, वह सभी सिद्धों की वाणी है। इनसे अन्यथा नहीं हो सकता है। इसलिए जिसने एक सिद्ध को पा लिया, उसने सारे सिद्धों की परम्परा को पा लिया। क्योंकि उनका सूत्र एक ही है। कुंजी तो एक ही है, जिसमें ताला खुलता है अस्तित्व का।
- "इस देश को कुछ बाते समझनी होगी। एक तो इस देश को यह बात समझनी होगी कि तुम्हारी परेशानियों, तुम्हारी गरीबी, तुम्हारी मुसीबतों, तुम्हारी दीनता के बहुत कुछ कारण तुम्हारे अंध विश्वासों में है, भारत कम से कम डेढ़ हजार साल पिछे घिसट रहा है। ये डेढ़ हजार साल पूरे होने जरूरी है। भारत को खिंचकर आधुनिक बनाना जरूरी है। मेरी उत्सुकता है कि इस देश का सौभाग्य खुले, यह देश भी खुशहाल हो, यह देश भी समृद्ध हो। क्योंकि समृद्ध हो यह देश तो फिर राम की धुन गुंजे, समृद्ध हो यह देश तो फिर लोग गीत गाँये, प्रभु की प्रार्थना करें। समृद्ध हो यह देश तो मंदिर की घंटिया फिर बजे, पूजा के थाल फिर सजे। समृद्ध हो यह देश तो फिर बाँसुरी बजे कृष्ण की, फिर रास रचे! यह दीन दरिद्र देश, अभी तुम इसमें कृष्ण को भी ले आओंगे तो राधा कहाँ पाओगे नाचनेवाली? अभी तुम कृष्ण को भी ले आओगे, तो कृष्ण बड़ी मुश्किल में पड़ जायेंगे, माखन कहाँ चुरायेगें? माखन है कहाँ? दूध दही की मटकिया कैसे तोड़ोगे? दूध दही की कहाँ, पानी तक की मटकिया मुश्किल है। नलों पर इतनी भीड़ है! और एक आध गोपी की मटकी फोड़ दी, जो नल से पानी भरकर लौट रही थी, तो पुलिस में रिपोर्ट दर्ज करा देगी कृष्ण की, तीन बजे रात से पानी भरने खड़ी थी नौ बजते बजते पानी भर पायी और इन सज्जन ने कंकड़ी मार दी। धर्म का जन्म होता है जब देश समृद्ध होता है। धर्म समृद्ध की सुवास है। तो मैं जरूर चाहता हूँ यह देश सौभाग्यशाली हो लेकिन सबसे बड़ी अड़चन इसी देश की मान्यताएं है। इसलिए मैं तुमसे लड़ रहा हूँ। तुम्हारे लिए।"

व्यक्ति-समाज-राज्य-विश्व की आवश्यकता, भविष्यवक्ताओं की भविष्यवाणीयां, ग्रहों के चालों, सूर्य व चन्द्र ग्रहण, सामाजिक-राजनीतिक विचारकों के विचार-सपनें-उम्मीद इत्यादि युग परिवर्तन की ओर दिशा निर्देश कर रहीं हैं। ऐसे में सृष्टि के लिए सार्वभौम सर्वोच्च अन्तिम अर्थों वाले शब्दों (जिसकी सूची अगले पृष्ठ पर दी गई है।) **पर चर्चा ही एक मात्र युग परिवर्तन का मार्ग है।**

वे सार्वभौम एकात्म शब्द जिसके बिना युग परिवर्तन सम्भव नहीं (सर्वोच्च, अन्तिम और दृश्य)

क्र.सं. विषय क्षेत्र	सम्बन्धित क्षेत्र से मुख्य नाम
01. विश्व क्षेत्र	विश्व संविधान/साहित्य/विचार/सिद्धान्त/प्रबन्ध/दर्शन/मत/मानव/एकता/शान्ति/विकास/स्थिरता/आत्मा / अभिनेता/बुद्धि/राजनीति/क्रांति
02. राज्य क्षेत्र	विश्व (राष्ट्र) ऐजेण्डा–2012+ (WORLD NATION AGENDA-2012+) विश्व व्यवस्था का अधिकतम एवं न्यूनतम साझा कार्यक्रम
03. समाज क्षेत्र	लोक/गण/जन ऐजेण्डा–2012+ (PUBLIC AGENDA-2000+)
04. धर्म क्षेत्र	वेदान्त धर्म स्थापना
05. साहित्य क्षेत्र	विश्व साहित्य–"विश्वभारत" समाहित "विश्वशास्त्र" साहित्य– आदर्श वैश्विक व्यक्ति चरित्र कथा साहित्य
06. सामाज शास्त्र	मानक/जन/गण/लोक शास्त्र
07. धर्मशास्त्र	धर्मयुक्त नाम – कर्मवेदः प्रथम, अन्तिम और पंचम वेद और आधारित उपनिषद् (व्यष्टि एवं समष्टि) सर्वधर्मसमभाव / धर्मनिरपेक्ष नाम – मन की गुणवत्ता का विश्व मानक : शून्य श्रृंखला (व्यष्टि एवं समष्टि)
08. मानक क्षेत्र	मन की गुणवत्ता का विश्व मानक : शून्य श्रृंखला
09. अदृश्य विज्ञान	दृश्य आध्यात्म विज्ञान
10. दृश्य विज्ञान	धर्म विज्ञान या एकात्म विज्ञान (Integration Science)
11. इंजीनियरिंग	सत्य सामाजिक अभियंत्रण (Real Social Engineering)
12. तकनीकी	सत्य सामाजिक तकनीकी (Real Social Technology) : WCM-TLM-SHYAM.C Technology
13. संविधान	विवादमुक्त तन्त्रों पर आधारित संविधान
14. राजनीति	सत्य राजनीति/राजनीति–2012+ (POLITICS-2012+)
15. संगठन	विश्व राजनीतिक पार्टी संघ (World Political Party Organisation- WPPO)
16. शिक्षा	पूर्णज्ञान/पूर्ण शिक्षा प्रणाली/शिक्षा -2012+ (EDUCATION-2012+)
17. राष्ट्र सम्बन्ध	आदर्श राष्ट्रीय नागरिक
18. वेदान्त	कर्म वेदान्त : वेदान्त की अन्तिम शाखा
19. मतवाद	एकात्म कर्मवाद : एकात्म मानवतावाद का व्यावहारिक रुप
20. दार्शनिक	विकास दर्शन (Development Philosophy)
21. क्रांति	संपूर्ण क्रांति (Complete Revolution) : प्रलय, स्थिति एवं सृष्टि
22. सांस्कृतिक	भोगेश्वरः भोग (पाश्चात्य) + ईश्वर (प्राच्य) = एकात्म या ईश्वरत्व भाव से भोग
23. मन	विश्व मन (WOLD MIND)
24. मानव	विश्वमानव (विश्वमन से युक्त)
25. मनु	8वें मनु – सावर्णि मनु
26. अवतार	भगवान विष्णु के 10वें और अन्तिम तथा भगवान शंकर के 22वें और अन्तिम संयुक्तावतार (निष्कलंक कल्कि एवं भोगेश्वर)
27. निराकार ब्रह्म	सार्वभौम सत्य–सिद्धान्त (UNIVERSAL TRUTH-THEORY) : विश्व–बन्धुत्व का सिद्धान्त
28. साकार ब्रह्म	लव कुश सिंह
29. पुनर्जन्म–सत् मार्ग से	बुड्ढा कृष्ण (कृष्ण भाग – 2 और अन्तिम) – कृष्ण की अगली और अन्तिम कड़ी
30. पुनर्जन्म–रज मार्ग से	स्वामी विवेकानन्द का पुनर्जन्म
31. पुनर्जन्म–तम मार्ग से	रावण की अगली कड़ी
32. आत्मा	दृश्य विश्वात्मा/ शिव/ ब्रह्म/ मैं
33. अभिनय	वास्तविक जीवन का अभिनेता (Real Life Actor)
34. बम	ज्ञान बम – आध्यात्मिक न्यूट्रान बम
35. अस्त्र	अनियन्त्रित पशुपास्त्र (नारायणास्त्र या सु–दर्शन चक्र व ब्रह्मास्त्र समाहित)
36. माया	योग माया समाहित भोगमाया
37. ज्ञान	एकात्म कर्मज्ञान (शास्वत) : व्यष्टि एवं समष्टि
38. बुद्धि	विश्व बुद्धि व चेतना या सत्य चेतना : पूर्व व्यक्त सत्य चेतना
39. ध्यान व योग	दृश्य सत्य–क्रियाकलाप–एकात्म योग व ध्यान (अन्तिम योग व अन्तिम ध्यान)
40. मिशन	प्राकृतिक सत्य मिशन (Natural Truth Mission)–सर्वोच्च और अन्तिम मिशन
41. धार्मिक नगर	एकात्म काशी– जीवनदायिनी सत्यकाशी : पंचम, अन्तिम तथा सप्तम काशी
42. शक्ति	आत्मशक्ति (SPIRIT POWER),मस्तिष्क शक्ति (BRAIN POWER), मन शक्ति (MIND POWER),सत्य शक्ति (TRUTH POWER)
43. जीवन कथा	विश्वमानव लीला/दर्पण : दो विपरीत दिशाओं के साथ प्रथम एवं अन्तिम कथा
44. प्रेम और कर्म	शास्वत प्रेम और कर्म
45. समन्वय	अन्तिम समन्वय–सिद्धान्त
46. आचार्य	अन्तिम समन्वयाचार्य
47. कला	विश्वमानव कला (कृष्ण कला समाहित)
48. परिचालन प्रणाली	अवतार का परिचालन प्रणाली : मानव–10 (Avatar's Operating System-AOS : Human-10)
49. शंकराचार्य पीठ	सत्यकाशी पीठ : पंचम और अन्तिम शंकराचार्य पीठ

भाग-11

केन्द्र या मध्य (भारत) में पांचवां और अन्तिम सत्यकाशी पीठ

सत्यकाशी पीठः स्थान

सत्यकाशी पीठः इतिहास और उद्देश्य

पाँचवाँ और अंतिम शंकराचार्य पीठः इसकी विशेषता

"हिन्दू धर्म की जो पकड़ थी, वह इस समय कमजोर पड़ गयी है क्योंकि भारतीय स्वतंत्रता आन्दोलन के समय से राजनेताओं का वर्चस्व बढ़ा और उन्होंने धर्म रक्षकों को दबा दिया, जिसके परिणामस्वरूप 163 साल तक शंकराचार्य की पदवी खाली रही। इसलिए आवश्यक है कि शिक्षा के क्षेत्र में धर्म की स्थापना हो। स्वस्थ एवं श्रेष्ठ साहित्य का सृजन हो। महापुरूषों को घूम-घूम कर सनातन धर्म का प्रचार-प्रसार करना चाहिए जिससे लोगों के हृदय में भारतीय धर्म-शास्त्र के प्रति आस्था-विश्वास बढ़े।"

- स्वामी स्वरूपानन्द (द्वारिका पीठाधीश्वर जगद्‌गुरू शंकराचार्य)
साभार - दैनिक आज, समाचार पत्र, वाराणसी, दि0 10-5-1997

स्पष्टिकरण

सत्य से सार्वभौम सत्य-सिद्धान्त तक का मार्ग अवतारों का मार्ग है। सार्वभौम सत्य-सिद्धान्त की अनुभूति ही अवतरण है। इसके अंश अनुभूति को अंश अवतार तथा पूर्ण अनुभूति को पूर्ण अवतार कहते है। ग्रन्थों में अवतारों की कई कोटि बतायी गई है जैसे अंशाशावतार, अंशावतार, आवेशावतार, कलावतार, नित्यावतार, युगावतार इत्यादि, जो भी सार्वभौम सत्य-सिद्धान्त को व्यक्त करता है वे सभी अवतार कहलाते हैं। व्यक्ति से लेकर समाज के सर्वोच्च स्तर तक सार्वभौम सत्य-सिद्धान्त को व्यक्त करने के क्रम में ही विभिन्न कोटि के अवतार स्तरबद्ध होते हैं। अवतार मानव मात्र के लिए ही कर्म करते हैं न कि किसी विशेष मानव समूह या सम्प्रदाय के लिए। अवतार, धर्म, धर्मनिरपेक्ष व सर्वधर्मसमभाव से युक्त अर्थात एकात्म से युक्त होते है। इस प्रकार अवतार से उत्पन्न शास्त्र मानव के लिए होते हैं, न कि किसी विशेष मानव समूह के लिए। उत्प्रेरक, शासक और मार्गदर्शक आत्मा सर्वव्यापी है। इसलिए एकात्म का अर्थ संयुक्त आत्मा या सार्वजनिक आत्मा है। अवतारों के प्रत्यक्ष और प्रेरक दो कार्य विधि हैं। प्रत्यक्ष अवतार वे होते हैं जो स्वयं अपनी शक्ति का प्रत्यक्ष प्रयोग कर समाज का सत्यीकरण करते हैं। यह कार्य विधि समाज में उस समय प्रयोग होता है जब अधर्म का नेतृत्व एक या कुछ मानवों पर केन्द्रित होता है। प्रेरक अवतार वे होते हैं जो स्वयं अपनी शक्ति का अप्रत्यक्ष प्रयोग कर समाज का सत्यीकरण जनता एवं नेतृत्वकर्ता के माध्यम से करते हैं। यह कार्य विधि समाज में उस समय प्रयोग होता है जब समाज में अधर्म का नेतृत्व अनेक मानवों और नेतृत्वकर्ताओं पर केन्द्रित होता है।

इन विधियों में से कुल दस अवतारों में से प्रथम सात (मत्स्य, कूर्म, वाराह, नृसिंह, वामन, परशुराम, राम) अवतारों ने समाज का सत्यीकरण प्रत्यक्ष विधि के प्रयोग द्वारा किया था। आठवें अवतार (श्रीकृष्ण) ने दोनों विधियों प्रत्यक्ष ओर प्रेरक का प्रयोग किया था। नवें (भगवान बुद्ध) और अन्तिम दसवें अवतार की कार्य विधि प्रेरक ही है।

सनातन अद्वैत दर्शन के अनुसार यह जगत ही ईश्वर का दृश्य रूप है। ऐसे में सभी ईश्वर हैं। सभी ईश्वर के बहुरूप हैं और सभी में प्रकाशित वही ईश्वरीय सत्ता है। सार्वभौम एकात्म की ओर ले जाने वाले सभी प्रक्षेपित

मानक चरित्र सनातन हैं जैसे ब्रह्मा परिवार, विष्णु परिवार और महेश परिवार। इस सार्वभौम एकात्म की ओर विचार व्यक्त करने वाला अर्थात उसी का प्रचार-प्रसार व स्थापना करने वाला युगावतार तो नहीं हो सकता लेकिन वह अवतार अवश्य होता है क्योंकि उसने भी उस सार्वभौम सत्य-सिद्धान्त का साक्षात्कार किया है।

ईश्वर के मानवीयकरण व मानव के ईश्वरीयकरण के लिए आपके भौतिक शरीर से व्यक्त विश्वात्मा की इच्छा को धर्म क्षेत्र से नाम कर्मवेदः प्रथम, अन्तिम तथा पंचम वेद एवं धर्मनिरपेक्ष क्षेत्र से मन का विश्वमानकः शून्य श्रृंखला समाहित "विश्वशास्त्र-द ना ॅलेज आ ॅफ फाइनल ना ॅलेज" के रूप में पूर्ण किया जा चुका है। जिसमें पुराणों का धर्मनिरपेक्ष और सर्वधर्मसमभाव रूप भी सम्पूर्ण मानव जाति को स्पष्ट दृष्टिगत होगा। परिणामस्वरूप भारतीय धर्म शास्त्रों के प्रति विश्वव्यापी आस्था बढ़ना स्वाभाविक है। साथ ही अनेक सत्य-साहित्यों की रचना के लिए भी मार्ग प्रशस्त और रचना कर दिये गये हैं।

तीनों देवताओं ब्रह्मा, विष्णु और शिव-शंकर के मूल गुणों के आधार पर उनके वास्तविक रुप अर्थात् चार वेदों को व्यक्त करने वाले चार मुखों से युक्त सृष्टिकर्ता ब्रह्मा का रुप, चार भुजाओं से युक्त पालनकर्ता विष्णु का रुप तथा ब्रह्मा और विष्णु समाहित पाँचों वेदों को व्यक्त करने वाले पाँच मुखों से युक्त कल्याणकर्ता शिव-शंकर का अन्तिम रुप, तीनों देवताओं का दिव्यरुप कहलाता है। इसी अनुसार शिव-शंकर के अवतार ही केवल पंचमुखी होते हैं। इसी क्रम में पंचमुखी हनुमान और वेद माता मां गायत्री को भी दिखाया गया है। इस अनुसार पांचवें वेद और पांचवें शंकराचार्य पीठ की स्थापना ही युग परिवर्तन की प्रक्रिया का आरम्भ और सनातन विश्व की ओर कदम है।

**व्यक्ति-समाज-राज्य-विश्व की आवश्यकता, भविष्यवक्ताओं की भविष्यवाणीयां,
ग्रहों के चालों, सूर्य व चन्द्र ग्रहण, सामाजिक-राजनीतिक विचारकों के
विचार-सपनें-उम्मीद इत्यादि युग परिवर्तन की ओर दिशा निर्देश कर रहीं हैं।
ऐसे में सृष्टि के लिए सार्वभौम सर्वोच्च अन्तिम अर्थों वाले शब्दों
पर चर्चा ही एक मात्र युग परिवर्तन का मार्ग है।**

**आविष्कार उपयोगी होता है, आविष्कारक नहीं।
रचना अधिक समय तक रहती है रचनाकार अदृश्य हो जाता है और रचना के
आधार पर अन्य रचना भी होती रहती है।**

सनातन विश्व के लिए समस्त प्रक्रिया 150 पुस्तकों के रूप में वेबसाइट

www.64inch.com

**पर उपलब्ध है और कार्य समाप्त होता है। व्यक्ति और नेतृत्वकर्ता
अपने धर्म
का पालन करें, समाधान उपलब्ध हो चुका है।**

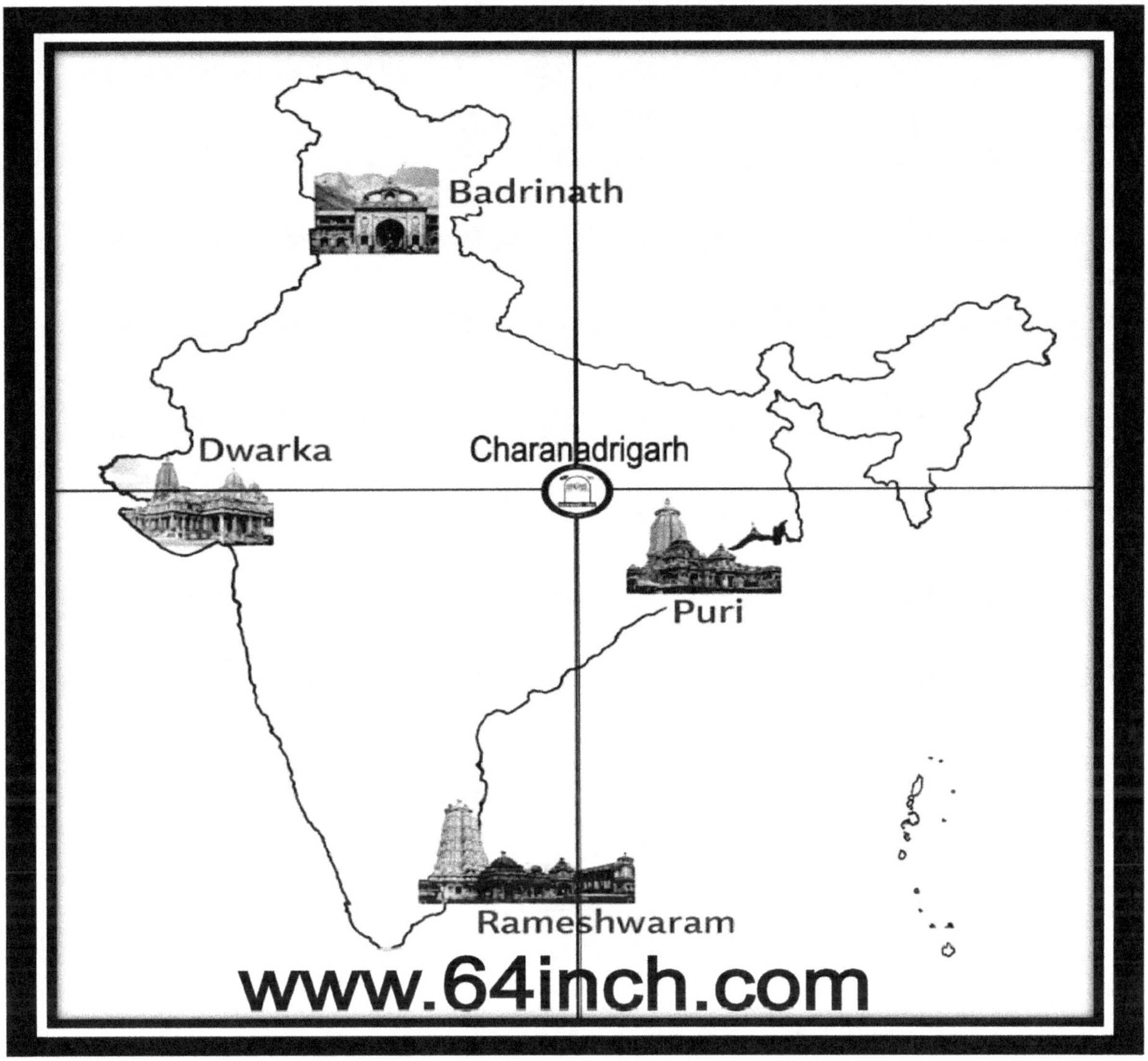

दिशा	पीठ का नाम/ स्थान	उद्देश्य	संबंधित वेद	महावाक्य	तत्व
उत्तर	बदरी ज्योतिर्मठ पीठ उत्तराखंड, जोशीमठ	ज्ञान और विवेक	अथर्ववेद	अयमात्मा ब्रह्म (यह आत्मा ब्रह्म है)	वायु
दक्षिण	श्रीगेरी शारदा पीठ कर्नाटक, श्रीगेरी	स्थिरता और परंपरा	यजुर्वेद	अहम् ब्रह्मास्मि (मैं ब्रह्म हूँ)	पृथ्वी
पूर्व	पुरी गोवर्धनमठ पीठ ओडिशा, पुरी	भक्ति और समर्पण	ऋग्वेद	प्रज्ञानं ब्रह्म (चेतना ब्रह्म है)	जल
पश्चिम	द्वारका शारदा पीठ गुजरात, द्वारका	कर्म और संकल्प	सामवेद	तत्त्वमसि (तू ब्रह्म है)	अग्नि
केन्द्र या मध्य	सत्यकाशी पीठ उत्तर प्रदेश, चरणाद्रिगढ़	चेतना और एकत्व	कर्मवेद	सर्वे ब्रह्म (सभी ब्रह्म हैं)	आकाश

क्षिति, जल, पावक, गगन, समीरा। पंच तत्व मिलि बनेहु शरीरा ।।

सत्यकाशी पीठ: स्थान

मानव जीवन की यात्रा को हम चार स्तरों में देख सकते हैं - **संभल (Shambhal), संभला (Shambhala), ज्ञानगंज (Gyanganj) और संगरीला (Sangrila)**

संभल (Shambhal) को हम भौतिक जगत का प्रतीक मान सकते हैं। यह धरती पर बसा हुआ वास्तविक नगर है, जहाँ लोग रहते हैं, संघर्ष करते हैं और जीवन की यात्रा करते हैं। धार्मिक मान्यता के अनुसार यहाँ भविष्य में कल्कि अवतार का जन्म होगा। इसका अर्थ यह भी है कि संभल हमें यह याद दिलाता है कि परिवर्तन और नवजागरण हमेशा इसी सांसारिक धरती से प्रारंभ होता है।

संभला (Shambhala) आध्यात्मिक जगत का प्रतीक है। यह उस आदर्श समाज और चेतना की ओर संकेत करता है, जहाँ धर्म, करुणा और सत्य का शासन है। बौद्ध ग्रंथों में इसे एक अदृश्य, पवित्र राज्य बताया गया है। इसका दार्शनिक अर्थ यह है कि हर मनुष्य के भीतर एक संभला है - एक ऐसा क्षेत्र जहाँ शांति, संतुलन और धर्म की शक्ति हमेशा जीवित रहती है। यह हमारे भीतर के आदर्श और परम लक्ष्य का रूप है।

ज्ञानगंज (Gyanganj) गूढ़ और रहस्यमय चेतना का प्रतीक है। यह वह क्षेत्र है, जहाँ अमर योगी और सिद्ध रहते हैं, और जो साधारण दृष्टि से छिपा हुआ है। इसका अर्थ यह है कि सत्य और सर्वोच्च ज्ञान कभी सतही रूप में उपलब्ध नहीं होते, बल्कि गहन साधना और आंतरिक परिवर्तन से ही प्राप्त किए जा सकते हैं। ज्ञानगंज हमें यह सिखाता है कि परम सत्य अदृश्य है, परंतु साधना से प्रकट हो सकता है।

इस प्रकार, ये चारों स्तर - **भौतिक, आध्यात्मिक, गूढ़ और आदर्श** - मानव जीवन और चेतना की समग्र यात्रा का प्रतिनिधित्व करते हैं, जहाँ साधना, अनुभव और ज्ञान मिलकर आत्मा को पूर्णता की ओर ले जाते हैं।

इस प्रकार, इन तीनों को मिलाकर देखा जाए तो:

- **संभल** = जीवन और समाज का यथार्थ (भौतिक जगत)
- **संभला** = आदर्श और धर्म का उच्च स्वरूप (आध्यात्मिक जगत)
- **ज्ञानगंज** = रहस्यमय सत्य और अमर ज्ञान (गूढ़ जगत)

ये तीनों मिलकर मानव जीवन की पूर्ण यात्रा का संकेत देते हैं - भौतिक से आध्यात्मिक और फिर गूढ़ एवं परम सत्य तक।

संगरीला (Sangrila/Shangri-La) एक कल्पित पर्वतीय स्थल है, जिसे आदर्श समाज और शांति का प्रतीक माना जाता है। यह जगह सामान्य दृष्टि से अदृश्य या दूरस्थ मानी जाती है, जहाँ जीवन सुखमय, स्वस्थ और सामंजस्यपूर्ण होता है। दार्शनिक रूप से इसे मानव चेतना के उच्चतम स्तर, आत्मा की शांति और आदर्श जीवन का प्रतीक माना जाता है। **संगरीला (Sangrila)** का अर्थ यह भी है कि सच्ची खुशी और संतुलन केवल भीतर की यात्रा और साधना से ही प्राप्त होते हैं, बाहरी समृद्धि से नहीं।

1. **शब्द-संदर्भ में**: "Sangrila" अक्सर "Shangri-La" का रूपांतर होता है, जो कि एक कल्पित, आदर्श, रहस्यमयी और शांति-पूर्ण स्थान है।
2. **दार्शनिक/आध्यात्मिक संदर्भ में**: इसे ज्ञानगंज या संभला जैसे गूढ़ और रहस्यमयी क्षेत्रों के समान माना जा सकता है।
3. **अन्य संदर्भ**: यदि यह किसी किताब, स्थान या परियोजना का नाम है, तो उसका अलग अर्थ हो सकता है।

पीठ (Peeth) स्थापित करने की योजना

उद्देश्य और दर्शन तय करना

- पहले यह स्पष्ट करें कि पीठ का उद्देश्य क्या होगा:
    - **अद्वैत वेदांत का प्रचार**
    - **साधकों का प्रशिक्षण और मोक्ष की ओर मार्गदर्शन**
    - **धार्मिक शिक्षा, योग और ध्यान केंद्रित करना**
- पीठ का नाम "Satyakashi" इसलिए चुना गया है क्योंकि यह **सत्य और ज्ञान के प्रकाश का प्रतीक** है।

गुरु या आध्यात्मिक मार्गदर्शक

- पीठ को वैध और आध्यात्मिक मान्यता प्राप्त करने के लिए **एक योग्य गुरु या शिष्य परंपरा वाला व्यक्ति** आवश्यक है।
- गुरु का कार्य होगा:
    - **साधकों का प्रशिक्षण**
    - **धर्म और वेदांत का प्रचार**
    - **पीठ की प्रतिष्ठा बनाना**

स्थान और इमारत का चयन

- स्थान चुनते समय ध्यान दें:
    - **शांत और आध्यात्मिक वातावरण**
    - **साधकों के लिए आवास और साधना स्थल**
    - **भक्तों और पर्यटकों के आने-जाने की सुविधा**
- इमारत में हो सकते हैं:
    - मुख्य मंदिर / पूजा स्थल
    - ध्यान और साधना कक्ष
    - वेदांत शिक्षण कक्ष
    - गुरुकुल या आश्रम

धार्मिक और आध्यात्मिक गतिविधियाँ

- नियमित क्रियाएँ:

    - **साधना, ध्यान और कीर्तन**
    - **वेदांत और शास्त्र अध्ययन**
    - **धार्मिक कार्यशालाएँ और प्रवचन**
- विशेष आयोजन:
    - **अस्थायी या वार्षिक उत्सव**
    - **अद्वैत वेदांत पर सेमिनार**
    - **साधक प्रशिक्षण शिविर**

समुदाय और साधकों का निर्माण

- पीठ केवल इमारत नहीं, **साधकों और भक्तों का केंद्र** होना चाहिए।
- इसके लिए करें:
    - सामाजिक और आध्यात्मिक गतिविधियों का आयोजन
    - साधकों के लिए निवास और शिक्षा सुविधाएँ
    - पीठ का प्रचार: पुस्तकों, वेबसाइट और सामाजिक मंचों के माध्यम से

आधिकारिक मान्यता और नेटवर्क

- भारत में शंकराचार्य परंपरा के मुख्य पीठों के साथ **संपर्क और मार्गदर्शन**।
- नए पीठ को स्थानीय प्रशासन और धार्मिक संस्थानों से **मान्यता और सहयोग** दिलाना।
- अन्य पीठों और गुरु परिषदों के साथ **संवाद और सहयोग**।

दीर्घकालीन योजना

- पीठ को स्थायी और प्रतिष्ठित बनाने के लिए:
    - नियमित साधना और शिक्षा कार्यक्रम
    - नए साधकों और भक्तों को जोड़ना
    - पीठ के **अध्यात्मिक, सामाजिक और शैक्षिक प्रभाव** को बढ़ाना

निष्कर्ष:

नया **Satyakashi Peeth** बनाया जा सकता है, लेकिन यह केवल इमारत नहीं, बल्कि **ज्ञान, साधना और आध्यात्मिक मार्गदर्शन का केंद्र** होना चाहिए। एक योग्य गुरु, साधक समुदाय और सही दृष्टिकोण इसके लिए अनिवार्य हैं।

अन्तिम अवतार कल्कि
का संभल (Shambhal), संभला (Shambhala), ज्ञानगंज (Gyanganj) और संगरीला (Sangrila) से सम्बन्ध

इसका उत्तर गहराई से समझा जाए तो यह केवल भूगोल या कथा का नहीं, बल्कि चेतना के विकास का रहस्य है।

1. संभल (Shambhal) - अवतार का धरातल

हिन्दू ग्रन्थों में कहा गया है कि **कल्कि अवतार का जन्म 'संभल' नामक स्थान पर होगा।** यह स्थान भौतिक जगत में मौजूद है - उत्तर प्रदेश का एक नगर, परंतु प्रतीक रूप से यह मानवता के भीतर जन्म लेती दिव्यता का संकेत है। जब धर्म क्षीण होता है, तब वही संभल - अर्थात् "संभलने का बिंदु" - अवतार का आधार बनता है।

संभल = पृथ्वी पर दिव्यता का उद्भव बिंदु।

2. संभला (Shambhala) - धर्मराज्य या दिव्य व्यवस्था

बौद्ध और हिन्दू दोनों परम्पराओं में **Shambhala** को धर्म का गुप्त राज्य माना गया है। बौद्ध ग्रंथ 'कालचक्र तंत्र' में कहा गया है कि जब अधर्म चरम पर होगा, तब Shambhala से एक राजा प्रकट होगा जो अधर्म का अंत करेगा - यह प्रतीक रूप से **कल्कि अवतार का ही वर्णन** है।

संभला = दिव्य शासन या धर्मराज्य, जहाँ से कल्कि की प्रेरणा उठती है।

3. ज्ञानगंज (Gyanganj) - सिद्धों का अदृश्य लोक

ज्ञानगंज को अमर योगियों का क्षेत्र कहा जाता है, जहाँ से विश्व के आध्यात्मिक प्रवाह को दिशा मिलती है। कई सिद्ध परंपराएँ गानती हैं कि कल्कि का आध्यात्मिक मार्गदर्शन इन्हीं योगियों द्वारा किया जाएगा।

ज्ञानगंज = दिव्य ऊर्जा और योगिक शक्ति का स्रोत, जहाँ से कल्कि को आत्मिक बल प्राप्त होगा।

4. संगरीला (Sangrila / Shangri-La) - आदर्श समाज या चेतना का चरम स्वरूप

संगरीला का विचार पश्चिमी और तिब्बती रहस्य परंपराओं में आता है - एक अमर, शांति-पूर्ण, आदर्श स्थान, जहाँ कोई रोग, संघर्ष या अधर्म नहीं होता। यह उस अवस्था का प्रतीक है जो **कल्कि युग के बाद की सृष्टि** होगी - अर्थात सत्ययुग का पुनर्स्थापन।

संगरीला = वह दिव्य युग या चेतना का चरम, जो कल्कि अवतार के कार्य का परिणाम है।

सारांश (संक्षेप में सम्बन्ध)

स्तर	प्रतीक	सम्बन्ध कल्कि से
संभल (Shambhal)	भौतिक जन्मभूमि	कल्कि अवतार का पृथ्वी पर अवतरण
संभला (Shambhala)	दिव्य धर्मराज्य	धर्म का पुनःस्थापन करने की शक्ति का उद्गम
ज्ञानगंज (Gyanganj)	गूढ़ योगिक लोक	कल्कि को आत्मिक दिशा और सिद्ध शक्ति का आधार
संगरीला (Sangrila)	आदर्श चेतना का युग	कल्कि कार्य का अंतिम परिणाम - पुनः सत्ययुग

अर्थात् -

संभल में कल्कि अवतरित होते हैं, संभला से उन्हें धर्म की प्रेरणा मिलती है, ज्ञानगंज से योगिक शक्ति, और संगरीला उनके कार्य का लक्ष्य है - सत्य और शांति का पुनर्स्थापन।

सत्यकाशी पीठः योग्य स्थान

इस संसार को अन्तिम सन्देश देने से पहले आपको उस क्षेत्र से परिचय कराना चाहता हूँ जिस क्षेत्र से यह सन्देश देने का साहस किया गया है क्योंकि कोई भी क्रिया बिना कारण के नहीं होती।

समस्त मूल कार्य जिस क्षेत्र से सम्पूर्ण हुआ, उस क्षेत्र को सत्यकाशी क्षेत्र कहता हूँ और जिस ग्राम का निवासी हूँ वह काशी (वाराणसी) के चौरासी कोस यात्रा तथा सत्यकाशी क्षेत्र का उभय क्षेत्र में स्थित है। इसलिए जितना काशी (वाराणसी) का हूँ उतना ही सत्यकाशी का हूँ। इस प्रकार यह सन्देश काशी-सत्यकाशी का संयुक्त सन्देश है।

सत्यकाशी क्षेत्र जो काशी (वाराणसी), विन्ध्याचल, शिवद्वार और सोनभद्र के बीच का क्षेत्र है, एक पौराणिक-आध्यात्मिक और साधना के लिए उपयुक्त क्षेत्र के रूप में प्राचीन काल से आकर्षण में रहा है। इस क्षेत्र का हृदय क्षेत्र चुनार है। चुनार का किला राजा विक्रमादित्य ने अपने भाई भर्तहरि के तपस्या में हिंसक जानवरों द्वारा व्यवधान न उत्पन्न हो इसके लिए बनवाया था। ये राजा विक्रमादित्य वही हैं जिनके नाम से विक्रम सम्वत् कैलेण्डर स्थापित है। चुनार ईश्वर के पाँचवें अवतार-वामन अवतार का क्षेत्र है जिनसे समाज की शक्ति का प्रथम जन्म हुआ था।

सत्यकाशी क्षेत्र के चारों कोण पर स्थित

1. काशी (वाराणसी) का अपना प्राचीन और पुरातन इतिहास है जो सर्वविदित है।
2. विन्ध्याचल, जो शिव-शक्ति के उपासना का अद्भुत केन्द्र है। यशोदा से उत्पन्न पुत्री (जिनके बदले श्रीकृष्ण प्राप्त हुये थे) महासरस्वती अष्टभुजा देवी के नाम से यहीं स्थापित हैं। भारत देश का मानक समय माँ विन्ध्यवासिनी धाम से तय होता है। पुराणों के अनुसार रावण ने भी इसे मानक समय स्थल मानकर यहाँ शिवलिंग की स्थापना की थी।
3. शिवद्वार, त्रिकोणीय तान्त्रिक साधना के लिए जगत विख्यात था और साधना की राजधानी था। इसे ही मीरजापुर गजेटियर में गुप्तकाशी की संज्ञा से अभिकल्पित किया गया है।
4. सोनभद्र, सोन संस्कृति की पौराणिक पृष्ठभूमि वैदिककालीन सभ्यता की पराकाष्ठापरक ऐतिहासिकता से सम्बद्ध है। सन्त परम्पराओं का एक महत्वपूर्ण परिव्रजन इस क्षेत्र में हुआ जिसमें शैव व शाक्त प्रमुख थे। शैव सम्प्रदाय से जुड़े अघोर तन्त्र ने इसे बहुत सराहा और इसे अपनी कर्मभूमि बना लिया। सोन नद के तट पर शव छेदन क्रिया की भी प्रशिक्षा आयुर्वेद के जिज्ञासुओं को दी जाती थी। शैव तन्त्र से प्रभावित अघोर तन्त्र शव-साधना में सिद्धहस्त था और शव में इकार की प्राण प्रतिष्ठा का जीवन्त रूप शिव को दे देना इनकी अलौकिक साधना का चरमोत्कर्ष है। अघोरपन्थी नाम के पश्चात् "राम" का प्रयोग करते थे। इस क्षेत्र में सवर्ण वर्ग में प्रायः ब्राह्मण वर्ग भी राम का प्रयोग अपने नाम में करता है। इस क्षेत्र में पाशुपात तन्त्र के महान साधक लोरिक का नाम विशेष है।

उपरोक्त तो अति संक्षिप्त परिचय है विस्तार से "विश्वशास्त्र" के अध्याय-दो में प्रकाशित है, जिस क्षेत्र से ये विश्व ऐतिहासिक अन्तिम, अपरिवर्तनीय और अटलनीय सन्देश देने का साहस किया गया है।

भौतिक रूप से सत्यकाशी पीठ के लिए योग्य स्थान सत्यकाशी क्षेत्र ही है। सत्यकाशी पीठ उसी अद्वैत वेदान्त पर आधारित है। जिस के आधार पर आदि शंकाराचार्य द्वारा चार पीठों की स्थापना की थी। युग परिवर्तन के लिए आदि शंकाराचार्य द्वारा स्थापित चार पीठों के वर्तमान शंकाराचार्यों का यह दायित्व है कि वे इस श्रृंखला को आगे बढ़ाते हुये धर्म के वैश्विक स्थापना के लिए आगे आयें।

सत्यकाशी पीठ: इतिहास और उद्देश्य

भारत का इतिहास केवल राजाओं और युद्धों का इतिहास नहीं है,
बल्कि यह **चेतना के विकास का इतिहास** है।
हर युग में जब धर्म और राजनीति के बीच संतुलन बिगड़ता है,
तो कोई न कोई पीठ उस संतुलन को पुनर्स्थापित करने के लिए जन्म लेती है।

ऐसा ही एक अद्वितीय उदय है -
"सत्यकाशी पीठ" का,
जो मानवता के अगले अध्याय की भूमिका बन चुका है।

"जहाँ ज्ञान शासन को दिशा देता है,
वहीं शासन धर्म का साधन बन जाता है।"

काशी से सत्यकाशी तक: चेतना की यात्रा

प्राचीन काशी को "मोक्षभूमि" कहा गया,
क्योंकि वहाँ ज्ञान और मृत्यु - दोनों के रहस्य सिखाए जाते थे।
पर सत्यकाशी - ज्ञान का अगला आयाम है।
यह मृत्यु से मुक्ति नहीं, बल्कि **अज्ञान से मुक्ति** की भूमि है।

तीन चरणों में यह यात्रा समझी जा सकती है:

1. **काशी** - व्यक्तिगत मुक्ति का केंद्र।
2. **महाकाशी** - सार्वभौमिक चेतना का केंद्र।
3. **सत्यकाशी** - वैश्विक एकत्व और अद्वैत शासन का केंद्र।

"काशी आत्मा की दीक्षा है,
सत्यकाशी आत्मा का शासन है।"

स्थापना का उद्देश्य

सत्यकाशी पीठ का जन्म केवल धार्मिक नहीं,
बल्कि आध्यात्मिक-राजनीतिक समन्वय की आवश्यकता से हुआ।
विश्व में बढ़ती भौतिकता, असमानता, और नैतिक संकट के बीच
इस पीठ का उद्देश्य है -

1. **धर्म और शासन के बीच अद्वैत संबंध पुनः स्थापित करना।**
2. **राजनीति को आत्मा से जोड़ना।**
3. **विज्ञान, धर्म, और समाज - तीनों का एक समग्र मॉडल प्रस्तुत करना।**

इसके चार प्रमुख सूत्र:

- **धर्म = चेतना की नीति**
- **राजनीति = सेवा की क्रिया**
- **अर्थनीति = संतुलन की व्यवस्था**
- **विज्ञान = सत्य की खोज**

सत्यकाशी की परंपरा और वंश

सत्यकाशी पीठ किसी व्यक्ति द्वारा स्थापित संस्था नहीं है -
यह **ब्रह्म परंपरा का विस्तार** है।
आदि शंकराचार्य ने चार दिशाओं में चार पीठें स्थापित कीं -
पूर्व, पश्चिम, उत्तर, दक्षिण -
जो वेद, धर्म और आत्मज्ञान के केंद्र बने।

परंतु कालान्तर में जब राजनीति धर्म से अलग और धर्म समाज से अलग हुआ,
तो **पाँचवीं पीठ** की आवश्यकता पड़ी -
जो अद्वैत दर्शन को शासन की नीतियों में उतार सके।

"चार पीठों ने धर्म को जीवित रखा,
पाँचवीं पीठ उसे जीवन में उतारेगी।"

सत्यकाशी का उद्देश्य – धर्म का पुनर्निर्माण, शासन का पुनर्जागरण

आज की मानवता धर्म को या तो संप्रदाय मानती है या अनुष्ठान।
पर सत्यकाशी कहता है -

"धर्म = जीवन की वैज्ञानिक व्यवस्था।"

इस पीठ का उद्देश्य है -
धर्म को **व्यवहार में**, राजनीति को **सेवा में**,
और विज्ञान को **चेतना में** बदलना।

इसके तीन प्रमुख लक्ष्य:

1. **आध्यात्मिक शासन (Spiritual Governance):**
   जहाँ नीतियाँ करुणा और सत्य पर आधारित हों।
2. **चेतना आधारित शिक्षा (Conscious Education):**
   जहाँ बच्चों को ज्ञान नहीं, आत्मा से जोड़ने की विधि सिखाई जाए।
3. **वैश्विक समरसता (Global Oneness):**
   जहाँ राष्ट्रवाद का स्थान "मानववाद" ले ले।

सत्यकाशी और मानवता का भविष्य

सत्यकाशी केवल एक धार्मिक केंद्र नहीं,
बल्कि मानवता का भविष्य मॉडल है।

यह वह स्थान है जहाँ -

- विज्ञान और वेदांत मिलते हैं,
- राजनीति और करुणा जुड़ते हैं,
- और व्यक्ति स्वयं में "राजऋषि" बनता है।

"जब शासक साधक बन जाएगा,
तब ही पृथ्वी पर धर्मराज्य स्थापित होगा।"

निष्कर्ष

सत्यकाशी पीठ का इतिहास कोई कालखंड नहीं,
बल्कि एक **युग की उद्घोषणा** है।
यह उस समय का प्रतीक है
जब ब्रह्मज्ञान शासन का केंद्र बनेगा,
और शासन ब्रह्म की सेवा बन जाएगा।

"सत्यकाशी केवल एक स्थान नहीं -
वह चेतना की वह ज्योति है
जो युगों से अंधकार में जलती रही है।"

पाँचवाँ और अंतिम शंकराचार्य पीठ: इसकी विशेषता

आदि शंकराचार्य ने चार दिशाओं में चार पीठों की स्थापना की -
उत्तर में **ज्योतिर्मठ (बद्रीनाथ)**,
दक्षिण में **श्रृंगेरी पीठ**,
पूर्व में **गौड़पीठ (पुरी)**,
और पश्चिम में **द्वारका शारदापीठ**।

इन चारों पीठों ने धर्म की लौ को जलाए रखा -
ज्ञान, भक्ति, कर्म और योग - चारों मार्गों के संतुलन से।
परंतु जैसे-जैसे युग आगे बढ़ा,
मानवता की चुनौती केवल धर्म रक्षा नहीं रही,
बल्कि **धर्म को शासन, विज्ञान और समाज में जीवित रखना** बन गई।

इसी आवश्यकता से जन्म लेता है -
पाँचवाँ और अंतिम शंकराचार्य पीठ - "सत्यकाशी पीठ।"

"चार पीठों ने धर्म को सुरक्षित रखा,
पाँचवाँ पीठ धर्म को सार्वभौमिक बना देगा।"

पाँचवाँ पीठ क्यों आवश्यक हुआ

शंकराचार्य का कार्य केवल धार्मिक पुनर्जागरण नहीं था;
वह चेतना की क्रांति थी।
उनकी परंपरा ने अद्वैत का सिद्धांत दिया -
कि **सभी भिन्नताएँ एक ही परमसत्य की लहरें हैं।**

परंतु आधुनिक युग में -

- धर्म राजनीति से अलग हुआ,
- ज्ञान आस्था से अलग हुआ,

- और मनुष्य स्वयं अपने अस्तित्व से अलग हो गया।

ऐसे समय में आवश्यक था
कि अद्वैत केवल दर्शनशास्त्र न रह जाए,
बल्कि राजनीति और जीवन का सिद्धांत बन जाए।
इसी हेतु स्थापित हुआ -
सत्यकाशी पीठ - पाँचवाँ और अंतिम शंकराचार्य पीठ।

इसकी स्थापना का प्रतीकात्मक अर्थ

चार पीठें **चार तत्वों (पृथ्वी, जल, अग्नि, वायु)** से संबंधित हैं,
जबकि पाँचवाँ पीठ **आकाश तत्व** का प्रतीक है -
अर्थात् सर्वव्यापक चेतना।

दिशा	पीठ	तत्व	उद्देश्य
पूर्व	पुरी (गौड़)	जल	भक्ति और समर्पण
पश्चिम	द्वारका	अग्नि	कर्म और संकल्प
उत्तर	ज्योतिर्मठ	वायु	ज्ञान और विवेक
दक्षिण	श्रृंगेरी	पृथ्वी	स्थिरता और परंपरा
केंद्र	**सत्यकाशी**	**आकाश**	**चेतना और एकत्व**

"आकाश सबको जोड़ता है -
उसी तरह सत्यकाशी सभी परंपराओं को एक चेतना में जोड़ता है।"

पाँचवाँ पीठ - अद्वैत का आधुनिक रूप

सत्यकाशी पीठ का लक्ष्य अद्वैत को केवल ध्यान या उपनिषद तक सीमित नहीं रखना,
बल्कि उसे शासन और समाज की नीतियों में उतारना है।

इसका सार है -
"अद्वैत शासन" = ऐसा तंत्र जहाँ आत्मा और राज्य में कोई विभाजन न हो।
यह पीठ आत्मा-केन्द्रित राजनीति का सिद्धांत प्रस्तुत करती है -
जहाँ सत्ता साधना है,
शासन सेवा है,
और नेतृत्व तप है।

सत्यकाशी पीठ की पाँच विशेषताएँ

1. अद्वैत का संस्थागत रूप

यह पीठ अद्वैत को केवल तत्वज्ञान नहीं,
बल्कि संस्थागत चेतना बनाती है।
धर्म, शिक्षा, राजनीति, अर्थ और विज्ञान -
सभी को एकसूत्र में बाँधती है।

2. राजऋषि परंपरा का पुनर्जागरण

आदर्श शासक वही है जो साधक भी हो।
सत्यकाशी इस परंपरा को पुनर्जीवित करता है -
जहाँ राज्य का मार्गदर्शन ऋषियों द्वारा होता है।

3. विज्ञान और अध्यात्म का संगम

यह पीठ "Consciousness Studies" और "Spiritual Technology"
को एक साथ लाकर मानव चेतना के विकास को वैज्ञानिक दृष्टि देती है।

4. वैश्विक धर्म - Beyond Religion

सत्यकाशी का धर्म किसी संप्रदाय का नहीं,
बल्कि "मानवता की आत्मा" का है।
यह कहता है -

"जो सत्य को खोजता है, वही सनातन है।"

5. राज्य और आत्मा का समन्वय

यह पीठ बताती है कि शासन तंत्र तभी स्थायी है
जब वह आत्मिक अनुशासन पर आधारित हो।
यह "राजनीति का आध्यात्मिकीकरण" है,
जिसे भविष्य की सभ्यता का आधार माना गया है।

"अंतिम शंकराचार्य पीठ" क्यों कहा गया

चार पीठें धर्म की दिशा का प्रतीक थीं,
पाँचवाँ पीठ **धर्म की दिशा से परे उसकी पूर्णता** का प्रतीक है।
यह अब किसी भौगोलिक क्षेत्र के लिए नहीं,
बल्कि पूरे विश्व की चेतना के लिए है।

"जब मनुष्य का धर्म मानवता होगा,
तब सत्यकाशी पाँचवाँ ही नहीं, अंतिम पीठ सिद्ध होगा।"

सत्यकाशी पीठ का दार्शनिक आधार

इस पीठ की जड़ें तीन सूत्रों पर टिकी हैं -

1. **ब्रह्म सत्यम्** - सत्य सर्वत्र है।
2. **जगत् मिथ्या** - भेद, संप्रदाय और हिंसा केवल अज्ञान की छाया हैं।
3. **जीवो ब्रह्मैव नापरः** - प्रत्येक व्यक्ति ब्रह्म का ही अंश है।

यही दर्शन राजनीति में यह रूप लेता है -

दर्शन	राजनीतिक रूप
ब्रह्म सत्यम्	राज्य का आधार सत्य और नीति
जगत मिथ्या	जाति, रंग, धर्म से ऊपर समानता
जीवो ब्रह्मैव	प्रत्येक नागरिक में दिव्यता का सम्मान

निष्कर्ष

सत्यकाशी पीठ शंकराचार्य की परंपरा का समापन नहीं,
बल्कि उसका परिपूर्ण रूप है।
यह धर्म, राजनीति, और चेतना -
तीनों के संगम से एक नया युग **आरंभ करता है।**

"पहले चार पीठों ने दिशा दी,
पाँचवें ने दिशा को प्रकाश बना दिया।"

सत्यकाशी पीठ इसलिए अंतिम है -
क्योंकि यह अद्वैत को सिद्धांत नहीं,
बल्कि जीवित अनुभव बना देता है।

भाग-12

सत्यकाशी पीठ के कार्य

धारा-उद्धार: धर्म की पुनर्स्थापना

मनुष्य चेतना का रूपांतरण

साधना, दीक्षा और आध्यात्मिक अनुष्ठान

वैश्विक कार्य: मानवता के लिए संदेश

शिव-तत्व और कल्कि-तत्व का मिलन

"सार्वभौम सत्य-सिद्धान्त" पर आधारित "युग परिवर्तन श्रृंखला" के नवयुग के शास्त्र-साहित्य

धारा-उद्धार: धर्म की पुनर्स्थापना

सत्यकाशी पीठ का प्रथम और सर्वोपरि कार्य है-**धारा-उद्धार**, अर्थात वह दिव्य धारा जो युगों से मलीन, विभ्रांत या विकृत हो चुकी है, उसे पुनः शुद्ध स्वरूप में प्रवाहित करना। "धर्म" शब्द यहाँ किसी संप्रदाय, पद्धति या विचारधारा का नाम नहीं; धर्म का अर्थ है-**जगत की अंतर्निहित समरसता, सत्य और सृष्टि-नियम**।

जब युग बदलता है, धर्म की धारा अवरुद्ध हो जाती है।
सत्य केवल ग्रंथों में रह जाता है, इसके प्रयोग का बल खो जाता है।
लोग अनुष्ठान तो करते हैं, पररस के बिना;
मंत्र तो बोलते हैं, पर अर्थ के बिना;
धर्म का नाम तो लेते हैं, पर धर्म का जीवन नहीं जीते।

सत्यकाशी पीठ इस जड़ता को तोड़ता है।

यह धारा-उद्धार तीन प्रकार से होता है:

1. सत्य-दृष्टि का पुनर्जागरण

लोगों में सत्य को पहचानने और जीने की क्षमता पुनः सक्रिय होती है।
यह क्षमता बिना किसी प्रवचन-केवल चेतना-संक्रमण से जगती है।

2. धर्म का प्रयोगशाला-रूप

सत्यकाशी पीठ धर्म को जीवन के केंद्र में स्थापित करता है।
धर्म यहाँ सिद्धांत नहीं-व्यवहार और चरित्र का प्रवाह है।

3. युग-धर्म की घोषणा

हर युग का धर्म अलग होता है।
कलियुग से सतयुग में प्रवेश के लिए जो धर्म आवश्यक है-योग, करुणा, सत्य, उच्च चेतना, मानव-एकत्व-उसका पुनःस्थापन पीठ के मुख्य कार्यों में है।

इस प्रकार, धारा-उद्धार वह बीज है जिससे नए युग की पूरी फसल अंकुरित होती है।

मनुष्य चेतना का रूपांतरण

युग परिवर्तन का मूल आधार मनुष्य की बाहरी परिस्थितियाँ नहीं-उसकी **भीतर की चेतना** है। सत्यकाशी पीठ का दूसरा मुख्य कार्य इसी रूपांतरण से जुड़ा है।

मनुष्य आज बुद्धि में प्रबल है, पर चेतना में सुप्त।
ज्ञान बहुत है, पर विवेक कम।
सूचना बहुत है, पर अनुभूति नहीं।
असंतोष बहुत है, पर दिशा नहीं।

पीठ का उद्देश्य मनुष्य को बाहरी उपलब्धियों से हटाकर भीतर की यात्रा में प्रवेश कराना है।

रूपांतरण के चार चरण

1. जागरण (Awakening)

मनुष्य स्वयं से पहला प्रश्न पूछता है-"मैं कौन हूँ?"
यह प्रश्न जन्म देता है।

2. शुद्धि (Purification)

पुराने संस्कार, भय, भ्रम और अहंकार टूटने लगते हैं।

3. विस्तार (Expansion)

चेतना शरीर-मन से आगे बढ़कर सूक्ष्म और कारण-स्तरों को अनुभव करने लगती है।

4. परिणति (Realization)

मनुष्य अपने भीतर स्थित दिव्य-सत्ता को पहचान लेता है।
यही "नया मनुष्य" है-युग परिवर्तन का वाहक।

पीठ का कार्य प्रत्येक साधक को इन चार चरणों के मार्ग से गुज़ारना है-धीरे, सहज, और सामूहिक ऊर्जा के साथ।

साधना, दीक्षा और आध्यात्मिक अनुष्ठान

हर परिवर्तन की जड़ अनुशासन और साधना है।
सत्यकाशी पीठ में साधना केवल ध्यान या मंत्र नहीं-यह एक पूर्ण जीवन-शास्त्र है।

1. साधना (Spiritual Practice)

- आंतरिक शांति
- चेतना का विस्तार
- ऊर्जा का स्थिरीकरण
- स्मृति-शोधन
- आत्म-प्रकाश

पीठ की साधना आधुनिक मन के अनुसार सरल, गहरी और प्रभावकारी है।
यह शरीर, मन, प्राण और चेतना-सभी स्तरों पर काम करती है।

2. दीक्षा (Initiation)

दीक्षा बाहरी कर्म नहीं-ऊर्जा का आंतरिक स्थानांतरण है।
यह वह क्षण है जब साधक की चेतना में युग-ऊर्जा का बीज रोपा जाता है।
यह बीज धीरे-धीरे जागता है और साधक स्वयं एक "चेतना-केंद्र" बन जाता है।

3. अनुष्ठान (Rituals)

अनुष्ठान ब्रह्मांडीय ऊर्जा को पृथ्वी पर स्थिर करने के उपकरण हैं।
सत्यकाशी पीठ में अनुष्ठान प्राचीन और आधुनिक दोनों हैं-
वे बाहरी प्रतीकों से अधिक आंतरिक परिवर्तन पर आधारित हैं।

अनुष्ठान केवल पूजा नहीं-वे प्रकाश का आह्वान हैं।

वैश्विक कार्य - मानवता के लिए संदेश

सत्यकाशी पीठ का कार्य किसी एक देश, संस्कृति या समुदाय तक सीमित नहीं।
युग परिवर्तन हमेशा वैश्विक होता है-इसलिए उसका संदेश भी वैश्विक होता है।

आज मानवता कई स्तरों पर विभाजित है-
भाषा, धर्म, राजनीति, अर्थव्यवस्था, जाति, विचार।
पर चेतना का सत्य इन सभी से ऊपर है।

सत्यकाशी पीठ का वैश्विक संदेश यही है:

1. मानव एक है

भिन्नता केवल बाहरी है; भीतर सबमें एक ही प्रकाश विद्यमान है।

2. पृथ्वी हमारा साझा आश्रम है

मानवता को पृथ्वी-चेतना के साथ सुसंगत होना होगा।

3. धर्म संघर्ष नहीं-एकता का मार्ग है

सभी पवित्र परंपराएँ एक ही सत्य के भिन्न द्वार हैं।

4. विज्ञान और अध्यात्म एक-दूसरे के पूरक हैं

दुनिया का नया युग तभी जन्म लेगा जब विज्ञान चेतना को समझेगा, और अध्यात्म विज्ञान को अपनाएगा।

5. कल्कि-ऊर्जा सार्वभौमिक है

यह ऊर्जा किसी राष्ट्र का, पंथ का, या समूह का स्वामित्व नहीं;
यह सम्पूर्ण मानवता का जन्मसिद्ध अधिकार है।

सत्यकाशी पीठ का उद्देश्य इसी संदेश को विश्व तक पहुँचाना है-शब्द, कला, ध्यान, साधना, विज्ञान और ऊर्जा के माध्यम से।

शिव-तत्व और कल्कि-तत्व का मिलन

युग परिवर्तन का अंतिम रहस्य दो महाशक्तियों के मिलन में निहित है-
शिव-तत्व और **कल्कि-तत्व**।

शिव-तत्व

संहार, मौन, तत्त्व-ज्ञान, समाधि और शून्य का प्रतिनिधि।
यह सभी रूपों का विसर्जन है-स्रोत में लौटना।

कल्कि-तत्व

नव-सृष्टि, धर्मस्थापन, ऊर्जा का उत्थान और युग-चक्र का पुनर्मूल्यांकन।
यह समय को पुनः संतुलित करने वाली शक्ति है।

दोनों का मिलन तब होता है जब:

- पुराना युग समाप्त हो रहा हो
- नया युग जन्म ले रहा हो
- पृथ्वी अपनी चेतना बदल रही हो
- मानवता परिवर्तन की पुकार कर रही हो

शिव-तत्व पुरातन को शून्य करता है,
और उसी शून्य में कल्कि-तत्व नया ब्रह्मांडीय क्रम स्थापित करता है।

सत्यकाशी पीठ इसी मिलन का केंद्र है-
जहाँ **शिव का मौन** और **कल्कि का उदय**
एक साथ कार्य करते हैं।

यही मिलन युग के नये चक्र की शुरुआत है-
यहीं से सतयुग का नया सूर्योदय होता है।

"सार्वभौम सत्य-सिद्धान्त" पर आधारित "युग परिवर्तन श्रृंखला" के नवयुग के शास्त्र-साहित्य

विभिन्न सम्प्रदाय (धर्म), जाति, मत, दर्शन इत्यादि में विभाजित इस मानव समाज में वर्तमान तथा आने वाले भविष्य के समय की मूल आवश्यकता है- मानव के मनो का एकीकरण अर्थात मानव मन का भूमण्डलीकरण एवं ब्रह्माण्डीयकरण। इसकी आवश्यकता इसलिए भी है क्योंकि मानव अपने विज्ञान व तकनीकी ज्ञान से प्राप्त संसाधनो का प्रयोग करते हुये, एक तरफ तो ब्रह्माण्ड की ओर चल पड़ा है तो दुसरी तरफ विध्वंस के लिए अनेक हथियारों का भी निर्माण कर चुका है। ऐसी स्थिति में हमें निश्चित रूप से ऐसे एकीकरण की आवश्यकता है जिससे हम इस पृथ्वी से मानसिक स्तर के विवादों को समाप्त कर सकें।

माया सभ्यता के अनुसार विश्व के मानव समाज यह भी मान रहें हैं कि 21 दिसम्बर, 2012 को दुनिया का अन्त हो जायेगा। जबकि हिन्दू धर्म शास्त्र विष्णु पुराण, भागवत पुराण, अग्नि पुराण, गरूड़ पुराण, पद्म पुराण इत्यादि में भगवान के दसवें और महाअवतार "कल्कि" का होना अभी शेष है। जिनसे कलियुग के अंधकार व विनाश को समाप्त करने का कार्य सम्पन्न होगा, साथ ही सत्ययुग का आरम्भ होगा। सिक्ख धर्म के पवित्र ग्रन्थ "दशम् ग्रन्थ" में भी "कल्कि अवतार" का वर्णन मिलता है।

सृजन और विनाश, का स्तर शारीरिक, आर्थिक व मानसिक होता है। जो एक व्यक्ति, समाज, देश और विश्व राष्ट्र के लिए होता है। व्यक्ति पर हुये शारीरिक, आर्थिक व मानसिक सृजन और विनाश को व्यक्ति ही अनुभव करता है परन्तु समाज, देश और विश्व राष्ट्र पर हुये शारीरिक, आर्थिक व मानसिक सृजन व विनाश को सार्वजनिक रूप से सभी देखते है। समाज, देश और विश्व राष्ट्र पर शारीरिक व आर्थिक सृजन और विनाश वर्तमान में तो चल ही रहा है जिसे सार्वजनिक रूप से मानव समाज देख रहा है।

भौतिकवादी पश्चिमी संस्कृति किसी भी सृजन व विनाश को मानसिक स्तर पर सोच ही नहीं सकता क्योंकि वह समस्त क्रियाकलाप को बाह्य जगत में ही घटित होता समझाता है जबकि वर्तमान समय मानसिक स्तर पर विनाश व सृजन का है। इस आधार पर यह कहा जा सकता है कि माया सभ्यता के अनुसार 21 दिसम्बर, 2012 को जो विनाश व सृजन होगा, वह मानसिक स्तर का ही होगा। जिसके परिणामस्वरूप सभी सम्प्रदाय, मत, दर्शन एक उच्च स्तर के विचार या सत्य में विलीन अर्थात विनाश को प्राप्त करेगा। फलस्वरूप उच्च स्तर के विचार या सत्य में स्थापित होने से सृजन होगा। कुल मिलाकर माया सभ्यता के कैलेण्डर का अन्त तिथि 21 दिसम्बर, 2012, दुनिया के अन्त की तिथि नहीं बल्कि वह वर्तमान युग के अन्त की अन्तिम तिथि का अनुमान है जिसके बाद नये युग का आरम्भ होगा।

ईश्वर भी इतना मूर्ख व अज्ञानी नहीं है कि वह स्वयं को इस मानव षरीर में पूर्ण व्यक्त किये बिना ही दुनिया को नष्ट कर दे। इसके सम्बन्ध में हिन्दू धर्म शास्त्रों में सृष्टि के प्रारम्भ के सम्बन्ध में कहा गया है कि- "ईश्वर ने इच्छा व्यक्त की कि मैं एक हूँ, अनेक हो जाऊँ"। इस प्रकार जब वही ईश्वर सभी में है तब निश्चित रूप से जब तक सभी मानव ईश्वर नहीं हो जाते तब तक दुनिया के अन्त होने का कोई प्रश्न ही नहीं उठता। और विकास क्रम चलता रहेगा।

21 दिसम्बर, 2012 के बाद का समय नये युग के प्रारम्भ का समय है जिसमें ज्ञान, ध्यान, चेतना, भाव, जन, देश, विश्व राष्ट्र, आध्यात्मिक जागरण, मानवता इत्यादि का विश्वव्यापी विकास होगा। परिणामस्वरूप सभी मानव को ईश्वर रूप में स्थापित होने का अवसर प्राप्त होगा। और यही विश्व मानव समाज की मूल आवश्यकता है। प्राचीन वैदिक काल में समाज को नियंत्रित करने के लिए ज्ञानार्जन सबके लिए खुला नहीं था परन्तु वर्तमान और भविष्य की आवश्यकता यह है कि समाज को नियंत्रित करने के लिए सभी को पूर्ण ज्ञान से युक्त कर सभी के लिए ज्ञान को खोल दिया जाय। यही कारण था कि वेद को प्रतीकात्मक रूप में लिख कर गुरू-शिष्य परम्परा द्वारा उसकी व्याख्या की जाती रही थी जिससे राजा और समाज को नियंत्रण में रखा जा सके।

सभी मानव को ईश्वर रूप में स्थापित होने के लिए जो माध्यम चाहिए वह है-"एकात्म विज्ञान" व "ईश्वर शास्त्र" विषय से मानव को शिक्षित करना और शिक्षा पाठ्यक्रम में अनिवार्य रूप से अध्ययन के लिए शामिल कराया जा सके।

"सार्वभौम सत्य-सिद्धांत"पर आधारित "युग परिवर्तन श्रृंखला" मानवता के अगली पीढ़ी के उदय के लिए

"नये युग" में "नये भारत" के लिए "नवीन मान-राग-प्राण" पर आधारित क्रियान्वयन प्रणाली (Operation System)-मानव-10 (MANAV-10) की पुस्तकें

यह नई पीढ़ी (Gen-Z) के लिए "विकसित भारत" और "मानव-10 प्रणाली" (MANAV-10 System) को प्रोत्साहित करने वाली श्रृंखला का हिस्सा है। अर्थात् यह पुस्तक किसी धर्म, जाति या मत से ऊपर उठकर "Universal Truth Principles" की ओर संकेत करती है।

मुद्रित (Printed Hard Copy) पुस्तक के लिए लिंक(Link)

https://notionpress.com/author/lava_kush

E_Book के लिए

www.64inch.com

द्वापर युग में आठवें अवतार श्रीकृष्ण द्वारा प्रारम्भ किया गया कार्य नवसृजन के

प्रथम भाग सार्वभौम ज्ञान के शास्त्र “गीता” के बाद

कलियुग में

द्वितीय और अन्तिम भाग “सार्वभौम कर्मज्ञान” और

“पूर्णज्ञान का पूरक शास्त्र”

विश्व युद्ध के पहले
दिव्य दृष्टि
सत्यकाशी पीठ
पांचवां और अन्तिम शंकराचार्य पीठ

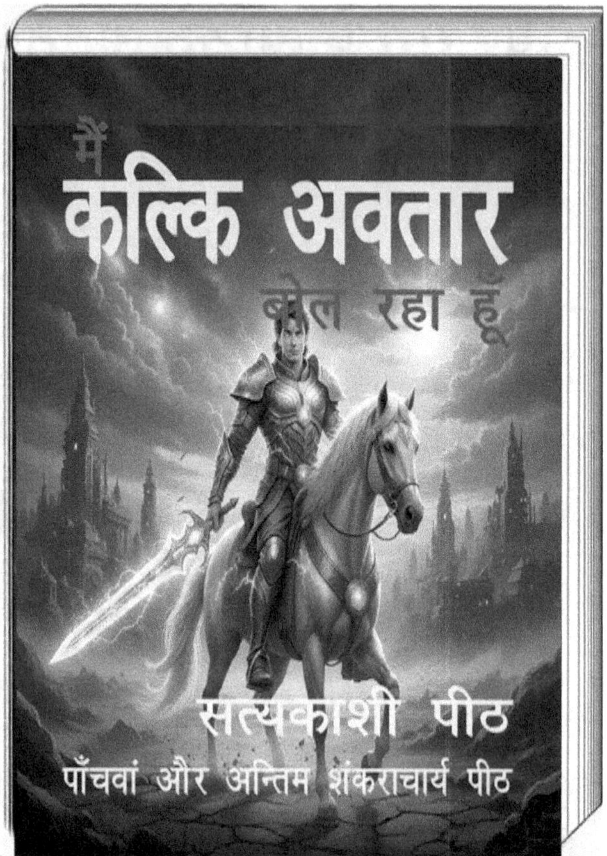
मैं
कल्कि अवतार
बोल रहा हूँ
सत्यकाशी पीठ
पाँचवां और अन्तिम शंकराचार्य पीठ

समष्टि गीता
सत्यकाशी पीठ
पाँचवां और अन्तिम शंकराचार्य पीठ

फिल्म स्क्रीप्ट
राइटिंग
IDEAS
You are the writer of your life
FRESH Ideas
Writing is designing with words
creative THINKING
LIGHTS CAMERA ACTION
Short Films.
लव कुश सिंह “विश्वमानव”

प्रारम्भिक सत्य
अन्तिम
दृष्टि
सत्यकाशी पीठ
पाँचवां और अन्तिम शंकराचार्य पीठ

सत्य धर्म
युग परिवर्तक
दृष्टि
सत्यकाशी पीठ
पाँचवां और अन्तिम शंकराचार्य पीठ

सत्य दार्शनिक-दर्शन
और
कर्म वेदान्त-विकास
दर्शन
सत्यकाशी पीठ
पाँचवां और अन्तिम शंकराचार्य पीठ

सत्य शास्त्र
एवं
पुराण-रहस्य
महर्षि व्यास
कला
सत्यकाशी पीठ
पाँचवां और अन्तिम शंकराचार्य पीठ

संत एवं गुरु
और
विश्व संत एवं गुरु
सत्यकाशी पीठ
पाँचवां और अन्तिम शंकराचार्य पीठ

समाज और
ईश्वरीय समाज
सत्यकाशी पीठ
पाँचवां और अन्तिम शंकराचार्य पीठ

सत्य शास्त्र और
विश्वशास्त्र
सत्यकाशी पीठ
पाँचवां और अन्तिम शंकराचार्य पीठ

कृति
और
विश्व
कृति
सत्यकाशी पीठ
पाँचवां और अन्तिम शंकराचार्य पीठ

भारत माता मन्दिर
और
विश्वधर्म मन्दिर
सत्यकाशी पीठ
पाँचवां और अन्तिम शंकराचार्य पीठ

महाभारत
और
विश्वभारत
सत्यकाशी पीठ
पाँचवां और अन्तिम शंकराचार्य पीठ

संविधान और
विश्व संविधान
सत्यकाशी पीठ
पांचवां और अन्तिम शंकराचार्य पीठ

शिक्षा और
पूर्ण शिक्षा
सत्यकाशी पीठ

देवता और सार्वभौम देवता
कल्कि
सत्यकाशी पीठ

माँ कल्कि

द्वादस ज्योतिर्लिंग और
१३वां अन्तिम ज्योतिर्लिंग
सत्यकाशी पीठ
पाँचवां और अन्तिम शंकराचार्य पीठ

काशी
मोक्षदायिनी
और
जीवनदायिनी

सत्यकाशी
स्वर्णयुग
का
तीर्थ

काशी
रहस्योद्घाटन
सत्यकाशी पीठ
पांचवां और अन्तिम शंकराचार्य पीठ

2020
सत्यकाशी पीठ
पाँचवां और अन्तिम शंकराचार्य पीठ

ईश्वर
का
संक्षिप्त इतिहास
सत्यकाशी पीठ
पाँचवां और अन्तिम शंकराचार्य पीठ

अवतार
अन्तिम सत्य दृष्टि
सत्यकाशी पीठ
पाँचवां और अन्तिम शंकराचार्य पीठ

भविष्यवाणियाँ
और
कल्कि अवतार
सत्यकाशी पीठ
पाँचवां और अन्तिम शंकराचार्य पीठ

स्वामी विवेकानन्द
और
कल्कि अवतार
सत्यकाशी पीठ
पाँचवां और अन्तिम शंकराचार्य पीठ

मनु, मनवन्तर
और
कल्कि अवतार
सत्यकाशी पीठ
पाँचवां और अन्तिम शंकराचार्य पीठ

व्यास, शास्त्र
और
कल्कि अवतार
सत्यकाशी पीठ
पाँचवां और अन्तिम शंकराचार्य पीठ

ऋषि, ऋषि परम्परा
और
कल्कि अवतार
सत्यकाशी पीठ
पाँचवां और अन्तिम शंकराचार्य पीठ

दूसरा आगमन
या
अन्तिम आगमन
सत्यकाशी पीठ
पाँचवां और अन्तिम शंकराचार्य पीठ

परिवर्तन
काल, मनु, युग,
व्यास और शास्त्र
सत्यकाशी पीठ
पाँचवां और अन्तिम शंकराचार्य पीठ

राम, रावण
और
सार्वभौम एकात्म
सत्यकाशी पीठ
पाँचवां और अन्तिम शंकराचार्य पीठ

मैं
व्यक्तिगत या सार्वभौम
सत्यकाशी पीठ
पाँचवां और अन्तिम शंकराचार्य पीठ

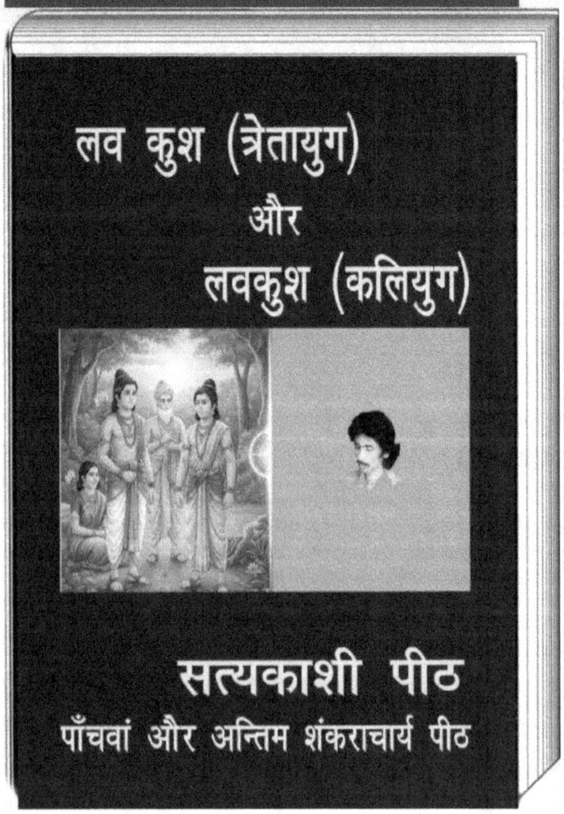
लव कुश (त्रेतायुग)
और
लवकुश (कलियुग)
सत्यकाशी पीठ
पाँचवां और अन्तिम शंकराचार्य पीठ

कल्कि महावतार
आ चुके हैं
(ACTION PLAN)
सत्यकाशी पीठ
पाँचवां और अन्तिम शंकराचार्य पीठ

लव कुश सिंह
(कल्कि महावतार)
जीवन, ज्ञान, कर्म और विश्वरूप
सत्यकाशी पीठ
पाँचवां और अन्तिम शंकराचार्य पीठ

वैश्विक बुद्ध
बुद्ध का
भाग-दो
और अन्तिम
सत्यकाशी पीठ
पाँचवां और अन्तिम शंकराचार्य पीठ

बुड्ढ़ा कृष्ण
कृष्ण का
भाग-दो
और अन्तिम
सत्यकाशी पीठ
पाँचवां और अन्तिम शंकराचार्य पीठ

सम्पूर्ण क्रान्ति
अन्तिम कार्य योजना
64
सत्यकाशी पीठ
पांचवां और अन्तिम शंकराचार्य पीठ

सम्पूर्ण क्रान्ति
वेबसाइट मार्गदर्शन
विवरणिका
सत्यकाशी पीठ
पाँचवां और अन्तिम शंकराचार्य पीठ

पुनर्निर्माण
(RENEW)
समस्या, समाधान
और
राष्ट्र निर्माण की योजना
पाँचवां और अन्तिम शंकराचार्य पीठ

पुनर्निर्माण
(RENEW)
ग्राम एवं नगर वार्ड
प्रेरक
सत्यकाशी पीठ
पाँचवां और अन्तिम शंकराचार्य पीठ

द्वापर युग में आठवें अवतार श्रीकृष्ण द्वारा प्रारम्भ किया गया कार्य "नवसृजन" के
प्रथम भाग "सार्वभौम ज्ञान" के शास्त्र "गीता" के बाद कलियुग में
द्वितीय और अन्तिम भाग "सार्वभौम कर्मज्ञान" और "पूर्णज्ञान का पूरक शास्त्र"
।। विश्वशास्त्र ।।
द नॉलेज ऑफ फाइनल नॉलेज
परिचय
- लव कुश सिंह "विश्वमानव"

एन्टायर पालिटिक्स
पूर्ण पाठ्यक्रम
सत्यकाशी पीठ
पांचवां और अन्तिम शंकराचार्य पीठ

वसुधैव
कुटुम्बकम्
सत्यकाशी पीठ
पाँचवां और अन्तिम शंकराचार्य पीठ

।।कर्मवेद।।
प्रथम, अन्तिम तथा पंचम
सत्यकाशी पीठ
पांचवां और अन्तिम शंकराचार्य पीठ

आठवें अवतार
श्रीकृष्ण
सत्यकाशी पीठ
पांचवां और अन्तिम शंकराचार्य पीठ

अयोध्या नहीं,
मुंगेर है
राम जन्मभूमि
सत्यकाशी पीठ
पाँचवां और अन्तिम शंकराचार्य पीठ

विश्वमानव
भूतपूर्व नेतृत्वकर्ताओं
का
स्पष्टिकरण
सत्यकाशी पीठ
पाँचवां और अन्तिम शंकराचार्य पीठ

विश्वमानव
वर्तमान नेतृत्वकर्ताओं
का
स्पष्टिकरण
सत्यकाशी पीठ
पाँचवां और अन्तिम शंकराचार्य पीठ

विश्वमानव
वार्ता, वक्तव्य
एवं
वाणीयाँ
सत्यकाशी पीठ
पाँचवां और
शंकराचार्य पीठ

विश्वमानव
पत्रावली, प्रसारण
और
अन्तिम पत्र
सत्यकाशी पीठ
पाँचवां और अन्तिम शंकराचार्य पीठ

सत्य जनहित
आह्वान
सत्यकाशी पीठ
पाँचवां और अन्तिम शंकराचार्य पीठ

विश्व शान्ति
अन्तिम सत्य दृष्टि
सत्यकाशी पीठ
पाँचवां और अन्तिम शंकराचार्य पीठ

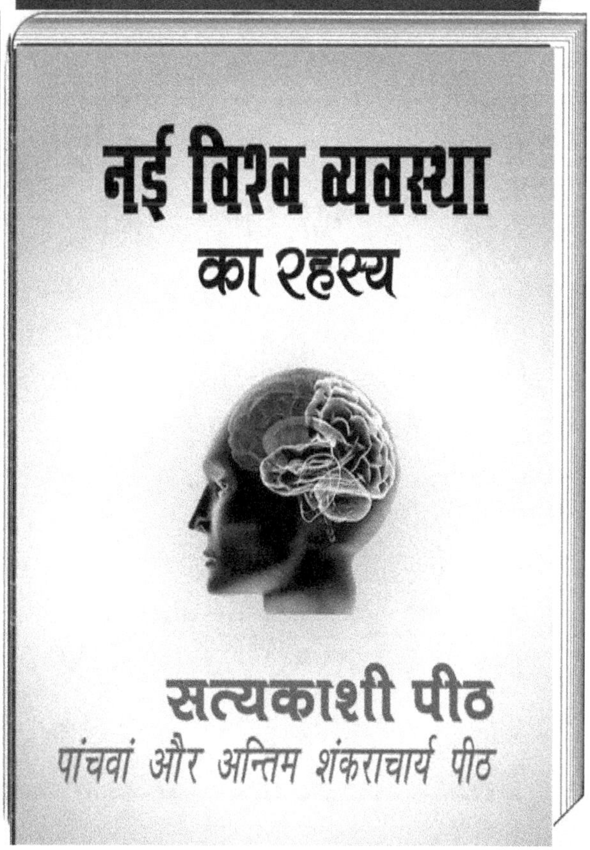
नई विश्व व्यवस्था
का रहस्य
सत्यकाशी पीठ
पांचवां और अन्तिम शंकराचार्य पीठ

समाजवाद
ब्रह्माण्डीय विकास का अवतारी मार्ग
सत्यकाशी पीठ
पांचवां और अन्तिम शंकराचार्य पीठ

भारतवाद
राष्ट्रवाद की मुख्यधारा
सत्यकाशी पीठ
पांचवां और अन्तिम शंकराचार्य पीठ

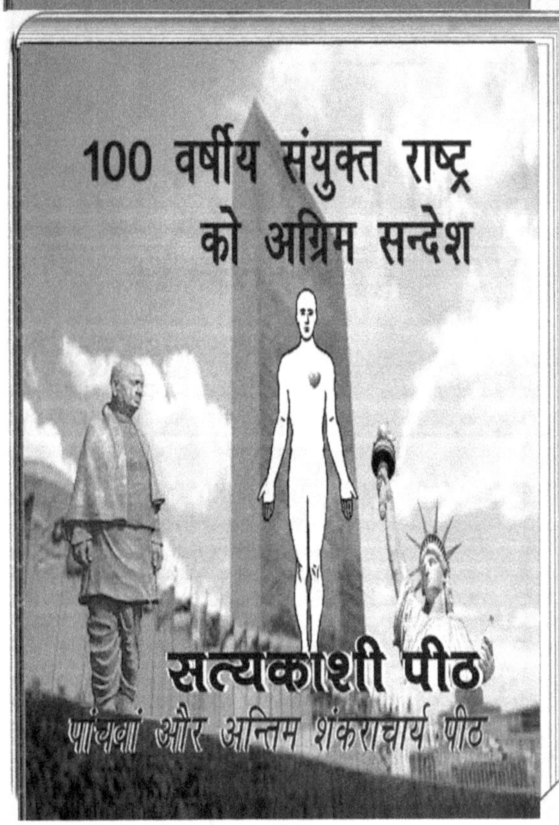
100 वर्षीय संयुक्त राष्ट्र
को अग्रिम सन्देश
सत्यकाशी पीठ
पांचवां और अन्तिम शंकराचार्य पीठ

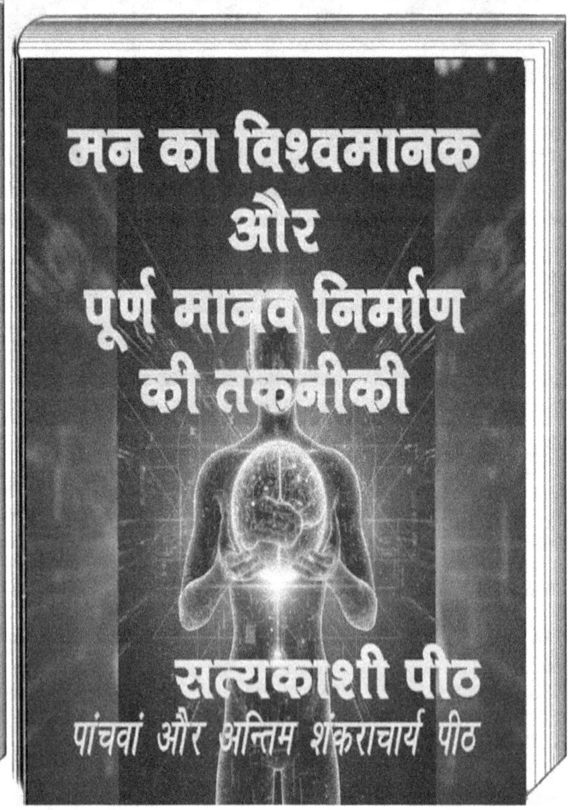
मन का विश्वमानक
और
पूर्ण मानव निर्माण
की तकनीकी
सत्यकाशी पीठ
पांचवां और अन्तिम शंकराचार्य पीठ

गणराज्य, संघ,
मानकीकरण संगठन
और
सम्पूर्ण मानक
सत्यकाशी पीठ
पाँचवां और अन्तिम शंकराचार्य पीठ

व्यापार केन्द्र
(TRADE CENTRE)
दृश्य सत्य
सत्यकाशी पीठ
पाँचवां और अन्तिम शंकराचार्य पीठ

सार्वभौम एकात्म
नव विश्व निर्माण
सत्यकाशी पीठ
पांचवां और अन्तिम शंकराचार्य पीठ

मानक विपणन
प्रणाली
सत्यकाशी पीठ
पाँचवां और अन्तिम शंकराचार्य पीठ

स्वर्णयुग का मानक
आदर्श नागरिक
दिशा निर्देश
सत्यकाशी पीठ
पांचवां और अन्तिम शंकराचार्य पीठ

स्वर्णयुग का
विश्वधर्म
परिचय
सत्यकाशी पीठ
पांचवां और अन्तिम शंकराचार्य पीठ

मैत्रेय बुद्ध
की ओर
सत्यकाशी पीठ
पांचवां और अन्तिम शंकराचार्य पीठ

विशाल ज्ञान विज्ञान
सबका समाधान
सूर्योदय
जय जनता जय कानून
हम सब एक दूसरे से हैं और एक दूसरे के लिए हैं
सौजन्य से : सारे गैर सरकारी प्राणी : सरकारी प्राणी : इज्जतदार नेता और
सबका भविष्य विद्यार्थीगण.........के लिए।

सार्वभौम सत्य-सिद्धान्त आधारित "युग परिवर्तक" श्रृंखला
कल्कि धाम
और
कल्कि परिचय
- लव कुश सिंह "विश्वमानव"

सार्वभौम सत्य-सिद्धान्त आधारित "युग परिवर्तक" श्रृंखला
चार शंकराचार्य पीठ
और
पांचवां-अन्तिम पीठ
सत्यकाशी पीठ
सत्यकाशी पीठ
सत्यकाशी पीठ
पांचवां और अन्तिम शंकराचार्य पीठ

कल्कि अमृत
महाकुम्भ
2025
FINAL KNOWLEDGE BOMB BLAST
सत्यकाशी पीठ
पांचवां और अन्तिम शंकराचार्य पीठ

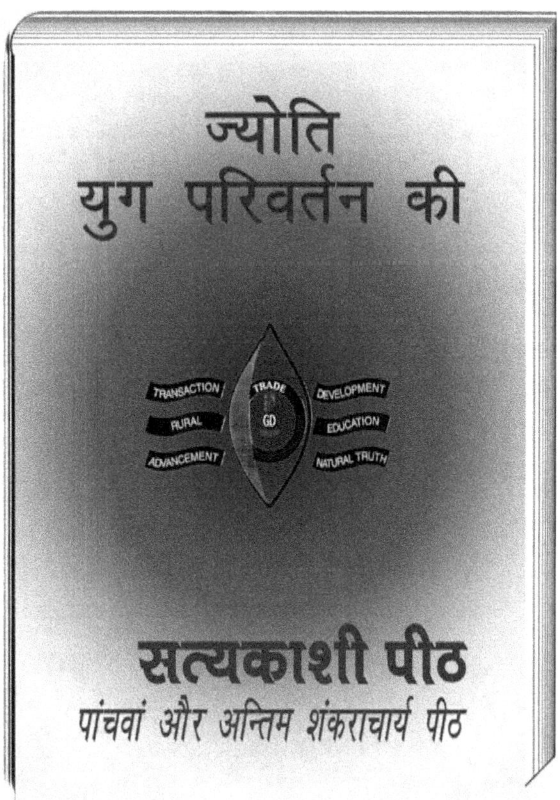
ज्योति
युग परिवर्तन की
TRANSACTION
TRADE
DEVELOPMENT
RURAL
GD
EDUCATION
ADVANCEMENT
NATURAL TRUTH
सत्यकाशी पीठ
पांचवां और अन्तिम शंकराचार्य पीठ

युग परिवर्तन
के
शब्द
सत्यकाशी पीठ
पांचवां और अन्तिम शंकराचार्य पीठ

विचारों का अंत
2025
सत्यकाशी पीठ
पांचवां और अन्तिम शंकराचार्य पीठ

विश्व सत्य घोषणा-पत्र
2025–मानव जाति तक
RSS
Rational Service
Society
सत्यकाशी पीठ
पांचवां और अन्तिम शंकराचार्यपीठ

वैश्विक युग परिवर्तन के लिए
विश्व राजनीतिक पार्टी
संघ
RSS
Rational Service
Society
सत्यकाशी पीठ
पांचवां और अन्तिम शंकराचार्यपीठ

क्रिप्टो करेंसी
और मोबाइल माइनिंग
–लव कुश सिंह "विश्वमानव"

पीढ़ी
मानवीय और ईश्वरीय
2 3 4 5 6 7 8 9 10
वात्सल्य त्रिपाठी

बुढ़ा कृष्ण
अन्तिम मिलन
वात्सल्य त्रिपाठी

जेन जी
अन्तिम लक्ष्य
वात्सल्य त्रिपाठी

पाँचवां-अन्तिम पीठ
सत्यकाशी पीठ
परिचय
वात्सल्य त्रिपाठी
पाँचवां और आंतिम शंकराचार्य पीठ

कबीर और
जेन-जी
नई चेतना, नया मानव
चेतना और नवयुग की संवाद यात्रा
वात्सल्य त्रिपाठी

कल्कि की
ज्योति
बिहार से
ज्योति राठौड़

एक बिहारी
धरती पर भारी
ज्योति राठौड़

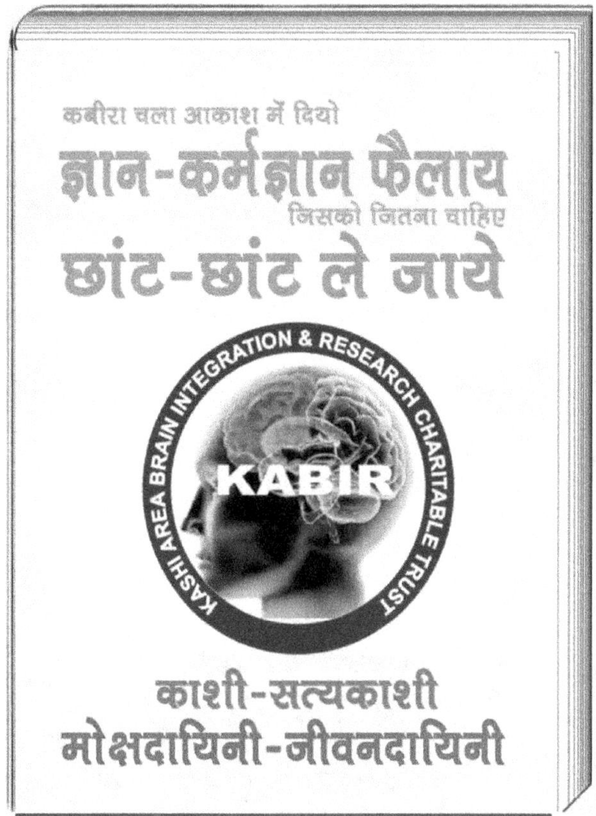
कबीरा चला आकाश में दियो
ज्ञान-कर्मज्ञान फैलाय
जिसको जितना चाहिए
छांट-छांट ले जाये
KASHI AREA BRAIN INTEGRATION & RESEARCH CHARITABLE TRUST
KABIR
काशी-सत्यकाशी
मोक्षदायिनी-जीवनदायिनी

कुर्म वंश
और
चरणाद्रिगढ़
स्वामी रमेशानन्द

आर.एस.एस
नवयुग के लिए
वैश्विक व्यक्तिगत पुस्तकालय
RATIONAL SERVICE SOCIETY (RSS)
WORLD PERSONAL LIBRARY FOR NEW AGE
A GUIDE TO GLOBAL WISDOM & FUTURE THOUGHT
स्वामी रमेशानन्द

झोला उठने के बाद
सोशल मीडिया
के लिए
कन्टेन्ट बैंक
विस्तृत गाइड: विचार, रणनीतियाँ, और संसाधन
www.64inch.com
सत्यकाशी पीठ
पांचवां और अन्तिम शंकराचार्य पीठ

झोला उठने के बाद
कल्कि
सत्यकाशी पीठ
पांचवां और अन्तिम शंकराचार्य पीठ

युग परिवर्तन के लिए:
विश्व पुस्तकालय बनाम कल्कि पुस्तकालय
www.64inch.com
ज्ञान का महासागर - अतीत से वर्तमान
बनाम
कल्कि पुस्तकालय
धर्म और भविष्य का प्रकाश - नए युग का उद्भव
ज्ञान का महासंग्राम - भविष्य का निर्माण
सत्यकाशी पीठ
पांचवां और अन्तिम शंकराचार्य पीठ

व्हाट्सएप्प यूनिवर्सिटी
और
सु-इसु यूनिवर्सिटी
सत्यकाशी पीठ
पांचवां और अन्तिम शंकराचार्य पीठ

इंडिया
भारत का विश्वरूप
सत्यकाशी पीठ
पांचवां और अन्तिम शंकराचार्य पीठ

अधूरे
सपनों
का
अन्तिम मार्ग
सत्यकाशी पीठ
पांचवां और अन्तिम शंकराचार्य पीठ

मानक
संविधान
और
बहुजन
सत्यकाशी पीठ
पांचवां और अन्तिम शंकराचार्य पीठ

विकसित भारत
अन्तिम मुद्दे
-ईश्वरीय/मानवीय पीढ़ी-10 (GEN-10)
-व्यक्तिगत
-पारिवारीक
-सामाजिक
-धार्मिक
-राष्ट्रीय
-वैश्विक
सत्यकाशी पीठ
पांचवां और अन्तिम शंकराचार्य पीठ

एक नया
विकल्प
THREADS
सत्यकाशी पीठ
पांचवां और अन्तिम शंकराचार्य पीठ

विकसित भारत
शिक्षितों का अन्तिम ईश्वरीय मॉडल
सत्यकाशी पीठ
पांचवां और अन्तिम शंकराचार्य पीठ

विकास मॉडल
आसुरी
और
ईश्वरीय
सत्यकाशी पीठ
पांचवां और अन्तिम शंकराचार्य पीठ

युग परिवर्तन और 1000 वर्षों के लिए
सत्यकाशी पीठ
का सम्पूर्ण कार्य
कौन,
क्यों,
कैसे
कल्कि?
सत्यकाशी पीठ
पांचवां और अन्तिम शंकराचार्य पीठ

बैल बुद्धि
और
विकसित
भारत
सत्यकाशी पीठ
पांचवां और अन्तिम शंकराचार्य पीठ

सत्यकाशी पीठ
पांचवां और अन्तिम शंकराचार्य पीठ

एक्सट्रा
टु ए बी
समान नागरिक व्यापार ज्ञान संहिता (CCTKC)
सत्यकाशी पीठ
पांचवां और अन्तिम शंकराचार्य पीठ

एक्सट्रा
टु ए बी
समान नागरिक आर्थिक संहिता (UCEC)
सत्यकाशी पीठ
पांचवां और अन्तिम शंकराचार्य पीठ

अंध भक्ति
से मुक्ति की ओर
मुक्ति मंत्र
"जिसने अंधभक्ति दिया
वही मुक्ति देगा"
सत्यकाशी पीठ
पांचवां और अन्तिम शंकराचार्य पीठ

VISHVABHARAT
न मो
नारायण
सत्यकाशी पीठ
पांचवां और अन्तिम शंकराचार्य पीठ

अगला स्तर
फिल्म और राजनीति पर
विचारों का संग्रह
सत्यकाशी पीठ
पांचवां और अन्तिम शंकराचार्य पीठ

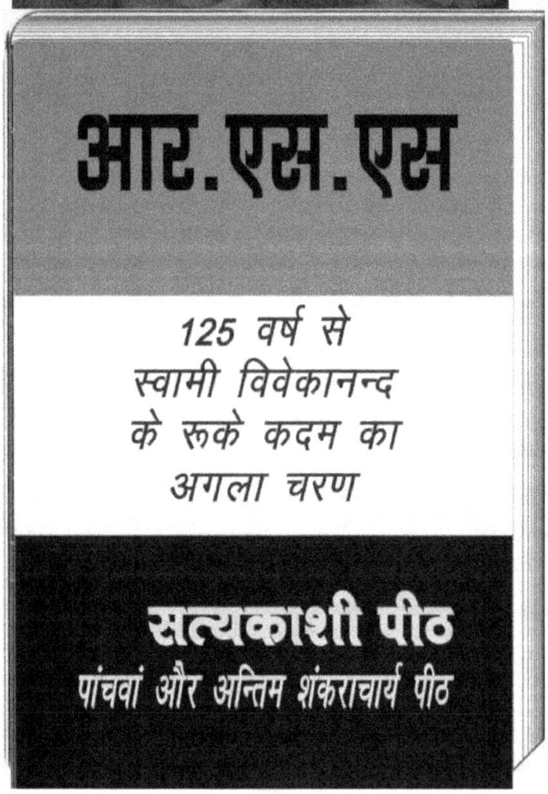
आर.एस.एस
125 वर्ष से
स्वामी विवेकानन्द
के रूके कदम का
अगला चरण
सत्यकाशी पीठ
पांचवां और अन्तिम शंकराचार्य पीठ

आर.एस.एस
रहस्योद्घाटन
सत्यकाशी पीठ
पांचवां और अन्तिम शंकराचार्य पीठ

125 वर्ष बाद
स्वामी विवेकानन्द
का अगला चरण
सत्यकाशी

सत्यकाशी पीठ
पांचवां और अन्तिम शंकराचार्य पीठ

आत्मकथा
लेखन कला
का विश्वमानक
सत्यकाशी पीठ
पांचवां और अन्तिम शंकराचार्य पीठ

लुच्चा
पुराण
पौराणिक कथाओं
और पात्रों के
सत्य समझ की व्यास दृष्टि
सत्यकाशी पीठ
पांचवां और अन्तिम शंकराचार्य पीठ

आठवां
सावर्णि मनु स्मृति
सत्यकाशी पीठ
पांचवां और अन्तिम शंकराचार्य पीठ

विश्वमानक
शून्य श्रृंखला
0
सत्यकाशी पीठ
पांचवां और अन्तिम शंकराचार्य पीठ

सर्वजीत साधना
भवन एक आध्यात्मिक अनुभव
सत्यकाशी पीठ
पांचवां और अन्तिम शंकराचार्य पीठ

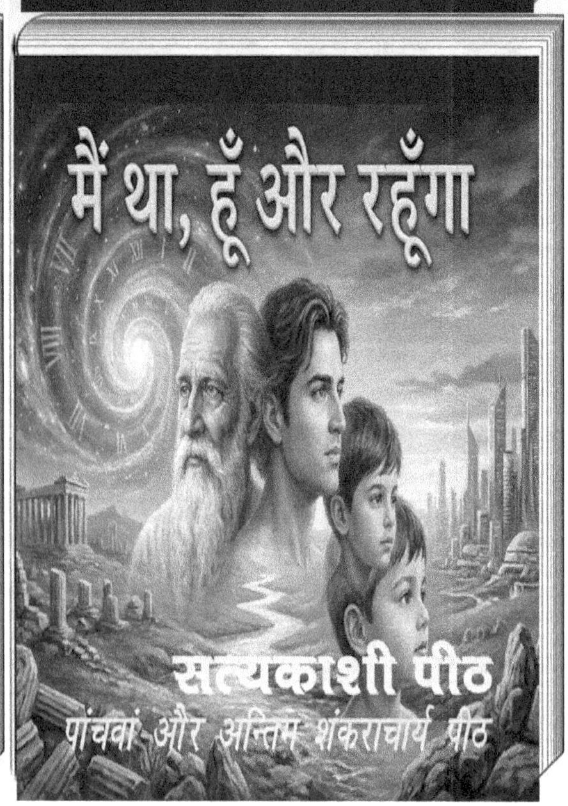
मैं था, हूँ और रहूँगा
सत्यकाशी पीठ
पांचवां और अन्तिम शंकराचार्य पीठ

लव
सत्यकाशी पीठ
पांचवां और अन्तिम शंकराचार्य पीठ

परब्रह्म,
प्रकृति,
अवतार
और वानर
सत्यकाशी पीठ
पांचवां और अन्तिम शंकराचार्य पीठ

संसार
दृश्य
और
अदृश्य
सत्यकाशी पीठ
पांचवां और अन्तिम शंकराचार्य पीठ

कर्मोपनिषद्
सत्यकाशी पीठ
पांचवां और अन्तिम शंकराचार्य पीठ

विश्वभारत
पुराण
सत्यकाशी पीठ
पांचवां और अन्तिम शंकराचार्य पीठ

एकात्म विज्ञान
सत्यकाशी पीठ
पांचवां और अन्तिम शंकराचार्य पीठ

मानक विज्ञान
सत्यकाशी पीठ
पांचवां और अन्तिम शंकराचार्य पीठ

ईश्वर शास्त्र
सत्यकाशी पीठ
पांचवां और अन्तिम शंकराचार्य पीठ

युगावतारों के प्रकटीकरण की कार्यविधि:
राम-कृष्ण-लवकुश
सत्यकाशी पीठ
पांचवां और अन्तिम शंकराचार्य पीठ

पुस्तक को देखो, लेखक को नहीं
आविष्कार को देखो, आविष्कारक को नहीं
शास्त्र को देखो, शास्त्राकार को नहीं
सत्यकाशी पीठ
पांचवां और अन्तिम शंकराचार्य पीठ

56 से 64
की ओर
सत्यकाशी पीठ
पांचवां और अन्तिम शंकराचार्य पीठ

मैं सत्यकाशी हूँ
कविता
सत्यकाशी पीठ
पांचवां और अन्तिम शंकराचार्य पीठ

पटेल
भारत के शारीरिक एकीकरण के बाद
मन का एकीकरण लक्ष्य
सत्यकाशी पीठ
पांचवां और अन्तिम शंकराचार्य पीठ

मन से
आत्मा तक
3 6 9 और 7
6
3
9
7
सत्यकाशी पीठ
पांचवां और अन्तिम शंकराचार्य पीठ

भारत
400 पार मुद्दा किसका
?
सत्यकाशी पीठ
पांचवां और अन्तिम शंकराचार्य पीठ

आर. एस. एस - पुस्तकालय
पढ़ो और कमाओ
शिक्षित समाज, समर्थ राष्ट्र
सत्यकाशी पीठ
पांचवां और अन्तिम शंकराचार्य पीठ

विश्वयुद्ध के पहले
विश्वगुरु भारत
का विश्व शान्ति और पुनर्निर्माण का अन्तिम सन्देश
सत्यकाशी पीठ
पांचवां और अन्तिम शंकराचार्य पीठ

चुटिया पण्डित
वृन्दावन की सत्य घटना
स्वामी नन्दनानंद

कल्कि का
चुनार और वृन्दावन
से उठता प्रेम
स्वामी नन्दनानंद

कल्कि का
बेगुसराय और मीरजापुर
जन्म और कर्म क्षेत्र
स्वामी नन्दनानंद

सत्येश्वरोपनिषद्
सत्येश्वर
और
झूठेश्वर
वात्सल्य त्रिपाठी

अन्तिम अवतार
कल्कि
के लिए शेष कर्म
वात्सल्य त्रिपाठी

कल्कि अवतार
का मानव-10
विकसित भारत का प्रवेश द्वार
वात्सल्य त्रिपाठी

पप्पू-गप्पू
और
नागरिक झुलेलाल
वात्सल्य त्रिपाठी

ओपेन गेम
कभी-कभी नहीं,
अब कन्फर्म है
अपुन ही
भगवान है
(वेब सीरीज)
वात्सल्य त्रिपाठी

SATYAKASHI
THE END OF MIRZAPUR
सत्यकाशी पीठ
पांचवां और अन्तिम शंकराचार्य पीठ

अण्डरवर्ल्ड
सनातन से पुरूषों से छुपी महिलाओं की कहानी
(फिल्म स्क्रीनप्ले-रेडी टू शूट)
वात्सल्य त्रिपाठी

सोना और सोना
एवं
नारी सशक्तिकरण
वैदिक काल से वर्तमान तक
सत्यकाशी पीठ
पांचवां और अन्तिम शंकराचार्य पीठ

स्लम डॉग
गॉड
फिल्म स्क्रीनप्ले-रेडी टू शूट

उत्तर प्रदेश
का
उत्तर
वात्सल्य त्रिपाठी

अन्तिम समन्वयाचार्य
कल्कि
वात्सल्य त्रिपाठी

2026
2+0+2+6=10
पांचवां और अन्तिम शंकराचार्य पीठ

राम न आयेंगे
लवकुश आ रहें हैं
www.64inch.com
पांचवां और अन्तिम शंकराचार्य पीठ

युग परिवर्तन के
150 पुस्तकें-परिचय
ज्ञान, प्रेरणा और भविष्य की ओर एक कदम
150
सत्यकाशी पीठ
पांचवां और अन्तिम शंकराचार्य पीठ
एक नई शुरुआत के लिए ज्ञान की खोज

जैसी तुम्हारी इच्छा वैसा करो

डॉ0 सर्वपल्ली राधाकृष्णन का जन्म 5 सितम्बर, 1888 को दक्षिण भारत के तिरूतनि स्थान पर हुआ था जो चेन्नई से 64 किमी उत्तर–पूर्व में है। डॉ0 सर्वपल्ली राधाकृष्णन भारत के उपराष्ट्रपति और दूसरे राष्ट्रपति सन् 1952 से 1962 तक में रहे। डॉ0 सर्वपल्ली राधाकृष्णन भारतीय समाजिक संस्कृति से ओत–प्रोत एक महान शिक्षाविद् महान दार्शनिक, महान वक्ता और आस्थावान हिन्दू विचारक थे। डॉ0 सर्वपल्ली राधाकृष्णन ने अपने जीवन के महत्वपूर्ण 40 वर्ष शिक्षक के रूप में व्यतीत किये। उनमें एक आदर्श शिक्षक के सारे गुण मौजूद थे। डॉ0 सर्वपल्ली राधाकृष्णन समस्त विश्व को एक शिक्षालय मानते थे। उनकी मान्यता थी कि शिक्षा के द्वारा ही मानव दिमाग का सद्उपयोग किया जाना सम्भव है इसलिए समस्त विश्व को एक इकाई समझकर ही शिक्षा का प्रबन्धन किया जाना चाहिए। उनके जन्मदिन को "शिक्षक दिवस" के रूप में मनाया जाता है।

इति ते ज्ञानमाख्यातं गुह्याद्गुह्यतरं मया।
विमृश्यैतदशेषेण यथेच्छसि तथा कुरू।।

(श्रीमद्भगवद्गीता, अध्याय–18, श्लोक–63)

अर्थात् – मैंने तुम्हें जो बताया, वह सब से बड़ा रहस्य है। इस पर भलीभाँति विचार कर तुम्हारी जैसी इच्छा वैसा करो।

"परमात्मा देखने में तटस्थ या निरपेक्ष दिखाई देता है, क्योंकि उसने चुनने का निर्णय अर्जुन के हाथ में छोड़ दिया है। उसकी यह निरपेक्षता ही अर्जुन के चिन्ता का कारण है। वह किसी पर भी दबाव नहीं डालता क्योंकि स्वतःस्फूर्त स्वतन्त्रता बहुत मूल्यवान होती है। भगवान अपना आदेश ऊपर से नहीं थोपता। वह स्वतन्त्र छोड़ देता है। परमात्मा की पुकार को स्वीकार करने या अस्वीकार कर देने के लिए हम हर समय स्वतन्त्र हैं। हम लड़खड़ाने लगें तो वह सहायता देने के लिए तैयार रहता है और प्रतीक्षा करने को तैयार है जब तक हम उसकी ओर उन्मुख न हों।

सब कुछ पहले से निर्धारित मानने वाले सिद्धान्त में टकराव के कारण यूरोप और भारत में काफी वाद–विवाद हुआ है। यूरोप का प्रमुख सिद्धान्त है कि संकल्प शक्ति और मानवीय प्रयत्न की स्वतन्त्रता का मनुष्य के उद्धार में बहुत बड़ा हाथ होता है। यद्यपि स्वयं संकल्प शक्ति को भी परमात्मा की कृपा के समर्थन की आवश्यकता पड़ सकती है। पहले से सब कुछ तय मानने वालों को अच्छे कार्यों और प्रार्थना के लिए यत्न करना होता है, क्योंकि वहाँ भी मानते हैं कि ये उपाय नियति को आगे बढ़ाने में सहायक तो हो सकते हैं लेकिन वे उसे रोक नहीं सकते। मनुष्य इस बात के लिए स्वतन्त्र है कि परमात्मा उन मनुष्यों पर कृपा करना चाहता है जो अपने आचरण से उस कृपा को ग्रहण करने के लिए तैयार करते हैं।

आध्यात्मिक नेता हम पर शारीरिक हिंसा, चमत्कार, प्रदर्शन के जरिये प्रभाव नहीं डालते। यदि सच्चा शिष्य कोई गलती कर भी बैठे, तो वह उसे केवल सलाह देगा। यदि शिष्य को चुनाव करने की स्वतन्त्रता पर आँच आती हो, तो वह उसे गलत रास्ते से भी वापस लौट आने के लिए विवश नहीं करेगा। गलती भी विकास की एक दिशा है।

कृष्ण केवल सारथी हैं। वह अर्जुन के आदेश का पालन करेगा। उसने कोई शस्त्र धारण नहीं किया हुआ है। यदि वह अर्जुन पर कोई प्रभाव डालता है तो वह उसे अपने उस सर्वजयी प्रेम के जरिए डालता है। जो कभी समाप्त नहीं होता।

अर्जुन को अपने लिए स्वयं विचार करना चाहिए और अपने लिए स्वयं ही मार्ग खोज करना चाहिए। अस्पष्ट मान्यताओं को अनिवार्य रूप से और भावुकतापूर्वक अपना लिए जाने के कारण फलस्वरूप कट्टर धर्मान्धता उत्पन्न हुई है और उनके कारण मनुष्यों को अकथनीय कष्ट उठाना पड़ा है। इसलिए यह आवश्यक है कि मन और विश्वासों के लिए कोई तर्क संगत और अनुभावात्मक औचित्य ढूंढ़े।

अर्जुन को एक वास्तविक अखण्डता की अनुभूति प्राप्त करनी होगी लेकिन उसके विचार अपने हैं। और गुरू के जरिये उस पर थोपे नहीं गये हैं। दूसरों पर अपने विचार थोपना शिक्षण नहीं हैं।"

– भगवद्गीता के आखिरी उपदेश पर भारतीय दर्शन के व्याख्याकार और दूसरे राष्ट्रपति डॉ0 राधाकृष्णनन का विवेचन

"यह विश्वशास्त्र, मनुष्यों पर थोपा नहीं जा रहा बल्कि वह मनुष्यों को, मनुष्यो के इस संसार मे जो वर्तमान है उसे और उसके आगे अनन्त मार्ग दिखा रहा है और सभी मार्गों के एकीकरण द्वारा, उस मार्ग को भी दिखा रहा है जो विश्व को सत्य–सुन्दर–शिव बना सकता है। फिर भी हे मनुष्यों जैसी तुम्हारी इच्छा वैसा करो। वर्तमान से योग कराने के लिए ही मैं व्यक्त होता हूँ।" – लव कुश सिंह "विश्वमानव"

सत्य मानक शिक्षा
(Real Standard Education)
64 Inch-BOOK
NOTICE - Software का Testing
Login?
Register now?
64 inch BOOK
एक राष्ट्र
एक शास्त्र
विश्वशास्त्र
डिग्री और नौकरी
की शिक्षा
सरकार से
जीवन की "समझ और बुद्धि" की शिक्षा
रू0 1/- प्रतिदिन में यहाँ से
App-64inch-BOOK
सत्य मानक शिक्षा
App-64inch-BOOK

"सत्य मानक शिक्षा" का व्यापार-एक अन्तहीन व्यापार

एक नदी पर पुल था जिसे कोई व्यक्ति पैदल दो घण्टे में पार करता था। यह पुल पैदल यात्रीयों के लिए रोक दिया गया था जिसके लिए पुल के ठीक मध्य (एक घण्टे की यात्रा) पर एक गार्ड नियुक्त था। गार्ड एक घण्टे सोता था और एक घण्टे जागता था। एक चालाक व्यक्ति को पुल से नदी पार करना अतिआवश्यक था। इसलिए गार्ड जब सोया तब वह यात्रा प्रारम्भ किया जैसे ही गार्ड के जागने का समय आया, वह वापस लौटने लगा। गार्ड समझा कि वह दूसरे किनारे से आ रहा है इसलिए उसने उस यात्री को पकड़ा और दूसरी ओर भेज दिया। इस प्रकार यात्री नदी पार हो गया।

यदि हम में से किसी को तैरकर नदी पार करना हो और आधे से पहले ही हमारा हिम्मत टूटने लगे तो हम वापस ही आना चाहेंगे। यदि आधे से अधिक तैरने के बाद हिम्मत टूटने लगेगा तो हौसला बढ़ाकर आगे ही बढकर पार करना चाहेंगे।

इसी प्रकार मनुष्य के विकास क्रम में हम सब अदृश्य विज्ञान (आध्यात्म) से दृश्य विज्ञान (भौतिक) की ओर बढ़ गये हैं। नदी या पुल का एक किनारा अदृश्य विज्ञान है तो दूसरा किनारा दृश्य विज्ञान। वर्तमान का हमारा अधिकतम जीवन नदी के दूसरे किनारे दृश्य विज्ञान की ओर है, हर पल। जन्म से ही हम अधिकतम वे सब वस्तुएँ प्रयोग कर रहे हैं जिसका कच्चा माल भले ही ईश्वरकृत हो परन्तु उपयोग का रूप मनुष्यकृत है और विज्ञान द्वारा निर्मित है। इस प्रकार मनुष्य निर्माता के रूप में अपना रूप व्यक्त कर ईश्वर की ओर ही बढ़ रहा है।

नदी के पुल पर बैठे उस गार्ड का काम और तैरने वाले का निर्णय "सत्य शिक्षा" है। वर्तमान में मनुष्य समाज अदृश्य काल से चलकर दृश्य काल में आ चुका है। आधे से वापस किनारे जाना "सत्य" को पाना है। और आधे से दूसरे किनारे पार हो जाना "सिद्धान्त" को पाना है। इन्हीं सिद्धान्त को पाने के बाद संविधान-नियम-कानून का जन्म होता है जिससे आज हम सभी संचालित व प्रभावित है। इस "सत्य-सिद्धान्त" की शिक्षा ही "सत्य मानक शिक्षा" है।

वर्तमान में जीने का अर्थ होता है-विश्व ज्ञान जहाँ तक बढ़ चुका है वहाँ तक के ज्ञान से अपने मस्तिष्क को युक्त करना। तभी डेढ़ हजार वर्ष पुराने हमारे मस्तिष्क का आधुनिकीकरण हो पायेगा। सिर्फ वर्तमान में तो पशु रहकर कर्म करते हैं। "सत्य मानक शिक्षा" मनुष्य के मस्तिष्क के आधुनिकीकरण की शिक्षा है या विज्ञान की भाषा में कहें तो मस्तिष्क के आधुनिकीकरण का साफ्टवेयर या माइक्रोचिप्स (Integrated Circuit-I.C) है। वर्तमान की अब नवीनतम परिभाषा है-"पूर्ण ज्ञान से युक्त होना" और कार्यशैली की परिभाषा है-"भूतकाल का अनुभव, भविष्य की आवश्यकतानुसार पूर्णज्ञान और परिणाम ज्ञान से युक्त होकर वर्तमान समय में कार्य करना।"

ज्ञान के इस युग में शिक्षा-विद्या-कला का व्यापार मनुष्य के धरती पर रहने तक रहेगा। ऐसी स्थिति में "सत्य मानक शिक्षा"का व्यापार भी उस समय तक के लिए स्थायित्व में है। शिक्षा-विद्या-कला कोई प्रापर्टी नहीं है कि पिता जी ग्रहण कर चुके हैं तो पुत्र को हिस्सा प्राप्त हो जायेगा। पुत्र को भी वहीं से अर्थात् अक्षर ज्ञान से शुरू होना पड़ेगा जहाँ से पिता ने शुरू किया था। इस प्रकार "सत्य मानक शिक्षा"का व्यापार एक अन्तहीन व्यापार है जो मनुष्य के पृथ्वी पर रहने तक चलता रहेगा।

स्कूल-कालेजों के जाल से शिक्षा के व्यापार का विकास होता है न कि शिक्षा का। शिक्षा का विकास तो शिक्षा पाठ्यक्रम पर निर्भर होता है जिससे शिक्षक और शिक्षार्थी दोनों निर्मित होते हैं। जब तक पूर्ण शिक्षा पाठ्यक्रम का निर्माण नहीं होता, शिक्षा का विकास नहीं हो सकता लेकिन शिक्षा के व्यापार का विकास होता रहेगा।

आध्यात्म और विज्ञान ने मानव सभ्यता के विकास में अब कम से इतना विकास तो कर ही चुका है कि अब हमें मन के एकीकरण के लिए कार्य करना चाहिए। और उस मन पर कार्य करने का ही परिणाम है-

सम्पूर्ण ब्रह्माण्ड में व्याप्त एक ही सत्य-सिद्धान्त द्वारा व्यक्तिगत व संयुक्त मन को एकमुखी कर सर्वोच्च, मूल और अन्तिम स्तर पर स्थापित करने के लिए शून्य पर अन्तिम आविष्कार WS-0 श्रृंखला की निम्नलिखित पाँच शाखाएँ है।

1. डब्ल्यू.एस. (WS)-0: विचार एवम् साहित्य का विश्वमानक
2. डब्ल्यू.एस. (WS)-00: विषय एवम् विशेषज्ञों की परिभाषा का विश्वमानक
3. डब्ल्यू.एस. (WS)-000: ब्रह्माण्ड (सूक्ष्म एवम् स्थूल) के प्रबन्ध और क्रियाकलाप का विश्वमानक
4. डब्ल्यू.एस. (WS)-0000: मानव (सूक्ष्म तथा स्थूल) के प्रबन्ध और क्रियाकलाप का विश्वमानक
5. डब्ल्यू.एस. (WS)-00000: उपासना और उपासना स्थल का विश्वमानक

और पूर्णमानव निर्माण की तकनीकी WCM-TLM-SHYAM.C (World Class Manufacturing – Total Life Maintenance – Satya-Heart-Yog-Ashram-Meditaion.Conciousness) है।

जो शिक्षा का नया माडल है। गरीबों की समस्या सुलझानें का नैतिक दायित्व है। देश में 25 वर्ष से कम उम्र के 55 करोड़ लोगों के लिए पुनर्निर्माण जैसी योजना हैं। उन्हें नौकरी और प्रशिक्षण की व्यवस्था है। रचनात्मकता, समन्वय, लीडरशिप, ग्लोबल तथा प्रोफेशनल विषयों को पढ़ने तथा सूचना तकनीक के जरिए पढ़ाई पर ध्यान केन्द्रित करने से युक्त है। हमारे देश में जो अध्यापक हैं, वे शोध नहीं करते और जो शोध करते हैं वे पढ़ाते नहीं, इसलिए शिक्षार्थी को ही शोध पत्र (विश्वशास्त्र) पढ़ाया जाय क्योंकि शिक्षक पढ़ने से तो रहे क्योंकि समान्यतः धन के आने की सुनिश्चितता के बाद लोग पढ़ना छोड़ देते हैं, यही नहीं कोशिश तो यह भी रहती है कि पढ़ाना भी न पड़े और उन्हें सेवा से हटाया भी नहीं जा सकता।

स्वामी विवेकान्द जी ने कहा था – "सुधारकों से मैं कहूंगा कि मैं स्वयं उनसे कहीं बढ़कर सुधारक हूँ। वे लोग इधर-उधर थोड़ा सुधार करना चाहते हैं- और मैं चाहता हूँ आमूल सुधार। हम लोगों का मतभेद है केवल सुधार की प्रणाली में। उनकी प्रणाली विनाशात्मक है और मेरी संघटनात्मक। मैं सुधार में विश्वास नहीं करता, मैं विश्वास करता हूँ स्वाभाविक उन्नति में।"

स्वाभाविक उन्नति तभी होती है जब संसाधन उपलब्ध हो। कार-मोटरसाइकिल घर में पहले से रहता है तो स्वाभाविक रूप से कम उम्र में ही घर के लोग चलाना सिख जाते हैं

जो व्यक्ति या देश केवल आर्थिक उन्नति को ही सर्वस्व मानता है वह व्यक्ति या देश एक पशुवत् जीवन निर्वाह के मार्ग पर है-जीना और पीढ़ी बढ़ाना। दूसरे रूप में इसे ऐसे समझा जा सकता है कि ऐसे व्यक्ति जिनका लक्ष्य धन रहा था वे अपने धन के बल पर अपनी मूर्ति अपने घर पर ही लगा सकते हैं परन्तु जिनका लक्ष्य धन नहीं था, उनका समाज ने उन्हें, उनके रहते या उनके जाने के बाद अनेकों प्रकार से सम्मान दिया है और ये सार्वजनिक रूप से सभी के सामने प्रमाणित है। पूर्णत्व की प्राप्ति का मार्ग शारीरिक-आर्थिक उत्थान के साथ-साथ मानसिक-बौद्धिक उत्थान होना चाहिए और यही है ही। इस प्रकार भारत यदि पूर्णता व विश्व गुरूता की ओर बढ़ना चाहता है तब उसे मात्र कौशल विकास ही नहीं बल्कि राष्ट्रीय बौद्धिक विकास की ओर भी बढ़ना होगा। बौद्धिक विकास, व्यक्ति व राष्ट्र का इस ब्रह्माण्ड के प्रति दायित्व है और उसका लक्ष्य है।

राष्ट्र के पूर्णत्व के लिए पूर्ण शिक्षा निम्नलिखित शिक्षा का संयुक्त रूप है-

अ-सामान्यीकरण (Generalisation) शिक्षा

ज्ञान के लिए- यह शिक्षा व्यक्ति और राष्ट्र का बौद्धिक विकास कराती है जिससे व्यक्ति व राष्ट्रीय सुख में वृद्धि होती है।

ब-विशेषीकरण (Specialisation) शिक्षा

कौशल के लिए- यह शिक्षा व्यक्ति और राष्ट्र का कौशल विकास कराती है जिससे व्यक्ति व राष्ट्रीय उत्पादकता में वृद्धि होती है।

स-सत्य नेटवर्क (REAL NETWORK)

समाज में प्रकाशित होने के लिए-क्योंकि कोई भी क्यों न हो उसे स्वयं अपना परिचय (BIO-DATA) देना पड़ता है तभी उसके अनुसार समाज उसका उपयोग करता है।

वर्तमान समय में विशेषीकरण की शिक्षा, भारत में चल ही रहा है और वह कोई बहुत बड़ी समस्या भी नहीं है। समस्या है सामान्यीकरण शिक्षा की। व्यक्तियों के विचार से सदैव व्यक्त होता रहा है कि-मैकाले शिक्षा पद्धति बदलनी चाहिए, राष्ट्रीय शिक्षा नीति व पाठ्यक्रम बनना चाहिए। ये तो विचार हैं। पाठ्यक्रम बनेगा कैसे?, कौन बनायेगा? पाठ्यक्रम में पढ़ायेंगे क्या?

एक पूर्ण मानव निर्माण प्रक्रिया में शिक्षा पाठ्यक्रम के स्वरूप का विश्वमानक निम्नवत् है। जो किसी विशेष देश-काल-पात्र पर निर्भर नही करता अर्थात् यह प्रत्येक देशों और व्यक्तियों के लिए शिक्षा का स्वरूप है। जिससे ब्रह्माण्डीय, वैश्विक और व्यक्तिगत संतुलन, स्थिरता, एकता, प्रबन्ध, विकास, शान्ति और सुरक्षा निर्धारित होती है।

1. प्राइमरी शिक्षा (कक्षा-5 तक)-भाषा ज्ञान आधारित:- क्षेत्रीय, देश, विश्व और विज्ञान की भाषा का ज्ञान, सामान्य विज्ञान, सामान्य ज्ञान, चित्र कला।

2. जूनियर हाई स्कूल (कक्षा-6 से 8 तक)-समाज ज्ञान आधारित:- क्षेत्रीय, देश, विश्व और विज्ञान की भाषा का ज्ञान, सामान्य विज्ञान, सामान्य ज्ञान, चित्र कला का विस्तार, खेल, संगीत, कृषि, समाज विज्ञान।

3. हाई स्कूल (कक्षा-9 से 10 तक)-सामान्यीकृत ज्ञान आधारित:- ज्ञान-कर्मज्ञान समाहित WCM-TLM-SHYAM.C (World Class Manufacturing – Total Life Maintenance – Satya-Heart-Yog-Ashram-Meditaion.Conciousness) प्रणाली अर्थात शिक्षा पाठ्यक्रम का विश्व मानक, कालानुसार विज्ञान, तकनीकी, व्यापारीक व प्रबन्धकीय ज्ञान की शिक्षा।

4. इण्टरमीडिएट (कक्षा-11 से 12 तक)-विशेषीकृत ज्ञान आधारित:- कौशल विकास की शिक्षा।

5. उच्च शिक्षा-इच्छानुसार विशेष क्षेत्र आधारित

"किसी देश का संविधान, उस देश के स्वाभिमान का शास्त्र तब तक नहीं हो सकता जब तक उस देश की मूल भावना का शिक्षा पाठ्यक्रम उसका अंग न हो। इस प्रकार भारत देश का संविधान भारत देश का शास्त्र नहीं है। संविधान को भारत का शास्त्र बनाने के लिए भारत की मूल भावना के अनुरूप नागरिक निर्माण के शिक्षा पाठ्यक्रम को संविधान के अंग के रूप में शामिल करना होगा। जबकि राष्ट्रीय संविधान और राष्ट्रीय शास्त्र के लिए हमें विश्व के स्तर पर देखना होगा क्योंकि देश तो अनेक हैं राष्ट्र केवल एक विश्व है, यह धरती है, यह पृथ्वी है। भारत को विश्व गुरू बनने का अन्तिम रास्ता यह है कि वह अपने संविधान को वैश्विक स्तर पर विचार कर उसमें विश्व शिक्षा पाठ्यक्रम को शामिल करे। यह कार्य उसी दिशा की ओर एक पहल है, एक मार्ग है और उस उम्मीद का एक हल है। राष्ट्रीयता की परिभाषा व नागरिक कर्तव्य के निर्धारण का मार्ग है। जिस पर विचार करने का मार्ग खुला हुआ है।"

"भारत का प्रत्येक नागरिक अपने जीवकोपार्जन के मार्ग व संघर्ष में अपने विषय का जानकार व अनुभव तो प्राप्त कर रहा है परन्तु कुछ पाने के क्रम में कुछ छूट भी जाता है इसलिए प्रत्येक नागरिक को अपने अहंकार को भूलकर यह स्वीकार करना होगा कि वह अपने विषय से हटकर अन्य विषय के विषय में कम या नहीं जानता है।"

अतः एक "आदर्श नागरिक" बनने के क्रम में न्यूनतम ज्ञान सभी को एक समान रूप से चाहिए।

NEW WORLD ORDER

"न्यू इण्डिया" का एक्शन प्लान

www.64inch.com

The Knowledge Equalizer

"सार्वभौम सत्य-सिद्धान्त" एवं "आध्यात्मिक सत्य" पर आधारित जीवन शास्त्र -"विश्वशास्त्र" की

"युग परिवर्तन" श्रृंखला की पुस्तकें

मुख्य शास्त्र

01. *विश्वशास्त्र – द नॉलेज आफ फाइनल नॉलेज*

सारांश के अनुसार

02. मैं सत्यकाशी से कल्कि महावतार बोल रहा हूँ (समष्टि गीता – यथार्थ प्रकाश)

शीर्षक के अनुसार भाग

03. विश्वस्तरीय फिल्म लेखन कला
04. प्रारम्भिक सत्य – अन्तिम दृष्टि
05. सत्य धर्म – युग परिवर्तक दृष्टि
06. सत्य दार्शनिक–दर्शन और कर्म वेदान्त–विकास दर्शन
07. सत्य शास्त्र एवं पुराण रहस्य–महर्षि व्यास कला
08. संत एवं गुरू और विश्व संत एवं गुरू
09. समाज और ईश्वरीय समाज
10. सत्य शास्त्र और विश्वशास्त्र
11. कृति और विश्व कृति
12. भारत माता मन्दिर और विश्वधर्म मन्दिर
13. महाभारत और विश्वभारत
14. संविधान और विश्व संविधान
15. शिक्षा और पूर्ण शिक्षा
16. देवता और सार्वभौम देवता कल्कि
17. देवीयाँ और सार्वभौम देवी माँ कल्कि
18. द्वादश ज्योतिर्लिंग और 13वां अन्तिम ज्योतिर्लिंग
19. काशी – मोक्षदायिनी और जीवनदायिनी
20. सत्यकाशी – स्वर्णयुग का तीर्थ
21. काशी – रहस्योद्घाटन
22. 2020 – मन का नवीनीकरण
23. ईश्वर का संक्षिप्त इतिहास
24. अवतार – अन्तिम सत्य दृष्टि
25. भविष्यवाणियाँ और कल्कि अवतार
26. स्वामी विवेकानन्द और कल्कि अवतार
27. मनु, मनवन्तर और कल्कि महावतार
28. व्यास, शास्त्र और कल्कि महावतार
29. ऋषि, ऋषि परम्परा और कल्कि महावतार
30. दूसरा आगमन या अन्तिम आगमन
31. परिवर्तन–काल, मनु, युग, व्यास और शास्त्र
32. राम, रावण और सार्वभौम एकात्म
33. मैं, व्यक्तिगत या सार्वभौम
34. लव कुश (त्रेतायुग) और लवकुश (कलियुग)
35. कल्कि महावतार आ चुके हैं (ACTION PLAN)
36. लव कुश सिंह (कल्कि महाअवतार)–जीवन, ज्ञान, कर्म और विश्वरूप
37. वैश्विक बुद्ध – बुद्ध का भाग दो और अन्तिम
38. बुद्धा कृष्ण – कृष्ण का भाग दो और अन्तिम
39. सम्पूर्ण क्रान्ति–अन्तिम कार्य योजना
40. पुनर्निर्माण (RENEW)–समस्या, समाधान और राष्ट्र निर्माण की योजना
41. पुनर्निमाण (RENEW)– ग्राम एवं नगर वार्ड प्रेरक
42. विश्वशास्त्र द नालेज आफ फाइनल नालेज–परिचय
43. एन्टायर पालिटिक्स – पूर्ण पाठ्यक्रम
44. वसुधैव–कुटुम्बकम्
45. कर्मवेद : प्रथम, अन्तिम तथा पंचम वेद
46. आठवें अवतार श्रीकृष्ण के अनकहे संदेश
47. अयोध्या नहीं, मुंगेर है राम जन्मभूमि
48. विश्वमानव–भूतपूर्व नेतृत्वकर्ताओं का स्पष्टिकरण
49. विश्वमानव–वर्तमान नेतृत्वकर्ताओं का स्पष्टिकरण
50. विश्वमानव–वार्ता, वक्तव्य एवं वाणियाँ
51. विश्वमानव–पत्रावली, प्रसारण और अन्तिम पत्र
52. सत्य जनहित आह्वान
53. विश्व शान्ति–अन्तिम सत्य दृष्टि
54. नई विश्व व्यवस्था का रहस्य
55. समाजवाद – ब्रह्माण्डीय विकास का अवतारी मार्ग
56. भारतवाद – राष्ट्रवाद की मुख्यधारा
57. 100 वर्षीय संयुक्त राष्ट्र को अग्रिम सन्देश
58. सार्वभौम एकात्म–नव विश्व निर्माण
59. गणराज्य, संघ, मानकीकरण संगठन और सम्पूर्ण मानक
60. व्यापार केन्द्र (TRADE CENTRE)–दृश्य सत्य
61. मन का विश्वमानक और पूर्ण मानव निर्माण की तकनीकी (WCM-TLM-SHYAM.C)
62. मानक विपणन प्रणाली (3F:FUEL-FIRE-FUEL)
63. स्वर्णयुग का मानक आदर्श नागरिक–दिशा निर्देश
64. विश्वधर्म : परिचय (स्वर्णयुग का धर्म)

व्यक्ति और विभागीय स्तर पर सफाई–सुधार का पहला प्रारूप की पुस्तक – डा0 रमेश कुमार द्वारा लिखित "विशाल ज्ञान विज्ञान सबका समाधान" है

दर्शन, विचार एवं संपादन

लव कुश सिंह "विश्वमानव"

Search on Google -> Lava Kush Singh "vishwmanav"

पुस्तक उपलब्ध

notionpress.com

Book Store

www.ingramcontent.com/pod-product-compliance
Lightning Source LLC
LaVergne TN
LVHW080932071026
849535LV00013B/4183
* 9 7 8 1 6 4 9 8 3 5 4 8 2 *